**Eine Arbeitsgemeinschaft der Verlage**

Böhlau Verlag · Wien · Köln · Weimar
Verlag Barbara Budrich · Opladen · Toronto
facultas.wuv · Wien
Wilhelm Fink · Paderborn
A. Francke Verlag · Tübingen
Haupt Verlag · Bern
Verlag Julius Klinkhardt · Bad Heilbrunn
Mohr Siebeck · Tübingen
Nomos Verlagsgesellschaft · Baden-Baden
Ernst Reinhardt Verlag · München · Basel
Ferdinand Schöningh · Paderborn
Eugen Ulmer Verlag · Stuttgart
UVK Verlagsgesellschaft · Konstanz, mit UVK/Lucius · München
Vandenhoeck & Ruprecht · Göttingen · Bristol
vdf Hochschulverlag AG an der ETH Zürich

Reinhard Stockmann
Wolfgang Meyer

# Evaluation

## Eine Einführung

2., überarbeitete und aktualisierte Auflage

Verlag Barbara Budrich
Opladen & Toronto 2014

Bibliografische Information der Deutschen Nationalbibliothek
Die Deutsche Nationalbibliothek verzeichnet diese Publikation in der Deutschen Nationalbibliografie; detaillierte bibliografische Daten sind im Internet über http://dnb.d-nb.de abrufbar.

Gedruckt auf säurefreiem und alterungsbeständigem Papier.


www.budrich-verlag.de

**UTB-Bandnr. 8337**
**UTB-ISBN 978-3-8252-8553-1**



Satz: R + S, Redaktion + Satz Beate Glaubitz, Leverkusen
Umschlaggestaltung: Atelier Reichert, Stuttgart
Druck: Books on Demand GmbH, Norderstedt
Printed in Germany

# Inhalt

# Index

# Vorwort zur 2. Auflage

Vor drei Jahren ist diese Einführung in die Evaluation auf dem deutschen Buchmarkt erschienen. Sie hat sich schnell als zentrales Lehrbuch für Evaluation etabliert. Dies ist insofern bemerkenswert, als Evaluation nur an der Universität des Saarlandes als eigenständiges Studienfach gewählt werden kann. Ansonsten ist die Evaluation in eine Reihe unterschiedliche Disziplinen integriert (z.B. Erziehungswissenschaften, Psychologie, Soziologie, Verwaltungs- und Wirtschaftswissenschaften). Umso interessanter ist es, dass sich dieses interdisziplinär angelegte Fachbuch im Lehrkontext ganz unterschiedlicher Fächer behauptet hat.

Hinzu kommt, dass sich Einführungsbücher zum Thema Evaluation auch im internationalen Raum häufig primär an Praktiker richten und selten die wissenschaftlichen Grundlagen des Faches systematisch darstellen. Im Vordergrund steht eher das „wie wird eine Evaluation gemacht“ als die vergleichende Übersicht und Diskussion der Stärken und Schwächen verschiedener Konzepte. Verständlichkeit der Darstellung und Praxisnähe sind dementsprechend gängige Forderungen an Einführungsbücher zum Thema, die Wissenschaftlichkeit bleibt oft auf der Strecke. Dieses Buch versucht eine Symbiose beider Stärken: Praxisnähe ohne auf Wissenschaftlichkeit zu verzichten.

Heute gibt es dieses Lehrbuch in verschiedenen Sprachen (Englisch, Spanisch und Chinesisch) und es ist auf dem besten Weg, in einer Reihe von Ländern zu einem Standard für die universitäre Ausbildung von Evaluatoren zu werden. Es begleitet dabei die Evaluation auf ihrem schwierigen Professionalisierungsprozess, der in den letzten Jahren erkennbare Fortschritte gemacht hat. Im Unterschied zu den an Hochschulen etablierten Fächern ist die Entwicklung der Evaluation als Studienfach noch stark im Fluss und es ist nicht immer klar erkennbar, welchen Weg sie nehmen wird.

So sind durchaus auch Rückschläge zu verzeichnen: an der Universität Bonn ist es z.B. nicht gelungen, einen sich selbst tragenden Evaluationsstudiengang zu etablieren. Auch in einigen anderen Ländern Europas mussten ambitionierte Versuche der Etablierung des Faches zurückgefahren oder gar abgebrochen werden. Die Wirtschaftskrise und ihre auch an den Hochschulen zu spürenden Auswirkungen haben dazu sicherlich ihren Teil beigetragen.

Gleichwohl hat sich das noch junge Fachgebiet Evaluation in diesen „turbulenten Zeiten“ (so der Buchtitel einer amerikanischen Bestandsaufnahme zur Entwicklung der Evaluation) recht gut geschlagen und ist insgesamt stetig weiter gewachsen. Dies lässt sich sowohl in Deutschland als auch in vielen anderen

Ländern Europas z.B. an den Mitgliederzahlen der Fachgesellschaften, der Nachfrage nach Aus- und Weiterbildung, der eingereichten Manuskripte in Fachzeitschriften oder auch ganz allgemein an der dynamischen Entwicklung der Auftragslage und der steigenden Konkurrenz durch Neuanbieter festmachen.

In vielen Politikfeldern sind Evaluationen mittlerweile fest institutionalisiert und kaum noch aus dem Alltag wegzudenken. Dies gilt insbesondere für die Schulen und Hochschulen, aber auch für die Soziale Arbeit, die Entwicklungszusammenarbeit, das Gesundheitswesen, die berufliche Bildung und viele andere Bereiche mehr. Einen bemerkenswerten neuen Schritt hat das Bundesministerium für wirtschaftliche Zusammenarbeit (BMZ) mit der Einrichtung eines Evaluierungsinstituts (des DEval) vollzogen, welches unabhängig die Wirksamkeit der deutschen Entwicklungspolitik prüfen soll. Im Unterschied zu wissenschaftlichen Einrichtungen einiger anderer Ministerien wie z.B. dem Institut für Arbeitsmarkt- und Berufsforschung (IAB), dem Bundesinstitut für Berufliche Bildung (BiBB) oder dem Deutschen Jugendinstitut (DJI), die durchaus auch unter vielen anderen Aufgaben ab und zu Evaluationen durchführen, ist das DEval einzig hierauf spezialisiert und möchte zur Methoden- und Konzeptentwicklung beitragen. Noch ist nicht abzusehen, welche Impulse von dieser Organisation für die Entwicklung der Evaluationslandschaft ausgehen werden. Auf jeden Fall wäre es wünschenswert, wenn andere Politikfelder diese Idee aufgreifen und am Ende vielleicht sogar ein nationales Evaluierungsinstitut aus ihr hervorgehen könnte.

Für ein Lehrbuch folgt aus dieser Dynamik, dass es in vergleichsweise kurzen Abständen aktualisiert und an neue Entwicklungen angepasst werden muss. Dementsprechend war schnell klar, dass eine einfache, lediglich durchgesehene Neuauflage dieses Buchs nicht ausreichend sein kann. Auf der anderen Seite allerdings sind drei Jahre auch nicht so viel Zeit, dass eine grundlegende Überarbeitung des Buchs notwendig geworden wäre.

Der für die zweite Auflage beschrittene Weg ist somit ein Mittelweg: der Aufbau, die Grundstruktur und die gewählte Systematik wurden beibehalten, inhaltliche Veränderungen und neue Tendenzen aber aufgegriffen und in diesen Rahmen integriert. Literaturhinweise sind aktualisiert und um einige interessante Neuerscheinungen ergänzt worden. Die von Kolleginnen und Kollegen gefundenen Fehler wurden beseitigt und für einige der kritisierten Schwächen sind andere Lösungen erarbeitet worden. Kurz gesagt: diese zweite überarbeitete und aktualisierte Auflage stellt den Versuch dar, ein bewährtes Konzept zu verbessern und den neuen Erfordernissen anzupassen.

Wie bei der ersten Auflage kann dies nur durch die Unterstützung einer Vielzahl von Personen gelingen. Besonders hervorzuheben ist dabei der Beitrag von Frau Linda Jaberg, die an den Recherchen und der Durchsicht dieser Auflage maßgeblich beteiligt gewesen ist. Ferner gilt der Dank dem Verlag und dessen Geduld angesichts der Verzögerungen, die sich bei der Überarbeitung dieses Lehrbuchs ergeben haben. Möge diese Neuauflage bei den an Evaluation interessierten Personen dieselbe positive Aufnahme wie die Erstausgabe finden.

Bürstadt und Saarbrücken, November 2013

*Reinhard Stockmann* und *Wolfgang Meyer*

# Einleitung

Evaluation in der Alltagssprache

Dieses Buch ist eine Einführung in die Evaluation, die in den letzten Jahren einen enormen Aufschwung erfahren hat. Spätestens seit der PISA-Studie hat der Begriff Eingang in den deutschen Wortschatz gefunden. Selbst in der Alltagssprache hat er mittlerweile einen festen Stammplatz. So heißt es z.B. in einer Artikelserie des Magazins Stern „So liebt die Welt": „(...) dass Frauen immer genauer evaluieren, mit wem sie sich einlassen" (Stern 32/2007: 102).

Der Begriff wird nicht nur geradezu inflationär verwendet, sondern auch in vielen Kontexten, in denen er zumindest von seiner wissenschaftlichen Bedeutung her nichts zu suchen hat, denn nicht jede Form der Bewertung ist auch eine Evaluation.

Während manche Begriffe wie z.B. Soziale Gruppe, Kompetenz, Qualifikation, Institution, System – aus der Alltags- in die Wissenschaftssprache bewusst übernommen wurden und dort vom alltagssprachlichen Verständnis gereinigt sowie im wissenschaftlichen Sinne präzise definiert werden mussten, ist der Begriff Evaluation den umgekehrten Weg gegangen. Bedingt durch die alltagssprachliche Anwendung auf jeden beliebigen Gegenstand verliert der Begriff zunehmend seine wissenschaftliche Präzision, so dass jetzt erneut eine saubere Abgrenzung notwendig wird.

Dies gilt nicht nur für den Begriff, sondern ebenfalls für die mit ihm ursprünglich bezeichneten Konzepte, die sich hierdurch von anderen gängigen Verfahren wie Gutachten, Prüfungen, Erfolgskontrollen oder jede Art von Studien abgegrenzt hatten. Da der Begriff Evaluation zurzeit hipp und schick ist, modern und wissenschaftlich klingt, wird er zunehmend für Vorgehensweisen genutzt, die sich selbst konzeptionell keineswegs in Richtung Evaluation weiterentwickelt haben. Deshalb ist man gut beraten, genau zu prüfen, ob dort wo Evaluation draufsteht auch Evaluation drin ist.

Natürlich kommt Evaluation nicht nur als Mogelpackung daher, sondern wird in den verschiedensten Kontexten auch immer häufiger seiner wissenschaftlichen und politischen Bedeutung entsprechend eingesetzt. Selbst wenn – wie im 1. Kapitel noch zu zeigen ist – bisher in Deutschland kaum von einer Evaluationskultur gesprochen werden kann und deshalb Evaluation kein gesellschaftlich allgemein akzeptiertes, im politisch Prozess systematisch angewendetes und regelmäßig zur rationalen Entscheidungsfindung genutztes Verfahren ist, so sind doch entsprechende Ansätze erkennbar. Evaluation ist mittlerweile zu einem

Evaluation als Steuerungsinstrument

wichtigen Steuerungsinstrument avanciert: Zum Beispiel in Ministerien zur Überprüfung der Wirksamkeit von Programmen, in Behörden zur Erfolgskontrolle, in Rechnungshöfen zur Kontrolle der Ausgabenpraxis, in staatlichen wie nichtstaatlichen Organisationen zur Programmsteuerung, in Unternehmen zur Unterstützung des Qualitätsmanagements etc. In einzelnen Politikfeldern wie z.B. im Bildungs- oder Forschungsbereich gibt es fest etablierte staatliche Forschungseinrichtungen und nachgeordnete Behörden, wie das Institut für Arbeitsmarkt- und Berufsforschung oder das Bundesinstitut für berufliche Bildung, die diese Aufgaben weitgehend übernehmen. In weiteren Politikfeldern, wie z.B. der Entwicklungszusammenarbeit, verfügen das federführende Ministerium, seine Durchführungsorganisationen und andere Hilfsorganisationen über hausinterne Evaluationsstäbe oder -beauftragte, die einen Großteil der Evaluationen selbst durchführen oder eine Vielzahl von einzelnen Gutachtern, Consultings und Forschungseinrichtungen damit beauftragen. In wieder anderen Politikfeldern, wie z.B. der Außen-, Sicherheits- und Kulturpolitik, der Innen-, Agrar- oder auch der Umweltpolitik führt Evaluation eher ein Schattendasein.

Vor diesem Hintergrund ist es wichtig, sich nicht nur Klarheit darüber zu verschaffen, um was es sich bei dem Konzept der Evaluation handelt und wie es sich von anderen Konzepten abgrenzt, sondern auch, welche Rolle Evaluation in der Gesellschaft spielt. Das Buch will nicht nur vertieft in das Thema einführen, sondern auch die Leistungspotenziale von Evaluationen verdeutlichen. Die wissenschaftlichen Grundlagen für die professionelle Durchführung und Nutzung von Evaluationen sollen in diesem Buch gelegt werden.

Kapitel 1 Evaluation in der modernen Gesellschaft

Dementsprechend wird zunächst die Rolle der Evaluation in der modernen Gesellschaft analysiert *(Kapitel 1)*. Aufgrund der schon angedeuteten Verwendungsvielfalt ist eine Systematisierung notwendig, die auf die unterschiedlichen Funktionen der Evaluation in der Gesellschaft verweist. Wie diese sich im Laufe der Zeit historisch entwickelt haben, wodurch die aktuelle Situation der Evaluation charakterisiert ist und welche Herausforderungen sich daraus für die Evaluation der Zukunft ergeben, wird im Folgenden skizziert. Dabei steht die Evaluation vor dem Dilemma, dass ihre Bedeutung einerseits wächst und eine zunehmende Nachfrage zu befriedigen hat und dass andererseits das Angebot an professionellen Evaluatoren nach wie vor begrenzt ist, da noch sehr wenige Aus- und Weiterbildungsmöglichkeiten in Deutschland, Europa und erst recht in den meisten Ländern Afrikas, Asiens und Lateinamerikas existieren. Die Weltwirtschaftskrise wird den Bedarf an Evaluation weiter anheizen, denn wenn die öffentlichen Finanzmittel knapp werden, wird es immer wichtiger, die Wirksamkeit, Effektivität und Effizienz von Programmen und Maßnahmen zu steigern sowie rationale Entscheidungsgrundlagen zu schaffen, auf deren Basis nachvollziehbare Prioritätensetzungen und Selektionsprozesse vorgenommen werden können. Zur Lösung dieser Probleme kann Evaluation einen wichtigen Beitrag leisten.

Damit dies überhaupt möglich wird, müssen bei einer Evaluation professionelle Standards und wissenschaftliche Grundlagen beachtet werden. Doch dieser Anspruch ist keineswegs einfach einzulösen, denn Evaluation ist nicht nur ein Teil der empirischen Sozialforschung und orientiert sich deshalb an den dort vorherrschenden Regeln, sondern sie ist auch ein Tätigkeitsfeld, das sehr stark durch die Politik beeinflusst wird. Evaluation ist vor allem Auftragsforschung. Und wer zahlt, will meistens auch bestimmen. Nicht unbedingt über das Evaluationsergebnis selbst, aber wenigstens über die Art von Fragen, die durch Evaluation untersucht werden sollen. Da Evaluation sich nicht nur durch ihre Wissenschaftlichkeit sondern auch durch ihre Nützlichkeit definiert, muss stets eine Balance zwischen diesen beiden Ansprüchen gefunden werden. In *Kapitel 2* wird auf dieses doppelte Spannungsverhältnis zwischen Evaluation und Politik sowie zwischen anwendungsbezogener und grundlagenbezogener Wissenschaft eingegangen und ein Forschungsmodell vorgestellt, das den unterschiedlichen Anforderungen an Evaluation gerecht wird. Beispielhaft wird der von Stockmann (1992, 1996, 2006, 2008, 2009) entwickelte CEval-Ansatz beschrieben, der auf der Basis verschiedener theoretischer Ansätze umfassende (Programm-) theoriegeleitete Evaluationen in prinzipiell allen Politikfeldern und Programmphasen ermöglicht. Zuvor werden die wissenschaftlichen Grundlagen der Evaluation entlang einer praktischen Ausgangsfrage erläutert, die bei jeder Evaluation beantwortet werden muss, nämlich *was* (welcher Gegenstand), *wozu* (zu welchem Zweck), *anhand welcher Bewertungskriterien, von wem* (intern oder extern), *wie* (mit welchen Methoden) evaluiert werden soll.

Kapitel 2
Spannungsfeld Evaluation und Politik

Evaluationsansätze scheint es fast so viele zu geben wie es Evaluatoren gibt. Es herrscht ein wahres Dickicht von theoretischen Modellen und Ansätzen vor, denen zumindest eines gemeinsam ist, nämlich dass es sich streng genommen nicht um Theorien handelt. In *Kapitel 3* wird der Versuch unternommen, die Vielfalt an Konzepten zu strukturieren. Hierfür werden verschiedene Systematisierungsvorschläge dargestellt, bevor ein eigenes Modell entwickelt wird. Evaluationen lassen sich zum Beispiel in ihrer historischen Entwicklung strukturieren, in Form von „Generationen" wie es Guba und Lincoln getan haben. Oder in Form eines Baumes, wie Alkin vorschlägt, in dem die einzelnen Ansätze einem gemeinsamen Stamm entspringen und sich die starken Arme in immer feinere Verästelungen (Zweige) aufspalten. Eine ganz andere Systematisierung haben Fitzpatrick, Sanders und Worthen vorgenommen, die Evaluationsansätze nach dem Nutzen, den sie stiften sollen, sortiert haben. Alle diese Systematisierungsvorschläge haben Vor- und Nachteile, keiner ist letztlich wirklich überzeugend. Deshalb wird in *Kapitel 3* ein neuer Systematisierungsversuch unternommen, bei dem die in Kapitel 2 unterschiedenen vier Evaluationsfunktionen verwendet werden.

Kapitel 3
Evaluationsansätze

Eine möglichst umfassende Kenntnis der verschiedenen Evaluationsansätze erweist sich als nützlich, um einen der Komplexität der unterschiedlichen Fragestellungen adäquaten Ansatz identifizieren zu können. Es ist nämlich nicht notwendig, für jede Evaluation jedes Mal wieder einen neuen Ansatz zu kreieren, um die Vielfalt der Evaluationskonzepte weiter zu bereichern, sondern es ist zumeist weit effektiver und effizienter, vorhandene Ansätze zu adaptieren.

Mit diesem Arbeitsschritt befindet man sich schon mitten in der Ablaufplanung einer Evaluation. Für die Planung, Durchführung und Verwertung einer Evaluation bzw. ihrer Ergebnisse werden in *Kapitel 4* ein Ablaufschema entworfen und die einzelnen Handlungsschritte von der Bestimmung und Eingrenzung des Evaluationsvorhabens über die Entwicklung der Evaluationskonzeption, die Instrumentenentwicklung, Datenerhebung und -analyse bis zur Berichtsverfas-

Kapitel 4
Evaluationsprozess

sung und Ergebnispräsentation erläutert. Dabei fließen vielfältige und langjährige Erfahrungen mit Evaluationen, die die Autoren selbst durchgeführt haben, ein. Um die Qualität, Nützlichkeit und Durchführbarkeit von Evaluationen und einen fairen Verfahrensablauf sicherzustellen – wie die Gesellschaft für Evaluation (DeGEval), aber auch andere Vereinigungen in ihren Standards fordern – bietet eine aktive Beteiligung der von einer Evaluation betroffenen Personengruppen viele Vorteile. Deshalb wird in *Kapitel 4* beispielhaft der partizipative Evaluationsansatz des CEval vorgestellt, der ein wissenschaftsbasiertes Evaluationskonzept (Kapitel 2.3) mit einer partizipativen Vorgehensweise verbindet. Das besondere an diesem Konzept ist, dass eine optimale Einbindung der Beteiligten ohne Verletzung wissenschaftlicher Standards angestrebt wird. Hierfür werden Evaluatoren und Beteiligte (inklusive der Evaluierten) als Partner mit komplementären Aufgaben im Evaluationsprozess definiert, die jeweils ihr Expertenwissen sowie ihr fachliches und konkretes Situationswissen einbringen.

Während die Beteiligten in den Planungs- und Verwertungsprozess umfassend eingebunden werden können – je nachdem welcher Grad an Partizipation angestrebt wird – obliegt die Entwicklung des Untersuchungsdesigns und der Erhebungsinstrumente sowie die Durchführung der Datenerhebung und -analyse den dafür qualifizierten Experten – also den Evaluatoren. In *Kapitel 5* wird die Informationssammlung und -bewertung in vier chronologischen Schritten aufgezeigt. Zunächst werden die Vor- und Nachteile der einschlägigen Untersuchungsdesigns, insbesondere mit Blick auf Wirkungsevaluationen erläutert und auf die Besonderheiten verwiesen, die sich aus dem spezifischen Kontext von Evaluationen ergeben. Bei der Entwicklung der Datenerhebungsinstrumente und ihrer Anwendung sind Flexibilität und Anpassungen im Hinblick auf die Erhebungssituation notwendig, wie dies aber auch sonst in der sozialwissenschaftlichen Grundlagenforschung notwendig ist. Auch die Analyse der erhobenen Daten folgt ohne Einschränkung den Regeln und Standards empirischer Sozialforschung.

Kapitel 5 Informationssammlung und -bewertung

Bei der Dateninterpretation sind die besonderen Kontextbedingungen der Evaluation zu berücksichtigen. Da in Evaluationen Bewertungen vorgenommen werden, ist auf die strikte Verwendung der vorher festgelegten Kriterien sowie die objektive Einhaltung der Verfahrensregeln zu achten, damit subjektive Einstellungen des Evaluators, der Auftraggeber oder der Stakeholder die Bewertungen möglichst nicht beeinträchtigen. Damit Evaluationen dem doppelten Anspruch von Nützlichkeit und Wissenschaftlichkeit gerecht werden können, ist einerseits (wie in Kapitel 4 dargestellt) eine umfassende Einbindung der Stakeholder im sogenannten Entdeckungs- und Verwertungszusammenhang eines Evaluationsprozesses notwendig, doch im Forschungszusammenhang ist andererseits vor allem die wissenschaftliche Expertise des Evaluators gefragt. Wegen der Komplexität der Forschungsfragen aber auch wegen der besonderen Bedingungen, unter denen Evaluationen durchgeführt werden müssen (z.B. Zeitdruck, knappe Ressourcen, zahlreiche verschiedene Stakeholderperspektiven, Interessen und Erwartungen), ist es zwingend erforderlich, dass jeder Evaluator die breite Palette an Untersuchungsdesigns, qualitativen und quantitativen Erhebungsdesigns und statistischen Auswertungsverfahren kennt, da er nur so eine den Untersuchungsfragen möglichst optimal angemessene Kombination sicherstellen kann.

Im Spannungsfeld zwischen Politik und Wissenschaft werden diese hohen wissenschaftlichen Anforderungen an Evaluatoren zusätzlich noch durch die Notwendigkeit besonderer sozialer Kompetenzen im Umgang mit unterschiedlichen gesellschaftlichen Gruppierungen und deren Interessen ergänzt. Bei der Auswahl des Evaluationsansatzes (Kapitel 3), der Gestaltung des Ablaufprozesses und der Entwicklung des Untersuchungs- und Erhebungsdesigns (Kapitel 5) muss dem Umfeld, also dem jeweils spezifischen sozialen Kontext einer Evaluation besondere Beachtung geschenkt werden. *Kapitel 6* beleuchtet das Evaluationsumfeld aus drei verschiedenen Perspektiven. Zunächst wird das Verhältnis von Evaluation und den gesellschaftlichen Institutionen thematisiert, da – wie in Kapitel 1 ausgeführt – Evaluation als ein wichtiges Element der Moderne einen notwendigen Beitrag zur Gewährleistung der Rationalität politischer Steuerung sowie zur Aufklärung der Gesellschaft leistet. Mit Blick auf die Funktion der gesellschaftlichen Aufklärung wird dabei der Fokus speziell auf die Institutionen der Öffentlichkeit und der Zivilgesellschaft gerichtet, welche beide sowohl der Kontrolle staatlichen Handelns als auch der Interessenvermittlung zwischen dem politischen System und den Bürgern dienen sollen. Die komplizierten Beziehungen zwischen dem demokratischen Staat und seinen Organen sowie den Medien und zivilgesellschaftlichen Akteuren beeinflussen häufig die Durchführung von Evaluationen sowie die Verwertung ihrer Ergebnisse.

Kapitel 6
Sozialer Kontext von Evaluation

Die beteiligten Personen handeln dabei nicht als frei entscheidende Individuen, sondern als Vertreter kollektiver Einheiten, die Interessen bestimmter sozialer Gruppierungen bündeln. Solche Organisationen spielen in modernen Gesellschaften eine zentrale Rolle, da über kollektive Einheiten wie Parteien, Verbände und andere zivilgesellschaftliche Organisationsformen die Formierung und Vermittlung von Interessen sowie primär durch die staatlichen Organe, aber bedingt durch die steigende Komplexität moderner Gesellschaften immer stärker auch unter Einbindung zivilgesellschaftlicher Organisationen die politische Steuerung erfolgt. Evaluationen werden von diesen Organisationen in Auftrag gegeben und in der Regel auch nicht durch Einzelpersonen, sondern wiederum von Organisationen durchgeführt. Der Evaluation in organisationalen Kontexten ist deshalb besondere Aufmerksamkeit zu widmen.

Dies geschieht hier am Beispiel dreier zentraler Aspekte von Organisation, der Beziehung zwischen Individuen und Organisationen in verschiedenen Formen von Mitgliedschaft, der Kommunikation zwischen Funktionsstellen innerhalb einer Organisation sowie der Implementierung solcher Einheiten innerhalb der formalen Struktur einer Organisation. Gezeigt wird dabei der Einfluss organisationaler Merkmale auf das Verhältnis zu Evaluation. Für die Akzeptanz und Unterstützung von Evaluationen, die innerhalb einer Organisation laufen, sind sowohl die Bindung der Beteiligten an die Organisation als auch der Informationsfluss zwischen den Abteilungen sowie die Stellung der Evaluation innerhalb der Abteilungshierarchie von großer Bedeutung.

Da Organisationen nicht nur Regelaufgaben im Rahmen fest institutionalisierter Abläufe erfüllen, sondern viele Aktivitäten als befristete Maßnahmen, Projekte oder Programme durchführen, kommt der Rolle der Evaluatoren als Teil der Projektsteuerung ebenfalls eine wichtige Bedeutung zu. Hier erweitern sich nun die Beziehungsverhältnisse auf organisationsexterne Gruppen, die in mehr oder weniger starker Weise an der Durchführung der Maßnahmen, Projekte oder Programme beteiligt oder von deren Wirkungen betroffen sind. Als Sammelbegriff für diese zum Teil sehr heterogene Akteursmenge hat sich der englische Begriff „stakeholder“ etabliert, der abschließend noch etwas näher hinsichtlich seiner Konsequenzen für eine Evaluation beleuchtet wird.

Professionalisierung als Ziel

Letztendlich dienen diese Beispiele der sozialen Komponente einer Evaluation und den damit verbundenen vielfältigen Herausforderungen, denen sich ein Evaluator zu stellen hat, der Illustration des komplexen Kompetenzprofils, welches mit dieser Tätigkeit verknüpft ist. Evaluation ist mitnichten eine „Nebentätigkeit“ für erfahrene Praktiker innerhalb einer Organisation oder für empirische Sozialforscher, die sich durch Auftragsforschung ein Zubrot verdienen möchten. Wenn die Evaluation ihren gesellschaftlichen Aufgaben gewachsen sein soll, so muss sie ernsthaft und professionell betrieben werden. Die entsprechenden Aufgaben und besonderen Anforderungsprofile deutlich zu machen sowie in den aktuellen Stand der Konzepte und Diskussionen einzuführen, ist letztlich die Hauptaufgabe dieses Buches.

Ein solches Werk entsteht nicht isoliert durch die Arbeit der Autoren. So sind z.B. dankenswerterweise eine Vielzahl von Anregungen und Hinweisen der Kolleginnen und Kollegen am Centrum für Evaluation (CEval) mit in diese Arbeit eingeflossen, ohne dass die entsprechenden Quellen ausgewiesen werden können. Ein besonderer Dank gilt allerdings den fleißigen Kräften, die an der Erstellung des Manuskriptes und den Abbildungen maßgeblich beteiligt gewesen sind. Hervorgehoben werden sollen dabei Frau Miriam Grapp und Frau Angelika Nentwig, ohne deren Unterstützung dieses Buch nicht zum Abschluss gekommen wäre. Schließlich ist es den Autoren ein besonderes Bedürfnis, Frau Barbara Budrich für ihr Engagement und ihre Geduld bei der Erstellung dieses Buches zu danken.

# 1. Rolle der Evaluation in der Gesellschaft

## 1.1 Evaluation – eine Erfindung der Moderne

Kennzeichen der modernen Welt

Moderne Gesellschaften sind dadurch gekennzeichnet, dass traditionell und religiös bestimmte Glaubensvorstellungen von der Ordnung der Welt durch das *Vertrauen auf Rationalität und Fortschritt* ersetzt werden. Schon Ende der 60er Jahre hat Daniel Lerner (1968: 387) die Merkmale der Moderne pointiert herausgearbeitet: Hierzu zählen eine wachsende, sich selbst tragende Wirtschaft, demokratische Teilhabe im politischen Bereich, eine sich an säkularen rationalen Normen orientierende Kultur und eine mit persönlichen Freiheiten ausgestattete räumlich, sozial und geistig mobile, leistungsorientierte Gesellschaft. Mit dieser Konstruktion ist die Vorstellung verbunden, dass die Moderne ein universelles Phänomen ist, das gestaltet und gesteuert werden kann . Mehr noch: angesichts der die Moderne begleitenden und sich in letzter Zeit deutlich zuspitzenden sozialen, ökonomischen und ökologischen Probleme hat sich mittlerweile die Vorstellung durchgesetzt, dass gesellschaftliche Entwicklung keineswegs ein Selbstläufer ist sondern dringend durch entschlossenes Handeln in Richtung einer „nachhaltigen Entwicklung" gelenkt werden muss (vgl. Bundesregierung 2001).

Wirksamkeit von Interventionen

Damit jedoch auf soziale Veränderungsprozesse eingewirkt werden kann, müssen deren *bestimmenden Faktoren und ihre Wirkungszusammenhänge* bekannt sein. Es gilt zu erkennen, welche Wirkungen durch gezielte Interventionen unter gegebenen Rahmenbedingungen zu erreichen sind, damit dann effektive Maßnahmen, Programme, Strategien und Policies entworfen und umgesetzt werden können. Da moderne Gesellschaften sich durch eine Pluralität unterschiedlicher Lebensstile und Meinungen sowie deren Gleichberechtigung hinsichtlich des Rechts auf (Mit-)Gestaltung der gesellschaftlichen Entwicklung auszeichnen, befinden sich die Ziele in einem Wettstreit zueinander. Die Wirksamkeit von Interventionen und ihr Beitrag zum Gemeinwohl aller werden dadurch zu wesentlichen Entscheidungskriterien. Es geht allerdings nicht nur darum, aus bereits gemachten Erfahrungen zu lernen, also Zusammenhänge im Nachhinein zu verstehen und nachzuvollziehen sowie ex-post Veränderungen zu messen und zu prüfen, ob sie Folgen der eingesetzten Veränderungsstrategien sind. Angesichts der Herausforderung einer Lenkung komplexer und extrem heterogener sozialer Systeme sowie den mit Fehlsteuerungen verbundenen Gefahren gewinnt die Aufgabe, möglichst frühzeitig auf der Basis rationaler Erkenntnisse gestaltend auf die zentralen Einflussfaktoren sozialer Prozesse einzuwirken, zunehmend an Bedeutung. Auch hierfür bedarf es fundierter und relevanter Daten.

Zentrale Aufgabe von Evaluation

Damit sind schon einige *zentrale Aufgabenstellungen* von Evaluation umrissen: Sie ist das Instrument, mit dem sowohl *summativ* beobachtete gesellschaftliche Veränderungen gemessen, analysiert und bewertet als auch *formativ* Daten für die rationale Steuerung von Prozessen generiert werden können. Dadurch werden die Erkenntnisse *sozialwissenschaftlicher Forschung* über gesellschaftliche Zusammenhänge sowie die zur Gewinnung dieser Erkenntnisse entwickelten *Untersuchungsmethoden* für die politische Praxis der aktiven Gestaltung gesellschaftlicher Prozesse nutzbar gemacht. Im Ergebnis wird eine *Kultur des gemeinsamen Lernens über Steuerungswirkungen* angestrebt (vgl. Chelimsky 2006). In dem Evaluation aktuelle wissenschaftliche Informationen durch die öffentlichen Diskussion bereitstellt, trägt sie zudem zur *Rationalisierung der politischen Debatten* über gesellschaftliche Ziele bei und zeigt dabei das Machbare für alle Beteiligten erkennbar auf.

*Evaluation ist eine Erfindung der Moderne.* Sie ist einerseits verknüpft mit der Vision eines wirtschaftlichen und sozialen Fortschritts, eines Aufwärtsstrebens und ständig Bessermachens und andererseits mit dem Glauben an die Machbarkeit und steuernde Beeinflussbarkeit der gesellschaftlichen Entwicklung. Evaluation bietet sich sowohl als *Aufklärungsinstrument* an, das Licht in Entwicklungsprozesse bringt, als auch als *Steuerungsinstrument*, das diese Abläufe gezielt zu beeinflussen sucht. Darüber hinaus eignet sich Evaluation jedoch auch für den reflexiven Einsatz, als ein *Instrument für die Kritik an der Moderne* selbst. Indem mit Hilfe von Evaluation nicht nur die intendierten Wirkungen von Eingriffen erfasst werden, sondern auch ihre nicht-intendierten Folgen, liefert sie die empirische Basis für eine gesellschaftliche Selbstreflexion.

Aufklärung
Steuerung
Reflexion

Mittlerweile ist klar, dass in den immer komplexer werdenden modernen Gesellschaften Entwicklungsstrategien und Policies aufgrund unerwünschter und z.T. ausgesprochen schädlicher Nebenwirkungen radikaler als bisher in Frage gestellt werden müssen. Dies bedeutet, dass Probleme, die bis dato nur als Externalitäten behandelt wurden (z.B. Umwelt), nicht-intendierte Folgen zweckrationalen Handelns sowie die Zukunftsfähigkeit des Handelns (Stichwort: Nachhaltigkeit) verstärkt in die Bewertung einfließen müssen. Dadurch lässt sich gesellschaftliches Handeln auf eine rationalere Grundlage stellen und die öffentliche Steuerungskapazität erhöhen.

Nicht-intendierte Handlungsfolgen

Aus diesen Überlegungen kann die *Schlussfolgerung* gezogen werden, dass *Evaluation noch nie so notwendig* war, *wie heute*. Evaluation unterstützt nicht einfach nur den Glauben an den Fortschritt durch simple *Soll-Ist-Vergleiche* der gewünschten Ziele mit den realisierten Zuständen. Indem sie speziell auch *Nebenwirkungen und nicht-intendierte Folgen* in den Blickpunkt der Analysen rückt, löst sie sich von einer rein technokratischen Sichtweise und stellt dadurch den Fortschritt selbst in Frage. Nur durch eine *ganzheitliche Perspektive* und einen *umfassenden Wirkungsansatz* kann sie auf die Zukunftsfähigkeit der implementierten Lösungen achten.

Evaluation als gesellschaftliche Notwendigkeit

### 1.1.1 Zweckbestimmungen

Evaluation als Instrument gesellschaftlicher Aufklärung

Aus den bisherigen Ausführungen wird deutlich, dass Evaluation (1.) im Dienste *gesellschaftlicher Aufklärung* betrieben werden kann. In diesem Falle geht es in erster Linie darum, politische Strategien, Programme und Maßnahmen mit dem Instrument der Evaluation dahingehend zu bewerten, ob sie einen Beitrag zur Lösung gesellschaftlicher Probleme leisten. Indem sie Transparenz über die Ziele und die Wirkungen solcher Strategien und Maßnahmen schaffen, ermöglichen sie Bewertungen auf einer rationalen Grundlage. Indem z.B. offen gelegt wird, welche politischen Ziele erreicht und welche vernachlässigt werden, wer von solchen Maßnahmen profitiert und wer nicht, welche Probleme gelöst werden und welche Gefahren damit verbunden sind etc. können öffentliche Diskussionen ausgelöst werden. Dadurch eröffnet Evaluation die Möglichkeit: „to help society shape its own future in a qualified way through systematic, data-based feed-back. A society which seaks evaluation is one which prefers rational thought and critical inquiry to tradition, ideology, and prejudice“ (Dahler-Larsen 2006: 143).

Transparenz

Dabei muss Evaluation die *eingesetzten Beurteilungskriterien transparent* machen, um sich nicht dem Vorwurf auszusetzen, nur die Perspektive der politischen Eliten und Entscheidungsträger verwendet zu haben. Ort der Diskussion von Evaluationsergebnissen sollte die *Öffentlichkeit* sein, also die zentrale Institution moderner Gesellschaften zur Gewährleistung des Austauschs zwischen Staat und Bürgern. Indem Befunde von Evaluationen der Öffentlichkeit zugänglich gemacht werden, regt dies die Debatte über gesellschaftliche Probleme und die angebotenen politischen Lösungen an. Nur wenn dabei die Bewertungskriterien benannt werden, kann Evaluation einen sachlichen Diskurs fördern, ideologisch motivierte Konflikte befrieden und durch lösungsorientierte Empfehlungen zu einem konsensorientierten Abschluss beitragen (vgl. hierzu auch Kapitel 6.2).

Werturteil

Evaluationsergebnisse stellen stets *bewertende Urteile* dar. Erst durch die Offenlegung der dabei verwendeten Kriterien werden nicht nur die im Rahmen einer Evaluation vorgenommenen Beurteilungen nachvollziehbar, sondern es bietet sich auch die Möglichkeit, bei der Verwendung anderer Bewertungskriterien zu anderen Einschätzungen zu gelangen. Nicht die auf systematisch erhobenen Daten zu vorgegebenen Aspekten basierenden Evaluationsergebnisse, sondern die im Vorfeld festgelegten Bewertungskriterien stellen ein *subjektives Werturteil* dar, welches sich letztendlich einer Objektivierung entzieht. Durch Transparenz der Bewertungskriterien im öffentlichen Diskurs ihrer Ergebnisse trägt Evaluation dazu bei, diese interessengeleiteten Werturteile von der sachlichen Ebene der Fakten zu trennen und damit erst einer gesellschaftlichen Auseinandersetzung zugänglich zu machen.

Indem Evaluation mit Hilfe seiner Konzepte und Verfahren öffentliches Handeln beobachtet, bewertet und transparent macht, kommt ihr bezüglich der gesellschaftlichen Aufklärung eine ähnliche Funktion zu wie dem Journalismus. Eleanor Chelimsky (2006: 33), langjährige Direktorin des Institute for Program Evaluation des U.S. General Accounting Office (heute: Government Accountability Office) und damit eine Insiderin des Systems von Politik und Evaluation, formuliert den besonderen Wert von Evaluation deshalb so: „its spirit of scepticism and willingness to embrace dissent help keep the government honest“.

Durch die Verbreitung von Evaluationsergebnissen stärkt sie die öffentliche Information über Regierungshandeln, aber auch über die Aktivitäten der *Zivilgesellschaft* mit ihren vielfältigen Nicht-Regierungs-Organisationen (NRO). Erst durch die unabhängige Überprüfung der Wirksamkeit und Problemlösungskompetenz staatlicher Programme und Maßnahmen wird die Zivilgesellschaft befähigt, kompetente Kritik zu äußern und alternative Lösungsvorschläge zu erarbeiten (vgl. hierzu auch Kapitel 6.2).

Zivilgesellschaft

Evaluation als Instrument demokratischer Regierungsführung

Evaluation ist nicht nur Teil der gesellschaftlichen Kontrolle des Staates, sondern auch (2.) wesentliches Element *demokratischer Regierungsführung*. Dabei wird Evaluation einerseits von der *Legislative* genutzt indem sie in Gesetzen und Verordnungen für bestimmte Zwecke verpflichtend festgeschrieben wird und dementsprechend von den ausführenden Organen umgesetzt werden muss. Der Gesetzgeber setzt also Evaluation als Mittel zur Wirkungsbeobachtung exekutiver Maßnahmen ein und schafft sich so die Möglichkeit einer sachlichen Beurteilung bei der Weiterentwicklung der rechtlichen Rahmenbedingungen in den Parlamenten und ihren nachgeordneten Gremien (z.B. den Fachausschüssen). Dabei sind sowohl die juristisch fixierten Rahmenbedingungen, also das Ausmaß der Verpflichtung zur Evaluation, wie auch der geforderte Umfang und die Art der vorgeschriebenen Evaluationen von Land zu Land verschieden und unterliegen einem Wandel im Zeitablauf. Darauf wird im nächsten Abschnitt über die historische Entwicklung der Evaluationsforschung noch genauer eingegangen. Generell lässt sich sagen, dass insbesondere in den letzten zwanzig Jahren eine deutliche Zunahme der öffentlichen Evaluationsaufträge und deren Verpflichtungsgrad in allen modernen Gesellschaften festzustellen ist.

Nicht nur die Legislative, sondern auch die *Exekutive*, also die Regierung und ihre Ministerien sowie die öffentliche Verwaltung, setzen Evaluationen verstärkt ein. Wenn diese öffentlichen Einrichtungen Evaluation nutzen, um zu belegen, dass sie ihre gesetzten Ziele erreichen (Effektivität), welche Wirkungen (auch nicht-intendierte) ausgelöst wurden (Impact), wie sich das Verhältnis von Kosten zu Nutzen verhält (Effizienz) etc., dann kann damit die *Glaubwürdigkeit und Legitimität von Politik* gesteigert werden. Wenn sich nachvollziehbar begründen lässt, warum bestimmte Programme eingestellt, gekürzt oder ausgeweitet werden, steigt die Akzeptanz oder zumindest das Verständnis für Entscheidungen. Gleichzeitig fördert die Offenlegung der mit politischen Maßnahmen verbundenen Schwierigkeiten sowie das Wissen um Zusammenhänge und die durch Politik-Strategien ausgelösten Wirkungen auch die Bereitschaft der Zivilgesellschaft, sich aktiv an der Lösung dieser Probleme zu beteiligen und die Regierung durch eigene Beiträge zum Wohle aller zu unterstützen.

Legitimierung

Voraussetzung hierfür ist jedoch, dass die Evaluationsergebnisse als rationale Grundlage politischer Entscheidungen genutzt werden. Donald Campbell (1969) hat diesen Gedanken in seinem Konzept von der *„experimentierenden Gesellschaft"* aufgegriffen, in dem eine Art „Arbeitsteilung" zwischen Evaluation und politischer Entscheidungsfindung propagiert wird. Danach soll das bei Evaluationen gewonnene rationale Wissen direkt und quasi automatisch in politische Entscheidungen überführt werden. Diese Form der Verknüpfung zwischen Evaluation und Politik ist als eine Reduktion von politischen auf technische Fragen heftig kritisiert und als „social engineering" bezeichnet worden. Schon früh

Experimentierende Gesellschaft

haben Studien zudem gezeigt, „that the official political machinery did not actually behave according to the assumed rationalistic model“ (Dahler-Larsen 2006: 143). Die Nutzung von Evaluationsergebnissen ist ein komplexer sozialer und politischer Prozess, der in Organisationen beispielsweise durch die Einführung von Wissensmanagementsystemen weiter rationalisiert werden soll (vgl. als Überblick z.B. Haun 2005; Amelingmeyer 2004; Winkler 2004; Willke 2004; Ipe 2003; Alvesson u. Karreman 2001). Die Durchführung von Evaluationen ist zweifellos keine hinreichende, aber immerhin eine notwendige Bedingung für *rationale Politik*: ohne Offenlegung der durch Regierungs- und Verwaltungshandeln erreichten Ergebnisse ist eine demokratische Meinungsbildung auf der Basis möglichst rationaler Bewertungsgrundlagen schwer möglich.

Rationale Politik und Evaluation

Evaluation kann nicht nur dazu beitragen, gesellschaftliche Aufklärung zu leisten und die demokratische Teilhabe und Regierungsführung zu stärken, sondern auch (3.) dazu, die *Steuerungsfähigkeit* von einzelnen Maßnahmen, Programmen, Organisationen oder gar ganzen Politiknetzwerken zu erhöhen. Die Einbindung von Evaluation in das Projektmanagement z.B. durch „logic models“ und das Konzept des „Project Cycle Management“ verfügt bereits über eine gewisse Tradition in den modernen Industrieländern. In den letzten beiden Jahrzehnten avancierten Evaluationen im Zuge der Einführung von Neuen Steuerungsmodellen im Rahmen von New Public Management und der Etablierung weit reichender Qualitätsmanagementmodelle zunehmend zu einem integralen Bestandteil der organisationalen Struktur und Kultur sowie der Ablaufprozesse in Organisationen. Schließlich werden seit einigen Jahren Netzwerksteuerungskonzepte diskutiert, welche durch aktive Einbindung zivilgesellschaftlicher Akteure eine „institutionelle Steuerung“ („governance“) als Ergänzung oder gar als Ersatz staatlichen Regierungshandelns etablieren wollen.

Evaluation als Steuerungsinstrument

Neue Steuerungsmodelle

Da sich Evaluation in *„feed-back“-Schleifen* organisational integrieren lässt, fließt erworbenes Wissen, z.B. über den Ablauf und die Wirksamkeit von Programmen immer wieder in deren Steuerung ein. Sie kann die Programmsteuerung in allen Phasen des politischen Prozesses durchgängig unterstützen und dabei Lernpotenziale erschließen (siehe hierzu ausführlich Kap. 2). Deshalb ist die Bereitschaft und die Fähigkeit, Evaluation in die Managementstrukturen einer Organisation zu integrieren mittlerweile zu einem Kennzeichen moderner Organisationen geworden „and a key to legitimacy, status, recognition, and sometimes funding“ (Dahler-Larsen 2006: 147).

In Abbildung 1.1 sind die *drei zentralen Zweckbestimmungen von Evaluation* noch einmal im Überblick dargestellt. Dabei wird deutlich, dass die drei Einsatzfelder in einem engen Zusammenhang stehen.

Zweck der Evaluation

*Abbildung 1.1:* Dreifache Zweckbestimmung der Evaluation

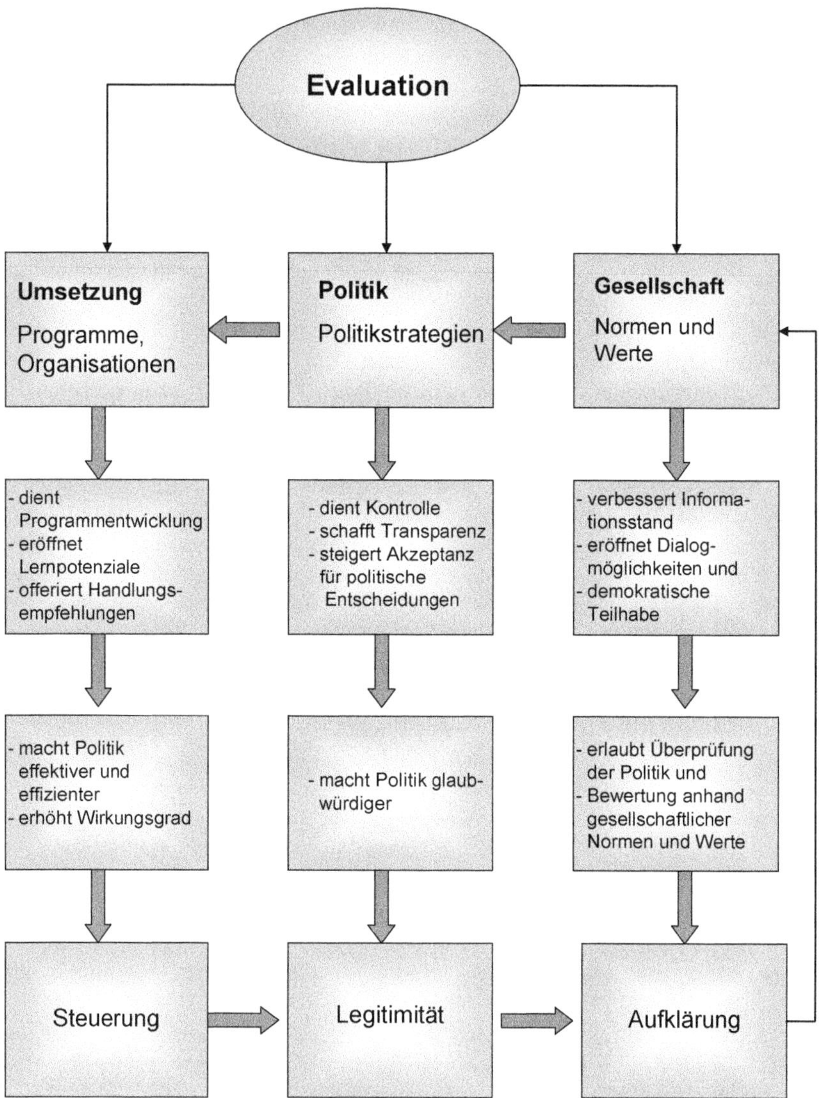


Diese drei Perspektiven sind zwar nicht exklusiv zu verstehen, geben jedoch unterschiedliche Meinungen und Philosophien wieder, die z.T. in grundsätzliche Diskussionen münden. Ob der Sinn von Evaluation nun in der Generierung von Wissen, der Weiterentwicklung von Institutionen oder in der Maximierung der Wirkungen öffentlicher Programme zu sehen ist, bleibt zwischen Evaluatoren umstritten (vgl. Chelimsky 2006: 33f.). Hier wird die Auffassung vertreten, dass Evaluation keinesfalls nur einem Zweck dient, sondern einer Vielfalt von Zielstellungen, die hier unter den drei Aspekten *demokratische Aufklärung, Legitimi-*

*tätsbeschaffung* für Politik und *Steuerung* von Politik (über Programme, Projekte und Maßnahmen) subsumiert werden. Diese enge Verbindung zwischen Evaluation und Politik ist nicht unproblematisch, wie noch zu zeigen sein wird.

### 1.1.2 Institutionalisierung der Evaluation

Evaluationskapazitäten beim Staat

Damit Evaluation als Aufklärungs-, Legitimitäts- und Steuerungsinstrument seine Funktionen entfalten kann, sind Evaluationskapazitäten in verschiedenen Bereichen notwendig: (1.) Um ihrer aufklärerischen Aufgabe gerecht zu werden, müssen Evaluationskapazitäten *in der Gesellschaft* aufgebaut werden, die möglichst unabhängig von Auftraggebern und mittelverwaltenden Stellen agieren können. In einigen Ländern (z.B. Schweden, Niederlande, Großbritannien, USA) haben *General Accounting Offices* solche Aufgaben übernommen. Der deutsche Bundesrechnungshof prüft nach Artikel 114 des Grundgesetzes „die Rechnung sowie die Wirtschaftlichkeit und Ordnungsmäßigkeit der Haushalts- und Wirtschaftsführung“. Umfassende Evaluationen, die die Wirksamkeit oder gar Nachhaltigkeit politischer Strategien untersuchen, gehören nicht zu seinem originären Aufgabenfeld. Mittlerweile sind in Deutschland eine Reihe unabhängiger Institutionen entstanden, die in bestimmten Politikfeldern tätig sind, z.B. das Institut für Schulqualität der Länder Berlin und Brandenburg[1] oder das Institut für Forschungsinformation und Qualitätssicherung[2]. Auch die Idee, einen internationalen „Impact Evaluation Club“ der wichtigsten Geberländer in der Entwicklungszusammenarbeit zu gründen, um ihre Wirksamkeit zu überprüfen, ist hier einzuordnen[3].

1 Http: //www.isq-bb.de

2 Http: //www.forschungsinfo.de

3 In Deutschland wurde diese Idee, ein Zentrum für die unabhängige Überprüfung der Wirksamkeit und der Nachhaltigkeit der Entwicklungszusammenarbeit (EZ) zu gründen, erstmals vom Autor dieses Kapitels während einer Tagung zur „Nachhaltigkeit von Projekten und Programmen der Entwicklungszusammenarbeit“ im November 1992 an der Universität Mannheim vorgeschlagen. Vgl. auch dpa-Interview vom 2. Dezember 1994 mit dem Autor, in dem dieser Vorschlag wiederholt wird. Am 14. März 1996 haben der Bundestagsabgeordnete Dr. R. Werner Schuster und die SPD-Bundestagsfraktion eine Antrag zur „Systematischen Erfolgskontrolle“ gestellt, in dem ebenfalls die Gründung eines Evaluationsinstituts gefordert wird (vgl. BT-Drucksache 13/4120). Allerdings wurden diese Vorschläge schon im Vorfeld der politischen Diskussion zu Fall gebracht, da die staatlichen wie privaten (gemeinnützigen) Nonprofit-Organisationen kein Interesse an einer unabhängigen Institution haben, die ihre Arbeit evaluieren könnte. Stattdessen wird auf eigene Evaluationen verwiesen, die teilweise oder auch ganz von externen Gutachtern durchgeführt werden, wobei die Frage nach der Unabhängigkeit dieser Gutachter immer wieder diskutiert wird. Neuerdings wurde der Vorschlag, ein unabhängiges Evaluationsinstitut in der deutschen EZ-Landschaft zu gründen, in einer vom BMZ beauftragten Studie zur Evaluation deutscher EZ-Organisationen unterbreitet (vgl. Borrmann und Stockmann 2009). Diese Empfehlung hat sich das Bundesministerium für Wirtschaftliche Zusammenarbeit (BMZ) zu Eigen gemacht: im Jahr 2011 wurde ein solches Institut als gGmbH gegründet (mit dem Bund als einzigem Gesellschafter, vertreten durch das BMZ) und Prof. Dr. Helmut Asche zum ersten Leiter bestimmt. Im Frühjahr 2012 nahm das Deutsche Evaluierungsinsitut DEval dann seine Arbeit auf und es soll im Endausbau 38

Evaluationskapazitäten sind auch auf der *Ebene der politischen Steuerung* notwendig, um die Umsetzung der eigenen Strategien und Politiken zu überprüfen und evaluativ zu begleiten. Dabei können Evaluationen – wie ausgeführt – sowohl (2.) der *Steigerung der politischen Legitimität* dienen, als auch (3.) der *Verbesserung des Steuerungspotenzials*, um die eigene Arbeit effizienter und effektiver zu gestalten. Dies ist nicht nur eine Herausforderung für den staatlichen Sektor sondern angesichts der zunehmenden Einbindung in Policy-Networks auch für den Nonprofit-Bereich insgesamt. Gerade Nonprofit-Organisationen, die mit privaten Spendenmitteln arbeiten, sollten ein besonderes Interesse daran haben, ihre Steuerungspotenziale voll auszuschöpfen und anhand von Evaluationen zu belegen, dass sie eine wirkungsvolle Arbeit leisten und die Spenden bei ihnen gut angelegt sind (vgl. zur Problematik der Evaluation in zivilgesellschaftlichen Organisationen Kapitel 6).

Evaluationskapazitäten in Non-profit Organisationen

In der letzten Zeit ist zu beobachten, dass nicht nur staatliche Einrichtungen (z.B. Ministerien, Behörden, Verwaltungseinrichtungen aller Art) sondern auch private Nonprofit-Organisationen (z.B. Stiftungen, Verbände, Vereine, Hilfswerke) Steuerungs- und Qualitätssicherungsinstrumente einsetzen, die ursprünglich im Unternehmensbereich der Profit-Organisationen entwickelt wurden. Während sich einige Instrumente wie z. B. das Finanzcontrolling noch relativ leicht übertragen lassen, stoßen Andere beim Einsatz in Nonprofit-Organisationen auf große Schwierigkeiten (vgl. zusammenfassend Stockmann 2006 und Kuhlmann u.a. 2004). Dies liegt, wie in Kapitel 6 gezeigt wird, vor allem an den situativen und organisationalen Unterschieden zwischen Profit- und Nonprofit-Organisationen (inklusive staatlicher Einrichtungen). Im Zuge dieser neuen Managementkonzepte wird Evaluation gerade im Nonprofit-Bereich zu einem unverzichtbaren Instrument, das die für die Managemententscheidungen notwendigen Daten bereitstellt und bewertet.

Interne und Externe Evaluationskapazitäten

Um die Steuerungsaufgaben lösen zu können, sind sowohl interne Evaluationskapazitäten, also in den geldgebenden und durchführenden Organisationen, als auch externe Evaluationskapazitäten, in Form wissenschaftlicher Institute, privater Unternehmen und einzelner Gutachter (Experten) notwendig.

Dabei werden externe Evaluationskapazitäten eher für die unabhängige Analyse im Dienste der gesellschaftlichen Aufklärung und der demokratischen Legi-

---

Planstellen umfassen. Entspreched der Webseite des Instituts (http: //www.deval.org/) ist das Ziel des Evaluierungsinstituts, „die unabhängige Beurteilung des Erfolges von Maßnahmen der deutschen Entwicklungszusammenarbeit. Das Institut unterstützt damit das …BMZ, Durchführungsorganisationen … sowie nichtstaatliche Einrichtungen, ihre Entwicklungsprojekte evidenzbasiert zu gestalten, Ergebnisse transparent darzustellen und aus Evaluierungen für die zukünftige Gestaltung des Politikfelds zu lernen. Das DEval hilft auch dem deutschen Bundestag, seine Kontrollfunktion gegenüber der Exekutive wahrzunehmen und politische Initiativen für die Ausgestaltung der internationalen Zusammenarbeit der Bundesrepublik mit Evidenz zu unterlegen. Durch seine unabhängige und externe Gesamtsicht hilft das Institut, Methoden und Standards von Evaluierungen aufzuarbeiten und damit die Qualität von Erfolgsbewertungen zu erhöhen. Das Institut wird Evaluierungskapazitäten in Partnerländern der deutschen EZ fördern (evaluation capacity development; ECD) und strategische Partnerschaften mit der Wissenschaft und anderen Organisationen aufbauen."

timierung genutzt, während sich für die Programmsteuerung sowohl interne als auch externe Evaluationskapazitäten einsetzen lassen. Auf die Vor- und Nachteile interner und externer Evaluation wird in Kapitel 6 eingegangen.

*Abbildung 1.2:* Zusammenhang zwischen Evaluationszwecken und -kapazitäten

Zusammenhang Evaluationszweck und Evaluationskapazität

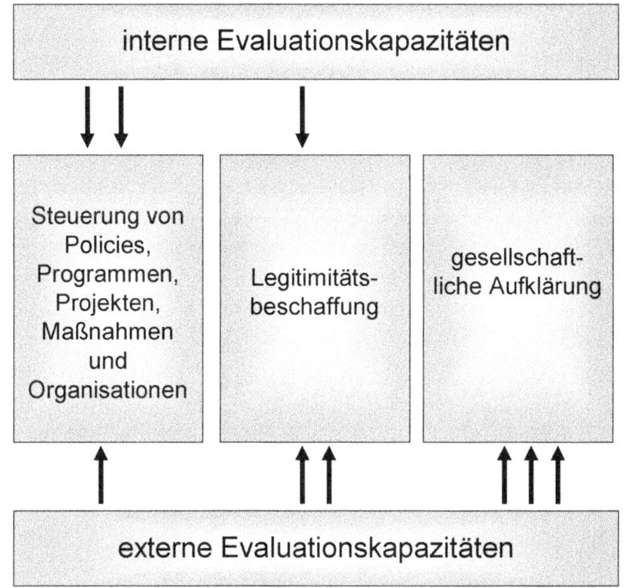


Die *multifunktionale Verwendung* von Evaluationskapazitäten macht deutlich, dass es keine passgenaue Zuordnung zu den hier definierten Evaluationszwecken gibt. Externe Evaluationseinrichtungen können für alle drei Zwecke herangezogen werden. Dabei gilt, je unabhängiger sie sind, umso glaubwürdiger ist ihr Beitrag zur gesellschaftlichen Aufklärung, zur demokratischen Legitimitätsbeschaffung und zur Programmsteuerung. Interne Evaluationseinrichtungen tragen selten (Rechnungshöfe können es aber) zur gesellschaftlichen Aufklärung bei und werden wegen ihrer eingeschränkten Glaubwürdigkeit wenig zur Legitimitätsdarstellung programmdurchführender staatlicher oder nicht-staatlicher Organisationen genutzt, stattdessen dienen sie vor allem der internen Steuerung von Projekten und Programmen und manchmal auch von Policies, sowie der Gestaltung des organisationalen Qualitäts- und Wissensmanagements.

## 1.2 Historische Entwicklung der Evaluation

Ursprung von Evaluation

Wie aus der bisherigen Darstellung deutlich wurde, ist Evaluation nicht nur eng verknüpft mit Politik und ihren Institutionen, sondern mehr noch *politikgetrieben*. Dies wird besonders deutlich, wenn man sich die historische Entwicklung der Evaluation anschaut.

Je nachdem wie weit der Blick zurück reichen soll, werden unterschiedliche Wurzeln der Evaluation zum Vorschein kommen. Letztlich lässt sich behaupten, dass Evaluation so alt ist, wie die Welt. Schon die Schöpfungsgeschichte erzählt von der Anwendung der Evaluation. Als Gott die Welt schuf, das Licht in der Finsternis, das Gewölbe in mitten der Wasser, die Pflanzen, die Tiere und letztlich den Menschen, heißt es am Ende des fünften Tages: „Gott sah alles, was er gemacht hatte, und fürwahr, es war sehr gut" (Genesis 1, 31). Dabei dürfte er – uns nicht bekannte – Kriterien verwendet haben, die er mit seinen Eindrücken verglich, um zu einer Bewertung zu gelangen und letztlich eine folgenschwere Entscheidung zu treffen, nämlich seine Schöpfung nicht gleich wieder zu verwerfen.

Auch die menschlichen Versuche, herauszufinden, was von den Pflanzen und Tieren genießbar ist, welche Gerätschaften sich für bestimmte Tätigkeiten am besten einsetzen lassen, wie sich durch Ackerbau und Viehzucht der Wohlstand mehren lässt etc., weisen evaluative, was hier zunächst nicht mehr bedeutet als bewertende, Komponenten auf: Es werden empirische *Daten* gesammelt und nach bestimmten *Kriterien bewertet*, um anschließend darauf aufbauend *Entscheidungen* zu treffen.

Wird Evaluation jedoch nicht als Allerweltsvorgang betrachtet, sondern als ein *systematisches Verfahren*, das bestimmten *wissenschaftlich vorgegebenen Regeln* folgt, dann ist Evaluation ein relativ modernes Phänomen, welches eng mit der Entwicklung der Sozialwissenschaften und eben den politischen Interessen der Regierenden verknüpft ist.

### 1.2.1 Entwicklung in den USA

Ursprünge der Evaluation in den USA

Die Ursprünge der Evaluation in den USA können bis zu den frühen Reformbestrebungen im *19. Jahrhundert* zurückgeführt werden, bei denen die Regierung externe Inspektoren damit beauftragte, öffentlich finanzierte Programme in Bereichen wie dem Bildungs- und Gesundheitswesen oder der Strafjustiz zu evaluieren (vgl. Chelimsky 2006; Mertens 2006; Fitzpatrick, Sanders u. Worthen 2004; Madaus u. Stufflebeam 2002). Zentrale Untersuchungsthematik war vor allem die Effektivität dieser Programme. Als eigentlicher Startpunkt ‚moderner' Evaluationen wird jedoch von den meisten Autoren die Evaluation der Reformprogramme zur Verminderung der Arbeitslosigkeit und der Verbesserung der sozialen Sicherheit im Rahmen des ‚New Deal' in den *30er und 40er Jahren des 20. Jahrhunderts* in den USA bezeichnet. (vgl. Deutscher u. Ostrander 1985: 17f.). Auch die einflussreiche Western-Electric-Studie (Hawthorne-Werke) über die psychischen und sozialen Folgen technologischer Innovationen ist hierzu zu zählen (Roethlisberger u. Dickson 1934).

Evaluation in der frühen Nachkriegszeit

Während des *2. Weltkriegs* versuchte sich die U.S. Army die angewandte Sozialforschung zu Nutze zu machen. In ihrem Auftrag entwickelten Stouffer und seine Mitarbeiter (Stouffer u.a. 1949) Instrumente zur kontinuierlichen Messung der Stimmung in der Truppe und zur Evaluierung bestimmter Maßnahmen im Bereich des Personalwesens und der Propaganda (vgl. Rossi u.a. 1988: 5). Als wissenschaftliche Pionierarbeiten der Evaluationsforschung gelten jedoch vor allem

Studien aus der frühen Nachkriegszeit, wie z.B. Lewins (1951) Feldstudien oder die Arbeit von Lippitt und White über demokratische und autoritäre Führungsstile (Lippitt 1940; White u. Lippitt 1953).

Der eigentliche Boom der Evaluationsforschung setzte in den USA zu Beginn der *60er Jahre* im Gefolge umfangreicher Sozial-, Bildungs-, Gesundheits-, Ernährungs- und Infrastrukturprogramme ein. Von Anfang an waren diese mit dem Auftrag verknüpft, die Wirkungen dieser Programme zu überprüfen. In einem Großteil der Fälle wurden die Evaluationen sogar gesetzlich vorgeschrieben und eigene Haushaltsmittel dafür bereitgestellt. Am bekanntesten sind die Wohlfahrts- und Reformprogramme der demokratischen Präsidenten John F. Kennedy (1961-1963) und Lyndon B. Johnson (1963-1969). Mit Hilfe des „War on poverty" wurde versucht, die „Great Society" zu verwirklichen. Die Evaluationsforschung sollte dabei nach Hellstern und Wollmann (1984: 27) Zeuge, Rechtfertigungsinstrument und Stimulator für diese Politik werden.

Economic Opportunity Act

Mit dem *„Economic Opportunity Act"* wurde 1964 eine von den Regierungsministerien unabhängige „Behörde für wirtschaftliche Chancengleichheit" (Office of Economic Opportunity) für die Verwaltung und Finanzierung von Programmen gegründet, wie Headstart (Vorschulprogramm für Unterschichtkinder), Job Corps (Arbeitsbeschaffungsprogramm für arbeitslose Jugendliche), Manpower Training (Berufsbildung), Gesundheitsdienste und Legal Services (Rechtsberatung). Große Bedeutung errang vor allem das „Community Action Programm", das nicht nur die materiellen Nöte der Bevölkerung abbauen, sondern auch neue Formen der Demokratie und Mitbestimmung auf kommunaler Ebene einführen sollte (vgl. Lachenmann 1977: 31).

Community Action Program

Ein weiteres zentrales Ergebnis in diesem Zeitraum, das wesentliche Auswirkungen auf die institutionelle Herausbildung der Evaluation hatte, war die Verabschiedung des *„Elementary and Secondary Education Act"* (ESEA) von 1965. Das Gesetz sah eine enorme Aufstockung von Fördermitteln für den Bildungsbereich vor, wobei deren Vergabe explizit an die Durchführung von Evaluationen geknüpft war (vgl. Fitzpatrick, Sanders u. Worthen 2004: 36f.).

ESEA

Im Rahmen dieses Gesetzgebungsverfahrens wurde beispielsweise *„Head Start"* zu einem der bekanntesten, intensivst evaluierten und umstrittensten sozialpolitischen Programme der USA. An dem zwischen 1965 und 1980 durchgeführten Programm nahmen 7,5 Mill. Kinder teil. Es wurden mehr als 50 größere Evaluierungen durchgeführt und etwa 800 Zeitschriftenartikel publiziert. Bis erste Ergebnisse des Head Start Programms vorlagen, war bereits Präsident Richard M. Nixon (1969-1974) im Amt, der die Mittel für die Reformprogramme stark einschränken wollte. Die Evaluierungsergebnisse, die kaum einen Effekt des Vorschulprogramms nachweisen konnten, kamen ihm deshalb gerade recht. Die negativen Testergebnisse lösten eine Welle weiterer Evaluationen und eine umfassende Methodendiskussion aus (vgl. Hellstern u. Wollmann 1984: 29ff.).

Head Start Program

Ein ganz wesentlicher Impuls für die Evaluationsforschung ging von der Einrichtung eines Planungs-, Programmgestaltungs- und Haushaltsplanungssystems (*Planning, Programming and Budgeting System, PPBS*) aus, das im Verteidigungsministerium durch Robert McNamara eingeführt und unter Präsident Johnson 1965 auf den gesamten Regierungsapparat und alle Ministerien ausgedehnt wurde. Wittmann (1985: 5) sowie Deutscher u. Ostrander (1985: 18) hal-

PPBS

ten die Einführung des PPBS für einen Markstein in der Evaluationsgeschichte: „This concept and McNamara's influence are crucial to the history of evaluation research". Das PPBS stellte eine Variante der damals populären systemischen (Management-)Ansätze dar, die darauf abzielten, durch eine Verknüpfung explizit definierter Organisationsziele mit Output- und Inputgrößen die Systemeffektivität und -effizienz sowie Mittelallokationen zu verbessern. Die eigentlich von großen Industrieunternehmen genutzten Ansätze gelten deshalb auch für den öffentlichen Sektor als übertragbar. Doch dort fanden sich wenige Befürworter, so dass unter Präsident Nixon ein Großteil dieses Systems schon 1971 wieder aufgegeben wurde.

Evaluationsmarkt

Durch die Reformprogramme entstand ein großer *Auftragsmarkt*, von dem die Evaluationsforschung stark profitierte. Es wird geschätzt, dass 1976 bereits 600 Mill. $ für die Evaluation von sozialen Dienstleistungsprogrammen aufgewendet wurden (vgl. Wittmann 1985: 9). Das „Evaluationsbusiness" wurde zu einer Wachstumsindustrie. Beschäftigungsmöglichkeiten für Evaluatoren ergaben sich dabei im Rahmen der zahlreichen Evaluationsvorhaben in einer breiten Vielfalt von Gesellschaftsbereichen sowohl in staatlichen Institutionen als auch in einer Vielzahl regionaler und lokaler Projekte und Organisationen (vgl. Fitzpatrick, Sanders u. Worthen 2004; Madaus u. Stufflebeam 2000).

Universitäre Studienprogramme

Als Reaktion auf die entstandene Nachfrage bildeten sich im universitären Bereich eine Reihe spezialisierter *Studienprogramme* in Themenbereichen wie „educational research and evaluation" sowie „public administration" and „policy analysis" heraus. Mit dieser Phase einhergehend ist generell ein dramatischer Anstieg von Absolventen sozialwissenschaftlicher Studiengänge zu verzeichnen. So stieg beispielsweise zwischen 1960 und 1970 die Zahl der Promotionen in den Fächern Volkswirtschaftslehre, Bildung, Politikwissenschaft, Psychologie und Soziologie um mehr als das Vierfache, wobei viele dieser Absolventen eine beruflichen Laufbahn als Evaluatoren im öffentlichen und Nonprofit-Sektor ergriffen (vgl. Shadish u.a. 1991).

Zeitalter der Professionalisierung

Zahlreiche Autoren sehen den Zeitraum der *70er bis Mitte der 80er Jahre* des 20. Jahrhundert als das „Zeitalter der Professionalisierung" (Madaus u. Stufflebeam 2000: 14ff.). Als *wesentliche Merkmale der Professionalisierung* werden genannt:

- die bereits erwähnte starke Nachfrageentwicklung nach Evaluation im öffentlichen Sektor,
- die als Reaktion darauf folgende Ausweitung von Studienangeboten mit Evaluationsinhalten,
- die Entstehung einer eigenständigen Evaluationsliteratur, die vor allem auch theoretisch-methodologische Ansätze und Modelle entwickelte (vgl. hierzu Kapitel 3),
- der Aufbau professioneller Fachorganisationen und Netzwerke.[4]

---

4 Im Jahr 1976 formierte sich als Zusammenschluss mehrerer Bildungs- und Psychologie-orientierter Fachorganisationen das Joint Committee on Standards for Educational Evaluation um Standards für die Evaluation zu erarbeiten. 1981 wurden die Standards für Evaluations of Educational Programs, Projects, and Materials veröffentlich (vgl. Kapitel 4.3). Die Evaluation Research Society und das Evaluation Network schlossen sich 1986 zur

Noch während dieser Professionalisierungsprozess andauerte veränderte sich der Evaluationsmarkt dramatisch. Auslöser war die bereits in den 70er, vor allem aber in den 80er Jahren insbesondere unter der Regierung Reagan geäußerte *Kritik an sozialen Reformprogrammen.* Die Finanzmittel für innovative Modellvorhaben wurden zwar zurückgefahren, doch die Bedeutung der Evaluationsforschung wurde dadurch nicht geschmälert. Lediglich ihr Schwerpunkt verlagerte sich. Zunehmend rückten das Verhältnis von Kosten und Nutzen, die Effizienz des Managements und die Rechenschaftsberichterstattung in den Mittelpunkt des Interesses. So wurden z.B. sogenannte „Sunset-Gesetze" erlassen, die eine automatische Beendigung der Programme vorsahen, wenn nicht innerhalb einer festgelegten Zeitspanne der Nachweis ihrer Wirksamkeit erbracht werden konnte (vgl. Rossi u.a. 1988: 6).

Sunset-Gesetze

In vielen Bereichen war deshalb selbst in der Reagan Ära ein Wachstum im Evaluationsbereich zu verzeichnen. Obwohl sich die meisten staatlichen und kommunalen Institutionen mit dem Thema erst beschäftigten, wenn gesetzliche Vorgaben sie dazu veranlassten, entwickelte sich allmählich bei vielen eine Wertschätzung von Evaluation als wichtiges Planungs- und Steuerungsmittel.

Eine Reihe von Einrichtungen, Institutionen, Stiftungen, Unternehmungen und sogar Kirchen nahmen Evaluation als Routineinstrument in ihre Programmplanungen auf. Davon betroffen waren auch solche Programme, die nicht durch öffentliche Mittel gefördert wurden und bei denen keinerlei verpflichtende Regelungen bezüglich einer Evaluierung bestanden. Die Beschäftigungsmöglichkeiten in den USA für Evaluatoren hatten sich damit weiter verfestigt (vgl. Fitzpatrick, Sanders u. Worthen 2004: 40f.).

Government Performance and Results Act

Mit dem „*Government Performance and Results Act*" wurde die Rolle der Evaluationsforschung noch einmal deutlich gestärkt. Dieses 1993 vom US-Kongress verabschiedete Gesetz, schreibt Mertens (2006: 55): „shifted the focus of federal management and decision making away from preoccupation with the activities that are undertaken under the auspices of federal funding to a focus on the results of those activities". Der GPRA[5] schreibt den jeweils ausführenden staatlichen Institutionen verbindlich mehrjährige strategische Pläne sowie jährliche Leistungspläne und -berichte vor. Wesentliche vorgeschriebene Bestandteile dieser jeweils auf mindestens fünf Jahre ausgelegten Pläne sind die ausgearbeitete Missionsziele der jeweiligen Institutionen, generelle Ziele und Zielkriterien sowie die Strategien zur Erreichung derselben. Durch diese Anforderungen ergibt sich nahezu zwangsläufig die Notwendigkeit von Evaluationen in allen staatlichen Institutionen und von diesen geförderten Programmen.

Obwohl es mit dem GPRA gelang, mehr Informationen über Verlauf und Wirkungen von Programmen durch Evaluationen zu generieren, wurde dieser Erkenntnisgewinn jedoch nur unzureichend zur Konzeptionierung, Planung, Durchführung und (Weiter-)Entwicklung genutzt (Moynihan u. Lavertu 2012). Acht Jahre nach seiner Verabschiedung zog die Bush-Administration 2001 eine Zwischenbilanz und kritisierte dabei das Gesetz als wenig effektiv weil „perfor-

---

American Evaluation Association (AEA) zusammen, die bis heute weltweit mitgliederstärkste und sicherlich auch einflussreichste Evaluationsgesellschaft.

5 Vgl. hierzu die sehr instruktive Arbeit von Reade 2004.

mance measures [were] insufficiently used to monitor and reward staff, or to hold program managers accountable“ (OMB 2001: 27).

Programm Assessment Rating Tool (PART)

Als Konsequenz führte die Bush-Administration im Haushaltsjahr 2004 das „Program Assessment Rating Tool“ (PART) ein. Es handelt sich dabei um einen Fragebogen, der in vier Sektionen (Zweck, strategische Plannung, Management, Ergebnisse) insgesamt 25 Fragen mit einer Skala von 0 bis 100 (100 als bester Wert) stellt. Während der Amtszeit von George W. Bush sind praktisch alle Bundesprogramme auf diese Art und Weise bewertet worden. Die PART-Scores wurden zur Rechtfertigung von Budgetentscheidungen genutzt und Programmen, die entweder niedrige Werte erreichten oder eine Bewertung verweigerten, wurde der Haushalt gekürzt und manche wurden sogar vollständig eingestellt. Allerdings gab es auch Kritik an dem PART-System, vor allem weil die dahinter stehenden, viel nuancierteren und inhaltsreicheren Evaluationsberichte praktisch nicht mehr wahrgenommen wurden. Obwohl PART noch mehr Daten über den Verlauf von Programmen zur Verfügung stellte, wurden diese von den Programmmangern nicht besser genutzt als zuvor (GAO 2008: 5).

Obama-Administration und Evaluation

Anfang 2009 änderte sich unter der Obama-Administration die Politik der Evaluation öffentlicher Programme grundlegend und ein vollständig neues Evaluationssystem ersetzte die PART-Messungen. Das „Office of Management and Budget“ (OMB) hatte in einem Memorandum zur „Increased Emphasis on Program Evaluations“ die Schwächen der bisherigen Evaluationspolitik in den USA offen gelegt und z.B. hervorgehoben, dass Evaluationen die Haushaltsprioritäten ungenügend beeinflusst haben und eine Reihe von Programmen weitergeführt wurde obwohl ihre Wirksamkeit nicht durch Evaluationen belegt werden konnten (OMB 2009). Im Unterschied zur bisherigen Vorgehensweise bei Evaluationen betonte dieses Memorandum die Bedeutung von Wirkungsevaluationen zur Bewertung der Programmeffektivität und -effizienz, welche für Haushaltsentscheidungen grundlegend sei.

In den darauf folgenden Jahren wurde diese neue Schwerpunktsetzung auf Wirkungsevaluationen durch eine Reihe von Maßnahmen konsequent in der Praxis umgesetzt. In einem ersten Schritt wurdenvom OMB alle Informationen zu geplannen oder laufenden Projekten publiziert und damit den Durchführungsorganisationen die Möglichkeit zur Verschleierung negativer Ergebnisse genommen. Als zweites wurde eine behördenübergreifende Arbeitsgruppe mit Repräsentanten des Domestic Policy Council, des National Economic Council und des Council of Economic Advisors implementiert. Drittens schließlich startete das OMB 2011 auf Bundesebene eine freiwillige Evaluierungsinitiative, bei der rigorose Programmevaluationen und der Aufbau entsprechender Evaluationskapazitäten mit einem Gesamtbudget von 100 Millionen USD gefördert wurden.

Auch die jährliche Haushaltsplanung belegt deutlich die wachsende Bedeutung von Wirkungsevaluationen in den USA. Im Haushalt des Präsidenten für 2011 wird z.B. gefordert, dass „in order to drive evidence-based decisions about what works and what doesn't, the Administration is aggressively expanding its program evaluation efforts“. Für Initiativen, welche ihre Effektivität und Effizienz belegen können, wurde mehr Geld ausgegeben und auf der anderen Seite werden eine Reihe Programme benannt, die aufgrund eines „Mangels an Evidenz“ für ihre erfolgreiche Arbeitsweise eingestellt wurden. Dieser Trend hat sich eindeutig auch im Haushalt des Präsidenten 2012 fortgesetzt.

Die wachsende Bedeutung stärker an wissenschaftlichen Kriterien orientierter Evaluationen ist deutlich erkennbar durch die Evaluation Policy Task Force (EPTF) der American Evaluation Assosciation (AEA) beeinflusst worden. Zum ersten Mal in ihrer Geschichte agiert die AEA als Beratungsgremium in Zusammenarbeit mit Politikern. Gemeinsam wird dabei an der Gestaltung von Evaluationspolitiken gearbeitet, z.B. im Rahmen der Global Health Initiative und der Health Care Reform. Das einflussreichste Policy Paper der EPTF ist bisher die „Evaluation Roadmap for a More Effective Government", in der die Arbeits- und Wirkungsweise von Evaluatione beschrieben und eine stärkere Rolle von Evaluationen in Bundesprogrammen gefordert wird (AEA 2010: 18).

Evaluation Policy Task Force

Vor dem Hintergrund dieser starken institutionellen Verankerung von Evaluation im öffentlichen Sektor sowie breite Diffundierung in die Gesellschaft und ihre Institutionen ist zu konstatieren, dass Evaluation in den USA zu einem integrierten Bestandteil öffentlichen Handelns geworden ist.

### 1.2.2 Entwicklung in Europa

Ursprünge der Evaluation in Europa

In Europa setzte die „moderne" Evaluationsforschung im Vergleich zu den USA mit einer zehnjährigen Verspätung Ende der *60er Jahre* ein. Wie dort gewann sie mit dem Aufkommen umfassender politischer Reformprogramme an Bedeutung und Profil. Schweden, Großbritannien und auch Deutschland werden zu den „frontrunners" (vgl. Leeuw 2006: 67)[6] gezählt. Während diese erste Evaluationswelle getragen wurde von einer neo-keynesianischen Politik, dem Ausbau des Wohlfahrtsstaates und der Verbesserung staatlicher Infrastruktureinrichtungen und dabei noch aus „vollen" Kassen schöpfen konnte, setzten in Folge der Erdölpreiserhöhung von 1973 und der dadurch ausgelösten weltweiten Wirtschaftsrezession staatliche Finanzierungsengpässe ein. Die Diskussion zur Modernisierung von Staat und Verwaltung drehte sich in den westlichen Industrieländern zunehmend um das Problem der Haushaltskonsolidierung. Im Rahmen neoliberaler und neo-konservativer Strömungen wurde der Rückbau des Sozial- und Wohlfahrtsstaates propagiert.

Entwicklung der Evaluation in den 1970er Jahren

Bis Mitte der *70er Jahre* wurde die Evaluationsforschung – wie zuvor in den USA – vor allem dazu genutzt, die Effektivität von Programmen nachzuweisen und damit die Durchsetzungschancen innovativer Maßnahmen zu verbessern. Dabei wurden analytische Interessen und legitimatorische Absichten häufig miteinander vermengt. Ab Mitte der 70er Jahre gewannen – wiederum wie in den USA – Kosten-Nutzen-Erwägungen an Bedeutung und die Administratoren erhofften sich von Evaluationen rationale Entscheidungs- und Argumentationshilfen für die Priorisierung und Selektion von Programmen. In die Evaluationsforschung wurden große Hoffnungen gesetzt: „*Öffentlichkeit* und *Parlament* versprachen sich eine verbesserte Kontrolle staatlicher Maßnahmen, die Berücksichtigung von Neben- und Folgewirkungen; der *Verwaltung* eröffnete Evaluierung Eingriffschancen, um eine verbesserte Zielgenauigkeit der Programme, verbes-

6 Vgl. zur europäischen Entwicklung auch Derlien (1990); Rist (1990); Wollmann (1997); Pollit (1998); Wollmann (2000).

serte Wirtschaftlichkeit der Maßnahmen und Senkung der Kosten zu erreichen; der beteiligten *Wissenschaft* stellte sie nicht nur den Gewinn zusätzlicher Ressourcen, sondern auch die Möglichkeit eines experimentellen Tests ihrer Theorien in Aussicht“ (Hellstern u. Wollmann 1984: 23).[7]

New Public Management

Unter dem Stichwort „*New Public Management*“ gewann die Reform- und Modernisierungsdebatte zuerst in Holland, Großbritannien und in den skandinavischen Ländern neue Konturen und brachte der Evaluation einen neuen Aufschwung (vgl. Wollmann 1994: 99). Dabei handelt es sich nicht etwa um ein kohärentes Konzept, sondern eher um ein Bündel von Organisations- und Verfahrensprinzipien, mit denen vor allem eine Reduzierung der Staatsaufgaben (insbesondere durch Privatisierung) ein Abbau staatlicher Regelungsdichte (Deregulierung) und die Erhöhung administrativer Effizienz (interne Ökonomisierung, value for money) durch binnenstrukturelle Managementreformen sowie durch die Einführung von Wettbewerb erreicht werden soll. Im Prinzip geht es darum, das an ökonomischer Rationalität orientierte privatwirtschaftliche Unternehmens- und Marktmodell auf den öffentlichen Sektor zu übertragen (vgl. Schröter u. Wollmann 1998: 59ff.). Der Evaluation kommt in diesem Kontext vor allem die Rolle zu, die Effizienz staatlicher Maßnahmen zu überprüfen.

Europäische Integration

Ein weiterer maßgeblicher Faktor, der auf die Entwicklung der Evaluationsforschung Einfluss nahm, ist in der *fortschreitenden europäischen Integration* zu sehen, die nicht nur zu einer Ausdehnung eines europäisch bestimmten Verwaltungsregimes führte (vgl. Kohler-Koch 1991: 47ff.), sondern auch zur Initiierung einer Vielzahl unterschiedlichster Programme. Dies stellt die Evaluationsforschung, die vor allem national organisiert ist, vor große Herausforderungen. Zu beobachten ist mittlerweile: „In a variety of sectors – most notably for the EC Structural Funds – evaluation has been made legally or conventionally mandatory“ (Pollitt 1998: 214). Generell hat sich die *Europäische Union* (EU) als eine wesentliche Antriebswelle der Evaluation in Europa erweisen (vgl. hierzu u.a. Summa und Toulemonde 2002, Leeuw 2006). Schon in den 80er Jahren des 20. Jahrhunderts wurden von der europäischen Gemeinschaft geförderte Programme evaluiert. Eine von Sensi und Cracknell (1991) durchgeführte Untersuchung zeigt, dass bei einer Mehrheit der Direktionen der Europäischen Kommission zumindest rudimentäre Evaluationsverfahren zum Einsatz kamen, insbesondere in den Politikbereichen Entwicklungszusammenarbeit, Forschungs- und Technologiepolitik und regionale Strukturpolitik. Die Evaluationseinheiten in der Kommission sahen ihre Arbeit vor allem als nützlich für die Verbesserung der Leistungsfähigkeit von EG-Maßnahmen an, weniger als ein Kontrollinstrument für den Rat oder das Parlament. Dessen ungeachtet wird von vielen Experten der Druck durch den Rat als wesentlicher Grund für die rasche Entwicklung in den Direktionen der Kommissionen angesehen.

Institutionalisierung von Evaluation in der EU

Leeuw (2006: 72) weist darauf hin, dass Mitte der 90er Jahre ein *neues Evaluationsschema* eingeführt wurde, welches eine fortlaufende Systematik jährlicher Monitoringverfahren und periodischer Fünf-Jahres-Bewertungen aller Forschungsprogramme sowie des gesamten Förderrahmens kombiniert: „These assessments can be understood as a combination of an ex-post evaluation of the

---

7 Hervorhebungen durch Hellstern und Wollmann.

previous program, an intermediate evaluation of the current program and an ex-ante appraisal of future activities" (ebd.). Die Vorteile dieses neuen Systems werden vor allem in einer zeitnäheren Bestimmung von Programmentwicklungen und somit auch besseren Steuerungsmöglichkeiten gesehen. Einige der einflussreichsten EU-Maßnahmen haben jedoch gar keinen Programmcharakter und sind auch nur mit geringen Finanzmitteln ausgestattet, da sie vor allem regulativer Art sind, wie z.B. zur Marktregulierung, zum Verbraucher- und Umweltschutz. Obwohl auch in diesen Bereichen immer wieder Evaluationen durchgeführt wurden, stellt Leeuw (2006: 72) fest: „EU institutions are not equipped with a formal evaluation system nor even with a database that would record the amount of work undertaken within the various Directorates General."

Mit der *räumlichen Ausdehnung der EU* in den 90er Jahren und der Vergrößerung des EU-Budgets (von 0,8% des BSP der Mitgliedsstaaten im Jahr 1980 auf 1,2% im Jahr 1993) weitete sich auch die Spannweite der Förderprogramme mächtig aus. Gleichzeitig wuchs in den Mitgliedsstaaten aber die Skepsis gegenüber der Effektivität und Effizienz solcher Programme. Auch das Europäische Parlament und der Europäische Rechnungshof (Court of Auditors) spielten nach Leeuw (2006: 73) eine wichtige Rolle: „in pushing the Commission to account better for what it spends". Möglicherweise hat die EU-Aufnahme skandinavischer Staaten, in denen es bereits eine Tradition des Controllings und des ergebnisorientierten Public Managements gab, ebenfalls den Reformwillen unterstützt.

Ab Mitte der 90er Jahre gelang es der sogenannten „*Santer Commission*" weitreichende Reformen im Hinblick auf die Planung und Steuerung von EU-Maßnahmen einzuleiten. Eine Initiative, die sich auf den Bereich der Finanzen und Rechnungslegung bezog, wurde bekannt unter dem Titel „Sound and Efficient Management" (SEM 2000), eine weitere, die sich mit den internen Verwaltungsstrukturen beschäftigte, firmierte unter dem Titel „Modernization of Administration and Personnel Services" (MAP 2000). Santer Commission

Als eine der prioritären Erfordernisse für die Verbesserung der internen Finanzstrukturen wurden systematischere, zeitnähere und rigorosere Evaluationen identifiziert. Bei der Forderung nach systematischeren Programmevaluationen konnte zudem auf Artikel 205 des Maastricht Vertrags verwiesen werden, in dem verlangt wird dass „die Kommission den Haushaltsplan (...) entsprechend den Grundsätzen der Wirtschaftlichkeit der Haushaltsführung (...)" ausführt (Rat der Europäischen Gemeinschaft, 1992). Dieses Prinzip wird in den Finanzregelungen zum Budget der Gemeinschaft näher erläutert. Dort wird darauf hingewiesen, dass die Ergebnisse von Programmevaluationen bei Budgetallokationen berücksichtigt werden sollen, und dass allen vorgeschlagenen Maßnahmen, die budgetwirksam sind, Evaluationen mit Effizienzabschätzungen vorangestellt werden sollen.

Auf der Verwaltungsebene wurde zur Verbesserung der Evaluationspraxis ein *dezentrales Modell* eingeführt, nach dem die operativen Direktionen für die Entwicklung und Anwendung systematischer Evaluationsverfahren ihrer jeweiligen Programme selbst verantwortlich sind. Die angewendeten Evaluationsverfahren unterliegen explizit keinen standardisierten Vorgaben hinsichtlich ihrer Gestaltung, damit sie den Erfordernissen des jeweiligen Evaluationsgegenstandes angepasst werden können. Die Finanzdirektion übernahm die Aufgabe, die Verbreitung von „Best Practices" zu fördern und zu überwachen, Evaluations- Dezentrales Modell techniken zu verbessern und eine allgemeine übergreifende Qualitätskontrolle auszuüben. In den letzten Jahren sind deutlich Bemühungen zur Intensivierung und stärkeren Koordinierung der Evaluationspraxis in der EU erkennbar (siehe hierzu Kapitel 1.3.1).

### 1.2.3 Entwicklung in Deutschland

Die Entwicklung der Evaluation in Deutschland wurde von den genannten internationalen und europäischen Strömungen erfasst und mitgeprägt. Allerdings haben auch eine Reihe *nationaler Rahmenbedingungen* die Evaluationsentwicklung beeinflusst – wie im übrigen in den anderen EU-Mitgliedsstaaten auch, weshalb die Evaluationskultur innerhalb der EU bei weitem nicht die Kohärenz erreicht hat wie in den USA.

Ursprünge der Evaluation in der Bunderepublik

Nach einer *Phase der „institutionellen Restauration"* (Alber 1989: 60) in den fünfziger Jahren nahm der Problemdruck in der BRD während der sechziger Jahre deutlich zu. Die sogenannte „Bildungskatastrophe", ein allgemein konstatierter „Reformstau" und die Sorge um die internationale wirtschaftliche Wettbewerbsfähigkeit führten zu einem breiten gesellschaftlichen Konsens, dass weitreichende Reformen notwendig seien. Bereits die große Koalition aus CDU/CSU und SPD (1966-1969) brachte eine Reihe von Vorhaben auf den Weg, die dann in der sozial-liberalen Koalition unter Kanzler Willy Brandt (1969-1974) als Bestandteil einer Politik der inneren Reform zum Regierungsprogramm erhoben wurde. Es wurde eine umfassende Staats- und Verwaltungsmodernisierung angestrebt, die auf der Vorstellung beruhte, dass „der Staat als zentrale gesellschaftliche Steuerungsinstanz fungieren, ‚aktive Politik' betreiben und die Gesellschaft langfristig planend gestalten sollte" (Mayntz 1997: 68). Die Erweiterung der Handlungs- und Gestaltungsfähigkeit des Staates wurde insbesondere von der *Einführung neuer Planungsverfahren* erwartet, wobei Evaluation als ein wichtiges analytisches Instrument verwendet wurde. Evaluation erlebte in Deutschland eine erste Blüte. Nicht nur die nationalstaatlichen Einrichtungen, sondern auch die Länder und Gemeinden wurden vom Reformeifer erfasst und bedienten sich der Evaluation als Steuerungs- und Kontrollinstrument (vgl. Wollmann 1994, 1998, 1999; Derlien 1976, 1990, 1994). Vor allem in den Bereichen Bildung und Erziehung, Stadterneuerung und Infrastruktur wurden umfangreiche und aufwendige Evaluationsstudien durchgeführt.

Externe Evaluationen

Dabei griffen die Ministerien vorrangig auf *externe Evaluationen* zurück, die zumeist öffentlich ausgeschrieben wurden. Vom Aufbau hauseigener Evaluationskapazitäten wurde dagegen weitgehend abgesehen. Eine der wenigen Ausnahmen war das noch junge Bundesministerium für wirtschaftliche Zusammenarbeit, das bereits 1972 ein eigenes Evaluationsreferat einrichtete (vgl. Stockmann 2006b: 378ff.). Das Kanzleramt scheiterte bei dem Versuch, „to use evaluation as its analytical muscle for co-ordinating (and possibly controlling) the ministries ‚sectoral policies'" (Wollmann 1997: 4). So blieb es dabei, dass die einzelnen Fachministerien relativ unabhängig voneinander ihre Evaluationen sektorbezogen und speziell an ihren eigenen spezifischen Bedürfnissen und Vorstellungen ausgerichtet durchführten.

Unterstützt wurde der Evaluationsboom durch die *Haushaltsreform von 1970.* In den Vorläufigen Verwaltungsvorschriften (VV) zu §7 der Bundeshaushaltsordnung (BHO) wurden ausdrücklich Erfolgskontrollen bei ganz oder teilweise abgeschlossenen Maßnahmen vorgeschrieben. Nr. 1.3 der VV-BHO bestimmt: Haushaltsreform 1970

> „1.3 Im Wege der Erfolgskontrolle (Ergebnisprüfung) soll insbesondere untersucht werden
> 1.3.1 während der Durchführung von mehrjährigen Maßnahmen mindestens jährlich, ob die Zwischenergebnisse im Rahmen der Planung liegen, die Planung anzupassen ist und die Maßnahmen weiterzuführen oder einzustellen sind,
> 1.3.2 nach der Durchführung von Maßnahmen, ob das erreichte Ergebnis der ursprünglichen oder angepassten Planung entspricht, die Maßnahmen zu revidieren sind und Erfahrungswerte gesichert werden können.“ (Bundesrechnungshof 1989: 13 und Anlage 1: 49ff.)

Innerhalb weniger Jahre entstand ein Evaluationsmarkt, an dem zwar auch die Universitäten partizipierten, der aber vor allem von einer rasch expandierenden Consultingwirtschaft beherrscht wurde. Hellmut Wollmann (1997: 4) kann hierzu nicht nur als Wissenschaftler sondern auch als Zeitzeuge zitiert werden: „Commercial research and consultancy firms mushroomed and succeeded to produce the lion's share of the evaluation research funding.“

Doch dem Aufblühen der Evaluation in Deutschland wurde, wie in vielen westeuropäischen Ländern, durch die weltweiten ökonomischen und fiskalischen Auswirkungen der Erdölpreiserhöhung von 1973 ein abruptes Ende bereitet. Mit dem *Auslaufen der Modernisierungswelle* ging auch die Bedeutung der Evaluation zurück. Das Abklingen der Modernisierungseuphorie ist jedoch nicht nur fiskalischen Zwängen zuzuschreiben, sondern auch der eintretenden Ernüchterung über teilweise nur bescheidene Reformerfolge. Auch die Evaluation konnte nicht in allen Fällen die in sie gesetzten Erwartungen erfüllen. Oft blieben ihre Ergebnisse widersprüchlich und zu wenig umsetzungsorientiert. Ölkrise 1973

So führten – um nur ein prominentes Beispiel zu nennen – die zwischen Ende der 60er bis Anfang der 80er Jahre mit großem wissenschaftlichem Aufwand betriebenen Evaluationsstudien im Rahmen der *Schulversuche mit integrierten Gesamtschulen* nicht zu klaren Empfehlungen. Im Gegenteil, die 78 Einzelstudien erwiesen sich hinsichtlich des methodologischen Ansatzes, der Vorgehensweise und der eingesetzten Datenerhebungsmethoden als derart heterogen, dass kein abschließendes Urteil über die Effektivität der neuen Schulform gegenüber dem traditionellen, gegliederten Schulsystem möglich war (vgl. Aurin u. Stolz 1990: 269ff.; Fend 1982). Auch wenn dieser „Fehlschlag“ des bis dahin aufwendigsten Evaluationsvorhabens als eine Folge übersteigerter Erwartungen gewertet wird, so darf dennoch seine weit über die Grenzen der Bildungsforschung hinausgehende Wirkung auf Entscheidungsträger und Administratoren nicht unterschätzt werden. Integrierte Gesamtschule

Trotz der veränderten internationalen wie nationalen Rahmenbedingungen (fiskale Beschränkungen, Rückbau des Sozialstaats, Aufkommen des Neoliberalismus und Neokonservatismus, Reformernüchterung, Zweifel am Nutzen von Evaluationen, 1974 Führungswechsel in der sozialliberalen Koalition „Wende vor der Wende“, 1982 Regierungswechsel: liberal-konservative „Wende“) konnten Evaluationen eine gewisse Bedeutung beibehalten. Allerdings setzte sich der Ende der 60er Jahre ausgelöste Boom keineswegs fort oder erreichte gar Ausmaße wie in den USA.

## 1.3 Aktuelle Lage der Evaluation

### 1.3.1 International

Der internationale Stand der Evaluationsforschung wird theoretisch und methodologisch aber auch hinsichtlich der Themensetzungen und Trends stark vom US-amerikanischen Mutterland der Evaluation beeinflusst. In den USA ist bereits früh der im weltweiten Vergleich höchste Professionalisierungsgrad erreicht worden sein. Hierfür sprechen eine Reihe von Indikatoren: In den USA ist Evaluation institutionell stark verankert, sowohl im Rahmen von Gesetzgebung, öffentlicher Programmdurchführung und Wirkungskontrolle. Mit der American Evaluation Association (AEA) verfügen die USA über den mitgliederstärksten und sicherlich auch einflussreichsten Fachverbund. Die von ihr verabschiedeten „Program Evaluation Standards" (1989, revidiert 1994), die aus den „Standards for Evaluation of Educational Evaluations" hervorgegangen sind, standen Pate für eine Vielzahl mittlerweile verabschiedeter Evaluationsstandards anderer nationaler Verbände weltweit (vgl. hierzu auch Kapitel 4.4.3). Weitere zentrale Professionalisierungsbestrebungen sind in den 1995 verabschiedeten „Guiding Principles for Evaluators" sowie in der lebhaften Debatte um die Möglichkeiten einer Zertifizierung von Evaluatoren zu sehen.[8]

Dominanz der USA

American Evaluation Association

Die Produktion theoretischer und methodischer Ansätze und Modelle in der Evaluationsforschung ist dominiert von US-amerikanischen Autorinnen und Autoren. Auch der Ausbildungsmarkt für Evaluatoren ist in den USA am stärksten ausgeprägt. Fitzpatrick, Sanders u. Worthen (2004: 41) weisen darauf hin, dass „though there are fewer graduate programs training students in evaluation than there were in the heyday of the Great Society, the programs that continue in the United States (…) have matured into programs offering unique training opportunities – training tailored to fit the reconceptualized views of evaluation that had emerged (…)". Ausbildungsprogramme für Evaluatoren haben sich dabei auch auf den außeruniversitären Bereich ausgeweitet, viele Schulen, staatliche Institutionen, Unternehmen und viele verschiedene nationale Fachverbände bieten solche Trainings an. Hinzu kommen Praktika, Pre-Conference-Workshops, das Internet, Journals und eine Flut von praktischen Ratgebern und Handbüchern.

Ausbildungsmarkt

Über die Qualität dieser Aus- und Weiterbildungen ist allerdings kaum etwas bekannt, da Studien über die Ergebnisse der verschiedenen Ausbildungsformen nicht vorliegen und deshalb nachdrücklich eingefordert werden: „(…) much more work – is needed in evaluating the outcomes of evaluator training" (Datta

8 Vgl. hierzu vor allem die Beiträge von Altschuld 1999, Jones u. Worthen 1999; Smith 1999.

2006: 420). Dies gilt umso mehr für Kurzzeittrainings, die nur wenige Tage dauern und die Programmmanager dazu befähigen sollen, selbst Evaluationen durchzuführen. Angesichts der stark zunehmenden Bedeutung von „In-house“ durchgeführten Evaluationen durch Nicht-Experten ein besonders dringliches Anliegen (vgl. Datta 2006: 429).

Vergleich der Evaluationskulturen

Den Versuch, die Evaluationskultur ausgewählter Länder zu charakterisieren, haben Furubo, Rist und Sandahl (2002: 7ff.) unternommen. Sie verwenden hierfür neun Kriterien, die erstaunlicherweise die Aus- und Weiterbildungskapazitäten in einem Land nicht berücksichtigen (vgl. Abb. 1.4). In dem von ihnen vorgenommenen Ranking erreicht nur die USA die maximal zu erzielende Punktzahl. Es folgen Kanada, Australien, Schweden, die Niederlande und Großbritannien. Auch wenn sich das methodische Vorgehen durchaus kritisieren lässt[9], unterstreicht die Aufstellung der Autoren nicht nur die Spitzenstellung der USA, sondern macht ebenfalls deutlich, dass sich viele Länder um den Aufbau einer Evaluationskultur bemühen und mittlerweile entsprechende Professionalisierungsschritte eingeleitet haben.

2012 haben Speer, Jacob & Furubo (2013) unter Verwendung desselben Verfahrens eine Aktualisierung vorgenommen, die einige interessante Veränderungen erkennen lässt. Generell haben sich in den meisten der Länder die Werte erhöht, wobei insbesondere dort große Fortschritte gemacht werden konnten, wo vor zehn Jahren Evaluationen noch sehr schwach etabliert gewesen waren (Spanien, Neuseeland und Japan, vgl. Abbildung 1.4). Auf der anderen Seite waren es gerade die Vorreiterstaden USA, Kanada, Australien und Schweden, in denen die verwendeten Indikatoren einen negativen Trend belegen. Dadurch stehen nun Finnland und die Schweiz an der Spitze der Rangreihe und haben einen erstaunlichen Entwicklungssprung nach vorne gemacht.

9 Das schwierigste Problem bei Furubo, Rist u. Sandahl (2002) ist, dass sie einen nationalen Durchschnitt bilden, obwohl die einzelnen Sektoren (Disziplinen) in den verschiedenen Ländern gravierende Unterschiede aufweisen. So wird z.B. in der Hochschul- und Entwicklungspolitik in vielen Ländern sehr häufig evaluiert, so dass dort vom Vorhandensein einer Evaluationskultur gesprochen werden könnte, in anderen aber kaum. Deshalb sind sich einzelne Sektoren europa- oder gar weltweit betrachtet mitunter ähnlicher als verschiedene Sektoren im selben Land (vgl. Meyer u. Stockmann 2006).

Rangreihe der Evaluationskulturen

*Abbildung 1.4:* Ranking of Countries on Evaluative Culture 2002–2012

| | I | II | III | IV | V | VI | VII | VIII | IX | **2012** | R | **2002** | R | T |
|---|---|---|---|---|---|---|---|---|---|---|---|---|---|---|
| Finland | 2 2 | 1 2 | 1 2 | 1 2 | 1 2 | 1 1 | 1 2 | 1 2 | 1 2 | **17** | 1 | **10** | 12 | ∧ |
| Switzerland | 1 2 | 1 2 | 2 2 | 2 2 | 0 1 | 0 2 | 2 2 | 0 2 | 0 2 | **16** | 2 | **8** | 14 | ∧ |
| Canada | 2 2 | 2 2 | 2 2 | 2 2 | 2 2 | 1 1 | 2 2 | 2 2 | 2 2 | **16** | 3 | **17** | 2 | ∨ |
| United States | 2 2 | 2 2 | 2 2 | 2 2 | 2 2 | 2 1 | 2 2 | 2 2 | 2 2 | **16** | 4 | **18** | 1 | ∨ |
| United Kingdom | 2 2 | 2 2 | 2 2 | 2 2 | 1 2 | 1 1 | 2 2 | 1 2 | 2 1 | **15** | 5 | **15** | 6 | = |
| Netherlands | 2 2 | 2 2 | 2 2 | 1 2 | 2 2 | 1 2 | 2 2 | 2 2 | 1 1 | **15** | 6 | **15** | 5 | = |
| Korea | 1 2 | 1 2 | 2 2 | 2 2 | 2 2 | 0 2 | 2 2 | 1 1 | 1 1 | **15** | 7 | **12** | 9 | ∧ |
| Sweden | 2 2 | 2 2 | 2 2 | 1 2 | 2 2 | 1 1 | 2 2 | 2 2 | 2 2 | **15** | 8 | **16** | 4 | ∨ |
| Denmark | 2 2 | 2 2 | 2 2 | 1 2 | 1 1 | 0 1 | 2 2 | 1 2 | 1 1 | **14** | 9 | **12** | 8 | ∧ |
| Australia | 2 1 | 2 2 | 2 2 | 2 2 | 1 1 | 1 1 | 2 2 | 2 2 | 2 2 | **14** | 10 | **16** | 3 | ∨ |
| Norway | 2 2 | 1 2 | 1 1 | 1 2 | 2 1 | 1 1 | 1 2 | 2 2 | 1 1 | **14** | 11 | **12** | 10 | ∧ |
| Germany | 2 1 | 2 2 | 1 1 | 2 2 | 1 1 | 1 1 | 2 2 | 1 1 | 1 2 | **13** | 12 | **13** | 7 | = |
| France | 2 2 | 1 1 | 1 2 | 2 2 | 2 1 | 1 1 | 1 1 | 1 1 | 0 1 | **13** | 13 | **11** | 11 | ∧ |
| Japan | 1 2 | 0 2 | 0 2 | 1 1 | 1 2 | 0 0 | 0 2 | 0 1 | 0 1 | **13** | 14 | **3** | 19 | ∧ |
| Israel | 1 1 | 1 2 | 1 1 | 2 2 | 1 1 | 0 1 | 1 2 | 1 1 | 1 1 | **12** | 15 | **9** | 13 | ∧ |
| New Zealand | 1 1 | 0 1 | 1 1 | 2 2 | 0 1 | 0 1 | 1 1 | 1 1 | 1 1 | **12** | 16 | **7** | 15 | ∧ |
| Spain | 1 1 | 0 2 | 1 1 | 2 2 | 1 1 | 0 1 | 0 1 | 0 0 | 0 1 | **11** | 17 | **5** | 18 | ∧ |
| Italy | 1 2 | 1 2 | 1 1 | 2 2 | 0 1 | 0 1 | 1 1 | 1 0 | 0 1 | **11** | 18 | **7** | 17 | ∧ |
| Ireland | 1 1 | 1 1 | 1 2 | 0 1 | 1 1 | 0 0 | 1 1 | 1 1 | 1 1 | **9** | 19 | **7** | 16 | ∧ |
| China | 1 | 1 | 0 | 0 | 2 | 0 | 1 | 0 | 1 | – | | **6** | | |
| Zimbabwe | 1 | 1 | 0 | 0 | 1 | 0 | 0 | 1 | 0 | – | | **4** | | |
| **Total** | **3032** | **2435** | **2732** | **3036** | **2327** | **1120** | **2733** | **2227** | **1926** | **261** | | **223** | | ∧ |

*Anmerkung:* der erste Wert in jeder Spalte bezieht sich auf 2002, der zweite auf 2012 (die Summen aller Werte stehen in den Spalten 2002 und 2012). Die Skala reicht von 0 „niedrig“ bis 2 „hoch“ und bewertet folgendes:

I Evaluation takes place in many policy domains
II Supply of domestic evaluators in different disciplines
III National discourse concerning evaluation
IV Professional organizations
V Degree of institutionalization – government
VI Degree of institutionalization – parliament
VII Pluralism of institutions or evaluators performing evaluations within each policy domain
VIII Evaluation within the Supreme Audit Institution
IX Proportion of outcome evaluations in relation to output and process evaluations

R Ranking
T Trend

Quelle: Furubo, Rist & Sandahl (2002: 10); Speer, Jacob & Furubo (2014)

Dynamik der Entwicklung

Generell ist speziell in Europa eine *hohe Dynamik* hinsichtlich der Professionalisierungsentwicklung in den letzten beiden Jahrzehnten spürbar gewesen. Wie schon ausgeführt, stellen dabei die Europäische Kommission und ihre einzelnen Departments die stärksten Kräfte dar welche auf eine Ausweitung und Vereinheitlichung der Evaluation in den einzelnen Ländern Europas hinwirken. Auch Länder, in denen es bisher keinerlei Evaluationskultur gab, müssen nach und nach Evaluationskapazitäten aufbauen, um die mit der Durchführung von EU-Programmen verbundenen Evaluationsvorgaben erfüllen zu können.

Die aktuelle Lage der Evaluation im Rahmen der EU zeigt, dass die durch die *Santer-Commission* Mitte der 90er Jahre eingeleiteten Reformmaßnahmen gegriffen haben. Bereits eine 1999 durchgeführte Bestandsaufnahme kam zu dem Ergebnis, dass die gegenwärtigen Evaluationssysteme (1) für die Programmsteuerung recht hilfreich sind und dass sie (2) in einem gewissen Umfang zu einer verbesserten Leistungskontrolle (accountability) geführt haben, was sich auch in der steigenden Zahl von Evaluationsberichten und einem jährlichen Evaluationsreview festmachen lässt. Das (3) mit dem neu eingeführten Evaluationssystem verbundene Ziel, Budgetentscheidungen und Ressourcenallokationen zu unterstützen, wurde hingegen nur bedingt erreicht.

Positive Trends in der EU

Eine vom Directorate-General (DG) for the Budget[10] 2005 durchgeführte Studie zeigt weitere positive Trends auf. Es wird hervorgehoben, dass „evaluations have provided substantial input for policy-making both in formally established ways (...) and through ad-hoc procedures designed to take advantage of conclusions and recommandations (...)“. Eine noch größere Bedeutung haben Evaluationen gemäß dieser Studie im Hinblick auf die Gestaltung neuer Interventionen sowie für die Steuerung von Implementationsprozessen laufender Vorhaben. Zudem werden Anzeichen dafür gefunden, dass Evaluationen auch für Allokationsentscheidungen genutzt werden.

Wie ein Blick in die „Annual Evaluation Reviews“ des „Directorate-General for the Budget“ zeigt, werden mittlerweile in nahezu allen Politikbereichen der EU Evaluationen durchgeführt (http://ec.europa.eu/smart-regulation/evaluation/documents-eu.htm, Stand 15.01.2014). Zudem hat sich die Zahl der Evaluationen deutlich erhöht. Wurden in dem Dreijahreszeitraum 1996-1998 noch 198 Evaluationsprojekte gezählt, waren es in dem Zeitraum 2004-2006 fast drei Mal so viele (549). In den darauffolgenden drei Jahren blieben die Zahlen in etwa konstant, so dass insgesamt zwischen 2002 und 2009 mehr als 1.400 Evaluationen im Auftrag der EU durchgeführt wurden (EU 2010). Gegenüber Mitte der 1990er Jahre hat sich die Zahl der Evaluationsprojekte mehr als verdreifacht: 2009 sind insgesamt 237 Vorhaben erfasst worden, von denen etwa die Hälfte retrospektiv (Zwischen- und Ex-post-Evaluationen) und nur knapp 5% prospektiv (Ex-ante-Evaluationen) angelegt waren (EU 2010a). Insgesamt sind in den letzten Jahren kaum ex-ante Evaluationen (ca. 20%) sondern vor allem ex-post (ca. 40%) und Zwischenevaluationen (ca. 40%) durchgeführt worden. Seit Mitte des letzten Jahrzehnts wird allerdings in der EU – ähnlich wie in den USA – über eine Verbesserung der Nutzung von Evaluationen diskutiert und dabei auch eine stärkere Nutzung des Instruments der Ex-ante Evaluation erwogen.

Interne, durch die Abteilungen der Kommission durchgeführte Evaluationen stellen eher die Ausnahme dar, die überwiegende Mehrheit wird an externe Experten vergeben. Bemängelt wird in den Reviews zuweilen die Qualität der Evaluationsberichte.

Als Fazit kann festgehalten werden, dass sowohl für die meisten europäischen Länder als auch die EU-Institutionen eine deutliche Zunahme an Politik-

10 European Commission, DG Budget, "Evaluation in the Commission – Reporting on Results" Brüssel 2005, Download: http://ec.europa.eu/smart-regulation/evaluation/docs/eval_review_2005_eu.pdf; Stand 15.01.2014.

und Programmevaluationen zu verzeichnen ist, dass eine Vielzahl von Professionalisierungsbestrebungen zu erkennen sind und dass sich zunehmend eine „Evaluationskultur" ausbreitet, was Christopher Pollitt (1998: 214) zu der Aussage veranlasst: „These are grand days for European evaluators".

Weltweite Bedeutungszunahme

Diese Aussage gilt nicht nur für Europa. Anhand einer Reihe von Beobachtungen (Indikatoren) lässt sich zeigen, dass die Bedeutung von Evaluation *weltweit* zunimmt (vgl. Meyer 2002: 333ff.; Furubo, Rist u. Sandahl 2002; Fitzpatrick, Sanders u. Worthen 2004: 50f.; Dahler-Larsen 2006: 141ff.):

(1) Evaluation ist in vielen Ländern ein fester Bestandteil der Politikgestaltung und ein Steuerungselement des Managements in internationalen Organisationen, nationalen Regierungen und ihren Administrationen sowie einer breiten Palette von Nonprofit-Organisationen. Dabei ist Evaluation häufig Teil des Qualitätsmanagements oder anderer Verfahren wie Auditing, Inspection, Benchmarking etc. Datta (2006: 420) weist darauf hin: „‚scientific-research-based programs and evaluations', ‚evidence-based resource allocation', ‚program logic models', and similar terms of our trade have become widely insitutionalized for all manner of programs."

Nationale Evaluationsgesellschaften

(2) Die Zahl der nationalen Evaluationsgesellschaften ist in den letzten Jahren deutlich angewachsen. Nach einer weltweiten Internet-Recherche von Dahler-Larsen (2006: 142)[11] hat sich die Zahl der Evaluationsgesellschaften zwischen 1984 und 2004 auf 83 verzehnfacht. Das größte Wachstum in den letzten Jahren ist in Europa und Afrika zu verzeichnen. In Europa existieren mittlerweile mehr als 20 nationale Evaluationsgesellschaften, deren Mitgliederzahl von einem Dutzend bis über 700 reicht. Auf der Webseite des weltweiten Dachverbandes der Evaluationsgesellschaften IOCE – „International Organisation for Cooperation in Evaluation" findet sich eine interaktive Weltkarte, auf der sämtliche, der IOCE bekannten, formellen wie informellen Evaluationsgesellschaften und -netzwerke auf nationaler wie regionaler Ebene der Welt verzeichnet sind (http://www.ioce.net/). Hier sind derzeit insgesamt 150 Organisationen aufgelistet, darunter 122 auf nationaler und 12 auf internationaler Ebene, d.h. auch seit Mitte des letzten Jahrzehnts ist die Zahl der Vereinigungen weitergestiegen. Die mit den Fördermitteln der „Kellogg Foundation"[12] gegründete „International Organization for Cooperation in Evaluation" (IOCE) versteht sich dabei als loser weltweiter Zusammenschluss regionaler und nationaler Evaluationsorganisationen, „that collaborate to

- build evaluation leadership and capacity in developing countries,
- foster the cross-fertilisation of evaluation theory and practice around the world,
- address international challenges in evaluation, and

11 Vgl. auch Donaldson u. Lipsey (2006: 57), die zu anderen Zahlen kommen: „In 1990, there were approximately five major evaluation professional associations, whereas today there are more than 50 worldwide."

12 Http: //www.wkkf.org

- assist the evaluation profession to take a more global approach to contributing to the identification and solution of world problems“ (www.ioce.net).

(3) Die zunehmende Nachfrage hat einen *breiten Angebotsmarkt* für Evaluation entstehen lassen, der weiter wächst (Leeuw, Toulemonde u. Brouwers 1999: 487ff.). Stark zugenommen hat die Zahl der mit Evaluation beschäftigten Consultings. Dabei überwiegen Kleinst- und Kleinunternehmen. Gerade in der Entwicklungszusammenarbeit, die neben der Hochschulpolitik nicht nur in Deutschland das am meisten evaluierte Politikfeld sein dürfte, in dem die Evaluation von Policies und noch mehr von Programmen und Projekten eine lange Tradition hat und ein umfassendes Evaluationssystem etabliert wurde (vgl. Borrmann u.a. 1999 u. 2001; Borrmann u. Stockmann 2009), tummeln sich viele Einzelgutachter. Die großen Sozialforschungsinstitute, Wirtschaftsprüfungsgesellschaften und Unternehmensberatungsfirmen beginnen den Markt erst für sich zu entdecken. Angebotsmarkt

Neben Consultingunternehmen gibt es eine Reihe von Forschungseinrichtungen und Universitäten, die auf dem Evaluationsmarkt agieren und versuchen, Forschung, Evaluation im Dienste des Auftraggebers, Aus- und Weiterbildung und Kommunikation fruchtbar miteinander zu verbinden. Darüber hinaus sind von Behörden und sogar Ministerien – wie z.B. das neue vom Bundesministerium für wirtschaftliche Zusammenarbeit geschaffene DEval (www.deval.org) – Institute eingerichtet worden, die sich mit Evaluationen und Audits in bestimmten Politikfeldern (insbesondere Schule und Hochschule) beschäftigen. Nach Frans Leeuw (1999: 487) ist auch in den anderen europäischen Ländern eine „infant industry“ entstanden, die charakterisiert ist „by many small companies entering a promising market, over-ambitions terms of reference, and unstable standards“.

(4) Die *Verbreitung von Evaluationsergebnissen* hat vor allem durch die Entwicklung der Informations- und Kommunikationstechnologien und des World Wide Web einen rasanten Aufschwung genommen. Auch wenn nach wie vor viele Organisationen ihre Evaluationsstudien der Öffentlichkeit nicht zugänglich machen, ist dennoch über das Internet bereits jetzt eine Fülle von Ergebnissen aus Evaluationen, Audits und Inspektionen verfügbar. Inwieweit dieses Wissen von Anderen für die eigene Programmgestaltung oder die Planung und Durchführung von Evaluationen genutzt wird, ist kaum bekannt. Verbreitung von Evaluationsergebnissen

Offensichtlich ist, dass sich – zumindest in Europa – die Medien herzlich wenig um im Internet präsentierte Evaluationsergebnisse kümmern. Die Befürchtung vieler staatlicher und nicht-staatlicher Organisationen, dass die Medien negative Evaluationsergebnisse aufgreifen und zu ihrem Nachteil verwenden könnten, und deshalb ihre Evaluationsstudien nicht veröffentlichen oder gar ins Netz stellen, ist deshalb weitgehend unbegründet.

Diese Erfahrung musste z.B. auch das Bundesministerium für wirtschaftliche Zusammenarbeit und Entwicklung machen, das jahrzehntelang seine Inspektions- und Evaluationsberichte wie eine Geheimsache behandelte, so dass sogar die Mitglieder des zuständigen Parlamentsausschusses (AwZ) diese Berichte nicht einsehen durften. Überraschenderweise musste das

BMZ Ende der 90er Jahre, als es die Berichte im Netz zugänglich machte, feststellen, dass sich kaum jemand dafür interessierte, schon gar nicht die Medien.

Werden jedoch Evaluationsergebnisse aufgrund ihrer politischen Brisanz (z.B. Hartz IV) oder weil das Thema gerade en vogue ist (vgl. PISA) von den Medien aufgegriffen, dann ist häufig zu beobachten, dass „this may have an impact which outweighs all the other efforts an evaluator has made to produce a good, respectable, and useful evaluation" (Dahler-Larsen 2006: 149).

Aus- und Weiterbildung

(5) Die *weltweit angebotenen Ausbildungs- und Trainingsaktivitäten* haben stark zugenommen. Während in den USA – wie bereits dargestellt – zahlreiche Ausbildungs- und Weiterbildungsmöglichkeiten existieren, expandiert auch das Angebot in Europa. Nach einer 2006 von Wolfgang Beywl und Katja Harich (2007: 121ff.) vorgenommenen Recherche gibt es 14 Universitätsprogramme in zehn Ländern (Belgien, Dänemark, Deutschland, England, Frankreich, Irland, Italien, Niederlande, Schweiz, Spanien), die allerdings im Hinblick auf Zielsetzungen, Zielgruppen und Dauer stark variieren. Der einzige „vollwertige" Master (vier Semester, 120 ECTS credits) ist bislang der von der Universität des Saarlandes in Kooperation mit der Hochschule für Technik und Wirtschaft sowie der Katholischen Hochschule für soziale Arbeit angebotene Master of Evaluation (www.master-evaluation.de).[13] Bei einer aktuellen Erhebung von Verena Friedrich haben sich lediglich 11 dieser Studiengänge zurückgemeldet und es ist offensichtlich, dass einige der Ausbildungsgänge sehr gut laufen, andere dagegen Schwierigkeiten haben. Die Expansionsphase scheint zumindest in Europa gegenwärtig vorbei zu sein und ist in eine Konsolidierung übergegangen (siehe den Vortrag auf der CEval-Konferenz „Future of Evaluation" 2012 http://futureofevaluation.ceval.de/vortraege.html, Vortrag 6 von Verena Friedrich).

IDEAS

Die Weltbank[14] begann 2001 mit Evaluationstrainings für Personen in der internationalen Entwicklungszusammenarbeit und gründete die „International Development Evaluation Association" (IDEAS)[15], um die Evaluation in Entwicklungsländern zu unterstützen. Die in England registrierte Hilfsorganisation mit einem Sekretariat in Südafrika hat sich zum Ziel gesetzt: „To advance and extend the practice of development evaluation by refining methods, strenghening capacity and expanding ownership" (www.ideas-int.org).

---

13 Die von Beywl u. Harich (2007: 126) getroffene Feststellung: „The Universität des Saarlandes offers a Masterprogramme with 120 ECTS, a volume which makes it difficult to complete as an in-service study course", entbehrt jeder empirischen Grundlage. Die bisher durchgeführten Programme haben im Gegenteil gezeigt, dass es kaum Studienabbrecher gibt und die Kurse, die nur für drei Semester Präsenszeiten vorsehen, von den Teilnehmern bewältigt werden können. Das Saarbrücker Programm diente außerdem der Universidad de Costa Rica, der Makarere University in Uganda sowie der Moskauer Universität „Higher School of Economics" als Muster.

14 Zur Rolle der Weltbank bezüglich der Förderung von Evaluationskapazitäten in Entwicklungsländern vgl. Picciotto 2002.

15 Http://www.ideas-int.org

2010 haben verschiedene Geberorganisationen (u.a. die Afrikanische und die Asiatische Entwicklungsbank, die Weltbank und SIDA) die CLEAR-Initiative gestartet, mit der M&E sowie Performance-Management Kompetenzen in Entwicklungsländern und ihren Regierungen gestärkt werden sollen. Das Akronym „CLEAR" steht für „Regional Centers for Learning on Evaluation and Results" und dies ist zugleich das Ziel der Initiative: fünf Zentren in verschiedenen Regionen der Erde (Mexiko, Dakar, Johannesburg, Shanghai und Chennai) werden aufgebaut und von den Gebern fünf Jahre lang unterstützt. Ziel ist, dass diese Zentren angebotsorientierte und kosteneffiziente Dienstleistungen wie Trainings und Beratungen zu M&E anbieten (www. theclearinitiative.org). In diesen Kontext fallen auch – natürlich mit weitaus bescheidenerem Anspruch – die Aktivitäten des Centrums für Evaluation (CEval)[16], das im Rahmen einer Hochschulpartnerschaft derzeit nicht nur den an der Universidad de Costa Rica vorhandenen Studiengang Master of Evaluation unterstützt und weiterentwickelt, sondern dort für Zentralamerika eine Weiterbildungsplattform für Ministerien, Behörden und Entwicklungsorganisationen aufbaut. Weitere Kooperationen mit Hochschulen in Russland, Nahost und Südostasien befinden sich im Aufbau und sollen in ähnlicher Form vorangetrieben werden. In Südasien bemüht sich die UNICEF um den Aufbau eines weltweiten Evaluationsnetzwerks von Universitäten, damit die Evaluationsausbildung in der Großregion gestärkt wird. Darüber hinaus arbeitet das CEval gemeinsam mit der GIZ, der Ugandischen Regierung und der Makarere University am Aufbau eines blended Learning Aus- und Weiterbildungssystems, welches über die Landesgrenzen hinaus Bedeutung erlangen soll.

CLEAR-Initiative

Diese weltweit zu beobachtenden Entwicklungen lassen den Schluss zu, dass nach den Expansionsjahren in den 60ern und 70ern ein *zweiter Evaluationsboom* zu konstatieren ist, der allerdings weitaus globaler angelegt ist. Inwieweit davon auch Deutschland betroffen ist, soll im Folgenden beleuchtet werden.

### 1.3.2 Deutschland

Eine Reihe von Anzeichen deuten darauf hin, dass der weltweit und in Europa zu beobachtende neue *Boom der Evaluation* auch Deutschland erfasst hat:

Evaluationsboom in Deutschland

- Mit der verstärkten Verwendung von Konzepten des „*New Public Management*" „erlebt die Vorstellung eines umfassenden Steuerungs- und Managementkonzepts und mit ihr die strategische Akzentuierung und Einbindung der Evaluierungsfunktion eine Renaissance" (Wollmann 1994: 99, 2005: 502ff.).[17] Insbesondere die mit dem Ansatz verknüpfte Leistungs- und Wir-

16 Www.ceval.de

17 Die unter dem Stichwort „New Public Management" geführte Reform- und Modernisierungsdebatte begann in Europa vor allem in Holland, den skandinavischen und einigen angelsächsischen Ländern. Deutschland blieb von dieser Diskussion lange Zeit weitgehend unberührt. Vgl. u.a. hierzu: Naschold u. Bogumil 2000; Buschor 2002; Saner 2002;

kungsorientierung kommt ohne Evaluation nicht aus (vgl. Stockmann 2006b: 61ff.).

Budgetprobleme

- Wie auch in anderen europäischen Ländern sind die Regierungen in Deutschland mit notorischen *Budgetproblemen* konfrontiert, die eine stärkere Priorisierung und Selektion von Maßnahmen erforderlich machen. Damit ist auch der Bedarf an Evaluationen, um Daten über die Effektivität und Effizienz von Programmen zu gewinnen gestiegen. Pollitt (1998: 223) beschreibt die Situation der Regierenden zutreffend: „they can no longer call on the same reserves of legitimacy and authority which were available to them two or three decades ago. They have to do more with less and do it for a variety of more sceptical and less deferential audiences".

Gesetzliche Verankerung

- In Gesetzen oder wichtigen Programmen wurde das Instrument der Evaluation – anders als z.B. in den USA – bisher kaum integriert. Doch es gibt Ausnahmen: So wird z.B. im Sozialgesetzbuch (SGB) II: „Grundsicherung für Arbeitssuchende" in § 55 (Wirkungsforschung) eine Untersuchung der Wirkungen der Leistungen zur Eingliederung und der Leistungen zur Sicherung des Lebensunterhalts regelmäßig und zeitnah gefordert. Selbst die Befristung von Gesetzen (die sogn. Sunset Legislation) hat Eingang in einzelne Ländergesetze gefunden (z.B. Hessen, Nordrhein-Westfalen). Bei diesen wird die Verlängerung der Gültigkeit von ihren Ergebnissen (Wirkungen) abhängig gemacht.
- Auch die Gesetzesfolgeabschätzung, die nach einer Vereinbarung der Bundesministerien aus dem Jahr 2000 bei jeder Vorlage von Gesetzen und Rechtsverordnungen durchzuführen ist, kann als Form der Evaluation gelten. Diese kann sowohl ex-ante, on-going oder ex-post durchgeführt werden, um u.a. die beabsichtigten und unbeabsichtigten Wirkungen, den Vollzugsaufwand, die Kosten für die Wirtschaft, die Auswirkung auf den Finanzhaushalt, die Preise oder die Verbraucher zu untersuchen. Obwohl rechtlich verpflichtende Vorgaben existieren gibt es erhebliche Anwendungsdefizite (zu den Ursachen vgl. Konzendorf 2009: 33f.).

Bundesrechnungshof

- Der *Bundesrechnungshof (BRH)* hat sich zu einem der wichtigsten Befürworter von Evaluation entwickelt. Er verweist nicht nur mit eiserner Beharrlichkeit auf die in der BHO verpflichtend vorgeschriebenen Erfolgskontrollen, sondern verlangt auch die Ausweitung der öffentlichen Evaluationsaktivitäten (insbesondere auf die Überprüfung der Wirksamkeit von Subventionen) und führt selbst Wirkungsevaluationen durch.

Bundeshaushaltsordnung

- Die Änderung der Verwaltungsvorschriften der BHO setzen die Zuwendungsempfänger der Ministerien zunehmend unter Druck, Evaluationen in Form von Erfolgskontrollen durchzuführen (vgl. Kapitel 1.4).
- Wie bereits dargestellt, tragen die mit der *Durchführung von EU-Programmen* verbundenen Evaluationsverpflichtungen zur Verbreitung der Evaluation nicht unmerklich bei.

---

Reichard 2002 u. 2004; Mülbert 2002; Rehbinder 2002; Christensen 2002; McLaughlin 2002; Wollmann 2002 u. 2003; Ritz 2003; Schedler u. Proeller 2000 (2003); Nöthen 2004; Dent 2004; Koch 2004a u. b; Pitschas 2004; Mastronardi 2004; Lienhard 2005.

- Verstärkt fragen auch Nicht-Regierungsorganisationen, Verbände und Stiftungen Evaluationen, insbesondere Wirkungsevaluationen, ihrer Programme nach. Dies gilt vor allem für Organisationen aus dem Bereich der Entwicklungszusammenarbeit.

Trotz aller Professionalisierungsbemühungen ist aber bisher in Deutschland nach Speer, Jacob & Furubo (2013) im Vergleich zu Ländern wie Finnland, der Schweiz, USA, Canada oder Schweden noch keine ausgeprägte Evaluationskultur entstanden. Während die Expansion von Evaluation in den USA nicht nur einen neuen Dienstleistungsmarkt hervorbrachte, in dem sich für Sozialwissenschaftler „in einem bisher nicht bekannten Ausmaß Handlungschancen und berufliche Entwicklungsmöglichkeiten bieten“ (Wottawa u. Thierau 1998: 59), sondern auch zu einem sprunghaften Anstieg der Evaluationsliteratur sowie zur Gründung von Zeitschriften und Berufsverbänden führte und die Ausbildung von Evaluatoren vor allem in postgraduierten Studiengängen an den Universitäten fest verankert ist, ist eine vergleichbare Entwicklung in Deutschland nur in Ansätzen zu erkennen.

Hemmnisse der Evaluationsentwicklung

Hierzu tragen eine Reihe von Hemmnissen bei:

(1) Als ein Hauptproblem erweist sich die disziplinäre Segmentierung der Evaluationsforschung.[18] Nach wie vor fehlt ein die sektoralen Politikfelder übergreifender, die verschiedenen Fachdisziplinen integrierender Fokus. Selbst in der Gesellschaft für Evaluation, deren interne Struktur auf politikfeldbezogenen Arbeitskreisen beruht, wird diese Segmentierung reproduziert.
(2) Zudem weist die Evaluationsforschung in der Wissenschaft eine Sonderstellung auf, da sie sich weitgehend auf Auftragsforschung stützen muss. Eine auf Grundlagenforschung bezogene universitäre Forschungslandschaft fehlt weitgehend.
(3) Mit der fachlichen korrespondiert die institutionelle Zersplitterung der Evaluation auf ministerielle Sektor- und Fachressorts, die den Löwenanteil an Auftragsmitteln vergeben. Auch dies ist ein Grund, warum sich nur wenig übergreifende Fragestellungen entwickeln konnten.
(4) Erschwerend kommt hinzu, dass es in den meisten Politikfeldern an Transparenz mangelt. So werden zwar viele Studien und Gutachten angefertigt, doch da die meisten (auch der wissenschaftlichen) Öffentlichkeit nicht zugänglich gemacht werden, sind sie der wissenschaftlichen Diskussion entzogen. Auch dadurch wird die Weiterentwicklung von Theorien und Methoden der Evaluation sowie eine über die Fachgrenzen hinausgehende Wissensakkumulation erschwert.
(5) Dass der *Evaluationsmarkt* zudem weitgehend von Consulting- und Marktforschungsunternehmen dominiert wird, die nicht in erster Linie an wissenschaftlichen Diskussionen und der Kumulation von Wissen interessiert sind, sondern denen aufgrund ihrer marktwirtschaftlichen Situation vor allem an einer gewinnorientierten Auftragsabwicklung gelegen sein muss, hat sicher-

18 Zu den einzelnen Feldern der Evaluation vgl. vor allem Stockmann 2006a und Widmer u.a. 2009.

lich auch nicht gerade dazu beigetragen, die Evaluation als wissenschaftliche Disziplin zu profilieren.

Dennoch lassen sich in den letzten zehn Jahren beachtliche Veränderungen und Professionalisierungsfortschritte erkennen. Wie eingangs dargelegt haben eine Reihe von Gründen dazu beigetragen, dass auch in Deutschland ein breiter Markt für Evaluationen entstanden ist. Auch an deutschsprachigen Lehr- und Handbüchern und fachübergreifenden Sammelbänden[19], in denen evaluatorisches Wissen gebündelt und integriert wird[20], herrscht kein gravierender Mangel mehr.

(Deutsche) Gesellschaft für Evaluation DeGEval

Im September 1997 wurde die *„Deutsche Gesellschaft für Evaluation"* (DeGEval) gegründet, die sich – wie vergleichbare Fachverbände in Europa – zur Aufgabe gemacht hat, das Verständnis, die Akzeptanz und die Nutzbarmachung von Evaluationen in der Gesellschaft zu fördern, Prinzipien bei der Vorgehensweise von Evaluationen zu entwickeln, Qualitätsstandards festzulegen und den interdisziplinären Austausch zu unterstützen (www.degeval.de). Mit heute etwa 750 Mitgliedern[21] hat der Verband zwar ein enormes Wachstum zu verzeichnen, weist jedoch noch keine flächendeckende Integrationskraft auf. Eine „evaluation research community" als ein Netzwerk von professionell tätigen Evaluationsforschern beginnt sich aber zu entwickeln.

Evaluationsstandards

Einen weiteren Professionalisierungsschritt stellen die 2001 von der DeGEval erarbeiteten *„Standards für Evaluation"* (2002) dar, die 2004 offiziell verabschiedet wurden (vgl. für Details Kapitel 4.4.3). Bisher haben die Standards bei Gutachtern und Auftraggebern allerdings noch nicht die gewünschte Verbreitung gefunden (vgl. Brandt 2009: 176ff.). Neuere Befragungsergebnisse lassen Hoffnung auf eine positive Veränderung zu (vgl. Stockmann, Meyer & Schenke 2011: 51-55), die vielleicht durch die derzeit vom Vorstand der DeGEval geplante Revision der Standards unterstützt wird. Eine entsprechende, mit der SEVAL abgestimmte Vorlage soll auf der gemeinsamen Jahrestagung beider Gesellschaften 2014 vorgestellt werden.

---

19 U.a. Wittmann 1985; Wottawa u. Thierau 1998; Bussmann u.a. 1997; Vedung 1999; Flick 2006; Stockmann 2006b, 2007; Gollwitzer u. Jäger 2007; Kuckartz u.a. 2007; Aulinger 2008; Brandt 2009; Widmer, Beywl u.Fabian 2009. Wichtige Sammelbände: Stockmann 2006a; Hellstern u. Wollmann 1984; Will, Winteler u. Krapp 1987; Mayntz 1980c.

20 Noch Anfang der neunziger Jahre kam das Stichwort „Evaluation" in vielen Methodenlehrbüchern und sozialwissenschaftlichen Nachschlagewerken kaum vor. Selbst in dem bereits in mehreren Auflagen erschienenen Standardwerk zur Methodenausbildung von Schnell, Hill u. Esser suchte man das Stichwort Evaluationsforschung 1992 noch vergebens. In der 7. Auflage von 2005 wird Evaluation auf nicht einmal zwei Seiten unter dem Subkapitel „Empirische Sozialforschung als Politikberatung" abgehandelt, ohne den Kenntnisstand richtig wiederzugeben und ohne aktuelle Literatur zur Kenntnis zu nehmen. In dem Lehrbuch zur „Empirischen Sozialforschung" von Andreas Diekmann (2007) wird die Evaluationsforschung lediglich im Kontext von Quasi-Experimenten erwähnt. Bortz u. Döring (2006) behandeln die Besonderheiten der Evaluationsforschung in ihrem Lehrbuch „Forschungsmethoden und Evaluation" in einem eigenen Kapitel Kromrey (2002) geht in seinem Standardwerk zur Empirischen Sozialforschung nur kurz auf das Evaluationsdesign der Programmforschung ein.

21 Ca. 598 persönliche und ca. 154 insitutionelle Mitglieder. (Stand Jan. 2014)

Hierzu trägt nicht zuletzt auch die Mailing-Liste „forum evaluation“ bei, die von der Arbeitsstelle für Evaluation pädagogischer Dienstleistungen an der Universität zu Köln seit 1997 bereitgestellt wird. Dieses elektronische Diskussionsforum, an dem sich rund 750 Personen (Stand: 2012) beteiligen, wurde mit dem Ziel gegründet, den deutschsprachigen Informationsaustausch im Bereich der Evaluation zu fördern.[22]

Forum Evaluation

Mit einer Auflage von rund 600 Exemplaren weist die 2002 gegründete deutschsprachige *„Zeitschrift für Evaluation“* (www.zfev.de) zwar fünf Jahre später einen beachtlichen Verbreitungsgrad auf, doch nach wie vor werden viele Beiträge zur Evaluation in den fachdisziplinären Organen publiziert. Die Expansion der Zeitschrift steht vor dem gleichen Problem wie der Verband: Beide konkurrieren als transdisziplinäre Unternehmungen mit den einzelnen Fachdisziplinen, um Beiträge und Abonnenten bzw. Mitglieder, die sich in erster Linie als professionelle Evaluatoren verstehen und nicht als Fachvertreter. Die neue, im Social Sciences Citation Index (http://apps.isiknowledge.com) aufgenommene Zeitschrift bietet u.a. eine Plattform für den fachlichen Austausch zwischen Wissenschaft und Praxis, für die interdisziplinäre Bündelung sektoralen Fachwissens, für die Verbreitung von Standards in der Evaluation und für die Vermittlung von Erkenntnissen der Theorien und Methoden der Evaluationsforschung (vgl. Stockmann 2002: 6f.).

Zeitschrift für Evaluation

Ebenfalls 2002 wurde an der Universität des Saarlandes das *„Centrum für Evaluation“* (CEval) (www.ceval.de) gegründet, das Theorie- und Methodenentwicklung, Evaluationsberatung und die Durchführung von wissenschaftlichen Evaluationen mit der Entwicklung von Aus- und Weiterbildungsangeboten verknüpft (vgl. Stockmann 2003: 4f.). In einem externen Evaluationsbericht über das CEval wird diese Kombination als eine Besonderheit in der deutschen Evaluationslandschaft herausgestellt (vgl. Frey u.a. 2006)[23]. Zusammen mit der „Arbeitsgemeinschaft Entwicklungspolitischer Gutachter“ (AGEG) führt das CEval seit 2003 jährlich ein sieben Module (21 Ausbildungstage) umfassendes *Fortbildungsprogramm für Evaluatoren in der Entwicklungszusammenarbeit* durch (www.feez.org). Dies ist in Deutschland nach wie vor das einzige systematische Fortbildungsprogramm für Personen, die auf die Planung, Durchführung und Steuerung von Evaluationen in einem ausgewählten Politikfeld vorbereitet werden sollen. In anderen Evaluationsbereichen gibt es in Deutschland bisher – soweit den Autoren bekannt – keine gezielten, derart umfassenden Fortbildungsangebote. Bisher existierten bereits eine Reihe von sozialwissenschaftlichen Studiengängen – insbesondere in der Psychologie –, in denen Lehrveranstaltungen zu Evaluation in die Methodenausbildung integriert sind. Seit 2004 wird an der Universität des Saarlandes gemeinsam mit der Hochschule für Technik und Wirtschaft des Saarlandes und der Katholischen Hochschule für Sozialarbeit Saarbrücken, ein viersemestriger Weiterbildungsstudiengang *„Master of Evaluation“* (www.master-evaluation.de) angeboten. Seit 2008 offerierte die Univer-

CEval

FEEZ

Master of Evaluation

22 Einschreibungen können direkt erfolgen unter: http://lists.uni-koeln.de/mailman/listinfo /forum-evaluation, Stand: 09.01.14

23 Im Internet nachzulesen unter: http://www.ceval.de/typo3/fileadmin/user-upload/PDFs Gutachterkommission_ZoBericht.pdf, Stand: 09.01.14

sität Bonn einen weiteren viersemestrigen Masterstudiengang Evaluation, musste diesen aber aufgrund der zu hohen Studiengebühren mittlerweile wieder einstellen (www.zem.uni-bonn.de).

Trotz dieser enormen Professionalisierungserfolge konnte sich in Deutschland – im Unterschied z.B. zu den USA – bisher noch keine eigenständige sozialwissenschaftliche Evaluationsdisziplin entwickeln. Hierfür sind weitere Anstrengungen notwendig, auf die im nächsten Kapitel eingegangen wird.

## 1.4 Verwirklichung der Evaluationszwecke und Herausforderungen

Wie eingangs dargestellt, kann Evaluation vor allem dazu dienen (1.) gesellschaftliche Aufklärung zu betreiben, (2.) die demokratische Regierungsführung zu stärken und (3.) die Steuerungsfähigkeit von Programmen und Organisationen zu erhöhen. Abschließend soll deshalb der Frage nachgegangen werden, inwieweit die hier aufgezeigten *Entwicklungstrends* diese *Evaluationszwecke* ermöglichen und welche *Herausforderungen* zu bewältigen sind.

Evaluation ist politikgetrieben

Eine Betrachtung der *historischen Entwicklung* von Evaluation hat deutlich gemacht, dass Evaluation *politikgetrieben* ist. Sowohl der erste Boom in den 60er und 70er Jahren in den USA und etwas zeitversetzt in den meisten Ländern Europas, als auch der in den 90er Jahren einsetzende zweite Boom der Evaluation, wurden ausgelöst durch eine erhöhte staatliche Nachfrage. Angefacht wird diese zweite Phase nicht mehr nur durch staatliche (Regierung und Verwaltung) und suprastaatliche Akteure (in Europa die Europäische Kommission), sondern vermehrt auch durch Organisationen der Zivilgesellschaft. Nicht nur die Boomjahre, auch die zumindest in Europa zu beobachtende Evaluationsflaute in den 80er Jahren ist auf die Politik, d.h. die deutlich geringere Nachfrage zurückzuführen.

Damit lässt sich erkennen, wie stark die Entwicklung der Evaluation von staatlichen und neuerdings auch nicht-staatlichen Auftraggebern abhängt. Dies ist für eine angewandte Sozialwissenschaft nicht weiter erstaunlich, denn Evaluation soll dazu beitragen, bestimmte Probleme zu lösen. Dementsprechend steigt die Nachfrage wenn erhöhter Problemlösungsbedarf besteht, z.B. wenn eine Vielzahl von Reformprogrammen aufgelegt werden, bei denen man sich von Evaluation Hilfe bei der Planung (ex-ante), der Implementation (on-going) oder der Wirkungsmessung (ex-post) erhofft; oder wenn im Hinblick auf knappe Haushaltsmittel, von Evaluationen Effizienzeinschätzungen oder Hinweise für die Problemselektion erwartet werden; oder wenn im Kontext von New Public Management-Ansätzen die Steuerung anhand von Leistungs- und Wirkungsindikatoren vorgenommen werden soll. D.h. die Frage, ob Evaluation stattfindet oder nicht, ob der Markt für Evaluation wächst, stagniert oder schrumpft und sogar welche Themen von Evaluation bearbeitet werden, ist in hohen Maße politisch beeinflusst, also von dem Willen der Auftraggeber, Finanzmittel für Evaluation einzusetzen.

Wenn Evaluation jedoch auch den Zweck erfüllen soll, einen Beitrag zur *gesellschaftlichen Aufklärung* zu leisten, dann stellt diese Situation ein Problem dar, denn: „evaluation will tend to take place where money flows rather than where there is a societal need for evaluation“ (Dahler-Larsen 2006: 148). Dies bedeutet: „There is no guarantee, however, that important areas of live in society which need evaluation are actually evaluated“ (ebd.). Natürlich kann Evaluation, die im Auftrag von staatlichen oder nicht-staatlichen Akteuren erfolgt, ebenfalls zur gesellschaftlichen Aufklärung beitragen, doch es gibt eben keine Garantie dafür, denn – wie schon mehrfach erwähnt – besteht natürlich kein Zwang, dass Auftraggeber ihre Ergebnisse publik machen, oder dass sie die Problembereiche untersuchen, die eine hohe gesellschaftlichere Relevanz aufweisen.

Machtabhängigkeit und Aufklärungszweck

Gesellschaftliche Aufklärung durch Evaluation kann nur dann gezielt stattfinden, wenn sie nicht nur im Korsett von Auftraggeberwünschen erfolgt. Deshalb sind einerseits *unabhängige Institute notwendig*, die ungebunden und frei darüber entscheiden können, wo sie einen gesellschaftlichen Evaluationsbedarf sehen und was sie evaluieren möchten. Rechnungshöfe mit einem solchen Mandat können eine solche Aufgabe erfüllen. Aber auch auf bestimmte Policyfelder festgelegte Einrichtungen wie z.B. zur Sicherstellung der Qualität an Schulen oder von Forschungsleistungen, oder zur Überprüfung der Effektivität und Effizienz von Arbeitsmarktpolitik oder der Wirksamkeit der Entwicklungszusammenarbeit können in den Politikfeldern, für die sie gegründet wurden, für gesellschaftliche Aufklärung sorgen. Allerdings nur dann, wenn sie gleichzeitig mit einem Mandat ausgestattet sind, das ihnen den Zugang zum Forschungsgegenstand (also z.B. zu staatlichen, föderalen, kommunalen oder gar EU-Programmen oder gesetzlichen Regelungen) gewährt.

Unabhängige Institute mit Feldzugang

Die *Bereitstellung von Forschungsgeldern* könnte unter diesen Bedingungen ebenfalls zur gesellschaftlichen Aufklärung beitragen. Hierfür wären Fonds notwendig, aus denen nicht nur Mittel für Forschungsprojekte der Grundlagenforschung sondern eben auch für Evaluation beantragt werden können.

Evaluationsforschung, die zur Grundlagen- oder disziplinären Forschung in einem Spannungsverhältnis steht – worauf im nächsten Kapitel noch eingegangen wird – hat in der Forschungslandschaft einen schweren Stand. Ihre Aufgaben und Themenstellungen werden in der Wissenschaft häufig als Anliegen von Auftraggebern wahrgenommen, die dafür selbst zahlen sollen. Dadurch wird nicht nur der theoretische und methodische Fortschritt der Evaluationsforschung behindert – da dies kaum die Fragestellung eines Auftraggebers mit einem sehr spezifischen Erkenntnisinteresse ist – sondern natürlich auch ihre Rolle als Aufklärungsinstrument.

Evaluationsforschung

In Deutschland herrschen bezüglich einer gesellschaftlichen Aufklärung durch Evaluation besonders schlechte Bedingungen vor, da es kaum unabhängige Evaluationseinrichtungen gibt, die sich nicht nur ihre Evaluationsfragestellungen frei wählen können, sondern auch nennenswerte Budgets aufweisen, über die sie frei verfügen können. Zudem gab und gibt es bis heute keinen Forschungsfond, aus dem die Evaluationsforschung gefördert werden könnte. Hinzu kommt, dass auch der Bundesrechnungshof, dessen Aufgaben in Artikel 114 des Grundgesetzes festgelegt sind, – im Unterschied zu vielen anderen europäischen Rechnungshöfen, oder gar dem US-amerikanischen Government Accountability Office – über kein Evaluationsmandat verfügt. Seine Mitglieder, die richterliche Unabhängigkeit besitzen, prüfen „die Rechnung sowie die Wirtschaftlichkeit und

Situation in Deutschland

Ordnungsmäßigkeit der Haushalts- und Wirtschaftsführung" (Grundgesetz Art. 114 Abs. 2)[24].

Wenn keine unabhängigen Evaluationseinrichtungen existieren und kaum Forschungsmittel für (von Auftraggebern) unabhängige Evaluationen bereitgestellt werden, besteht noch die Chance, sich andere Verbündete zu suchen, die sich ebenfalls die gesellschaftliche Aufklärung auf die Fahnen geschrieben haben, nämlich die *Medien*. Diese stellen zwar potenzielle Partner dar, erweisen sich jedoch durchaus als problematisch (vgl. Kapitel 6). Die Medien sind nicht prinzipiell an Evaluationsergebnissen interessiert, teilweise herrschen sogar vollkommen irrige Vorstellungen von dem, was Evaluation ist[25] und sie funktionieren natürlich nach eigenen Regeln. Informationen werden dementsprechend gefiltert, neu bewertet und umgedeutet, um aus Evaluationsergebnissen eine Nachricht zu machen, von denen die Medienvertreter annehmen, dass sie ihr Publikum interessieren könnte. Dabei sollte sich niemand wundern, wenn aus differenzierten Evaluationsergebnissen auf einmal plakative, einseitige Aussagen werden. Dahler-Larsen (2006: 150) weist deshalb zu Recht darauf hin: „News exaggerates success or failure. News reports are more often negative than positive. They suggest blame or scandal, they emphasize or create conflict, and they have a short life".

Evaluation und Medien

Ein kleiner Beitrag, den jede Evaluation zur gesellschaftlichen Aufklärung leisten kann, besteht deshalb zumindest darin, das Auswertungs- und Veröffentlichungsrecht nicht allein dem Auftraggeber zu überlassen, sondern sich für die Publikation des Evaluationsberichts einzusetzen. Natürlich kann es Gründe geben, die der Offenlegung von Evaluationsergebnissen entgegenstehen, z.B. wenn konkurrierende Organisationen diese zum Schaden einer evaluierten Organisation nutzen könnten, oder wenn die Gefahr besteht, dass Informationsgeber durch eine Veröffentlichung schwer kompromittiert würden, oder wenn die Bereitschaft der Evaluierten zur Umsetzung der Evaluationsempfehlungen dadurch erheblich reduziert würde. In solchen Fällen müssen Auftraggeber, Evaluierer und Betroffene nach gemeinsamen Lösungen suchen. In den Standards für Evaluation wird deshalb nicht nur empfohlen, die Ergebnisse von Evaluationen offenzulegen, sondern Art und Umfang im Evaluationskontrakt vertraglich festzulegen (vgl. DeGEval Standard F5, siehe auch Kapitel 4.4.3).

Offenlegung von Evaluationsergebnissen

Legitimation von Politik durch Evaluation

Als weitere Zweckbestimmung von Evaluation wurde hier die Unterstützung einer *demokratischen Regierungsführung* genannt, insbesondere dadurch, dass mit Hilfe von Evaluation gezeigt wird, ob gesetzliche Regelungen, Programme oder Maßnahmen ihre gesetzten Ziele erreichen, welche Effekte sie bewirken, ob sie nachhaltig sind, effizient umgesetzt werden und tatsächlich einen signifikanten Beitrag zur Lösung eines gesellschaftlich relevanten Problems leisten. Dadurch – so die These – kann nicht nur der Erfolg von Politik öffentlich kontrolliert und

24 Zu den Aufgaben vergleiche im Detail: www.bundesrechnungshof.de

25 So macht sich z.B. einer der Wissenschaftsredakteure der Frankfurter Allgemeinen Zeitung (FAZ) unter der Überschrift „Werdet Werter" (9.12.04) über die Aus- und Weiterbildung in Evaluation lustig, ohne auch nur in Ansätzen verstanden zu haben, worin der Unterschied zwischen „Allerweltsevaluationen" und wissenschaftlich basierten Ansätzen besteht.

transparent gemacht werden, sondern das Verständnis für politische Entscheidungen auf einer rationalen Grundlage gestärkt und die *Glaubwürdigkeit und Legitimität* von Politik erhöht werden.

Damit Evaluation diesen Anspruch einlösen kann, sind interne und noch mehr externe Evaluationskapazitäten notwendig, um im Auftrag von Regierungs- und Verwaltungseinrichtungen, Kommunen und zivilgesellschaftlichen Organisationen diese Fragen zu untersuchen und die Ergebnisse öffentlich zu machen. In Deutschland würde schon die Durchführung der in der Bundeshaushaltsordnung in §7 geforderten Wirksamkeitskontrollen zur Folge haben, dass der Erfolg politischer Strategien und Regelungen bewertet werden könnte. Doch daran scheinen deutsche Ministerien – mit wenigen Ausnahmen – kein Interesse zu haben.

Ein 1989 vom Bundesrechnungshof (BRH) angefertigtes Gutachten zur „Erfolgskontrolle finanzwirksamer Maßnahmen in der öffentlichen Verwaltung", kommt zu einem niederschmetternden Ergebnis[26]: BRH-Gutachten 1989

- Nur in drei der untersuchten Ressorts existiert ein „relativ geordnetes Verfahren" (BRH 1989: 35) zur Durchführung von Erfolgskontrollen (Bundespostministerium, Bundesministerium für wirtschaftliche Zusammenarbeit, Bundesministerium für Forschung und Technologie).
- In fast allen Ressorts werden schon in der Planungsphase die notwendigen Voraussetzungen für Erfolgskontrollen (Zielformulierung, Festlegung von Ergebnissen, Indikatoren für die Erfolgsmessung) nicht geschaffen (vgl. BRH 1989: 26).
- Versuche, durch Evaluationen direkte und indirekte Wirkungen von Programmen oder Maßnahmen festzustellen, sind ausgesprochen selten (vgl. BRH 1989: 29).
- Vorhandene methodische Möglichkeiten zur Ermittlung der Wirksamkeit von Maßnahmen wurden kaum genutzt (ebd.).
- Die Umsetzung von Evaluationsergebnissen ist gering (BRH 1989: 30).
- Bei den für die Erfolgskontrolle zuständigen Mitarbeitern wurde „nur eine relativ gering ausgeprägte Sensibilität für Zweck, Bedeutung und Notwendigkeit dieser Kontrollen festgestellt" (BRH 1989: 38).

Rund zehn Jahre später hat der BRH (1998) eine überarbeitete Neuauflage dieser Studie vorgelegt, in die seine neueren Prüfungserkenntnisse zum Thema Erfolgskontrolle in der öffentlichen Verwaltung eingearbeitet wurden. Die Bilanz fällt keineswegs positiver aus. Erneut wird festgestellt, dass BRH-Gutachten 1998

---

26 Allerdings gibt es eine Reihe von Ministerien, die Evaluationsaufgaben an nachgeordnete Behörden oder Institutionen übertragen haben, wie z.B. der Bundesanstalt für Straßenwesen, dem Bundesgesundheitsamt, dem Bundesinstitut für Berufsbildungsforschung (BIBB), der Bundesanstalt für Landeskunde und Raumordnung, dem Umweltbundesamt, dem Bundesinstitut für Bevölkerungsforschung, der Bundesanstalt für Arbeitsschutz und Unfallforschung etc.

- nur wenige Erfolgskontrollen durchgeführt werden, und dass deshalb die meisten Ressorts den Erfolg ihrer Maßnahmen nicht hinreichend beurteilen können,
- in fast allen Ressorts die Voraussetzungen für eine systematische Erfolgskontrolle fehlen,
- Wirkungsuntersuchungen, die auch nicht-intendierte Effekte berücksichtigen und die festgestellten Ergebnisse einer Ursache-Wirkungsanalyse unterziehen, nahezu komplett fehlen,
- vorhandene methodische Möglichkeiten zur Ermittlung von Erfolg und Wirksamkeit nicht ausgeschöpft werden (vgl. BRH 1998: 22ff.).

Empfehlungen des BRH

Der *Bundesrechnungshof empfiehlt* deshalb wie schon 1989 die Schaffung der organisatorischen und methodischen Voraussetzungen für die Durchführung von Erfolgskontrollen, um anschließend die Bewilligung von Haushaltsmitteln an die Vorlage von solchen Evaluationen zu binden. Hierfür empfiehlt der Bundesrechnungshof weiter:

- bei der Erfolgskontrolle die Unterstützung externer Institutionen in Anspruch zu nehmen,
- Methoden und Verfahren zu entwickeln, die die einzelnen Ressorts in die Lage versetzen, Erfolgskontrollen durchzuführen und
- Mitarbeiter für die Durchführung von Erfolgskontrollen qualifiziert aus- und fortzubilden (vgl. BRH 1998: 36ff.).

Reaktionen der Bundesregierungen

Die Bundesministerien haben die Empfehlungen des Gutachtens von 1998 (wie schon 1989) begrüßt, und die Bundesregierung hat sich verpflichtet, die nach §7 der BHO vorgeschriebenen Erfolgskontrollen durchzuführen. Allerdings war in dem von der „rot-grünen" Bundesregierung Ende 1999 verabschiedeten Programm „Moderner Staat – Moderne Verwaltung" (http://www.bmfsfj.de/Redaktion BMFSFJ/Abteilung4/Pdf-Anlagen/moderner-staat-gesetzesfragen,property=pdf, bereich=,rwb=true.pdf. Stand: 09.01.14), das die Grundlage für einen umfassenden Modernisierungsprozess abgeben sollte, von Evaluation kaum die Rede. Selbst der in der Verwaltung häufig verwendete Begriff der „Erfolgskontrolle" nahm in diesem Programm keine zentrale Rolle ein.

Auch nach dem Regierungswechsel von 2006 steht die Verwaltungsmodernisierung weiterhin auf der politischen Reformagenda. Mit dem am 13. September 2006 im Bundeskabinett beschlossenen Programm „zukunftsorientierte Verwaltung durch Innovationen" (www.verwaltung-innovativ.de) sowie „E-Government 2.0" sollen zum einen überflüssige Bürokratie und vermeidbare Verwaltungsprozesse abgebaut und die strategische Steuerung verbessert werden. Zum anderen sollen moderne Technologien dazu genutzt werden, staatliche Aufgaben effektiver, transparenter und wirtschaftlicher umzusetzen. Hierzu soll auch das Instrument der Evaluation genutzt werden[27]. Das Internetportal der Bundesregie-

27 Die Gesellschaft für Evaluation (DeGEval) hat im Koalitionsvertrag der großen Koalition vom 11.11.2005 28 Nennungen des Begriffs Evaluation gezählt, gegenüber nur vier im Koalitionsvertrag der rot-grünen Vorgängerregierung. Die DeGEval wertet dies als einen Indikator für die gestiegene Bedeutung der Evaluation als Instrument der Planung und Steuerung (DeGEval, „Evaluation gewinnt im Bund an Bedeutung, 30.11.2005. Online

rung zur Verwaltungsmodernisierung bietet allerdings neben ein paar Leitfäden des BMWi kaum etwas zu diesem Thema.

Hervorzuheben ist weiterhin, dass die Evaluationsfunktion (in der Begrifflichkeit der Erfolgskontrolle) durch eine Änderung der Verwaltungsvorschriften (VV) der Bundeshaushaltsordnung (BHO), ganz im Sinne der Kritik des Bundesrechnungshofs, gestärkt wurde (vgl. Dommach 2008: 282ff.).

Modifikation der VV zur BHO

Entsprechend der neuen VV (Nr. 3.5 zu §23 BHO) dürfen Zuwendungen zur Projektförderung nur noch dann geleistet werden, wenn die Ziele inhaltlich so weit bestimmt sind, dass eine Erfolgskontrolle möglich wird. Gemäß der neuen VV (Nr. 11a zu §44 BHO) ist bei allen Zuwendungen „von der zuständigen obersten Bundesbehörde oder der von ihr bestimmten Stelle eine Erfolgskontrolle (…) durchzuführen". Hierfür wird ein abgestuftes Verfahren vorgeschrieben (VV Nr. 11a zu §44 BHO). Die „einfache Erfolgskontrolle", die für alle Einzelmaßnahmen der Projektförderung vorgeschrieben ist, besteht aus einer einfachen Zielerreichungskontrolle. Die „umfassende Erfolgskontrolle", die für alle Projektförderungen mit übergeordneter Zielsetzung gilt, sieht eine begleitende und abschließende Erfolgskontrolle mit den Bestandteilen Zielerreichungs-, Wirkungs- und Wirtschaftlichkeitskontrolle vor.[28]

Mit der Modifikation der Verwaltungsvorschriften zur BHO sind die grundlegenden Voraussetzungen für die Erfolgskontrolle in der öffentlichen Verwaltung zwar gestärkt worden, doch ist dies natürlich noch längst keine Gewähr für ihre Anwendung. Nach wie vor dürften viele Ministerien und nachgeordnete Verwaltungsbehörden noch weit davon entfernt sein, Evaluation (in Form der Erfolgskontrolle) zielgerichtet im Regelbetrieb einzusetzen.

Legitimierung von Sparbeschlüssen

Stattdessen scheint Evaluation vor allem dann ein beliebtes Instrument staatlichen Handelns zu sein, wenn es um die Legitimierung von Spar- und Schließungsbeschlüssen geht. Roth (2004: 6) kritisiert deshalb Evaluation als ein „Herrschaftsmittel", um unangenehme Entscheidungen rational zu verbrämen. Da es nach Roth (ebd.) bei staatlichem Handeln „nicht mehr um progressive gesellschaftliche Reformen geht, sondern das Wort Reform zum Synonym für angekündigte Verschlechterungen verkommen ist (…) verheißt es nichts Gutes, wenn evaluiert wird". Deshalb folgert er: „Evaluationen haben in Deutschland nur wenige Anhänger und keinen guten Namen" (ebd.). Diese Position macht erneut deutlich, wie eng politisches Handeln und Evaluation miteinander verknüpft sind und wie rasch sich im Gefolge einer sozial ungerechten Politik das Negativ-Image auf das Instrument selbst überträgt. Nur wenn Evaluationen die Interessen der unterschiedlichen „Stakeholder[29]"-Gruppen berücksichtigen und sich nicht

---

unter: http://www.degeval.de/component/KZ/item/622-evaluation-gewinnt-im-bund-an-bedeutung, Stand: 09.01.14.

28 Um der öffentlichen Verwaltung diese Aufgabe zu erleichtern, hat eine abteilungsübergreifende Projektgruppe des Bundesministeriums für Wirtschaft und Technologie (BMWi) Leitfäden als allgemeine Arbeitshilfen entwickelt und als Downloads zur Verfügung gestellt. Auch das Bundesministerium für wirtschaftliche Zusammenarbeit und Entwicklung (BMZ) und das neugegründete Evaluierungsinstitut DEval arbeiten an entsprechenden Hilfsmitteln.

29 Für den Begriff ‚*Stakeholder*' gibt es kaum eine angemessene deutsche Übersetzung (siehe auch Kapitel 6.4). Nach Weiss (1998: 337) sind ‚Stakeholder': „Those people with a

ausschließlich der staatlichen Kontrolle verpflichten, besteht eine Chance, dieses Image zu überwinden. Evaluation kann nur dann zur Stärkung von Demokratisierungsprozessen beitragen, wenn sie entscheidungsoffen im Regelbetrieb eingesetzt wird – ganz so wie es die BHO und ihre VV vorsehen.

Routinisierung von Evaluation

Allerdings lauern auch Gefahren aus der entgegengesetzten Richtung. Je mehr Evaluation als Regelinstrument zur Unterstützung demokratischer Regierungsführung eingesetzt wird, umso mehr kann die *Routinisierung* von Verfahren zur Ermüdung führen, zu einer Regel, die eingehalten werden soll, aber nicht mehr mit Inhalt gefüllt wird. Diese Gefahr droht auch dann, wenn die Stakeholder regelmäßig beteiligt und die Ergebnisse publik gemacht werden, aber aus den Befunden keine, oder nicht ausreichende Konsequenzen gezogen werden. Wenn Evaluationen zwar deutlich machen, dass bestimmte Politiken nicht die gewünschten Ergebnisse und Wirkungen erzielen, aber aus klientelistischen Rücksichtnahmen oder auf lobbyistischen Druck hin beibehalten werden, erweist sich Evaluation lediglich als ein zeitraubendes und kostspieliges Unterfangen ohne Mehrwert. Die Beteiligten werden kaum ein zweites Mal für solch folgenlose Evaluation zu gewinnen sein.

Laienevaluation

Dieses Problem tritt natürlich auch dann auf, wenn Evaluationen nicht mit dem nötigen Sachverstand durchgeführt werden, und deshalb keine verwertbaren Ergebnisse liefern. Diese Gefahr wird paradoxerweise mit zunehmender Popularität von Evaluation immer größer, wenn immer mehr „Laien", also nicht ausreichend qualifizierte Experten das Instrument anwenden. Dieser Trend wird noch dadurch begünstigt, wenn Handbücher im „Kochbuchstil" und Kurzkurse für Programmverantwortliche suggerieren, dass Evaluation von Jedermann anwendbar sei. Dieser Glaube erfährt insbesondere dann starke Unterstützung, wenn das Geld für professionell von Experten durchgeführte Evaluationen fehlt: „That is, while mandates for evaluation often exist, the money to hire formally trained evaluators often doesn't exist" (Datta 2006: 430).

„Empowerment" durch Evaluation

*„Laienevaluation"* ist aber auch dann häufig zu beobachten, wenn es darum geht, die demokratische Funktion von Evaluation zu stärken, wenn sie dazu dienen soll, benachteiligte Gruppen zu unterstützen (Empowerment) und die Situation, in der sie leben, zu verbessern (siehe hierzu die Diskussion entsprechender Ansätze in Kapitel 3). Dabei wird den „Betroffenen" zuweilen eine besondere Kompetenz zugesprochen, die Folgen von Politiken und Programmen zu bewerten. Fachliche Kompetenz wird dann durch soziale Empathie, objektivierende Verfahren zur Datengewinnung werden durch persönliche Erfahrungen und Betroffenheitsgeschichten ersetzt. Ergebnis ist eine Entprofessionalisierung von Evaluation in der Praxis und ihre Reduktion auf einen Allerweltsvorgang. Ähnlich der „Do-it-yourself"-Philosophie handwerklicher Tätigkeiten werden spezialisiertes Wissen, einschlägige Arbeitserfahrungen und über die Jahre angeeigne-

direct or indirect interest (stake) in a program or its evaluation." Neben den Sponsoren und Auftraggebern zählen zu den Stakeholdern auch die Programmmanager und Mitarbeiter, die Rezipienten der Programmleistungen und ihre Familien, jene Personengruppen, die von den Leistungen explizit oder implizit ausgeschlossen wurden, andere Organisationen, die mit dem Programm verbunden sind, Interessengruppen und die Öffentlichkeit an sich, also alle „who may otherwise affect or be affected by decisions about the program or the evaluation" (ebd.). Vgl. auch Fitzpatrick, Sanders u. Worthen 2004: 174f.; Scriven 2002.

tes Geschick pauschal entwertet und eine entsprechend intensive Beschäftigung mit fachlichen Standards und Fachmethoden als unnötiger Ballast abgetan. Gleichzeitig droht eine Überschätzung der eigenen Leistungsfähigkeit sowie eine Unterschätzung der Aufgabenschwierigkeit.

Unprofessionell durchgeführte und die fachlichen Standards ignorierende Evaluation, sowie Evaluation, die politisch folgenlos bleibt, da ihre Ergebnisse nicht in Entscheidungen münden, sind nicht dazu geeignet, die Legitimität und Glaubwürdigkeit von Politik zu erhöhen. Darüber hinaus untergraben sie gleichzeitig die Glaubwürdigkeit des Wertes von Evaluation an sich. Dementsprechend muss sich eine Professionalisierung nicht nur in der Durchführung sondern auch im Umgang mit Evaluationen niederschlagen.

Nützlichkeit von Evaluation zur Programmsteuerung

Dieser Zusammenhang gilt natürlich auch auf der Ebene *der Programmsteuerung*, auf der Evaluation dazu beitragen soll, die Steuerungsfähigkeit von einzelnen Maßnahmen, Programmen oder ganzen Organisationen zu erhöhen. Wenn das Verfahren nur zu taktischen Zwecken missbraucht wird, zur bürokratischen Routine erstarrt oder von inkompetenten „Evaluatoren" eingesetzt wird, kann es seine Potenziale nicht entfalten.

Die Nützlichkeit von Evaluation im Rahmen der Programmsteuerung, die – wie bereits ausgeführt – in der rechtzeitigen Bereitstellung von Informationen für Entscheidungsträger bereit steht, hat sich dementsprechend vornehmlich an deren Informationsbedürfnissen zu orientieren, um formativ gestaltend zur Programmentwicklung und -verbesserung beizutragen.[30]

Neuere Ansätze der Programmsteuerung wie z.B. das New Public Management verfolgen das Ziel, die Leistung und den Prozess der Leistungserbringung in der öffentlichen Verwaltung zu verbessern. Dabei bedienen sie sich verschiedener strategischer Prinzipien, die einerseits eine zunehmende Kunden- und Wettbewerbsorientierung und andererseits eine Abkehr von einer auf Inputgrößen fixierten Steuerung bewirken sollen. Statt dessen wird eine Ausrichtung an Qualitätsprinzipien – wie sie in der privaten Wirtschaft verwendet werden – sowie eine Umstellung der politischen Steuerung auf Leistungs- und Wirkungsvorgaben gefordert: „Nicht mehr die zur Verfügung stehenden Produktionsmittel, sondern die erbrachten Leistungen (Produkte) oder auch die durch die Leistungen erzielten Wirkungen sollen Diskussionspunkt und Ausrichtungsmaßstab des Verwaltungshandelns werden" (Schedler u. Proeller 2003: 62f.).

Methodische Schwierigkeiten

Damit öffentliche Verwaltungen oder Nonprofit-Organisationen insgesamt ihr Handeln an Outputs und Outcomes ausrichten können, sind allerdings eine Reihe methodischer Schwierigkeiten zu überwinden, denn die Entdeckung und Messung von Wirkungen sowie ihre Ursachenzuschreibung stellt die empirische Sozialforschung vor mitunter große Probleme. Hinzu kommt, dass unmittelbare und langfristige, intendierte und nicht-intendierte Effekte voneinander unterschieden, identifiziert und in komplexen Wirkungsgefügen auf Zusammenhänge und Ursachenfaktoren hin überprüft werden müssen.

Eine Steuerung der Verwaltung oder generell von Nonprofit-Organisationen über Leistungen und Wirkungen ist jedoch erst möglich, wenn diese Aufgabe gelöst werden kann. Mit den traditionellen Kontroll- und Finanzinstrumenten ist

30 Zur Programmevaluation vergleiche hier insbesondere Kapitel 2.

Wirkungsorientierte Steuerung

dies nach einhelliger Meinung nicht zu leisten. D.h. für die wirkungsorientierte Steuerung sind neue Bewertungskonzepte und Analyseinstrumente notwendig.

Genau für diesen Zweck bieten sich die theoretischen und methodischen Konzepte und Instrumente der Evaluationsforschung an, mit denen nicht nur die Prozesse der Planung und Leistungserbringung analysiert, sondern auch die erbrachten Leistungen, die erreichten Ziele und ausgelösten Wirkungen empirisch überprüft und bewertet werden können.

Auf diese Weise werden für das Management die Informationen, die es für eine rationale Entscheidungsfindung benötigt, bereitgestellt. Die Umsetzung und Anwendung von New Public Management Ansätzen – und auch von Qualitätsmanagementsystemen – ist deshalb ohne den Einsatz von Evaluationen gar nicht möglich.

Evaluation und Wissensmanagement

Unabhängig davon, in welche Steuerungs- und Qualitätsmanagementsysteme Evaluation integriert ist, stets geht es um die Aufgabe, das Management fristgerecht mit entscheidungsrelevanten Informationen zu versorgen (vgl. Stockmann 2006: 64). Dadurch trägt Evaluation dazu bei, organisationale Strukturen und Prozesse zu verbessern und insgesamt die Steuerungsfähigkeit von Organisationen zu erhöhen. Darüber hinaus ist Evaluation in der Regel mit dem Wissensmanagementsystem einer Organisation verbunden, um Evaluationsergebnisse so zu dokumentieren, dass sie auch für andere Abteilungen sowie über die Zeit hinweg nutzbar sind. Auf diese Weise wird Evaluation zu einem unverzichtbaren Bestandteil einer lernenden Organisation, in der Wissen akkumuliert und an den Stellen einer Organisation rechtzeitig bereit gestellt wird, wo es benötigt wird (siehe hierzu auch Kapitel 6).

Evaluation als Managementinstrument

Um diese Aufgaben erfüllen zu können, werden Informationen einerseits durch externe Evaluatoren beschafft, also von Experten, die nicht der programmdurchführenden (steuernden) Organisation angehören, und andererseits durch interne Evaluatoren, also solchen Experten, die in der Programmdurchführenden Organisation tätig sind (vgl. hierzu Kapitel 2). Hierfür bauen immer mehr Organisationen interne Evaluationsabteilungen oder Stäbe auf. Obwohl Evaluation in vielen Organisationen mittlerweile zum festen Repertoire eingesetzter Managementinstrumente gehört, wird noch immer bezweifelt, ob das Instrument hält, was es verspricht. So gibt Datta (2006: 432) zu bedenken: „Evaluations indeed can benefit programs, a result devoutly hoped for, but unproven in practice". Neuere Untersuchungen (vgl. Fitzpatrick, Sanders u. Worthen 2004: 401; Stamm 2003: 183ff.) belegen jedoch, dass Evaluationsergebnisse sehr wohl durch das Management und andere Stakeholder genutzt werden. Die bei vielen Untersuchungen der 70er und 80er Jahre beobachtete geringe Verwendung von Evaluationsergebnissen durch das Management (instrumenteller Nutzen) werden vor allem auf zu kurze Untersuchungszeiträume und eine zu enge Betrachtungsweise zurückgeführt. Umfassende Studien können zudem zeigen, dass Evaluation indirekte Wirkungen auf weitergehende Entscheidungsprozesse haben, indem sie das generelle Denken über Problemstellungen und Lernprozesse beeinflussen (konzeptioneller Nutzen). Darüber hinaus tragen Evaluationsergebnisse zur Untermauerung oder Widerlegung „politischer" Positionen bei (Überzeugungs-Nutzen). Dies ist z.B. dann der Fall, wenn die Ergebnisse von Evaluationen fest verankerte, nicht mehr hinterfragte Positionen widerlegen können.

In Studien zur Nutzung von Evaluationsergebnissen wurden einige Faktoren herausgearbeitet, die die Chancen für eine praktische Umsetzung von Evaluationsergebnissen erhöhen (vgl. Fitzpatrick, Sanders u. Worthen 2004: 405; Rossi, Lipsey u. Freeman 2004: 414):

Praktische Umsetzung von Evaluationsergebnissen

- die Relevanz der Evaluation für die Entscheidungsträger und/oder andere Stakeholder,
- die Einbeziehung von Stakeholdern in die Planungs- und Berichtsphasen der Evaluation,
- die Reputation oder Glaubwürdigkeit des Evaluators,
- die Qualität der Kommunikation der Ergebnisse (Zeitnähe, Häufigkeit, Methodik) und
- die Entwicklung von unterstützenden Prozeduren zur Nutzung der Ergebnisse oder die Bereitstellung von Handlungsempfehlungen.

## Fazit

Vergegenwärtigt man sich noch einmal die Entwicklung und die aktuelle Lage der Evaluation sowie die Herausforderungen, denen sie gegenüber steht vor dem Hintergrund ihrer Rolle in der Gesellschaft, dann wird deutlich, dass Evaluation für die *Bewertung von Programmen, Projekten und Maßnahmen* sowie als *Teil von Steuerungs- und Managementsystemen in Organisationen* weit verbreitet ist und immer stärker routinemäßig als Steuerungsinstrument verwendet wird. Im Rahmen demokratischer Regierungsführung zur Steigerung der *Legitimität und Glaubwürdigkeit* von Politik sind Evaluationen schon deutlich seltener vorzufinden. Solche breiten, ganzen Politikfelder (z.B. Hochschulpolitik, Schulqualität, Arbeitsmarktpolitik) oder Teilbereiche daraus umfassende Evaluationen bilden die Ausnahme. Von wenigen Ausnahmen abgesehen gibt es in Deutschland – im Unterschied zu einigen anderen Ländern wie insbesondere den USA – keine Evaluationskultur, die politische Verantwortung und Evaluation miteinander verknüpft.

Fazit und gegenwärtige Herausforderungen

Am wenigsten kann Evaluation zurzeit dem Anspruch gerecht werden, zur *gesellschaftlichen Aufklärung* beizutragen. Insbesondere in Ländern wie Deutschland, in denen weder der BRH über ein verbrieftes Evaluationsmandat verfügt, noch (bis auf wenige Ausnahmen) unabhängige Evaluationseinrichtungen existieren, die aus eigenem Antrieb evaluieren können und dafür mit Finanzmitteln ausgestattet sind, oder in denen es zumindest Forschungsfonds gibt, aus denen Evaluationsstudien finanziert werden, beschränkt sich Evaluation auf Auftragsforschung. Dies bedeutet, dass im Prinzip nur das evaluiert werden kann, was den staatlichen, aber auch nicht-staatlichen Einrichtungen genehm ist. Dadurch lässt sich nicht sicher stellen, dass das evaluiert wird, was aus gesellschaftlicher Perspektive notwendig wäre.

Wenn Evaluation zu allen drei Aufgabenbereichen qualifizierte Beiträge leisten soll, dann lassen sich aus diesen Beobachtungen einige *Forderungen für die Zukunft* ableiten:

Forderungen für die zukünftige Entwicklung von Evaluation

Um die Qualität von Evaluation zu verbessern, muss (1) mehr in die Aus- und Weiterbildung von Evaluatoren investiert und (2) der Professionalisierungsgrad von Evaluation erhöht werden, indem die Einhaltung von Qualitätsstandards überprüfbar gemacht wird (z.B. über Zertifizierung). Erst wenn (3) die bisher noch immer stark vorherrschende fachliche Zersplitterung überwunden wird, kann eine sozialwissenschaftliche Evaluationsdisziplin mit eigenem modifiziertem Lehrkanon entstehen. Hierzu, sowie (4) zur Weiterentwicklung von Theorien und Methoden der Evaluationsforschung, wäre die Etablierung von Sonderforschungsbereichen und Forschungsschwerpunkten nützlich. Wenn Evaluation auch zur Legitimierung von Politik und zur demokratischen Regierungsführung beitragen soll, dann sind (5) die Interessen der Betroffenen und Beteiligten stärker zu integrieren und es ist (6) eine Evaluationskultur zu entwickeln, die Evaluation nicht nur als ein Kontrollinstrument der „Herrschenden", oder weniger dramatisch ausgedrückt, der Geldgeber, versteht, sondern als ein Instrument, mit dem organisatorische Abläufe, Programme aber auch Policies verbessert, das heißt an die Bedürfnisse der Betroffenen und Beteiligten besser angepasste Lösungen entwickelt werden können. Um die gesellschaftliche Aufklärungsfunktion von Evaluation zu stärken, sind neben dem Ausbau interner und externer Evaluationskapazitäten (7) unabhängige Einrichtungen zu gründen oder bereits bestehende entsprechend zu mandatieren, so dass Evaluationen auch dort stattfinden können, wo sie gesellschaftlich als besonders relevant angesehen werden. Mit anderen Worten: erst durch eine weitergehende Professionalisierung und Etablierung der Evaluation als *wissenschaftliche Forschungsdisziplin* kann der bisherige Status einer rein an den Interessen und der Nachfrage von (zumeist) öffentlichen Auftraggebern orientierte *politikgetriebenen Evaluationskultur* überwunden werden.

# 2. Wissenschaftsbasierte Evaluation

## 2.1 Evaluation zwischen Politik und Wissenschaft

### 2.1.1 Evaluation und Politik

Beziehung zwischen Politik und Evaluation

Im vorangegangenen Kapitel wurde dargestellt, dass die Rolle der Evaluation in der Gesellschaft in hohem Umfang *politikbestimmt* und die Entwicklung der Evaluationsgeschichte *politikgetrieben* ist. Boom- und Stagnationsphasen der Evaluation sind primär Folgen politischer Weichenstellungen. Selbst die zentralen Themen, mit denen sich Evaluation beschäftigt, sind politisch gesetzt: in den 60er und 70er Jahren war die zentrale Frage im Gefolge groß angelegter Reformprogramme, ob diese „funktionieren" und die intendierten Ziele erreichen. In den Sparjahren der 80er avancierte Kosteneffizienz zum zentralen Evaluationsthema. Und der zweite Boom der Evaluation seit den späten 90er Jahren geht einher mit neuen Steuerungsmodellen und der immer stärker in den Vordergrund drängenden Wirkungsdiskussion. Wenn im Folgenden die Aspekte der Wissenschaftlichkeit hervorgehoben werden, so darf das komplizierte Beziehungsgeflecht zwischen Politik und Evaluation wegen seiner überragenden Bedeutung nicht aus dem Blick geraten.

Zwei Dimensionen des Zusammenhangs

Karlsson und Conner (2006: 230ff.) verwenden zwei Dimensionen, um den Zusammenhang zwischen Evaluation und Politik zu charakterisieren:

(1) „whether it is possible operationally to separate evaluation and politics" und
(2) "whether it is desirable conceptually to separate evaluation and politics"

Ausgangspunkt für diese Klassifikation ist die Überlegung, „that the two main components of evaluation are providing information (the epistemological component) and providing judgement (the value component)".

*Abbildung 2.1:* Three positions on the inherent connections between evaluation and politics

| Three positions | Possible to separate evaluation and politics? | Desirable to separate evaluation and politics? |
|---|---|---|
| First position | Yes | Yes |
| Second position | Yes, in providing information; not entirely when providing judgements | Yes, in providing information |
| Third position | No | No |

Quelle: Karlsson u. Conner 2006: 231

Drei Perpektiven

Nach dieser Übersicht gibt es drei Perspektiven zum Verhältnis von Evaluation und Politik (Karlsson und Conner 2006: 237ff.):

(1) „The first position sees politics as driven to protect its own interests and as harmful to evaluation. In this view, politics is at best a fickle partner, driven by many influences other than information and at worst an unsavoury one.“ Der einzige Ratschlag kann deshalb nur sein: „Evaluation can and should be kept apart from it.“

(2) „In the second position on the connection of evaluation and politics, it is accepted that evaluation takes place in political environment and that evaluation and politics therefore cannot entirely be separated, specifically in the judging component of evaluation“ (2006: 233). In der Datenerhebungs- und Analysephase sollte sich nach dieser Perspektive der Evaluator jedoch nicht von der Politik beeinflussen lassen „evaluation is kept separate from politics in the implementation of the evaluation, to avoid biases in the information produced“ (2006: 237).

(3) „The third position views evaluation and politics as inseparable, both in the conceptual as operational aspects. Here, the evaluator accepts that evaluation and politics are connected in many intricate ways and acts accordingly.“ Hierfür muss der Evaluator seine eigenen ethischen und moralischen Standards während des Evaluationsprozesses offenlegen.

Kritik der Perspektiven

Alle drei Positionen lassen sich in verschiedener Hinsicht kritisieren. So kann gegen die erste Ansicht eingewendet werden, dass sie der realen Welt kaum entspricht. Politik als zentraler Auftraggeber von Evaluation nimmt in vielfältiger Weise Einfluss. Bei der zweiten Perspektive wird angezweifelt, ob man Politik bei der Datengewinnung und -analyse heraushalten, bei der Bewertung von Ergebnissen aber wieder zulassen könne. Gegen die dritte Perspektive ließe sich vorbringen, dass dies letztlich zur Aufgabe wissenschaftlicher Prinzipien führen muss, da der Evaluator in die Rolle „of an intellectual discussant on general political, ehtical, and moral issues“ (Karlsson u. Conner 2006: 239) gedrängt wird.

Einerseits ist es blauäugig zu vermuten, das Evaluation im wissenschaftlichen Elfenbeinturm unbeeinflusst von Politik und ihren Wertvorstellungen betrieben werden kann – selbst wenn die Politik nicht mehr Hauptauftraggeber wäre und unabhängige Instanzen (etwa vergleichbar dem TÜV oder der Akkreditierungsbüros) geschaffen würden. Daraus aber die Schlussfolgerung zu ziehen, dass der Wissenschaftsanspruch dem Primat der Politik zu opfern sei, ist ebenfalls falsch und würde letztendlich der Abschaffung von Evaluation das Wort reden. Vielmehr muss ein Modell gefunden werden, das die sozialen Kontextbedingungen von Evaluation antizipiert, doch Evaluation nicht seiner Wissenschaftlichkeit beraubt.

Evaluation als Wissenschaft

Wer diese Position vertritt, droht allerdings zwischen die Stühle zu geraten, denn einerseits muss sich Evaluation als Wissenschaft genauso wie grundlagenbezogene Forschung auf deren zentralen Werte wie Objektivität und Wertneutralität verpflichten, andererseits muss sie sich aber als anwendungs- und verwertungsbezogene Forschung auch mit außerwissenschaftlichen politischen bzw. gesellschaftlichen Werten auseinandersetzen – wodurch Evaluation mit dem Postulat wertfreier Forschung eventuell in Konflikt geraten kann. Bevor Wege zur Auflösung dieses Grundkonflikts aufgezeigt werden, ist zunächst noch das ebenfalls nicht unproblematische Verhältnis zwischen Evaluation und Wissenschaft zu beleuchten.

### 2.1.2 Evaluation und Wissenschaft

Obwohl Evaluation den *Anspruch auf Wissenschaftlichkeit* erhebt, wird sie als praxis- und anwendungsbezogene Forschung von grundlagen- bzw. disziplinorientierten Forschern nicht immer als vollwertige Wissenschaft anerkannt, da sie in der Regel keiner eigenen Zwecksetzung folgt, sondern der Untersuchungsgegenstand (z.B. ein Programm, ein Projekt, eine Maßnahme), die Ziele der Untersuchung und gelegentlich auch die Bewertungskriterien von außen vorgegeben werden.

Grundlagenforschung und Evaluation

Während Grundlagenforschung relativ zweckfrei nach Erkenntnissen streben kann, ist jede angewandte Sozialforschung und damit auch die Evaluation auf die *Lösung von praktischen, gesellschaftlich-politischen Problemen* hin angelegt, um systematisch Grundlagen für außerwissenschaftliche Entscheidungsprozesse bereitzustellen (vgl. Clemens 2000: 215). Hierfür nutzt Evaluation die gesamte Bandbreite der sozialwissenschaftlichen Theorien, Konzepte und Forschungsmethoden und es gelten die in der Wissenschaft grundlegenden Regeln für das Sammeln valider und reliabler Daten (vgl. Rossi u.a. 1988: 1ff.; Kromrey 1995: 314f.; Wottawa u. Thierau 1998: 9f.; Bortz u. Döring 2003: S. 3).

Anspruch der Problemlösungsfähigkeit

Während Grundlagenforschung darauf abzielt, Theorien zu testen und weiterzuentwickeln, Erkenntnisse zu vermehren, Erklärungen bereitzustellen, Verständnis über Zusammenhänge zu vermitteln, ohne dass dabei die Frage nach der Nützlichkeit dieses Tuns für die Gesellschaft gestellt wird, ist Evaluation *an konkret vorgegebenen Zielen ausgerichtet* und muss ihre Nützlichkeit an der Erreichung dieser Forschungsziele messen lassen. Während die Gesellschaft für die Grundlagenforschung finanzielle Mittel zur Verfügung stellt, die über Forschungsgemeinschaften oder Stiftungen nach Exzellenzprinzipien vergeben werden, folgt Evaluation in der Regel dem Auftragsprinzip. Die Auftraggeber definieren Untersuchungsgegenstand und Ziele, schreiben Evaluationsvorhaben aus und vergeben sie unter Anwendung bestimmter Kriterien, wobei die Wissenschaftlichkeit nicht immer das Wichtigste ist. Die Definition und Präzisierung ihrer Fragestellung richtet sich demnach an außerwissenschaftlichen Erkenntnisinteressen und Verwertungskontexten aus (vgl. Kromrey 2002: 96f.).

Anspruch der Nützlichkeit

Ein weiterer Unterschied kann darin gesehen werden, dass Grundlagenforschung im Prinzip nicht unter *Zeitrestriktionen* erfolgt, da neue Erkenntnisse („Entdeckungen“) sich nicht in bestimmten Fristen erzwingen lassen. Damit Ergebnisse der Evaluationsforschung ihre Nützlichkeit entfalten können, müssen sie in einem zuvor definierten Umfang zu einem bestimmten Zeitpunkt vorliegen, andernfalls können sie in Entscheidungsprozessen (z.B. im Rahmen der Programmsteuerung oder für die Legitimierung von Förderentscheidungen) nicht mehr berücksichtigt werden. Neben *Finanzrestriktionen* stellen zeitliche Einschränkungen einen Hauptgrund dafür dar, dass in Evaluationen häufig nur suboptimale Untersuchungsdesigns verwendet werden.

Restriktionen der Evaluation

Anspruch der Fehlerfreiheit

Kromrey (2003: 98) weist noch auf einen weiteren gravierenden Unterschied hin: Grundlagenforschung darf sich „irren", womit gemeint ist, dass Hypothesen sich im Forschungsverlauf durchaus als „falsch" herausstellen dürfen. Es gilt sogar als besonders wünschenswert, die Suche nach neuer Erkenntnis von „gewagten" Annahmen aus anzugehen. Denn *informationsreicheres Scheitern* kann den Startpunkt für neue grundlegende Erkenntnisse bilden. In der Evaluationsforschung wird hingegen bei der Konzipierung der Forschungsdesigns so vorgegangen, „dass die zugrunde liegenden Annahmen und Hypothesen einen hohen Grad empirischer Bewährung aufweisen und dass der Prozess der Gewinnung, Auswertung und Interpretation aller Informationen methodisch abgesichert und mit begleitender Qualitätskontrolle verläuft" (Kromrey 2003: 8). Denn jede auf der Basis fehlerhafter Daten gezogene falsche Schlussfolgerung kann fatale Folgen für die Betroffenen haben.

Anspruch der Bewertung

Ein weiterer wesentlicher Unterschied zwischen Evaluations- und Grundlagenforschung besteht darin, dass Evaluationen immer mit *Bewertungen* verbunden sind. Hierfür werden die Beurteilungskriterien zumeist aus dem zu evaluierenden Programm selbst abgeleitet. In diesem Fall werden die Implementation des Programms sowie seine Wirkungen im Lichte seiner eigenen Ziele bewertet. Dabei handelt es sich jedoch nicht um subjektive Werturteile des Evaluationsforschers, sondern um „analytische Beurteilungen", die intersubjektiv nachprüfbar sein müssen. Dabei geht der Forscher in der Regel so vor, dass er empirisch die Zustände in den Zielbereichen des Programms vor und nach den ergriffenen Maßnahmen feststellt und untersucht, welche Veränderungen auf welche Elemente des Programms zurückzuführen sind. Durch Vergleich der empirischen Fakten (Ist-Zustand) mit den im Programm formulierten Zielniveaus (Soll-Zustand) können anschließend deduktiv Aussagen darüber abgeleitet werden, ob und in welchen Teilen das durchgeführte Programm erfolgreich bzw. nicht erfolgreich war. Um zu einer abschließenden Bewertung zu kommen, sind allerdings auch nicht-intendierte Wirkungen zu berücksichtigen. Darüber hinaus können zudem andere oder weitere Bewertungskriterien ergänzend herangezogen werden, die z.B. von Auftraggebern oder den betroffenen Zielgruppen formuliert werden (z.B. Politikrelevanz, Nutzen für die Zielgruppen).

Gemeinsamkeiten von Evaluation und Grundlagenforschung

Keine prinzipiellen Unterschiede sind hingegen zwischen Evaluations- und Grundlagenforschung im Hinblick auf die Auswahl des Untersuchungsgegenstandes sowie die Verwendung von Datenerhebungs- und Analysemethoden zur Identifizierung von Wirkungen und der Bearbeitung der Kausalitätsfrage (Ursache-Wirkungszusammenhänge) zu erkennen. In Abbildung 2.2 sind die Unterschiede zwischen Grundlagen- und Evaluationsforschung nochmals zusammengefasst. Demnach bewegt sich die Evaluationsforschung in einem *Spannungsverhältnis zwischen Wissenschaftlichkeit und Nützlichkeit.* Einerseits ist Evaluation Teil der empirischen Sozialwissenschaft und hat ihre Regeln und Standards zu erfüllen. Andererseits ist Evaluation darauf ausgerichtet, für die Verbesserung der gesellschaftlichen Praxis verwertbare Ergebnisse zu liefern.

*Abbildung 2.2:* Unterschiede zwischen Grundlagen- und Evaluationsforschung

| Kriterium | Grundlagenforschung | Evaluationsforschung |
|---|---|---|
| Erkenntnisziel | theorieorientiert | verwertungsorientiert |
| Zweck | zweckfrei | zweckbestimmt |
| Untersuchungsgegenstand | freie Auswahl | extern definiert |
| Ressourcenbereitstellung | von der Gesellschaft | von Auftraggebern |
| Zeitrahmen | zeitungebunden | zeitgebunden |
| Erkenntnisgewinn | für die Gesellschaft | um Entscheidungen treffen zu können |
| Schlussfolgerungen | Basis für neue Erkenntnisse | positive oder negative Folgen für Stakeholder |
| Nutzen | alle (gesamte Welt) | Auftraggeber, Zielgruppen, generelle: „Stakeholder" |
| Ergebnisse | Interpretation | Interpretation und Bewertung |
| Kontext | in der Regel unproblematisch | politisch sensibel |

Bewertungs- und Verwertungs-orientierung

Dieser Aspekt der *Bewertungs- und Verwertungsorientierung* ist eine zentrale Voraussetzung dafür, dass Evaluation nützlich sein kann. Deshalb lassen sich Evaluationen (bis auf wenige Ausnahmen) nicht auf rein wissenschaftliche Ansprüche reduzieren, sondern sind immer an den Interessen und Informationsbedürfnissen derjenigen ausgerichtet, die sie initiieren, in Auftrag geben oder sonst wie davon betroffen sind. Vorrangiges Ziel ist in der Regel nicht, generelle theoretische Kenntnisse voranzutreiben, sondern wissenschaftliche Verfahren und Erkenntnisse einzusetzen, um diese im Dienste einer auftraggeber- und zielgruppenbezogenen Fragestellung nutzbar zu machen (vgl. Kromrey 2001; Vedung 2000; Patton 1997; Shadish u.a. 1991). Inwieweit wissenschaftlich-methodische Ansprüche hinsichtlich einer möglichst objektiven Erkenntnisgewinnung zugunsten der Generierung praktischen Handlungswissens reduziert werden dürfen ist eine umstrittene Frage und kann nicht allgemeingültig sondern nur fallbezogen beantwortet werden. Klar ist jedoch, dass in der Praxis sehr häufig auf aus sozialwissenschaftlicher Sicht suboptimale Lösungen zurückgegriffen wird.

Dualität von Evaluation

Die Evaluationsforschung zeichnet sich demnach durch eine besondere *„Dualität"* aus, die darin zum Ausdruck kommt, dass sie einerseits Teil der empirischen Sozialforschung ist und sich ihrer Theorien und Methoden bedient, aber andererseits auch Teil des politischen Prozesses, den sie selbst mit ihren Ergebnissen beeinflusst. Als Instrument zur Entscheidungsfindung für die politische Steuerung ist sie zum Teil wissenschaftsfremden Anforderungen ausgesetzt. Aufgrund dieser Dualität haben sich im Laufe der Entwicklung der Evaluationsforschung unterschiedliche theoretisch-methodische Ansätze herausgebildet. Diese orientieren sich entweder mehr an wissenschaftlichen Standards oder stärker an den Anforderungen der Auftraggeber oder den Bedürfnissen der Zielgruppen (vgl. Kapitel 3).

### 2.1.3 Ein Forschungsmodell für die Evaluation

Wenn Evaluation sich demnach mit diesem doppelten Spannungsverhältnis zwischen Politik und Wissenschaft bewegt, wie kann dann ein Forschungsmodell aussehen, das Wissenschaftlichkeit mit ihren anerkannten Standards wie Neutralität und Objektivität sowie Valididät und Reliabilität ihrer Ergebnisse zulässt und gleichzeitig die politischen Kontextbedingungen von Evaluation nicht ignoriert?

Wissenschaftstheoretische Grundlagen

Hierzu ist es nützlich, die *wissenschaftstheoretische Unterscheidung zwischen Entdeckungs-, Forschungs- und Verwertungszusammenhang* zu verwenden. Nach Max Webers (1968: 229-277) Position zur Wertfreiheit der Wissenschaft steht außer Frage, dass jegliche sozialwissenschaftliche Beschreibung und Erklärung von sozialen Tatbeständen insofern wertend ist, als der Forscher aus einer schier unendlichen Menge von denkbaren Forschungsfragen bestimmte auswählt und diese bearbeitet. Die *Auswahl der Fragestellungen* erfolgt vor dem Hintergrund bestimmter Werthaltungen.

Max Weber's Postulat zur Wertfreiheit

Bei Evaluationen besteht nur insoweit ein Unterschied als die Auswahl des Untersuchungsgegenstands und die Formulierung der Fragestellung in der Regel durch den Auftraggeber vorgenommen wird. Politik, die darüber entscheidet, welche Fragen mit Hilfe von Evaluation untersucht und welche Kriterien vor dem Hintergrund bestimmter Werthaltungen für die Beurteilung herangezogen werden sollen, stellen somit für die Wissenschaftlichkeit der Evaluation kein Problem dar.

Nach Max Weber (1968) soll weiterhin gewährleistet werden, dass *Beschreibung und Erklärung von Tatsachen objektiv*, d.h. wertfrei und damit für jedermann, der über Fachwissen der Disziplinen verfügt, nachvollziehbar sind. Wissenschaftliche Aussagen sollen nicht durch Wertvorstellungen des Forschers beeinflusst werden.

Diese Forderung kann auch im Kontext von Evaluation erfüllt werden. Nachdem Forschungsgegenstand und -fragen definiert sind, ist es Aufgabe des Wissenschaftlers, ein passendes Untersuchungsdesign zu entwickeln, das ein objektives Vorgehen erlaubt sowie reliable und valide Untersuchungsergebnisse erwarten lässt.

Bewertung vs. Werturteil

Nun besteht die Aufgabe von Evaluation nicht nur in der Sammlung von Informationen, sondern auch in der *Bewertung* derselben. Doch dabei handelt es sich keineswegs um Werturteile, sondern die Ergebnisse werden anhand der im Entdeckungszusammenhang festgelegten Kriterien beurteilt. Durch einen Vergleich zwischen einem Sollwert und einem empirisch ermittelten Ist-Wert kann z.B. festgestellt werden, ob bestimmte Programmziele erreicht wurden. War das Ziel eines Programms die Reduzierung der Chancenungleichheit in der Gesellschaft, in dem der Anteil von Arbeiterkindern, die ein Gymnasium besuchen von 20 auf 30% ansteigt, dann kann bei der Erhebung entsprechender Daten aufgezeigt werden, ob und in welchem Umfang das Programm dazu einen Beitrag geleistet hat. Es kann bewertet werden, ob das Programm erfolgreich war, was (im Hinblick auf die Zielerreichung) gut funktioniert hat und was nicht. Daraus lassen sich dann theoretisch fundierte (die Zusammenhänge zwischen Variablen berücksichtigende) und empirisch abgesicherte (datengestützte) Empfehlungen ableiten, wie das Programmziel noch effektiver und/oder effizienter erreicht werden kann.

Diese Vorgehensweise widerspricht keineswegs dem Weberschen Werturteilspostulat in dieser Forschungsphase, denn es werden keine wertbezogenen Aussagen getroffen, also z.B. derart, dass ein Anteil von 30% Arbeiterkindern auf Gymnasien noch keine Chancengleichheit bedeutet, oder dass Chancengleichheit sowieso nicht erstrebenswert sei, etc. Dies wären auf gesellschaftliche Werte wie Individualität, Gerechtigkeit, etc. basierende Bewertungen, die aber nicht zwingend Gegenstand von Evaluation sein müssen. Der Vorwurf, Evaluation müsse entweder Werturteile in dieser Forschungsphase fällen oder aber sie würde sich vor dem Vorgang des Evaluierens drücken (vgl. Kromrey 2007: 113ff.), verkennt, dass Evaluation gar *keine Werturteile* fällen will.

Bewertung in der Grundlagenforschung

Im Übrigen ist festzustellen, dass auch die Grundlagenforschung bei der *Interpretation ihrer Ergebnisse* eine Bewertung vornehmen muss (vgl. hierzu Kapitel 5). Die festgestellten Befunde müssen z.B. hinsichtlich ihrer Relevanz eingeschätzt werden, wozu bei statistischen Verfahren die Signifikanzprüfung dient. Das vorab vom Forscher willkürlich festgelegte Signifikanzniveau stellt nichts weiter als eine Entscheidungsregel dar, die eine Annahme der Befunde oder ihre Ablehnung als Zufallsergebnis nahelegt. Noch klarer wird die Bedeutung subjektiver Entscheidungen der Forscher bei interpretativen Verfahren in der qualitativen Sozialforschung, wenn z.B. bei der Textinterpretation der Sinn erfasst und dabei auf das eigene Textverständnis als Maßstab zurückgegriffen werden soll. Auch diese Vorgehensweisen sind keineswegs Werturteile im Verständnis Max Webers und sie sind der beschriebenen Bewertung von Sachverhalten durch Evaluatoren sehr ähnlich.

Auguste Comte

Würden sich Evaluationen Werturteile anmaßen, dann würden sie zu einer „positiven“ (gemeint ist eine empirische) Sozialwissenschaft mutieren, wie sie sich Auguste Comte in der Mitte des 19. Jahrhunderts wünschte: eine Wissenschaft, die den Maßstab für Entscheidungen liefert, was gesellschaftlich gut und was richtig ist. Doch dieses Urteil kann mit wissenschaftlichen Methoden nicht gefällt werden. Hierzu sind immer Werturteile notwendig, die nicht mit intersubjektiver Gültigkeit aus empirischen Daten abgeleitet werden können. Diesen Anspruch konnte weder die Soziologie des 19. Jahrhunderts erfüllen, noch kann er heute von der Evaluation eingelöst werden. Daraus lässt sich weder ein Versagen der Soziologie noch der Evaluation ableiten, da dies gar nicht ihre Aufgabe sein kann.

Politisches Lernen

Die Vorstellung, dass Evaluation sehr wohl gleichzeitig wissenschaftlichen Prinzipien folgen, als auch Partner der Politik sein kann, liegt der von Hellstern und Wollman (1983: 1ff.) als *„experimentelle Politik“*[31] bezeichneten Idee zugrunde, nach der „Verfahren systematischer Erfahrungs- und Erkenntnisgewinnung als Mittel der Verbesserung politischer Entscheidungsfindung“ entwickelt und genutzt werden (Hellstern u. Wollmann 1983: 1). Für eine „systematischere,

31 Unter dem Stichwort „Experimente in der Politik“ wurde im Rahmen der Jahrestagung 1979 der Deutschen Vereinigung für Politische Wissenschaft eine Arbeitsgruppe organisiert, die sich um konzeptionelle Klärung der damals inflationär verwendeten Begriffe „Modellvorhaben“, „Modellversuche“ und „experimentelle Politik“ bemühte.

längerfristige" Politik sollten „Programmerneuerungen nicht als ‚Innovationen aufs Geratewohl' (at random innovations), sondern als gezielte ‚social experimentation'" angelegt und evaluiert werden, um ein „Verfahren kumulativen und systematischen politischen Lernens" zu etablieren (Hellstern u. Wollmann 1983: 68).

Experimentelle Entscheidungslogik

Hierfür wird die *Entscheidungslogik der experimentellen Vorgehensweise* für die Politik genutzt. Bevor Programme, gesetzliche Regelungen oder soziale Dienstleistungsangebote flächendeckend eingeführt werden, werden sie in einzelnen Pilotvorhaben oder in abgegrenzten Regionen erprobt. Mit Hilfe systematisch angelegter Evaluationen können die Ergebnisse in den Programmregionen mit denen verglichen werden, in denen die Maßnahmen noch nicht eingeführt wurden („Kontrollgruppe"). Bewährt sich das Programm, gemessen an den vorgegebenen Zielen, dann kann es ausgeweitet werden, treten keine Unterschiede zwischen Programm- und Kontrollregion auf, muss das Programm modifiziert oder ganz aufgegeben werden. Mit diesem Ansatz lassen sich auch alternative Programmversionen testen. Beispiele für großangelegte Pilotvorhaben sind die Erprobung des Gesamtschulkonzepts, Feldversuche zum Bildschirmtext und zum Kabelfernsehen oder das städtebauliche Bund-Länder-Programm „soziale Stadt" (vgl. Kromrey 2003: 105). In der Entwicklungszusammenarbeit ist dieser Ansatz sehr weit verbreitet. Da die nötigen Finanzmittel fehlen, werden innovative Lösungen in der Regel zuerst in Pilotvorhaben getestet, bevor sie flächendeckend eingeführt werden.

Pilotvorhaben

Evaluation als Begleitstudie

Bei einer solchen Vorgehensweise liefert Evaluation als wissenschaftliche Begleitstudie die Daten und nimmt die Bewertungen vor, die für solche Entscheidungen notwendig sind. Hierfür ist eine *Erfassung der Ausgangssituation* (Baseline) notwendig, bevor Programminterventionen stattfinden, die *Messung der Eingriffe* (Input) und der *erbrachten Leistungen* (Output) im Rahmen des Programms sowie die *Messung der Zielerreichung* (outcome) und der erzeugten *Wirkungen* (impact) (vgl. zu den diesem Ablauf zugrundeliegenden „logischen Modellen" Kapitel 3.5.3). Bei der Wirkungsmessung ist darauf zu achten, dass sowohl die intendierten als auch nicht-intendierten Wirkungen erfasst und bewertet werden. Nicht zuletzt ist die Aufgabe der *Ursachenzuschreibung* zu lösen, also die Frage, welche der beobachteten intendierten wie nicht-intendierten Wirkungen auf die Programminterventionen zurückzuführen sind. Abschließend sind die Evaluationsergebnisse zu bewerten. Hierfür ist das Kriterium der Zielerreichung (Effektivität) nur eines unter mehreren. Das Programm kann auch im Hinblick auf seine Effizienz, seine Wirkungsbilanz (zwischen intendierten und nicht-intendierten Effekten), seine Nachhaltigkeit (bei ex-post Analysen), seine ökologische Verträglichkeit etc. bewertet werden (vgl. Kapitel 2.2.4).

Ursachenzuschreibung

Um es noch einmal deutlich zu machen: In einer Evaluation wird anhand gesetzter Kriterien bewertet, ob und inwieweit bestimmte Zielmarken erreicht wurden und ob und inwieweit die Programmmaßnahmen dazu beigetragen haben. Es werden demnach Bewertungen darüber abgegeben, inwieweit ein Programm zur Erreichung bestimmter vorgegebener gesellschaftlicher Ziele beigetragen hat (und welche intendierten und nicht-intendierten Wirkungen dabei entstanden sind). Es werden jedoch keine Werturteile darüber gefällt, ob bestimmte gesellschaftliche Ziele prinzipiell angestrebt werden sollten! Dies sind politische Aussagen, die im Verwertungskontext von Untersuchungen zu treffen sind. Deshalb ist auch die Entscheidung über die von einer Evaluation vorgelegten Empfehlungen und deren Umsetzung nicht mehr Teil der Evaluation sondern der Politik, der Administration und des Managements.

Evaluation und Entscheidung

Wie von Max Weber (1968: 229-277) gefordert, werden die Ergebnisse der Wissenschaft zur Erreichung politischer, sozialer, wirtschaftlicher und anderer Ziele verwendet, jedoch nicht im Forschungs- sondern außerhalb, nämlich im *Verwertungszusammenhang*. Dies trifft auch auf die Evaluation zu. Wie Wissenschaftler bestimmen auch Evaluatoren nicht die Verwirklichung von gesellschaftlichen Zielvorstellungen. Sie liefern mit ihren Evaluationen lediglich Handlungsoptionen und bewerten diese im Hinblick auf vorher festgesetzte und transparent gemachte Kriterien, indem sie die Methode des systematischen Vergleichs anhand empirisch ermittelter Daten anwenden. Diese Bewertungen sind intersubjektiv nachprüfbar und jeder kann unter Verwendung anderer Kriterien auch zu anderen Bewertungen gelangen.

Forschungs- und Verwertungszusammenhang

Bis dahin sind insoweit keine Werturteile verbunden, weil das Programm lediglich im Hinblick auf die *instrumentelle Zielerreichung* bewertet wird, also ob es einen Beitrag zur Erreichung eines gesellschaftlichen Ziels leistet, das aufgrund von bestimmten Wertepositionen ausgewählt wurde. Die zugrunde liegende Werteposition (z.B. soll die Gesellschaft überhaupt Chancengleichheit schaffen) wird hingegen durch Evaluation nicht bewertet. Sie ist eine Entscheidung, die außerhalb des Forschungsprozesses im Verwertungszusammenhang zu treffen ist. Nach diesem Modell ist weder erforderlich, das Evaluieren aus der Evaluation auszulagern, noch ist das Fällen von Werturteilen im Forschungsprozess notwendig.

*Abbildung 2.3:* Rolle von Politik und Wissenschaft im Forschungsprozess

Rolle von Politik und Wissenschaft

| Entstehungszusammenhang | Politik/Gesellschaft |
|---|---|
| Forschungszusammenhang | Wissenschaft |
| Verwertungszusammenhang | Politik/Gesellschaft |

Diese Aufstellung ähnelt der von Karlsson und Conner (2006: 232ff.) beschriebenen Position des „Value-Sensitive Evaluator", nach der es möglich und wünschenswert ist, Politik und Wissenschaft voneinander zu trennen: „in the operational, information-finding aspects, however, the evaluator can and should stay separate from the political component" (2006: 233). Das hier entwickelte Forschungsmodell geht darüber hinaus, da es auch die *instrumentelle Bewertung* als *Teil des Forschungsprozesses* begreift und nur die *wertbezogene Beurteilung* im Hinblick auf gesellschaftlich wünschenswerte Zustände sowie die hierfür zu treffenden Entscheidungen dem *Verwertungskontext* zuweist.

## 2.2 Grundlagen

### 2.2.1 Definitionen

Definition und Evaluation

Bisher wurde der Begriff Evaluation[32] noch nicht näher definiert, was nun nachgeholt werden soll. Eingangs wurde darauf verwiesen, dass Evaluation weit in die Menschheitsgeschichte zurückreicht, für die verschiedensten Zwecke verwendet wird und dafür die unterschiedlichsten Verfahren eingesetzt werden. Vor diesem Hintergrund ist es nicht erstaunlich, wenn behauptet wird, dass „Evaluation" ein „vieldeutiges Wort" ist, mit dem die verschiedensten Arten von Beurteilungen gemeint sein können" (Weiss 1974: 19).

Wenn man die bisher dargelegten Ausführungen über Evaluation noch einmal Revue passieren lässt, dann fällt auf, dass die Verwendung des Begriffs stets eine *Bewertung oder Beurteilung eines Sachverhalts oder Objektes auf der Basis von Informationen* inkludiert. Dieser Bedeutungsinhalt entspricht auch der lateinischen Herkunft des Begriffs, der sich aus dem Wort „valor" (Wert) und der Vorsilbe „e" bzw. „ex" (aus) zusammensetzt. Daraus ergibt sich: „einen Wert aus etwas ziehen", also eine Bewertung vornehmen.[33] Hinzu kommt noch ein drittes Element: Evaluationen erfolgen zielgerichtet. Informationen werden gesammelt und bewertet, um zur Entscheidungsfindung beizutragen.

Drei Aspekte

Somit ließe sich zunächst festhalten, dass Evaluation ein Instrument zur empirischen Generierung von Wissen ist, das mit einer Bewertung verknüpft wird, um zielgerichtete Entscheidungen zu treffen. Diese drei Aspekte von Evaluation finden sich in den meisten gängigen Definitionsversuchen wieder, die dieses Grundmuster präzisieren. So schlägt Donna Mertens (1998: 219) vor: „Evaluation is the systematic investigation of the merit or worth of an object (program) for the purpose of reducing uncertainty in decision making."

Bewertung ("merit or worth")

Dieser Aspekt der Bewertung des „merit or worth" eines Objektes (auch allgemein als „Evaluand" bezeichnet) findet sich in vielen Evaluationsdefinitionen, z.B. bei Scriven (1991: 139), der definiert: „Evaluation refers to the process of determining the merit, worth, or value of something, or the product of that process." Mitunter wird eine Unterscheidung zwischen „merit" und „worth" der-

32 Die Begriffe „Evaluation", „Evaluierung" und „Evaluationsforschung" werden hier synonym verwendet. Zu den definitorischen Unterschieden vgl. Wottawa u. Thierau 1998: 13.

33 Im „Forum Evaluation", dem zentralen Internetforum der deutschen Evaluationsgemeinschaft, wurde im letzten Jahr sehr intensiv über die Frage gestritten, ob das Wort „Evaluation" nun aus dem Lateinischen oder aus dem Englischen abgeleitet werden muss. Sicher lassen sich die heutigen Evaluationen nicht in direkter Folge aus Aktivitäten im alten Rom ableiten. Stattdessen fand der Fachbegriff „Evaluation" zweifellos über die USA Einzug in den deutschen Sprachgebrauch. Damit ist er aber noch nicht ein „uramerikanisches" Wort, sondern ist in seinem englischen Wortstamm „value" mit dem lateinischen „valor" verwandt. Es ist ebenfalls keine wissenschaftliche Neukreation, die zur Abgrenzung des herkömmlichen Sprachgebrauchs erschaffen wurde (wie z.B. Luhmanns Begriff der Autopoiesis – welcher damit natürlich auch keineswegs „urdeutsch" ist), sondern eine Übernahme aus der Alltagssprache. Ob der Begriff „Evaluation" nun im Deutschen eher lateinisch oder eher englisch ausgesprochen werden soll oder gar eine „Eindeutschung" vorzunehmen ist, sei hiermit jedem selbst überlassen.

gestalt getroffen, dass der Ausdruck „merit“ dazu verwendet wird, um die kontextfreien, dem Evaluand innewohnenden (intrinsischen) Qualitäten zu bezeichnen. Z.B. der Wert eines Curriculums an sich, unabhängig von seiner kontextbezogenen Anwendung. „Worth“ hingegen bezieht sich dann auf den kontextdeterminierten Wert, der kontextabhängig variiert. Z.B. der Wert eines Curriculums, um ein bestimmtes Kind in einem bestimmten Umfeld zu unterrichten. Basierend auf dieser Unterscheidung definieren Lincoln u. Guba (1986a: 550): Eine Evaluation ist „a type of disciplined inquiry undertaken to determine the value (merit and/or worth) of some entity – the evaluand – such as a treatment, program, facility, performance, and the like – in order to improve or refine the evaluand (formative evaluation) or to assess its impact (summative evaluation).“

Manchmal werden in Evaluationsdefinitionen auch die Zwecke spezifiziert, denen die Evaluation dienen soll. So z.B. in der schon zitierten Definition von Mertens (1998: 219), in der als Zweck die Reduzierung von Unsicherheit bei der Entscheidungsfindung genannt wird. Pattons (1991: 139) Definition enthält eine Vielzahl von möglichen Aufgabenstellungen für Evaluation. „Program evaluation is the systematic collection of information about the activities, characteristics, and outcomes of programs to make judgements about the program, improve program effectiveness, and/or inform decisions about future programming.“ Zwecke

Einige Definitionen gehen zudem auf die Verfahrensweisen ein, die dabei angewendet werden sollen, so z.B. bei Scriven (1991: 139): „The evaluation process normally involves some identification of relevant standards of merit, worth, or value; some investigation of the performance of the evaluands on these standards; and some integration or synthesis of the results to achieve an overall evaluation or set of associated evaluations.“ Verfahren

Rossi’s, Freeman’s und Lipsey’s (1999: 4) Definition umfasst sowohl eine Benennung der methodischen Vorgehensweise als auch eine genaue Zweckbestimmung: „Program evaluation is the use of social research procedures to systematically investigate the effectiveness of social intervention programs. More specifically, evaluation researchers (evaluators) use social research methods to study, appraise, and help improve social programs in all their important aspects, including the diagnosis of the social problems they address, their conceptualization and design, their implementation and administration, their outcomes, and their efficiency.“ Methoden

Wie eingangs dargestellt hat der Evaluationsbegriff Konjunktur. Deshalb existieren neben diesen wissenschaftlichen Definitionen im Alltagsleben eine Vielzahl weiterer Wortbedeutungen, die Verwirrung stiften können, wenn sie nicht klar abgegrenzt werden[34]. In seiner unspezifischsten Form bedeutet Evaluation nichts weiter als dass irgendetwas von irgendjemandem nach irgendwelchen Kriterien in irgendeiner Weise bewertet wird (vgl. Kromrey 2001: 106). Bei einer solchen Vorgehensweise sind weder intersubjektiv überprüfbare noch einheitliche Ergebnisse zu erwarten. Je nachdem, wer die Informationssammlung und Bewertung vornimmt und welche Kriterien und Methoden dafür verwendet

34 Wie sehr der Begriff Evaluation schon in die Alltagssprache diffundiert ist, macht z.B. eine Artikelserie des Magazins „Stern“: „So liebt die Welt“ deutlich, in der behauptet wird, „dass Frauen immer genauer *evaluieren*, mit wem sie sich einlassen“ (Stern 32/2007: 102).

werden, treten beim selben Untersuchungsgegenstand oder Sachverhalt unterschiedliche Einschätzungen auf.

Aufweichung des Evaluationsbegriffs

Im politischen Kontext werden zwar wesentlich spezifischere Evaluationsdefinitionen verwendet, doch dafür werden sehr unterschiedliche Verfahren mit demselben Begriff belegt. So wird die Effizienzmessung in ökonomischen Zusammenhängen genauso als Evaluation bezeichnet, wie die von Sachverständigen vorgenommene Analyse der Funktionsfähigkeit von Organisationen (z.B: die Evaluation wissenschaftlicher Einrichtungen) oder gar die beratende und moderierende Beteiligung von Evaluatoren im Prozess der Entwicklung oder Optimierung von Handlungsprogrammen. Nahezu jede Form von Gutachten wird heutzutage gerne Evaluation genannt.

Selbst „gewöhnliche" Umfrageforschung kommt im Rahmen der inflationären Verwendung des Begriffs im Gewande der Evaluation daher. Hierzu wird die Erhebung und Auswertung bewertender (also „evaluierender") Aussagen von Befragten, die in einem angebbaren Verhältnis zum evaluierenden Gegenstand stehen, wie etwa Kunden, Klienten, Betroffene, Teilnehmer etc., als Evaluation ausgegeben. Ohne dass ein spezifisches Evaluationsdesign existiert, werden subjektive Werturteile und Einschätzungen, Zufriedenheitsäußerungen oder Akzeptanzinformationen erhoben. Der einzige Unterschied zur gängigen Meinungsforschung besteht darin, dass nicht Meinungen, sondern eben Bewertungen bzw. Zufriedenheitseinschätzungen erfasst werden (vgl. Kromrey 2001: 106f.).

Kennzeichen wissenschaftlicher Evaluationen

Kontrastiert man diese Begriffsverwendung mit dem zuvor dargelegten wissenschaftlichen Evaluationsverständnis, dann wird trotz der aufgezeigten Heterogenität deutlich, dass sich *wissenschaftlich durchgeführte Evaluationen* dadurch auszeichnen, dass sie (1) auf einen klar definierten Gegenstand (z.B. politische Interventionsmaßnahmen, Projekte, Programme, Policies etc.) bezogen sind, (2) für die Informationsgenerierung objektivierende empirische Datenerhebungsmethoden eingesetzt und (3) die Bewertung anhand explizit auf den zu evaluierenden Sachverhalt und anhand präzise festgelegter und offengelegter Kriterien (4) mit Hilfe systematisch vergleichender Verfahren vorgenommen wird. Die Evaluation wird (5) in der Regel von dafür besonders befähigten Personen (Evaluatoren) durchgeführt (6) mit dem Ziel, auf den Evaluationsgegenstand bezogene Entscheidungen zu treffen.

was, wozu, anhand welcher Kriterien, von wem, wie

Aus den bisherigen Ausführungen wird deutlich, dass es bei einer Evaluation sehr darauf ankommt, *was, wozu, anhand welcher Kriterien, von wem, wie evaluiert wird.* Dieser Sachverhalt wird jedoch in der öffentlichen Diskussion häufig vernachlässigt, wenn Evaluationsergebnisse für die verschiedensten Begründungszusammenhänge ins Feld geführt und damit die unterschiedlichsten Ziele verfolgt werden. Wenn Evaluationen jedoch nicht professionell, nach wissenschaftlichen Kriterien und unter Berücksichtigung fachlicher Standards von dafür qualifizierten Personen durchgeführt werden, also dann, wenn es sich um *Alltagsevaluationen* handelt, sind diese mit erheblichen *Risiken* behaftet: So können z.B. Sachverhalte einseitig oder gar „falsch" dargestellt, bestimmte Stakeholderinteressen über- oder unterbewertet oder keine einheitlichen Kriterien verwendet worden sein. Desweiteren ist es möglich, dass für die Fragestellung unpassende Designs oder Erhebungsmethoden eingesetzt, nicht die eigentlichen Zielgruppen untersucht oder sogar die „falschen" Fragen beantwortet wurden. In solchen Fällen stellen Evaluationen eine *Gefahrenquelle* dar, denn es werden Bewertungen oder Entscheidungen auf einer nur scheinbar rationalen Grundlage gefällt. Zudem lassen sich laienhaft durchgeführte Evaluationen eher für manipulative Zwecke missbrauchen als professionell durchgeführte Studien, wobei natürlich auch diese vor Missbrauch nicht geschützt sind.

Um dieses Risiko zu minimieren und um das Nutzungspotenzial von Evaluation möglichst optimal auszuschöpfen, sollte sich jede professionell durchgeführte Evaluation mit folgenden *Fragen* auseinandersetzen:

(1) *Was* (welcher Gegenstand) wird
(2) *wozu* (zu welchem Zweck)
(3) *anhand welcher Kriterien*
(4) von *wem*
(5) *wie* (mit welchen Methoden) evaluiert?

Da die Beantwortung dieser Fragen in hohem Maße einen entscheidenden Einfluss auf das jeweilige Evaluationsergebnis hat, sollen sie im Folgenden einer näheren Betrachtung unterzogen werden.

### 2.2.2. Was wird evaluiert? Evaluationsgegenstände

Im Prinzip gibt es bei der Wahl des Evaluationsgegenstands kaum Einschränkungen. *Objekte der Bewertung* können Gesetze, Produkte, Dienstleistungen, Organisationen, Personen, Prozesse sowie soziale Tatbestände jedwelcher Art oder gar Evaluationen selbst sein. Häufig sind die Untersuchungs- und Bewertungsgegenstände von Evaluationen allerdings Reformmaßnahmen, Projekte, Programme oder Policies.

Objekte der Bewertung

Eine *,policy'* kann definiert werden als eine in sich geschlossene Handlungsstrategie in Bezug auf ein spezifisches Themen- oder Problemfeld (vgl. Bank u. Lames 2000: 6).[35] Diese sind manchmal eher nebulös formuliert und stellen, weit in die Zukunft gerichtet, Visionen dar, manchmal geben sie aber auch konkrete Handlungsschritte vor. Gemeinsam ist ihnen, dass sie wie auch immer geartete als wünschenswert definierte Ziele postulieren (vgl. Bussmann u.a. 1997: 66f. u.

Policy

35 In Anlehnung an die angelsächsische Verwendung des Politik-Begriffs werden in der Regel drei Dimensionen unterschieden: (1.) Policy, (2.) Politics und (3.) Polity. (1.) Mit *Policy* wird die inhaltliche Dimension des Politik-Begriffs umschrieben. Dabei geht es in erster Linie um alle staatlich-gesellschaftlichen Interaktionen, z.B. wie Probleme durch das politisch-administrative System wahrgenommen und verarbeitet werden und mit welchen ziel- oder zweckgerichteten Aktivitäten der Staat versucht, Lösungen zu implementieren. Policy-Studien und Politikfeldanalysen untersuchen solche Fragestellungen. (2.) Der Begriff *Politics* bezieht sich auf den prozessualen Aspekt der Politik. Bei der Politics-Forschung geht es um die Frage, welche Regeln zur Konfliktlösung eingesetzt werden, welche Rolle Institutionen spielen, wie Interessen durchgesetzt werden etc. (3.) *Polity* umfasst den formalen Aspekt der Politik. Dabei geht es um die Form, in der Politik abläuft . Einen hervorragenden Einführungsartikel in die Politikfeldanalyse hat Jann (1994: 308ff.) verfasst. Vgl. u.a. auch Dye 1978; Windhoff-Héritier 1983 u. 1993; Hartwich 1985; Feick u. Jann 1988; Schmidt 1988; Derlien 1991; Dunn 2004.

83). Um sie verwirklichen zu können, bedarf es detaillierter Umsetzungspläne, die in der Regel in aufeinander abgestimmten Programmen, Projekten und einzelnen Maßnahmen operationalisiert werden. Dabei stellt eine *Interventionsmaßnahme* die kleinste Aktionseinheit dar. *Projekte* bestehen aus einem Bündel von Einzelmaßnahmen und *Programme* wiederum aus einer Reihe aufeinander bezogener Projekte. Zusammen bilden sie die primären Mittel, mit denen Regierungen und ihre Administrationen Ressourcen kanalisieren, um ihre politischen Strategien zu realisieren.

Maßnahme, Projekte, Programme

Definition Programme

Nach Hellstern und Wollmann (1984: 7) stellen Programme komplexe Handlungsmodelle dar, „die auf die Erreichung bestimmter Ziele gerichtet sind, die auf bestimmten, den Zielen angemessen erscheinenden Handlungsstrategien beruhen und für deren Abwicklung finanzielle, personelle und sonstige Ressourcen bereitgestellt werden". Scriven (2002: 285) versteht unter Programm: „The general effort that marshals staff and projects toward some (often poorly) defined and funded goals." Royse u.a. (2001: 5) definieren ein Programm als: „an organized collection of activities designed to reach certain objectives". Projekte werden bezeichnet als „the primary means through which governments (...) attempt to translate their plans and policies into programs of action" (Rondinelli 1983: 3). Unabhängig davon, wie umfassend oder detailliert Entwicklungspläne und Handlungsstrategien sind, „they are of little value unless they can be translated into projects or programs that can be carried out" (ebd.).

*Instrumentell* betrachtet handelt es sich bei Programmen und Projekten um Maßnahmenbündel zur Erreichung festgelegter Planziele, mit deren Hilfe Innovationen innerhalb sozialer Systeme eingeleitet werden sollen. *Organisatorisch* gesehen stellen sie Einheiten dar, die mit materiellen und personellen Ressourcen ausgestattet und in eine Organisation (Träger) eingebettet sind, die wiederum Bestandteil eines größeren Systemzusammenhangs ist. Über Programm-/Projektinterventionen können Wirkungen bei der Trägerorganisation oder ihrem Umfeld (z.B. den Zielgruppen, Leistungsempfängern, Anspruchsberechtigten) ausgelöst werden.

Charakteristika guter Programme

Nach Royse u.a. (2001: 5ff.) gehören zu den *Charakteristika guter Programme*:

- qualifiziertes Personal,
- ein eigenes Budget,
- stabile Finanzmittelzuweisungen,
- eine eigene Identität,
- eine auf empirischen Ergebnissen beruhende Bedarfseinschätzung,
- eine ‚Programmtheorie' über die kausale Wirkungsweise des Programms,
- eine Service-Philosophie und
- ein empiriebasiertes Evaluationssystem zur Überprüfung der Programmergebnisse.

Programme unterscheiden sich von institutioneller Förderung lediglich dadurch, dass sie zeitlich befristet sind (vgl. Kuhlmann u. Holland 1995: 14).

Wenn Programme Gegenstand von Evaluationen sind, dann interessiert die Auftraggeber zumeist die Frage, ob die in einem Programm angestrebten Ziele erreichbar sind (preformativ/formativ) oder erreicht wurden (summativ). Dabei werden die Soll-Vorgaben mit dem zum Evaluationszeitpunkt gemessenen Ist-Zustand verglichen. Je mehr der Ist-Wert den Soll-Vorgaben entspricht (oder diese sogar übertrifft), umso besser wird das Ergebnis bewertet. Mit *zielorientierten Evaluationen* sind jedoch eine Reihe von Problemen verbunden, die ihre Durchführung enorm erschweren können. Dies ist insbesondere dann der Fall, wenn Programmziele nicht klar formuliert wurden oder sogar ganz fehlen, wenn neben den offiziell deklarierten Zielen andere, konkurrierende (informelle) Zielvorgaben existieren, wenn nicht alle Akteure (z.B. einer programmdurchführenden Organisation) die gleichen Ziele verfolgen und wenn sich die Ziele über die Zeit hinweg stark verändert haben.

Zielorientierte Evaluation

Umgekehrt kann die Evaluation selbst den *Zielformulierungsprozess* beeinflussen. Wenn in einem Programm davon ausgegangen wird, dass sein Erfolg vor allem an der Zielerreichung gemessen wird, dann ist die Versuchung groß, die Ziele entweder schwammig zu formulieren, damit ein breiter Auslegungsspielraum verbleibt oder die Zielerreichungsmargen sehr niedrig zu hängen, so dass sie in jedem Fall erfüllt werden können. Die Programmverantwortlichen werden anspruchsvolle Zielformulierungen eher vermeiden, um nicht das Risiko des Scheiterns einzugehen. Evaluationen, die auf reinen Soll-Ist-Vergleichen beruhen, laufen in einer solchen Situation in Gefahr, lediglich einer Vollzugsverkündung zu dienen. Evaluationen, die auf diesem Niveau stehen bleiben, können deshalb nur wenig zur Lösung von Ablauf- und Entwicklungsproblemen sowie zur Steigerung der Wirksamkeit von Projekten und Programmen beitragen, da von ihnen kaum Veränderungen ausgehen können (vgl. hierzu auch Kapitel 3.4.1).

Zielformulierung

Unabhängig von diesen Problemen besteht bei zielorientierten Evaluationen zudem die Gefahr, dass nicht-intendierte Effekte systematisch ausgeblendet werden (Tunnelblick). Doch gerade diese können sich als interessant und wichtig erweisen und deshalb für die Bewertung des Erfolgs, der Wirksamkeit oder Nachhaltigkeit eines Programms von entscheidender Bedeutung sein.

Als Ausweg aus dieser Problematik bietet sich als *Alternative* eine *wirkungsorientierte Evaluation* an. Diese geht nicht primär von den Zielen eines Programms aus, sondern versucht, hypothesengeleitet potentiellen Wirkungen auf die Spur zu kommen. Hierfür eignet sich z.B. der vom CEval entwickelte Evaluationsansatz, mit dem sich die Suche nach intendierten und nicht-intendierten Wirkungen steuern und strukturieren lässt (vgl. Kapitel 2.3).

Wirkungsorientierte Evaluation

Obwohl der Wirkungsbegriff in der Evaluation eine Schlüsselgröße darstellt, ist nicht immer klar, was er bedeutet. Häufig wird er mit dem Begriff ‚Output' verwechselt. *Outputs* sind die Produkte oder Leistungen, die von einer Organisation erbracht werden, wie z.B. die Anzahl verteilter Essenspakete, die Anzahl behandelter Kranker, die Anzahl der durchgeführten Beratungen etc. *Wirkungen* stellen die Veränderungen dar, die Folgen dieser Leistungen sind, also z.B. gesättigte Menschen, verbesserter Gesundheitszustand der Behandelten oder Personen, die nach der Beratung wissen, was zu tun ist.

Werden die Wirkungen eines Programms bilanziert, dann dürfen die *unbeabsichtigten Folgen* nicht vernachlässigt werden, denn die Qualität eines Programms kann nicht isoliert betrachtet werden, sondern nur in seiner gesamten Komplexität. Hierzu gehören auch nicht erwartete oder unerwünschte Wirkun-

Unbeabsichtigte Folgen

gen. Wirkungen können danach unterschieden werden, ob sie *intendiert (geplant)* sind und mit den Zielen eines Programms oder Leistungsangebots in Einklang stehen oder ob es sich um *nicht-intendierte (ungeplante)* Wirkungen handelt. Dabei werden intendierte Wirkungen in der Regel im Hinblick auf die Zielerreichung positiv zu bewerten sein, während nicht-intendierte Wirkungen sowohl positiv – also die Zielerreichung unterstützend – als auch negativ, d.h. der Zielerreichung zuwiderlaufend, ausfallen können. Intendierte negative Wirkungen sind durchaus möglich, z.B. wenn bestimmte Nachteile, die mit einem Programm verbunden sind, bewusst in Kauf genommen werden. Ob eine Wirkung als intendiert oder nicht-intendiert, positiv oder negativ bewertet wird, hängt selbstverständlich von den Zielen eines Programms ab, und nicht zuletzt von der Perspektive des Betrachters.

Intendierte vs. Nicht-intendierte Wirkungen

Positive intendierte Wirkungen wären z.B. dann gegeben, wenn eine Finanzmittelerhöhung im Schulwesen nicht nur dazu geführt hat, dass mehr Lehrer eingestellt wurden, sondern dass deshalb auch die Klassen weniger Schüler umfassen, so dass diese jetzt mehr lernen. Ein nicht erwünschter Effekt könnte darin bestehen, dass weniger qualifizierte Lehrkräfte eingestellt wurden, weil nicht genügend Qualifizierte verfügbar sind und dadurch die Ausbildungsqualität in den Schulen eher sinkt und nicht, wie intendiert, zunimmt.

Veränderungen von Strukturen, Prozessen oder Verhalten

*Wirkungen* können sich in der Veränderung von *Strukturen, Prozessen* oder *individuellen Verhaltensweisen* zeigen. Ein Strukturwandel wäre z.B. dann gegeben, wenn die Schulgesetze oder Curricula verändert werden, um den Praxisanteil im Unterricht zu erhöhen. Prozesswirkungen würden erzielt, wenn die Vermittlung des Lehrstoffs z.B. mehr interaktiv und weniger frontal erfolgt. Damit dies geschieht, müssten sich die individuellen Verhaltensweisen der Lehrer ändern, indem sie z.B. nach den neuen Curricula lehren und ihre Unterrichtsform anpassen.

Nach dieser Vorstellung lassen sich Wirkungen analytisch auf drei Dimensionen bestimmen (vgl. Abbildung 2.4):

Drei Wirkungsdimensionen

*1. Dimension: Struktur-Prozess-Verhalten*
Wirkungen können Strukturen (z.B. von Organisationen oder gesellschaftlichen Teilsystemen), Prozesse und/oder individuelle Verhaltensweisen betreffen.

*2. Dimension: Geplant – Ungeplant*
Wirkungen können wie geplant (intendiert) oder ungeplant (nicht-intendiert) auftreten.

*3. Dimension: Positiv – Negativ*
Die geplant oder ungeplant auftretenden Wirkungen können die Programm- oder Leistungsziele unterstützen (+) oder ihnen zuwiderlaufen (-).

*Abbildung 2.4:* Wirkungsdimensionen

| Wirkungsdimension | Geplant | Ungeplant |
|---|---|---|
| Struktur | + - | + - |
| Prozess | + - | + - |
| Verhalten | + - | + - |

Da das *Ziel von Wirkungsevaluationen* darin besteht, mit größtmöglicher Zuverlässigkeit festzustellen, ob eine Intervention die intendierten Wirkungen auslöst, sind die Einflüsse anderer Faktoren, die ebenfalls für die gemessenen Veränderungen verantwortlich sein könnten, auszuschließen. D.h. in dem Geflecht von beobachteten Wirkungen sind differenzierte Ursachenzuschreibungen vorzunehmen. Diese Aufgabe stellt eine der größten Herausforderungen einer Evaluation dar. Dies liegt vor allem daran, dass die soziale Welt einen hohen Komplexitätsgrad aufweist, d.h. die meisten sozialen Phänomene auf vielen Ursachen basieren. Interventionen haben zudem in der Regel nur einen geringen Eingriffsspielraum und ein niedriges Veränderungspotenzial. Oft sind die Programm- oder Leistungswirkungen nur schwach ausgeprägt und es besteht selbst bei professionellem Einsatz von Auswertungsverfahren die Gefahr, dass sie im allgemeinen ,Rauschen' gar nicht erkannt werden (vgl. Kapitel 5.4). Ziel von Wirkungsevaluationen

Bei der Identifikation von Wirkungen und ihrer kausalen Ursachen ist zwischen *„Bruttowirkungen"* („gross outcome"), die alle Wirkungen umfassen, und *„Nettowirkungen"* („net effects"), die allein auf die Intervention zurückzuführen sind, zu unterscheiden: Brutto- vs. Nettowirkungen

> "Net effects are the changes on outcome measures that can be reasonably attributed to the intervention, free and clear of the influence of any other causal factors that may also influence outcomes" (Rossi, Freeman und Lipsey 1999: 240f.).

Daneben gibt es *Effekte*, die *von anderen Faktoren* verursacht werden (extraneous confounding factors). Darunter werden alle Wirkungen zusammengefasst, die zusätzlich und unabhängig von der Intervention entstanden sind. Hinzu kommen noch *Design-Effekte*, also Messfehler und Artefakte, die auf den Untersuchungsprozess selbst zurückgeführt werden können. Dieser Sachverhalt lässt sich wie folgt darstellen (vgl. Abb. 2.5): Evaluationsziel Design Effekte

*Abbildung 2.5:* Wirkungsformel

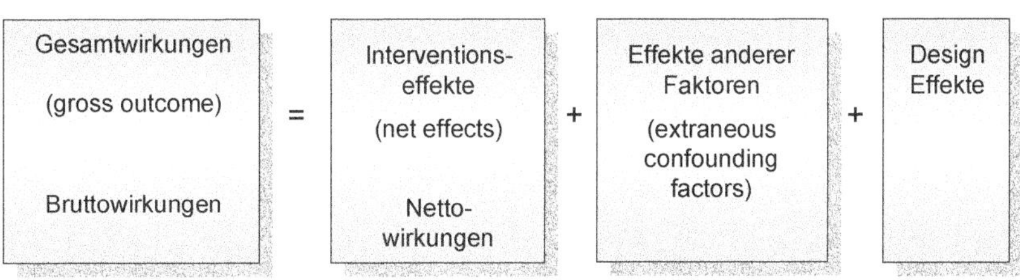


Das Ziel einer Evaluation besteht nun darin, die Bruttowirkungen um diese externen konfundierenden Effekte und Design-Effekte zu bereinigen, um dadurch die Nettowirkungen und ihre Verursachung zu isolieren. Auf diese Weise lassen sich rivalisierende Erklärungen für die beobachteten Wirkungen ausschließen. Evaluationsziel

Diese können auch das Ergebnis endogenen und/oder exogenen Wandels sowie des Auftretens von ,historischen Ereignissen' sein. Ein *endogener* Erklärungsgrund liegt dann vor, wenn ein krisenhafter Zustand, der durch bestimmte Interventionsmaßnahmen beseitigt werden sollte, von alleine wieder verschwindet. So erholen sich viele Menschen von akuten Krankheiten, ohne dass sie von einem Arzt behandelt wurden. Dieser endogene Wandel wird in der Medizin endogener Wandel

‚spontane Remission' genannt. Werden in pharmakologischen Experimenten neue Medikamente getestet, werden deshalb die Selbstheilungskräfte des Körpers – als Teil der „Bruttowirkungen" – berücksichtigt.

In einem Straßenbauprojekt könnte das intendierte Ziel darin bestehen, den Wohlstand der Bauern dadurch zu erhöhen, dass ihnen mit dem Straßenneubau ein leichterer Zugang zur Stadt ermöglicht wird, sich damit der Absatzmarkt vergrößert und der Wohlstand zunimmt. Für die beobachtete Wohlstandssteigerung könnte aber auch ein endogener Wandlungsprozess verantwortlich sein, indem die Bauern ertragreichere oder besser absetzbare Früchte anbauen, selbst neue Absatzmärkte erschlossen oder neue Vertriebswege gefunden haben.

exogener Wandel

Die Wohlstandssteigerung bei den bäuerlichen Familien könnte weiterhin eine Folge *exogenen* Wandels sein. Allgemeine strukturelle Trends wie beispielsweise ein gesamtwirtschaftlicher konjunktureller Aufschwung kann zu einer erhöhten Nachfrage nach Agrarprodukten geführt haben und damit für den Wohlstandsschub der Bauern verantwortlich sein. Oder eine längere Periode günstiger klimatischer Bedingungen hat die Ernteerträge steigen lassen.

Letztlich kann auch ein *plötzlich auftretendes Ereignis* die Interventionswirkungen verstärken oder abschwächen. So könnte der Bau einer weiteren Straße zusätzlich einer anderen Region den Marktzugang zur Stadt erleichtern und dadurch ein Überangebot auslösen, das die Preise fallen lässt. Oder ein Unwetter hat die Straße zerstört, so dass sie nicht mehr benutzt werden kann. Ein positives Szenario ist ebenfalls denkbar: Z.B. wenn nach einem Regierungswechsel den Bauern der betroffenen Region aufgrund politischer, verwandtschaftlicher oder ethnischer Zugehörigkeit ein Privileg eingeräumt wird, so dass sich dadurch ihre Verdienstmöglichkeiten verbessern.

An dieser Stelle lässt sich festhalten, dass sehr unterschiedliche Gegenstände und Sachverhalte Objekte von Evaluation sein können. Häufig sind es Programme und andere politisch veranlasste Maßnahmen, bei deren Evaluation zumeist die Zielerreichung im Vordergrund steht. Allerdings treten dabei auch eine Reihe von Problemen auf, so dass sich als Alternative eine Ausrichtung der Evaluation an den Wirkungen, die der Evaluationsgegenstand hervorruft, empfiehlt. In jedem Fall ist es notwendig, sich mit dem Inhalt des Wirkungsbegriffs auseinander zu setzen. Hier wurde vorgeschlagen, Wirkungen analytisch auf drei Dimensionen zu bestimmen und zwischen Brutto- und Nettowirkungen zu unterscheiden.

### 2.2.3 Wozu wird evaluiert? Ziele und Aufgaben

Wie in Kapitel 1 ausgeführt, kann Evaluation drei übergeordneten Zwecken dienen:

Evaluationszwecke

- der *gesellschaftlichen Aufklärung,* um anhand allgemein akzeptierter Normen und Werte die Relevanz von Politiken zu überprüfen,
- der *Legitimitätsbeschaffung demokratischer Regime*, um die Glaubwürdigkeit und Akzeptanz von politischen Entscheidungen auf eine rationale, überprüfbare Basis zu stellen,
- der *Optimierung der Programmsteuerung*, um die Effektivität, die Effizienz und Nachhaltigkeit von Projekten und Programmen zu erhöhen.

Im Folgenden steht vor allem die *Programmevaluation* im Vordergrund, deren Hauptaufgabe darin besteht, Informationen für Entscheidungen im Rahmen von Steuerungs- und Managementprozessen zu beschaffen und zu bewerten.

Vier Funktionen von Evaluation

In diesem Zusammenhang können Evaluationen vier Funktionen erfüllen, die sich zwar analytisch trennen lassen, jedoch eng miteinander verbunden sind. Eine Unterscheidung ist dennoch sinnvoll, weil je nach Themenstellung verschiedene Herangehensweisen und Konzepte eingesetzt werden. Es handelt sich um folgende vier Funktionen:

(1) Gewinnung von Erkenntnissen
(2) Ausübung von Kontrolle
(3) Auslösung von Entwicklungs- und Lernprozessen
(4) Legitimation der durchgeführten Maßnahmen, Projekte oder Programme

*Abbildung 2.6:* Leitfunktionen von Evaluation

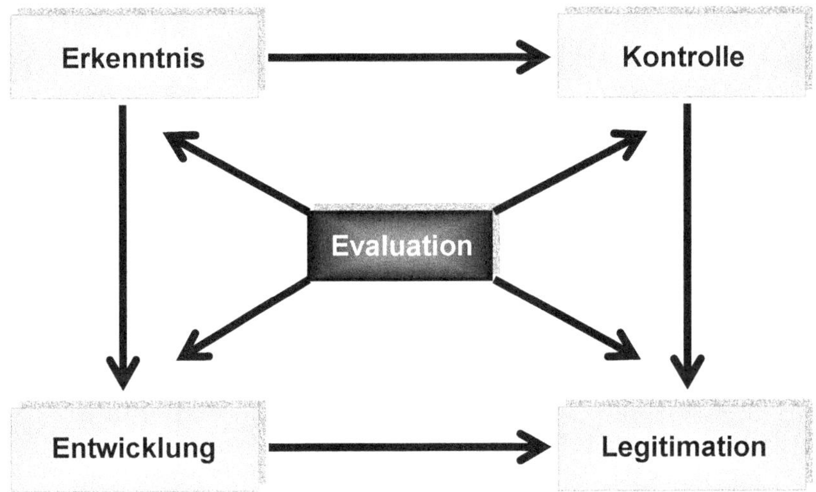


Im Einzelnen:

Erkenntnis

a) Evaluationen sollen *Erkenntnisse* liefern, z.B. um Managemententscheidungen auf eine rationale Grundlage zu stellen. U.a. kann ein Interesse daran bestehen, zu wissen, ob der Programmablauf reibungslos funktioniert, welche Bedarfe die Zielgruppe hat, ob die Maßnahmen die Zielgruppe erreichen, wie es mit der Akzeptanz des Programms bestellt ist, ob die Durchführungsorganisationen in der Lage sind, das Programm effektiv und effizient umzusetzen, wie sich die Rahmenbedingungen verändert haben, wie sich das auf den Programmablauf oder die Zielerreichung und die Programmwirkungen ausgewirkt hat, welche Beiträge das Programm zur Lösung des identifizierten Problems geliefert hat, welche Nachhaltigkeit das Programm erreicht hat, ob die beobachteten Veränderungen tatsächlich auf das Programm oder auf andere Faktoren zurückgeführt werden können etc. Ziel der Informationssammlung ist die Gewinnung von Erkenntnissen, um diese anhand der vereinbarten oder der im

Programm bereits vorgegebenen Bewertungskriterien zu beurteilen und um daraus Steuerungsentscheidungen abzuleiten. Dabei müssen die von den Evaluatoren vorgelegten Erkenntnisse und deren Bewertungen nicht in Einklang mit den Bewertungen der Programm durchführenden Stellen oder der Zielgruppen stehen und diese wiederum können auch untereinander abweichen. Evaluationen werden zwar häufig, aber nicht immer von geldgebenden oder durchführenden Stellen in Auftrag gegeben. Wissenschaftliche Evaluationen zeichnen sich vor allem durch ein Erkenntnisinteresse aus. Dabei geht es dann nicht in erster Linie um die Informationsgewinnung für Entscheidungsrationalisierung, sondern um die Analyse der internen Strukturen und Prozesse des politisch-administrativen Systems. Solche, im unmittelbaren sozialen Feld gewonnene Erkenntnisse zeichnen sich durch einen ansonsten kaum erreichbaren Grad an externer Validität aus (vgl. Kromrey 2001: 114).

b) Ohne Erkenntnisgewinn, also das Wissen um die Entwicklung von Strukturen und Prozessen, würde keine Evaluation Nutzen stiften können. Doch nicht immer steht bei der Verwertung der Erkenntnisse die Entscheidungsfindung im Vordergrund, sondern die *Kontrolle*. In diesem Fall geht es vor allem darum, festzustellen, ob die in der Planung festgelegten Ziele erreicht wurden. Hierfür können ‚Erfolgs'-Kriterien wie Effektivität, Effizienz, Akzeptanz oder Nachhaltigkeit verwendet werden. ‚Kontroll'-Evaluationen stellen neben Rechtmäßigkeitskontrollen (Gerichte), politischen Kontrollen (Politik) und Wirtschaftlichkeitskontrollen (Rechnungshöfe) eine weitere Kontrollform administrativen Handelns dar (vgl. Kromrey 2001: 115). Auch dann, wenn Evaluationen nicht in erster Linie der Kontrolle dienen sollen, legen sie in der Regel offen, ob alle an einem Programm Beteiligten ihre Aufgaben erfüllen, den eingegangenen Verpflichtungen nachkommen, ihre Qualifikation und Kompetenz ausreicht etc. D.h. mit jeder Evaluation ist direkt oder indirekt auch eine Form von Kontrolle verbunden.

Kontrolle

c) Sowohl erkenntnis- als auch kontrollorientierte Evaluationen liefern Befunde, die für die *Entwicklung* eines Programmes genutzt werden können. Wenn Ergebnisse offen gelegt werden, ist ein *Dialog* zwischen verschiedenen Stakeholdern (Mittelgeber, Durchführungsorganisation, Zielgruppen, sonstige Beteiligte und Betroffene) möglich. Auf der Basis der ermittelten Befunde kann z.B. gemeinsam und für alle transparent bilanziert werden, wie erfolgreich die Zusammenarbeit verläuft, wo die größten Erfolge zu verzeichnen sind und wo Defizite auftreten, um daraus Konsequenzen für das weitere Vorgehen zu ziehen. Bei dieser Evaluationsfunktion stehen *Lernprozesse* im Vordergrund, die für die Weiterentwicklung von Programmen genutzt werden sollen. Wie noch zu zeigen sein wird, spielt diese Funktion bei formativen (programmgestaltenden) Evaluationen eine zentrale Rolle.

Entwicklung

d) Eine weitere Evaluationsfunktion besteht darin, durchgeführte Programme oder Maßnahmen zu *legitimieren*. Die mit Hilfe einer Evaluation gewonnene Datenbasis bietet die Möglichkeit, nachprüfbar zu belegen, mit welchem Input welcher Output und welche Wirkungen über die Zeit hinweg erzielt wurden. Dadurch können Mittelgeber und Durchführungsorganisationen nachweisen, wie effizient sie mit Finanzmitteln umgegangen sind und welchen Wirkungsgrad ihre Projekte und Programme erreicht haben. Mit ex-

Legitimation

post Evaluationen lässt sich zusätzlich noch die Nachhaltigkeit der Programmwirkungen angeben. Gerade in Zeiten knapper Finanzmittel nimmt diese Evaluationsfunktion an Bedeutung zu, da Programme oft zueinander im Wettbewerb stehen und politisch Verantwortliche Prioritäten setzen und eine Selektion vornehmen müssen. Anhand von Evaluationskriterien (z.B. Effektivität, Effizienz, Relevanz, Nachhaltigkeit etc.) kann die Legitimation von Programmen oder Maßnahmen demonstriert und kommuniziert werden. Häufig kommt es jedoch vor, dass Evaluationsergebnisse nur intern verwendet werden, d.h. dass sie der Öffentlichkeit gegenüber nicht transparent gemacht und nicht zur Legitimation der eigenen Arbeit genutzt werden.

e) Sehr oft werden Evaluationen auch *‚taktische‘ Funktionen* zugeschrieben. Davon wird dann gesprochen, wenn die Ergebnisse von Evaluationen nur dazu verwendet werden sollen, um lediglich bestimmte politische Entscheidungen (manchmal sogar nachträglich) zu legitimieren, z.B. weil ein Programm weitergeführt oder im Gegenteil eingestellt werden soll. Mittlerweile ist es für Politiker auch ‚schick‘ geworden „to use evaluations as baubles or as bolsters“ (Pollitt 1998: 223), als dekorative Symbole für eine moderne Politik, ohne die Ergebnisse von Evaluationen ernsthaft nutzen zu wollen. Diese Art von ‚taktischer‘ Funktion lässt sich jedoch kaum mit dem eigentlichen Zweck von Evaluationen vereinbaren und stellt eher ihre pathologische Seite dar.

taktische Funktion

Die Festlegung auf eine prioritäre Funktion steuert die Herangehensweise und bestimmt das Design und die Durchführung von Evaluationen. Diese können nicht nur verschiedene Funktionen erfüllen, sondern im Rahmen der einzelnen Phasen der Programmentwicklung auch unterschiedliche Analyseperspektiven und Erkenntnisinteressen verfolgen (vgl. Abbildung 2.5). Evaluationen können dazu genutzt werden,

(1) die Planung eines Programms oder einer Maßnahme zu verbessern (ex-ante Evaluation) (vgl. Rossi, Lipsey u. Freeman 2004: 336ff.),
(2) die Durchführungsprozesse zu beobachten (on-going Evaluation) oder
(3) die Wirksamkeit und Nachhaltigkeit von Interventionen ex-post zu bestimmen (ex-post Evaluation) (vgl. Rossi, Lipsey u. Freeman. 2004: 360ff.).

*Abbildung 2.7:* Dimensionen der Evaluationsforschung

Dimensionen der Evaluationsforschung

| Phasen des Programmprozesses | Analyse-perspektive | Erkenntnis-interesse | Evaluationskonzepte |
|---|---|---|---|
| Programm-formulierung/ Planungsphase | ex-ante | „analysis for policy“ „science for action“ | preformativ/formativ: aktiv gestaltend, prozessorientiert, konstruktiv |
| Implementationsphase | on-going | beides möglich | formativ/summativ: beides möglich |
| Wirkungsphase | ex-post[36] | „analysis of policy“ „science for knowledge“ | summativ: zusammenfassend, bilanzierend, ergebnisorientiert |

36 Hierzu wären auch Schlussevaluationen zu zählen, die unmittelbar nach Beendigung eines Projekts oder Programms durchgeführt werden.

(zu 1) Richtet sich eine Evaluation auf die *Phase der Programmentwicklung*, einschließlich ihrer Konzeptualisierung und Planung, dann besteht ihre zentrale Aufgabe darin, „die materiellen, personellen, institutionellen, finanziellen, theoretischen Rahmenbedingungen eines Programms" zu untersuchen, um einen Beitrag zur Erstellung des Programmdesigns zu leisten (vgl. Brandtstädter 1990: 217). Dabei sollen schon möglichst frühzeitig negative Effekte eines Programms sowie Nachhaltigkeitschancen abgeschätzt werden, um festzustellen, ob es sich um ein langfristig tragbares Programm handelt, das auch nach dem Förderende die gewünschten Wirkungen zeigt. Solche Untersuchungen werden *„ex-ante-" „input-"* oder *„preformative evaluations"* genannt (Scriven 1991: 169).

Ex-ante Evaluation

(zu 2) Während der *Implementationsphase* unterstützt die Evaluation vor allem das Programmmanagement bei der Steuerung. Indem Informationen über den Programmverlauf und die Programmergebnisse gesammelt, systematisiert und bewertet werden, sollen Entscheidungshilfen für die Durchführung gegeben und Korrekturen am Programmdesign ermöglicht werden (vgl. Rossi u.: 1988: 12, 31 u.63; Wottawa u. Thierau 1990: 54). Solche Evaluationen mit dem vordringlichen Ziel, das Management mit steuerungsrelevanten Informationen zu versorgen, indem der Programmablauf und die Umsetzung der Planungsvorgaben überwacht und die Zielerreichung überprüft wird, werden als *„on-going"* oder *„formative Evaluationen"* (Scriven 1991: 169) oder auch als „Begleitforschung" (Rossi u.a. 1988: 11) bezeichnet. Sie beschäftigen sich mit derselben Phase des politischen Prozesses wie die Implementationsforschung und verfolgen dabei ähnliche Zielsetzungen.

Formative Evaluation

(zu 3) *Nach Abschluss der Implementation* eines Programms kommt der Evaluation die Aufgabe zu, den vollen Umfang der Wirkungen, die durch ein Programm ausgelöst wurden, zu erfassen und zu bewerten sowie Zusammenhänge aufzudecken und die Frage nach den Ursachen der beobachteten Wirkungen genau zu untersuchen (Kausalitätsfrage) (vgl. Scriven 1991: 340). Solchen *‚Ex-post evaluations‘* kommt darüber hinaus die zentrale Aufgabe zu, die Nachhaltigkeit von Projekten und Programmen zu untersuchen.

Ex-post Evaluation

Formativ vs. Summativ

Evaluationen können demnach mehr *formativ*, d.h. aktiv-gestaltend, prozessorientiert, konstruktiv und kommunikationsfördernd angelegt sein, oder mehr *summativ*, d.h. zusammenfassend, bilanzierend und ergebnisorientiert.

Da es in der Planungs- und Designphase eines Programms kaum Ansatzpunkte für eine summative Evaluation gibt, kann sie nur formativen Charakter haben. Während der Durchführungsphase sind sowohl formative als auch summative Evaluationen möglich. Ex-post Analysen sind in der Regel summative Evaluationen, da der Gestaltungsaspekt entfällt. Durch entsprechende informationelle Rückkopplungsschleifen für Folgeprojekte können sie jedoch auch formative Bedeutung gewinnen.

Nutzen von Evaluationen

Aus dieser Betrachtung lässt sich auch auf den *Nutzen* schließen, den die Evaluation von Projekten und Programmen erbringen kann:

(1) Evaluationen können (preformativ) dazu dienen, die *Voraussetzungen für eine Programmdurchführung* zu überprüfen und anschließend (formativ) die *Ablaufprozesse* zu beobachten. Dabei geht es um die Identifikation von Problemen bei der Implementation eines Programms sowie um die Frage, ob geplante Zeitabläufe eingehalten werden. In diesem Zusammenhang ist u.a. zu eruieren, ob die Maßnahmen bei den verschiedenen Stakeholdern Akzeptanz finden, welche Interessenkonflikte auftreten, ob qualifiziertes Personal für die Durchführung von Maßnahmen in ausreichender Zahl zur Verfügung steht, wie die Kommunikation und Koordination der ausführenden Stellen untereinander und mit den Zielgruppen des Programms funktioniert, ob die technische und finanzielle Ausstattung für die Zielerreichung ausreichend ist, ob die mit dem Programm eingeführten Innovationen zielführend sind etc.
(2) Eine prominente Aufgabe von Evaluationen besteht, wie bereits ausgeführt, darin, eine *Gesamtbilanz der Wirkungen* zu erstellen. Diese umfasst einerseits die Überprüfung der *Zielerreichung* durch *‚Soll-Ist-Vergleiche‘* mit den in der Planung festgelegten Sollwerten, geht aber andererseits durch die Erfassung möglichst vieler (idealerweise aller) durch die Programminterventionen ausgelöster Wirkungen über diese weit hinaus. Erst mit Hilfe einer *Gesamtbilanz der Wirkungen* kann erkannt werden, ob die positiven oder negativen Effekte eines Programms überwiegen.
(3) Evaluationen sollen nicht nur feststellen, ob „man auf dem richtigen Weg ist“ (*Prozessbetrachtung*), also ob zu erwarten ist, dass die Ziele im geplanten Umfang, mit den vorgesehenen materiellen und personellen Ressourcen im vorgegebenen Zeitraum erreicht werden können, sondern auch, ob „man die richtigen Dinge tut“. D.h. Evaluationen stellen die Programm- oder Maßnahmenziele selbst in Frage. Es ist zu prüfen, ob mit dem Programm überhaupt *relevante Entwicklungs- oder Innovationsleistungen* erbracht werden können oder ob es besser wäre, einen ganz anderen Weg einzuschlagen.
(4) Es reicht natürlich nicht aus, Wirkungen zu erfassen und ihren Entwicklungsbeitrag zu bewerten, sondern von zentraler Bedeutung ist die Frage, ob die beobachteten intendierten wie nicht-intendierten Wirkungen überhaupt dem Programm oder externen Faktoren zugeschrieben werden müssen (*Kausalitätsproblem*).

### 2.2.4 Anhand welcher Bewertungskriterien wird evaluiert?

Wenn Sachverhalte oder Gegenstände von einer oder mehreren Personen bewertet werden, muss festgelegt werden, anhand welcher Kriterien dies erfolgen soll. Da die hierfür ausgewählten *Bewertungskriterien* natürlich sehr verschieden sein können, ist schon deshalb mit sehr unterschiedlichen Evaluationsergebnissen zu rechnen. Lässt man z.B. einen Film (Evaluationsgegenstand) von seinen Freunden (‚Evaluatoren‘) bewerten, um selbst (‚Nutzer der Evaluationsergebnisse‘) die Entscheidung zu treffen, ob man sich diesen Film ansehen möchte oder nicht, wird die Bewertung entscheidend von den verwendeten Kriterien abhängen. Also z.B. ob die ‚Evaluatoren‘ die Dramaturgie, die eindrucksvollsten Actionszenen,

Bewertungskriterien

die schauspielerischen Leistungen der Darsteller, die lustigsten Gags, die Logik der Handlung etc. oder einen Mix dieser Kriterien dafür verwenden.

Normenreihen

Im Unterschied zu *Normenreihen*, wie sie von ISO[37] aufgestellt werden oder den im Rahmen von Qualitätsmanagementmodellen wie EFQM[38] festgelegten Parametern, kann Evaluation nicht auf einen fixierten Kanon von Bewertungskriterien zurückgreifen (vgl. Stockmann 2006: 22ff.). Dies wäre angesichts der sehr verschiedenen Aufgabenstellungen und Untersuchungsgegenständen von Evaluation auch nicht sinnvoll. Sehr häufig orientieren sich die Bewertungskriterien allerdings am Nutzen eines Gegenstands, Sachverhalts oder Entwicklungsprozesses für bestimmte Personen oder Gruppen. So könnten sich für die Bewertung eines Förderprogramms zur Erhöhung der Chancengleichheit im Bildungswesen z.B. folgende Kriterien eignen:

- Erhöhung des Anteils von Kindern aus unteren sozialen Schichten oder mit Migrationshintergrund, denen ein Übertritt von der Grundschule auf weiterführende Schulen (z.B. Realschule, Gymnasium etc.) gelingt.
- Reduzierung der „Nicht-Versetzungsquote“ bei diesen Kindern.
- Verbesserung der Leistung dieser Kinder in Schulleistungstests in den verschiedenen Schulformen.
- Erhöhung des Anteils dieser Kinder mit einem Real- oder Gymnasialabschluss.
- Erhöhung des Anteils dieser Kinder, die ein Hochschulstudium beginnen und abschließen.
- Erhöhung des Anteils von Mädchen in dieser Gruppe, die den Übergang zu Realschule oder Gymnasium etc. schaffen, einen Abschluss machen und ein Hochschulstudium aufnehmen und abschließen.

Bezugspunkte evaluativer Bewertung

In Anlehnung an Dror (1968: 28) nennt Vedung (2000: 224) folgende Bezugspunkte für Bewertungen in Evaluationen:

(1) *Historischer Vergleich:* Wie stellt sich die erzielte Leistung im Vergleich zur Vergangenheit dar?
(2) *Intranationaler Vergleich:* Wie verhält sich die erzielte Leistung im Vergleich zu ähnlichen Einrichtungen im gleichen regionalen oder nationalen Gebiet?
(3) *Internationaler Vergleich:* Wie verhält sich die erzielte Leistung im Vergleich zu ähnlichen Einrichtungen in anderen Ländern?
(4) *Richtwerte:* Wie stellt sich die beobachtete Leistung im Vergleich zur besten empirischen Praxis dar?
(5) *Ziele:* Erreichen die festgestellten Leistungen die formulierten Zielgrößen?
(6) *Zielgruppenerwartung:* Erfüllt die erbrachte Leistung die Erwartungen der Zielgruppen (Adressaten)?
(7) *Interessentenerwartung:* Entspricht die erreichte Leistung den Erwartungen anderer Stakeholder?

37 www.iso.org
38 www.efqm.org

(8) *Professionelle Standards:* Entsprechen die Leistungen weithin akzeptierten beruflichen (professionellen, wissenschaftlichen) Standards?
(9) *Minimum:* Ist die erreichte Leistung hoch genug, um Mindestansprüchen zu genügen?
(10) *Optimum:* Ist die erreichte Leistung im Vergleich zu einem optimalen Modell so hoch wie möglich?

DAC-Kriterien

In einzelnen Politikfeldern haben Akteure verbindliche Evaluationskriterien festgelegt. Dies gilt insbesondere für die Entwicklungszusammenarbeit, die zu den am besten evaluierten Bereichen gehört. Von besonderer Bedeutung ist hierbei das Development Assistant Committee (DAC) der Organization for Economic Cooperation and Development (OECD), an der sich viele nationale Organisationen ausrichten und die für die Evaluation von Programmen der Entwicklungszusammenarbeit folgende Kriterien einsetzen: [39]

Relevance: The extend to which the aid activity is suited to the priorities and policies of the target group, recipient and donor.

Effectiveness: A measure of the extent to which an aid activity attains its objectives.

Efficiency: Efficiency measures the outputs – qualitative and quantitative – in relation to the inputs. It is an economic term which signifies that the aid uses the least costly resources possible in order to achieve the desired results. This generally requires comparing alternative approaches to achieving the same outputs, to see whether the most efficient process has been adopted.

Impact: The positive and negative changes produced by a development intervention, directly or indirectly, intended or unintended. This involves the main impacts and effects resulting from the activity on the local social, economic, environmental and other development indicators. The examination should be concerned with both intended and unintended results and must also include the positive and negative impact of external factors, such as changes in terms of trade and financial conditions.

Sustainability: Sustainability is concerned with measuring whether the benefits of an activity are likely to continue after donor funding has been withdrawn. Projects need to be environmentally as well as financially sustainable.

Festlegung von Bewertungskriterien

Die Festlegung, welche Kriterien für die Informationsbewertung in einer Evaluation verwendet werden sollen, kann auf verschiedene Weise erfolgen. Existieren Vorgaben, wie die vom DAC, dann werden sie häufig *direktiv* vom Auftraggeber festgelegt. Manchmal wird die Bestimmung der Evaluationskriterien aber auch dem Evaluator überlassen, da man ihn für den Experten hält, der am besten wissen sollte, nach welchen Kriterien ein bestimmtes Programm zu beurteilen ist.

39 http://www.oecd.org/dac/evaluation/daccriteriaforevaluationdevelopmentassistance.htm, Stand: 09.01.2014. Ganz ähnliche Kriterien werden von Bussmann, Klöti u. Knoepfel (1997: 100ff.); Posavac u. Carey (1997: 42ff.) und Vedung (1999: 223) vorgeschlagen.

Diese Kriterienauswahl könnte man als *wissens- oder erfahrungsbasiert* bezeichnen. Eher selten ist die Festlegung der Bewertungskriterien durch die Zielgruppe, also die Personen, die aus einem Programm Nutzen ziehen sollen. Bei einem solchen – emanzipativen – Vorgehen werden die Belange der (möglicherweise benachteiligten) Zielgruppe in den Vordergrund gestellt. Die subjektiv wahrgenommene Sicht der Betroffenen bei der Auswahl der Kriterien soll sicherstellen, dass deren Bedürfnisse und Erfordernisse prioritär in die Bewertung von Evaluationsergebnissen eingehen. *Partizipativ* könnte ein Verfahren genannt werden, bei dem Auftraggeber, Evaluatoren, Vertreter der Zielgruppen und andere Stakeholder gemeinsam die Bewertungskriterien für die Evaluation festlegen, um möglichst viele Perspektiven zu berücksichtigen.

### 2.2.5 Wer evaluiert?

Interne Evaluation

Selbstevaluation

Evaluationen können prinzipiell von internen oder externen Experten durchgeführt werden. Als *intern* werden Evaluationen bezeichnet, wenn sie von der gleichen Organisation vorgenommen werden, die auch das Programm oder das Projekt durchführt. Wird diese interne Evaluation von Mitarbeitern der Abteilung (dem Referat) durchgeführt, die gleichzeitig mit der operativen Durchführung des Programms betraut sind, dann wird von *‚Selbstevaluation'* gesprochen. Nehmen Mitarbeiter einer anderen Abteilung des Hauses (z.B. einer Evaluations- oder Qualitätssicherungsabteilung) die Evaluation vor, dann handelt es sich zwar um eine interne Evaluation, aber nicht um eine Selbstevaluation.[40]

„In-house"-Evaluationen

*„In-house"-Evaluationen* haben den Vorteil, dass sie rasch und mit geringem Aufwand durchgeführt werden können, dass die Evaluatoren in der Regel über eine hohe Sachkenntnis verfügen und dass die Ergebnisse sich unmittelbar umsetzen lassen. Schwächen der internen Evaluation werden vor allem darin gesehen, dass die Evaluierenden zumeist nicht über eine ausreichende Methodenkompetenz verfügen, dass es ihnen an Unabhängigkeit und Distanz mangelt und dass sie möglicherweise so sehr mit ihrem Programm verhaftet sind, dass sie aussichtsreichere Alternativen nicht erkennen (vgl. Abbildung 2.8).

---

40 Vgl. hierzu Vedung 1999: 104ff.; Scriven 1991: 159f. u. 197f.; Widmer 2000: 79f.; Caspari 2004: 32.

*Abbildung 2.8:* Interne und externe Evaluation

Interne vs. Externe Evaluation

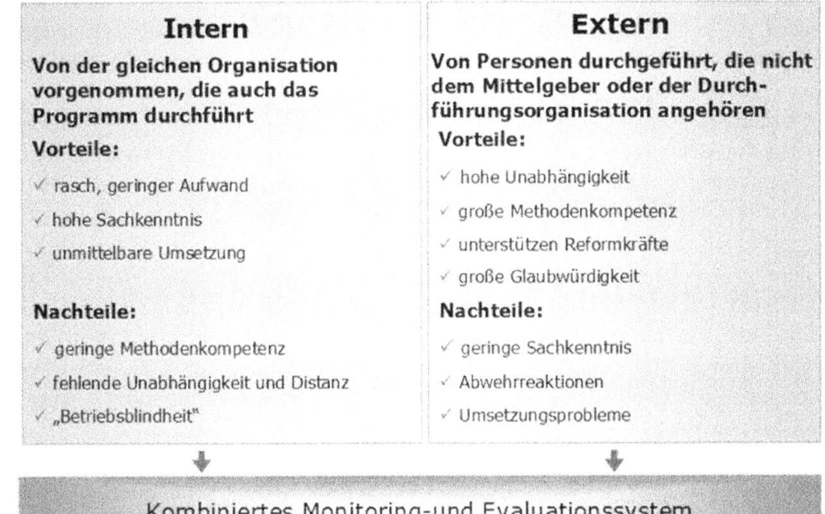


Externe Evaluationen

*Externe Evaluationen* werden von Personen durchgeführt, die nicht dem Fördermittelgeber oder der Durchführungsorganisation angehören. In der Regel weisen externe Evaluatoren deshalb eine größere Unabhängigkeit, eine profunde Methodenkompetenz und professionelles Evaluationswissen auf und kennen das Fachgebiet, in dem das Programm bzw. das Projekt angesiedelt ist. Zudem können externe Evaluationen reformerischen Kräften innerhalb einer Organisation zusätzliche Legitimität und Einflussstärke verleihen, die sie benötigen, um Veränderungsprozesse in Gang zu setzen (vgl. Pollitt 2000: 72).

Umgekehrt sehen sich externe Evaluationen manchmal mit dem Problem konfrontiert, dass sie bei den Evaluierten Angstgefühle auslösen und zu Abwehrreaktionen führen. Bei der späteren Umsetzung von Evaluationsergebnissen können ebenfalls Probleme auftreten, wenn sie von den Betroffenen nicht akzeptiert werden. Externe Evaluationen verursachen zwar zusätzliche Kosten, dies muss jedoch nicht bedeuten, dass sie immer teurer sind als interne. Wenn auch diejenigen Kosten kalkuliert werden, die die intern mit einer Evaluation befassten Personen im Rahmen ihrer Tätigkeit verursachen, dann kann der finanzielle Unterschied zwischen externer und interner Evaluation relativ gering ausfallen.

Kostenfrage

Im Gegenteil, gerade für kleinere Organisationen ist es häufig finanziell weitaus ökonomischer, sich ausschließlich auf externe Evaluationsexpertise zu stützen. Anstelle teure hausinterne Evaluationsstäbe oder -stellen aufzubauen und zu unterhalten, kann diese Aufgabe auch komplett outgesourct werden. Kleinere Organisationen können auf diese Weise qualifizierte Evaluationsdienstleistungen einkaufen. Dadurch lassen sich auch vorzugsweise intern organisierte Aufgaben, wie Monitoring und Controlling kostengünstig und immer auf dem neusten professionellen Stand erledigen. Diese in vielen privatwirtschaftlichen Unternehmen gängige Praxis, Aufgaben outzusourcen, um nicht selbst teure

Kompetenzen vorhalten zu müssen, wird von Nonprofit-Organisationen, die das Instrument der Evaluation häufiger verwenden als Unternehmen, bisher kaum genutzt. Öfter ist hingegen zu beobachten, dass interne und externe Evaluationen *kombiniert* werden, um beide Sichtweisen miteinander zu verbinden und um die Vorteile beider Verfahren zu nutzen.

Bei dieser Darstellung handelt es sich natürlich um eine *grobe Typisierung*, so dass die Vor- und Nachteile interner bzw. externer Evaluation so nicht immer gegeben sein müssen. Insbesondere dann, wenn in Organisationen unabhängige Evaluationsabteilungen geschaffen wurden und in diesen qualifizierte Experten tätig sind, ist nicht anzunehmen, dass die bei internen Evaluationen aufgeführten Nachteile weiterhin in dieser Intensität auftreten. Je nach dem Grad ihrer internen Unabhängigkeit verfügen sie in der Regel nicht nur über eine hohe fachliche Kompetenz, sondern auch über eine höhere Glaubwürdigkeit, größere sachliche Distanz und ein höheres Reformpotenzial. Gleichzeitig können die für externe Evaluationen beobachteten Nachteile auftreten wie Abwehrreaktionen, Umsetzungsprobleme etc.

Umgekehrt garantieren externe Evaluationen nicht automatisch eine hohe Unabhängigkeit und Glaubwürdigkeit. Insbesondere dann, wenn externe Gutachter immer wieder für den gleichen Auftraggeber tätig und von wenigen Auftraggebern abhängig sind, kann ihre Glaubwürdigkeit leiden. Deshalb stellt die hier gewählte Typisierung nicht so sehr eine Dichotomie als ein Kontinuum dar, mit der externen, unabhängigen Evaluation auf der einen und der internen Selbstevaluation auf der anderen Seite des Spektrums. Irgendwo dazwischen ist, je nach organisatorischer Unabhängigkeit, die *interne „unabhängige" Evaluation* zu positionieren.

Evaluationsspektrum

*Abbildung 2.9:* Evaluationsspektrum

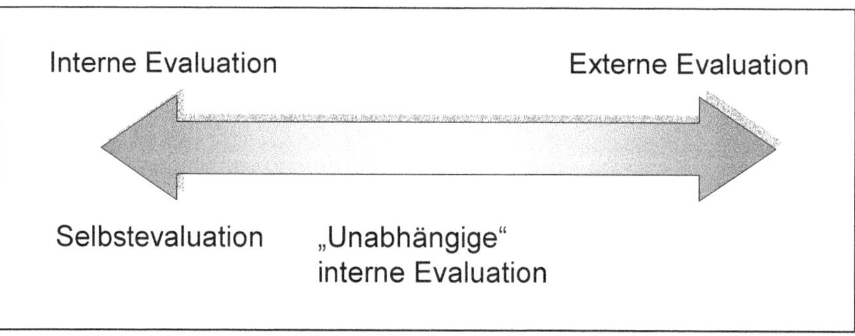


Bezogen auf die Evaluationsziele ist festzustellen, dass Evaluationen, bei denen vor allem die Entwicklungsfunktion (Lernen) im Vordergrund steht, häufig intern durchgeführt werden. Erkenntnis- und kontrollorientierte Evaluationen werden sowohl intern als auch extern durchgeführt. Evaluationen, die vor allem der Legitimation dienen, werden fast ausschließlich als externe Evaluationen in Auftrag gegeben, um möglichst hohe Objektivität und Glaubwürdigkeit zu erzielen. Da bei Nachhaltigkeitsevaluationen sehr häufig der Legitimationsaspekt im Vordergrund steht, werden diese zumeist ebenfalls extern durchgeführt.

Eng mit dem Instrument der Evaluation verbunden ist das *Monitoring*. Im Grunde kann Monitoring als eine besondere Form der internen Evaluation betrachtet werden, wobei allerdings nicht jede interne Evaluation eine Form des Monitoring darstellt. Monitoringaufgaben werden zuweilen zwar outgesourct oder von externen Akteuren (häufig auf der nationalen Ebene) übernommen, doch vor allem das Programm- und Projektmonitoring ist zumeist eine interne Aktivität. Monitoring kann auf der Ebene des Gesamtsystems, eines Politikfeldes, eines Programms, eines Projekts oder einzelner Interventionsmaßnahmen ansetzen. Es lassen sich Input-, Output- und Wirkungsdaten erfassen. Ein bekanntes Beispiel für ein Monitoring-System auf *Politikfeldebene* ist das Umweltmonitoring, das Messdaten über den Zustand der Umwelt liefert. Auf der gesamtgesellschaftlichen Ebene informiert z.B. ein Sozialindikatorensystem über die Entwicklung der Lebenslagen in Deutschland und ergänzt dadurch die amtliche Statistik.

Monitoring

Auf *Projekt- und Programmebene* hat ein Monitoring-System die Aufgabe, das Management kontinuierlich mit Daten über den Verlauf und die Zielerreichung zu versorgen. Rossi, Freeman und Lipsey (1999: 231) definieren deshalb: „Program monitoring is a form of evaluation designed to describe how a program is operating and assess how well it performs its intended functions“ (vgl. auch Rossi, Lipsey u. Freeman 2004: 171). Anders als bei Evaluationen, die singulär zu einem bestimmten Zeitpunkt durchgeführt werden, ist Monitoring eine Daueraufgabe, eine fortlaufende, routinemäßige Tätigkeit mit dem Ziel, zu überwachen, ob die Planungsvorgaben und angestrebten Ziele möglichst effizient und unter Einhaltung der verfügbaren Ressourcen und der vorgegebenen Zeit erreicht werden. Monitoring kontrolliert demnach den planmäßigen Vollzug. Dabei werden der Programm- bzw. der Projektplan und die ihm zu Grunde liegenden Entwicklungshypothesen nicht in Frage gestellt. Dies und die Analyse von Wirkungszusammenhängen ist die Aufgabe von Evaluationen. Beim Monitoring spielt die kausale Zuordnung beobachteter Veränderungen eine untergeordnete Rolle. Monitoring ist eine weitgehend deskriptive Tätigkeit, mit der möglichst zuverlässig Daten in periodischen Abständen gesammelt werden sollen, so dass kontinuierlich Zeitreihen entstehen, die Entwicklungsverläufe erkennen lassen. Dies kann im Rahmen von Einzelevaluationen oft nur schwer oder gar nicht geleistet werden.

Unterschied zwischen Evaluation und Monitoring

Der Unterschied zwischen Monitoring und Evaluation besteht vor allem darin, dass das Monitoring eher Routinefragen wahrnimmt und mehr der Bestandsaufnahme dient. Evaluationen untersuchen vor allem die Wirkungen eines Programms und versuchen, den Ursachen auf den Grund zu gehen. Neben einer Bestandsaufnahme und Bewertung umfasst eine Evaluation also in der Regel immer auch eine Ursachen- und Folgeanalyse, nicht jedoch das Monitoring. Evaluationen sind breiter angelegt, tiefer ausgerichtet und haben unterschiedliche Schwerpunkte. Anders als beim Monitoring wird bei Evaluationen auch das Gesamtkonzept hinterfragt, sie sind von grundsätzlicher Natur.

### 2.2.6. Wie wird evaluiert?

Grundlegend für die Frage ‚wie evaluiert wird' ist die Wahl des Forschungsparadigmas. Grob kann zwischen *zwei Hauptrichtungen* unterschieden werden.[41] Die einen betrachten Evaluation als ein *empirisch-wissenschaftliches Verfahren*, das der kritisch-rationalen Forschungslogik folgt und prinzipiell alle bekannten empirischen Forschungsmethoden für einsetzbar hält. Evaluation ist somit als angewandte Sozialforschung zu verstehen, die besondere Forschungsbedingungen zu berücksichtigen und ein spezifisches Erkenntnis- und Verwertungsinteresse hat, bei dem der Nutzen der Evaluationsergebnisse für die ‚Praxis' im Vordergrund steht (vgl. Vedung 2000: 103ff.; Kromrey 2001: 113).

Empirisch-wissenschaftliche Evaluation

Die zweite Hauptrichtung verbindet mit Evaluation einen anderen Anspruch und geht von anderen Voraussetzungen aus. Das Vorhandensein einer real existierenden Welt, die prinzipiell erkannt und „objektiv" mit Hilfe empirisch-wissenschaftlicher Verfahren erfasst werden kann, auch wenn diese Instrumente unvollständig und teilweise fehlerhaft sein können, wird bestritten. Stattdessen wird angenommen, dass *„Realität"* aus verschiedenen Perspektiven *sozial konstruiert* ist, die in Konflikten zueinander stehen können. Deshalb fordern die Anhänger dieses Ansatzes ein ‚qualitatives' Denken, um die verschiedenen Sichtweisen und Interpretationen der ‚Realität' erfassen zu können. Nach der erkenntnistheoretischen Position des Konstruktivismus sind grundsätzlich keine Aussagen über die tatsächliche Beschaffenheit der Welt möglich; „sie zeigen nur, ob eine Erkenntnis mit der Beschaffenheit der Welt vereinbar ist, ob sie ‚passt' – nicht aber, dass sie ‚wahr' (im Sinne eines ‚einzig richtig') ist" (Meinefeld 1995: 100). Diese Auffassung erfordert deshalb auch bei Evaluationen eine andere wissenschaftliche Vorgehensweise als im Rahmen einer analytisch-nomologisch orientierten Erfahrungswissenschaft (vgl. vor allem Guba u. Lincoln 1989; Patton 1987; Stake 1983; siehe hierzu ausführlich Kapitel 3).

Sozialkonstruktivistische Evaluation

Auch wenn der „kalte Krieg der Paradigmen" nicht mehr mit harten Bandagen ausgetragen wird und in den letzten Jahren die Gemeinsamkeiten mehr betont werden als die Unterschiede, sind die beiden Richtungen dennoch nicht miteinander vereinbar. Dafür gehen sie von zu unterschiedlichen Voraussetzungen aus. Dies soll im Einzelnen etwas näher ausgeführt werden:

erkenntnistheoretischer Realismus

Auf der Basis des erkenntnistheoretischen Realismus besteht das Ziel empirischer Wissenschaft in der Erkenntnis der „wahren" Strukturen und Gesetzmäßigkeiten der Realität sowie in ihrer Dokumentation in Theorien. Ausgehend von erkenntnisleitenden ex-ante Hypothesen wird systematisch empirisches Wissen gesammelt, so dass die (objektive) Realität mit den (subjektiven) Wahrnehmungsdaten konfrontiert werden kann. Die mit diesem Verfahren implizierte Subjektivität wird dadurch zu kontrollieren versucht, dass durch die Anwendung strenger methodologischer Regeln wahrnehmungsbeeinflussende Bedingungen bei der empirischen Erkenntnisgewinnung bestmöglich ausgeschaltet werden („Objektivierung der Verfahren"), so dass eine intersubjektive Nachprüfbarkeit ermöglicht wird. Eine besondere Bedeutung kommt hierbei der Trennung de-

41 Vgl. zu den Ursprüngen Campbell 1969; Cronbach u.a. 1981; Cronbach 1982; zusammenfassend Mertens 2006.

skriptiver – und damit ‚objektivierbarer' – von normativen Aussagen zu, deren subjektiver Charakter methodologisch nicht aufhebbar und deren intersubjektive Geltung daher mit empirischen Mitteln nicht begründbar ist. Die Lösung dieses Dilemmas besteht darin, dass die normativen Elemente der Erkenntnisgewinnung in solche aufgeteilt werden, die die normative Basis der Forschung bilden (die der Forschung *vor*gelagerten wissenschafts-immanenten Werte) und in die nichtwissenschaftlichen Interessen und Werte, die aus dem wissenschaftlichen Begründungskontext *aus*gelagert und in den Entstehungs- und Verwertungskontext des Forschungsprojekts verwiesen werden (vgl. Kromrey 2007: 116).

In genau dieser, in der Grundlagenforschung angewendeten Strategie zur Handhabung des Werturteilproblems, wird auch die Lösung des Bewertungsdilemmas in der Evaluationsforschung gesehen. So kommt Kromrey (2007: 116) zu dem Schluss, dass die Forschungslogik einer auf Wertfreiheit verpflichtenden Wissenschaft bruchlos auf die Evaluationsforschung anwendbar ist, sofern es sich bei ihrem Gegenstand um ein ausgearbeitetes Programm handelt.

*Abbildung 2.10:* Zusammenhänge in der Programmevaluation

Zusammenhänge in der Programmevaluation

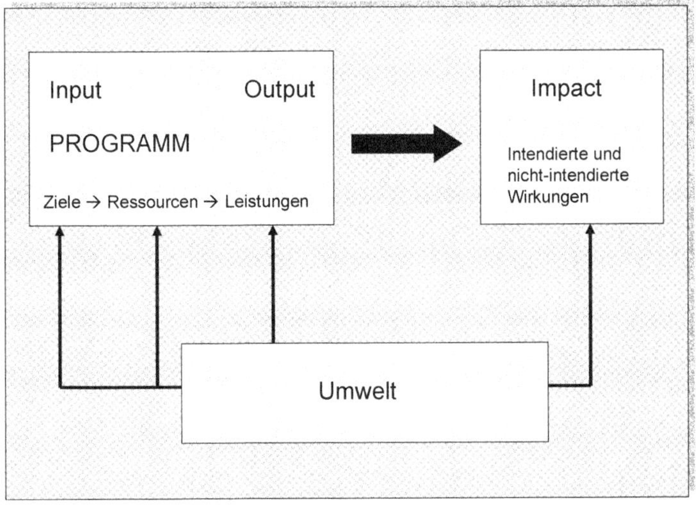


Im Rahmen eines Programms werden Ziele festgelegt, es werden Ressourcen bereit gestellt, um bestimmte Maßnahmen durchzuführen (Leistungen erbringen), die bestimmte Wirkungen hervorrufen sollen. Beeinflusst wird dieses Wirkungsgefüge durch „Störvariablen" in der Programmumwelt.

deduktiv-nomologisches Erklärungsschema

In der Evaluationsforschung kann das deduktiv-nomologische Erklärungsschema von Hempel und Oppenheim (1948) analog angewendet werden (vgl. Abbildung 2.11). Nach Hempel-Oppenheim ist das zu erklärende singuläre Ereignis (Explanandum) gegeben (3), gesucht ist das Explanans (1 und 2). Bei dieser Art von Erklärung muss das Explanandum (3) deduktiv logisch aus dem Explanans (1 und 2) folgen, wobei (2) aus der Wenn-Komponente und (3) aus der Dann-Komponente des nomologischen Gesetzes abgeleitet wird (vgl. Kromrey 2007: 114f.).

*Abbildung 2.11:* Deduktiv-nomologisches Erklärungsschema

| | Das deduktiv-nomologische Erklärungsschema von Hempel u. Oppenheim (1948) | Das deduktiv-nomologische Programmevaluationsschema |
|---|---|---|
| Explanans | (1) Es gibt (mindestens) ein nomologisches Gesetz (z.B.: wenn A und B, dann C) | (1) Die Art und Weise wie eingegriffen werden soll, beruht auf Ursache-Wirkungs-Hypothesen (theoretische Basis) (z.B.: wenn A und B durchgeführt, stellt sich C ein) |
| | (2) Die in der Wenn-Komponente genannten Randbedingungen sind empirisch erfüllt (z.B.: A und B liegen vor) | (2) Eingriffe in die gegenwärtigen Randbedingungen (Maßnahmen) (z.B.: A und B wurden durchgeführt) |
| Explanandum | (3) Singulärer Satz, der den zu erklärenden Sachverhalt beschreibt (z.B.: C liegt vor) | (3) Programmziel beschreibt künftige Situation (z.B.: Ziel C ist erreicht) |

Beispiel

In Abbildung 2.12 ist ein einfaches Beispiel gegeben. Zu erklären ist (3), warum Schüler eine erhöhte Leistungsmotivation zeigen. Die Erklärung bedient sich eines „Gesetzes" (1) aus der Motivationstheorie, nach der Belohnungen unter bestimmten Bedingungen zu einer höheren Leistungsmotivation führen können. Satz 2 des Erklärungsschemas zeigt, dass die Bedingungen erfüllt sind.

Im daran angelehnten Erklärungsschema der Evaluation (vgl. Abb. 2.11) ist das Explanandum (3) nicht gegeben, sondern es ist der Zustand der angestrebt wird (Programmziel). Bei der Konzipierung des Programms ist zu überlegen, wie dieser Zustand herbeigeführt werden kann. Dabei beruht die Art und Weise, wie unter bestimmten Bedingungen eingegriffen werden soll, also welche Maßnahmen zur Zielerreichung umgesetzt werden sollen (2), auf Ursache-Wirkungs-Hypothesen (1).

Im Beispiel in Abbildung 2.12 bedeutet dies, dass das Ziel, dass Arbeitslose sich selbstständig machen (3) dadurch erreicht wird, dass sie an einem Existenzgründungsprogramm teilnehmen (2), da angenommen wird, dass dieses Programm (1) dazu befähigt, sich selbstständig zu machen. Wie die empirische Erfahrung zeigt, ist dies zwar selten der Fall, auch wenn das Programm die Arbeitslosen bestens auf eine zukünftige Selbstständigkeit vorbereitet, da viele Faktoren in der Umwelt des Programms (Störvariablen) wie z.B. fehlender Markt für die Geschäftsidee, keine Finanzierung wegen geringer Kreditwürdigkeit etc. die Erreichung des Programmziels verhindern können.

*Abbildung 2.12:* Beispiel für eine deduktiv-nomologische Erklärung

| | **Erklärungsschema für die leistungsmotivierende Kraft von Belohnungen** | **Erklärungsschema für die Wirksamkeit eines Existenzgründungsprogramms** |
|---|---|---|
| **Explanans** | (1) Wenn ein Schüler eine gute Leistung zeigt (A) und dafür belohnt wird (B), dann steigert dies seine Leistungsmotivation (C). | (1) Wenn Arbeitslose (A) an einem Programm zur Existenzgründung teilnehmen (B), machen sie sich anschließend selbstständig (C). |
| | (2) Der Schüler hat eine gute Leistung gezeigt (A) und wurde dafür belohnt (B). | (2) Arbeitslose (A) haben an einem Existenzgründungsprogramm teilgenommen (B) |
| **Explanandum** | (3) Schüler zeigt eine erhöhte Leistungsmotivation (C). | (3) Arbeitslose haben sich selbstständig gemacht (C). |

Schon daraus wird deutlich, dass die Erklärung von Programmwirkungen, vor allem auch der nicht-intendierten Wirkungen nicht nur einer dieser deduktiv-nomologischen Ableitungen bedarf, sondern mehrerer. Ein Charakteristikum der angewandten Sozialforschung und damit auch der Evaluation ist gerade die Komplexität sozialer Sachverhalte. Während die Grundlagenforschung mit Zielen wie Theorietest und -entwicklung das Komplexitätsproblem durch konsequente Vereinfachung der Untersuchungssituation zu lösen versucht – bis hin zur Konstruktion völlig realitätsferner Laborsituationen – um den Einfluss einzelner Wirkungsfaktoren zu isolieren, verbietet sich ein solches Vorgehen im Rahmen der anwendungsorientierten Forschung weitgehend: „*Reale soziale Sachverhalte* sind kein der Vereinfachung zugängliches Experimentierfeld; sie sind und bleiben komplexe Realität. Eine *angemessene Beschreibung und Diagnose* kann in diesem Rahmen *immer auch nur komplex ausfallen* – oder sie ist zwangsläufig falsch und führt ebenso zwangsläufig zu falschen Schlussfolgerungen“ (Kromrey 2003: 97).[42]

Komplexität und Vereinfachung

Wie in Kapitel 1 dargestellt, ist zwar der Gegenstand, den es im Rahmen der Evaluation zu bewerten gilt, als Gegenstand nicht wertneutral oder zweckfrei. Ganz im Gegenteil: das Programm strebt ja explizit Veränderungen an, um ein definiertes Ziel zu erreichen. Doch das damit verknüpfte Wertproblem wird dadurch gelöst, dass es in den Entstehungskontext verlagert wird, so dass die eigentliche Forschungsphase einen wertneutralen Charakter erhält (vgl. Kromrey 2007: 117).

Auch die im Rahmen von Evaluationen vorgenommenen Bewertungen werden hier – im Unterschied zu Kromrey (2007: 113) – nicht als Verletzungen der Wertneutralität betrachtet, da keine Werturteile gefällt werden, sondern auf Kriterien, die im Entstehungskontext der Evaluation festgelegt wurden, bezogene instrumentelle Bewertungen (vgl. Kapitel 1).

Kritik des Forschungsmodells

Trotz – oder gerade wegen seiner Stringenz – lässt sich dieses Forschungsmodell für Evaluationen häufig nur sehr schwer methodisch realisieren, weil eine Reihe von damit verknüpften Bedingungen nicht eingehalten werden können. So stellt z.B. ein Programm kein statisches Gebilde mit unverrückbaren Zielen dar,

42 Hervorhebungen durch Kromrey.

sondern der Untersuchungsgegenstand verändert sich über die Zeit hinweg. Bei ex-post Evaluationen stellt dies kein größeres Problem dar, da im Nachhinein eine bestimmte Baseline, die als Ausgangspunkt für die anzustellende Wirkungsforschung dient, festgelegt werden kann. Bei formativen Evaluationen, die direkt auf eine Veränderung des Untersuchungsgegenstandes zielen, variieren die Bezugspunkte für die Analyse. Desweiteren ist zu bemängeln, dass das Forschungsmodell sich eng auf den Wirkungsstrang: „Programmziele → Maßnahmen zu deren Umsetzung → Wirkungen" konzentriert und dabei die Beteiligten sowie zentrale Umweltfaktoren vernachlässigt, indem es sie zu „Störvariablen" erklärt, die statistisch zu kontrollieren sind. Den Beteiligten wird im Rahmen dieses Forschungsmodells nur im Entstehungskontext und dann wieder im Verwertungskontext von Evaluation eine gestaltende Rolle zugebilligt. Das mag bei summativen und insbesondere ex-post Evaluationen kein Problem darstellen, doch bei formativen Evaluationen gerät das Forschungsmodell rasch an seine Grenzen.

Aus der Kritik an diesem Modell und unter dem Postulat, dass Evaluationen vor allem den Interessen der Betroffenen dienen sollen, hat sich eine Forschungsposition entwickelt, die Evaluation eher als politischen, denn als wissenschaftlichen Prozess begreift, der im Extremfall mehr einer „Kunst" (Cronbach 1982) als einer Wissenschaft gleicht.

Handlungs-Forschung

Die *Handlungs-Forschung* greift diesen Gedanken auf und postuliert, dass Evaluation nicht nur die Kontrolle der Qualität von Innovationen beinhalten darf, „sondern gleichzeitig die Konstruktion, Optimierung und die Legitimierung der Modellmaßnahmen zu beinhalten habe" (Lange 1983: 256). Dabei wird methodisch so verfahren, dass die Programmentwicklung durch ein iteratives, schleifenartiges Vorgehen evaluiert wird. Jede dieser „Schleifen" gliedert sich in drei Hauptphasen: Gegenstandsbestimmung, Informationssammlung, Ergebnisvermittlung. Unter Beteiligung möglichst vieler Stakeholder wird dieser Prozess des Frage- und Infragestellens, Antwortens, Bewertens, Informierens und Aushandelns entsprechend der Programmentwicklung immer wieder wiederholt, mit dem Ziel, für die Betroffenen oder Zielgruppen des Programms einen möglichst hohen Nutzen zu erreichen (vgl. Kromrey 2001: 129).

Evaluatoren kommt in diesem Konzept die Rolle von Moderatoren zu, die im Diskurs der am Projekt beteiligten Gruppen als Informationssammler und -manager, Aufklärer über Zusammenhänge, Vermittler von Fachwissen, Konfliktmanager, Koordinatoren und Berater tätig werden (vgl. Cronbach u.a. 1981; Cronbach 1982; Wottawa u. Thierau 1998: 33). Kromrey (2001: 129) nennt diese Form der Evaluation deshalb *„Helfer- und Beratermodell"*. Er weist darauf hin, dass diese Form der Evaluation als begleitende Beratung keineswegs als „weichere" oder anspruchslosere Variante im Vergleich zum Konzept der Programmforschung angesehen werden dürfe. Evaluatoren in der Funktion von Moderatoren und Beratern benötigten zunächst einmal alle im sozialwissenschaftlichen Studium üblicherweise vermittelten Kenntnisse und Fertigkeiten (insbesondere der empirischen quantitativen und qualitativen Erhebungsmethoden sowie der diversen Verfahren der Datenauswertung) und darüber hinaus noch weitere Qualifikationen, die nur zum Teil erlernt, vielmehr aber durch Erfahrung gewonnen werden müssten, wie z.B. interdisziplinäre Orientierung, Kommunikationsfähigkeit und Überzeugungskraft, wissenschaftlich-präzise und politik-verständliche

Helfer- und Beratermodell

Sprache, Empathie, Moderations-, Präsentations- und Vortragstechniken. Allerdings sind dies alles Qualifikationen, über die auch ein Evaluator verfügen muss, der nach der kritisch-rationalen Forschungslogik vorgeht.

Methodische Konsequenzen

Aus dem der Handlungsforschung entlehnten Evaluationsmodell ergeben sich folgende, dem konventionellen sozialwissenschaftlichen Forschungsparadigma zuwiderlaufende, methodische Konsequenzen:

- Nicht die Falsifikation von Theorien oder Hypothesen ist primäres Erkenntnisziel, sondern die Angabe von Handlungsalternativen zur Lösung auftretender Probleme.
- Die Trennung zwischen Evaluatoren und den Evaluationsobjekten wird aufgehoben. Die Wissenschaftler geben ihre distanzierte Position zum Untersuchungsgegenstand auf und werden zu gleichberechtigten Partnern der unmittelbar an der Evaluation Beteiligten und der davon Betroffenen (Evaluationsforschung mit stark partizipativen Komponenten, im Extremfall als Aktionsforschung).
- Nicht die Forschungsfragen des Evaluators stehen im Mittelpunkt des Interesses, sondern die Informationsbedarfe der Zielgruppen.
- Nicht Wertneutralität in den Aussagen wird angestrebt, sondern es werden im Gegenteil stellungsbeziehende Wertungen verlangt.
- Gütekriterien der Evaluation sind nicht mehr primär Validität, Reliabilität und Objektivität, sondern Kommunikation, Intervention, Transparenz und Relevanz. (Vgl. Weiss 1972: 6f.; Rein 1984: 179; Lachenmann 1987: 320; Staudt u.a. 1988: 27f.; Gagel 1990: 45ff.; Schneider-Barthold 1992: 379ff).

Praktische Umsetzung des Handlungsmodells

Die partizipativen Ansätze, wie sie z.B. von Stake (1967), Guba u. Lincoln (1989), Patton (1994), Cousins u. Earl (1995) oder House und Howe (1999) vertreten werden, um nur einige Protagonisten zu nennen, versuchen diese Positionen konsequent in die Evaluationspraxis umzusetzen (siehe hierzu ausführlich Kapitel 3). Sie wollen nicht nur eine Beteiligung der Stakeholder sicherstellen und dafür sorgen, dass „evaluation work to portray the multiple needs, values, and perspectives of program stakeholders to be able to make judgements about their value or worth of the program being evaluated“ (Fitzpatrick, Sanders u. Worthen 2004: 149). Dies können auch andere Evaluationsansätze leisten. Vielmehr geht es darum, einen kompletten Perspektivenwechsel zu vollziehen. Um zu erreichen, „that all relevant interests are represented in the evaluation and given full expression“, ist nach den Vertretern partizipativer Ansätze in einer bestimmten Art und Weise vorzugehen: „Representation of views and interests should not be dominated or distorted by power imbalances, such as powerful interests curtailing the less powerful in the evaluation (...) evaluative conclusions should emerge from deliberation, from careful reasoning, reflection, and debate“ (House u. Howe 2000: 409). Um dies zu erreichen, muss der Evaluator seine möglichst objektive und neutrale Position aufgeben und Teil eines Teams werden, „whose members collaborate to conceptualize, design, and test new approaches in a long-term, ongoing process of continuing improvement, adaption, and intentional change. The evaluator's primary function in the team is elucidate team discussions with evaluative data and logic, and to facilitate data-based decision making in the development process“ (Patton 1994: 317).

In seiner radikalsten Form verwandelt sich Evaluation zu einer konstruktivistischen Kombination aus Verhandlungen, Organisationsentwicklung und Gruppentherapie, die in keiner Weise nach übergeordneten wissenschaftlichen Erklärungen sucht, sondern der Emanzipation und dem Empowerment deprivierter Stakeholder dient (vgl. Pollitt 2000: 71).

Ausgehend von den unterschiedlichen „Wissenschaftsphilosophien" und den Vorstellungen über die Rolle von Evaluation in der Gesellschaft und den Zwecken, für die sie eingesetzt werden sollte, haben sich eine Vielzahl von Evaluationstheorien, -modellen und -ansätzen entwickelt, auf die in Kapitel 3 im Detail eingegangen wird.

## 2.3 Der CEval-Evaluationsansatz nach Stockmann

CEval-Ansatz

Aus der Vielfalt der verschiedenen Evaluationsansätze soll der sich prinzipiell an der kritisch-rationalen Forschungslogik orientierende Ansatz des CEval vorgestellt werden, der in den letzten fünfzehn Jahren in zahlreichen Politikfeldern und für die unterschiedlichsten Evaluationszwecke eingesetzt wurde. Dabei erwies sich der Ansatz als sehr adaptationsfähig, so dass er sowohl für formative als auch summative und insbesondere ex-post Evaluationen verwendet werden konnte.

Theoretische Grundlagen

Um die beiden zentralen Aufgaben einer jeden Evaluation bearbeiten zu können, nämlich (1.) möglichst viele (idealerweise alle) (intendierten wie nicht-intendierten) Wirkungen zu erfassen und (2.) ihre Kausalität zu klären, ist ein Evaluationsansatz nützlich, mit dem die wichtigsten Zusammenhänge zwischen Programmen und ihren Wirkungen dargestellt und Untersuchungsparameter abgeleitet werden können. Dabei wird davon ausgegangen, dass Programme zeitlich betrachtet einem Phasenmuster folgen, das dem Lebensverlauf von Individuen gleicht. Deshalb können (1.) die konzeptionellen Annahmen der *Lebensverlaufsforschung* verwendet werden, um die Programmentwicklung deutlich zu machen. Weiterhin wird davon ausgegangen, dass Projekte und Programme in der Regel von Organisationen durchgeführt werden. Deshalb bieten sich (2.) *organisationstheoretische Ansätze* für die Analyse von Zusammenhängen zwischen Programmen und ihren Wirkungsfeldern und die Entwicklung von untersuchungsleitenden Fragestellungen an. Da zum anderen Programme häufig Instrumente zur Einführung von Neuerungen (Innovationen) darstellen, lassen sich des Weiteren (3.) *innovations- und diffusionstheoretische Ansätze* nutzbar machen.

### *Lebensverlaufsmodell*

Programme werden, wie bereits betont, idealerweise aus einer politischen Strategie abgeleitet, in einzelnen Durchführungsschritten geplant und umgesetzt, in der Regel zeitlich befristet mit Fördermitteln ausgestattet, um gewünschte Wirkungen zu erzielen. Die *Zeitachse* verbindet die einzelnen Phasen miteinander, in denen jeweils die Umsetzung spezifischer Planungs- und Handlungsschritte für die sukzessive Akkumulation von Ressourcen sorgt. Programmverläufe stellen zudem einen multidimensionalen Prozess dar, sie konstituieren sich aus verschiedenen Programmbereichen (z.B. Entwicklung der Programmstrategie, Organisationsentwicklung, Finanzierung etc.), die wechselseitig aufeinander bezogen sind und sich gegenseitig beeinflussen. Wie beim Lebensverlauf eines Individuums sind einzelne ‚Bereiche' in unterschiedlichen ‚Lebenssituationen' und abhängig vom Alter unterschiedlich bedeutsam.

Programmverläufe als multidimensionale Prozesse

Der Verlauf eines Programms ist zudem in differenzierte gesellschaftliche Mehrebenenprozesse eingebettet. Ein Programm wird nicht unabhängig von anderen, existierenden oder geplanten Programmen entwickelt. Verschiedene Akteure verfolgen mit einem Programm oft unterschiedliche Ziele. Programme werden in Abhängigkeit vorhandener gesellschaftlicher, institutioneller und organisatorischer Rahmenbedingungen entwickelt, soziale und regionale Kontexte sind zu berücksichtigen und sie müssen sich ökonomischen, sozialen, politischen, rechtlichen und kulturellen Veränderungen anpassen.

Mehrebenenprozesse

Dabei können Programme natürlich auch gestaltend auf Strukturen und Prozesse einwirken. Da sie umgekehrt äußeren Einflüssen ausgesetzt sind, ist die Entwicklung von Programmen nicht immer prognostizierbar. Dennoch werden sie *geplant* und es wird versucht, sie so zu steuern, dass die Programmziele möglichst in den vorgegebenen Fristen erreicht werden. Insoweit unterscheiden sich Programmverläufe von Lebensverläufen, da sie häufig von Anfang an in allen einzelnen Umsetzungsschritten rational durchgeplant werden – manchmal am ‚grünen' Tisch einer Planungsinstitution, manchmal partizipativ mit den Betroffenen.

Verlauf und Planung

Ist die Programmkonzeption entwickelt und sind die Finanzmittel dafür bereitgestellt, kann mit der *Umsetzung* begonnen werden. Dabei achten die Programmverantwortlichen – wie ein Individuum in seinem persönlichen Lebensverlauf – darauf, eine möglichst optimale ‚Lebens' – d.h. hier Programmgestaltung zu realisieren. Hierfür werden Monitoring- und Evaluationsinstrumente eingesetzt, um Daten für das ‚Re-planning' und die (Um-)Steuerung eines Programms zu erhalten. Nicht immer nimmt das Programm einen linearen Verlauf. Im Gegenteil, plötzlich auftretende Ereignisse und veränderte Rahmenbedingungen erfordern nicht nur Kurskorrekturen, sondern machen manchmal sogar ein In-Frage-Stellen der intendierten Programmziele selbst notwendig.

Umsetzung und Steuerung

Mit ansteigendem Alter, also wachsender Programmlaufzeit, sollten sich zunehmend die erwünschten Wirkungen zur Zielerreichung einstellen, so dass das Programm – falls es zeitlich befristet angelegt ist – zu einem *Abschluss* kommen kann. Ist ein Programm auf Nachhaltigkeit hin angelegt, dann sollten die intendierten Wirkungen auch nach dem Förderende fortdauern. Sehr oft sind Förderprogramme gerade deshalb initiiert worden, um dauerhaft Strukturen zu verändern oder bei bestimmten Zielgruppen Verhaltensänderungen herbeizuführen. So soll z.B. ein Programm zur Energieeinsparung Menschen dazu bewegen, auch nach dem Förderende sparsam mit Energie umzugehen, oder ein Programm zur Integration von Behinderten in den Arbeitsprozess soll Unternehmern die Möglichkeit bieten, positive Erfahrungen mit Behinderten zu sammeln, so dass sie langfristig ihr Einstellungsverhalten ändern, oder ein Programm zur Steigerung der Effizienz der Steuerverwaltung soll die vorhandenen administrativen Strukturen und Abläufe so verändern, dass auch nach dem Programmende das Programmziel noch erreicht wird.

Abschluss und Nachhaltigkeit

Lebensverlaufsmodell

*Abbildung 2.13:* Lebensverlaufsmodell

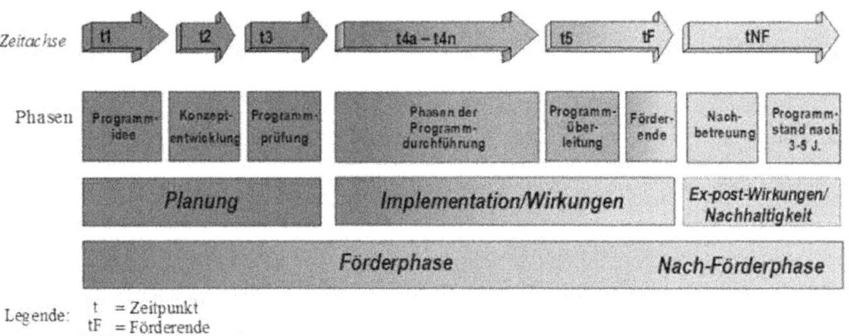


Zusammenfassend lässt sich der *Lebensverlauf* eines Programms grob in *drei Hauptphasen* zerlegen (vgl. Abbildung 2.13): In die (1.) *Planungs-* und (2.) *Implementationsphase* während der Programmlaufzeit und (3.) in die Zeit nach Abschluss der Programmförderung (*Nachhaltigkeitsphase*). Der Beginn des Lebensverlaufs eines Programms kann mit der Formulierung einer Programmidee (t1) markiert werden. Die verschiedenen ‚Lebens'-phasen eines Programms – wie die Programmprüfung, die Ausarbeitung von Konzepten, die einzelnen Phasen der Durchführung (t4-tn), die Vorbereitung des Förderendes (tF) sowie die Zeit nach der Programmförderung (tNF) – um nur einige zu nennen – sind durch jeweils typische Probleme charakterisiert. Sie lassen sich voneinander abgrenzen und sind anhand einer Vielzahl prozessproduzierter Daten, die z.B. in Anträgen, Angeboten, Programmbeschreibungen, Operationsplänen, Fortschrittsberichten, Monitoringdokumenten, Evaluations- und Abschlussberichten etc. vorliegen, gut analysierbar.

Der heuristische Vorteil der Lebensverlaufsperspektive besteht vor allem aus zwei Aspekten:

(1) Das Denkmodell des Lebensverlaufs bietet einerseits die Möglichkeit, die Nachförderphase, in der sich die Nachhaltigkeit eines Programms zeigt, als integrierten Bestandteil des Lebensverlaufs eines Programms zu erkennen. Wie die Sequenzen im Lebensverlauf eines Individuums, bauen die einzelnen Programmphasen aufeinander auf und sind im Zeitverlauf daraufhin geordnet, die Programmziele sukzessive umzusetzen.

(2) Andererseits hebt die Lebensverlaufsperspektive die kausale Verkettung der einzelnen Phasen hervor. Dabei wird deutlich, dass die Nachhaltigkeit eines Programms schon durch die Programmauswahl beeinflusst wird und dass die während der Förderlaufzeit geschaffenen materiellen und immateriellen Strukturen das Fundament für die langfristigen Programmwirkungen bilden.

*Organisationsmodell*

Interne Organisationsveränderungen

Innovationen, die durch ein Programm eingeführt werden, können darauf abzielen, *interne Veränderungen* bei den Organisationen auszulösen, die das Programm durchführen als auch in anderen (externen) sozialen Systemen (z.B. anderen Organisationen oder gesellschaftlichen Subsystemen). Je umfangreicher dies gelingt, d.h. je mehr die durch ein Programm eingeführten Innovationen von anderen übernommen werden, umso größer ist die *Diffusion* (Verbreitung) und umso erfolgreicher das Programm.

An einem konkreten Beispiel soll diese Sichtweise illustriert werden: Die Industrie-, Handels- und Handwerkskammern (Trägerorganisationen) beschließen ein Programm zur Umweltberatung durchzuführen. Ziel des Programms ist einerseits die nachhaltige Etablierung von Beratungsstrukturen in den Kammern und andererseits die wirkungsvolle Beratung von Unternehmen in Umweltfragen, so dass diese ihre Verfahrensweisen und Strukturen ändern.

Für die Durchführung des Programms werden spezielle organisatorische Einheiten (Umweltberatungsstellen der Kammern) gebildet, die Beratungen bei Unternehmen durchführen. Auf diese Weise sollen bei den beratenen Unternehmen Innovationen (z.B. energiesparende Fertigungsmethoden, Verwendung umweltgerechter Baustoffe etc.) eingeleitet werden. Je mehr Unternehmen diese Innovationen einführen, umso größer sind die Diffusionswirkungen. Zusätzliche Diffusionseffekte (Multiplikatorwirkungen) würden entstehen, wenn auch Unternehmen diese Innovationen übernehmen, die nicht beraten wurden (z.B. weil sie sich als profitabel oder kostengünstiger erweisen).

Organisationen als Programmdurchführer

Da *Organisationen* Programme durchführen oder Dienstleistungen anbieten, die Wirkungen entfalten sollen, kommt ihnen und ihren Beziehungen zu anderen Organisationen oder gesellschaftlichen Subsystemen bei Wirkungsevaluationen eine besondere Bedeutung zu. Diese Interdependenz ist in Abbildung 2.14 dargestellt. Im Zentrum des ‚Modells' steht das Programm, das – möglicherweise als organisatorische Teileinheit – in eine Trägerorganisation eingebettet ist. Im Rahmen der Programm-Zielsetzungen sollen mit Hilfe aufeinander abgestimmter Maßnahmenbündel Innovationen innerhalb und außerhalb der Trägerorganisation eingeleitet werden. Dabei werden die Wirkungsmöglichkeiten des Programms einerseits durch die Trägerorganisation – interne Umwelt – beeinflusst und andererseits durch die Systeme, die die Trägerorganisation, und damit das Programm, umgeben – die externe Umwelt. Die externen Umweltbereiche können unterstützend auf die Zielsetzung wirken oder als ‚Gegenkräfte' die Zielerreichung be- oder verhindern.

Wirkungsmodell *Abbildung 2.14:* Wirkungsmodell[43]

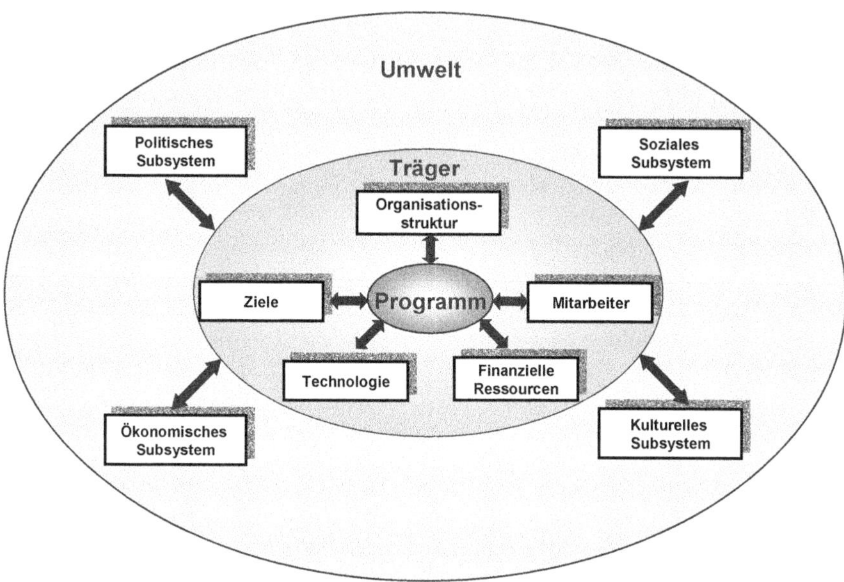


Aus der Fülle organisationstheoretischer Ansätze bietet sich hier ein Erklärungsmodell an, das *Organisationen als offene soziale Systeme* begreift, die *der Intention nach rational gestaltet* sind, *um spezifische Ziele zu erreichen* (vgl. Thompson 1967: 66ff.; Kieser u. Kubicek 1992: 4ff.; Kieser 2002: 169ff.; 1993: 161ff.; Kieser u. Walgenbach 2003: 6ff.; Müller-Jentsch 2003: 20ff. Scott 2003: 33ff., 82ff., 141ff.). Sie verfügen über eine *formale Struktur* und verwenden eine bestimmte *Technologie*, um die Aktivitäten ihrer *Mitglieder* auf die verfolgten *Ziele* hin auszurichten.[44] Nicht thematisiert werden in den gängigen soziologischen Organisationskonzepten die *finanziellen Ressourcen*, die einer Organisation zur Verfügung stehen. Da diese Dimension zur Aufgabenerfüllung und Bestandssicherung einer Organisation jedoch von zentraler Bedeutung ist, wird sie hier mit in die Analyse aufgenommen. Damit lassen sich die Elemente, die eine Organisation konstituieren, ableiten. Es handelt sich um: die Ziele, die Mitglieder (Beteiligte), die formale Struktur (Organisationsstruktur), die Technologie und die finanziellen Ressourcen einer Organisation.[45]

43 Bei den Subsystemen wurde eine Auswahl vorgenommen. Welche Subsysteme in einem Organisationsmodell von Bedeutung sind, hängt von der Art des durchgeführten Programms ab.

44 Vgl. u.a. Barnard 1938: 4; March u. Simon 1958: 4; Blau u. Scott 1963: 5; Etzioni 1964: 3; Hage u. Aiken 1969: 366ff.; Mayntz u. Ziegler 1976: 11; Mayntz 1977: 36 u. 40; Scott 2003: 19ff.; Kieser u. Kubicek 1992: 4; Bea u. Göbel 2002: 2; Abraham u. Büschges 2004: 109ff.

45 Jedes dieser Elemente ist in der Organisationsforschung von einzelnen Autoren unter Vernachlässigung der anderen Elemente als das bedeutendste Merkmal herausgestellt worden (vgl. Scott 2003: 24).

Das Wirkungsmodell als Teil der hier dargestellten Evaluationskonzeption lässt *verschiedene kausale Betrachtungsweisen* zu. Nacheinander können zwei Analyseperspektiven eingenommen werden: Zuerst werden die Programminterventionen als Unabhängige Variablen (UV) und die Organisationselemente als Abhängige Variablen (AV) betrachtet, um zu prüfen, ob die Interventionen (Inputs) – unter gegebenen Rahmenbedingungen – auf den verschiedenen Dimensionen der Durchführungsorganisation Veränderungen bewirkt haben. So können die Schaffung von Akzeptanz für die Programmziele in der Organisation, die Aus- und Weiterbildung von Personal zur Erreichung der Programmziele, die Verbesserung von Kommunikationsstrukturen, die Optimierung der Koordination oder Arbeitsteilung (Organisationsstruktur), die Versorgung mit technischen Instrumenten und die Sicherstellung der finanziellen Ressourcen notwendige Voraussetzungen für die Programm-Zielerreichung sein.

kausale Betrachtungsweisen

Wenn die einzelnen Organisationselemente durch die Programminterventionen effektiv gestaltet werden konnten, stellt dieses Ergebnis gleichzeitig einen internen, auf die Durchführungsorganisation bezogenen Programmoutput dar.

In der anschließenden Analyseperspektive werden die internen Programmoutputs (die durch die Programminputs veränderten Organisationsdimensionen) zu Unabhängigen Variablen, mit denen Veränderungen in Bereichen außerhalb des Trägers herbeigeführt werden sollen. Diese externen Bereiche (z.B. das Beschäftigungs- oder Bildungssystem, das ökologische System, das Rechtssystem) nehmen nun die Rolle der Abhängigen Variablen ein. Die Diffusionswirkungen der Durchführungsorganisation in diesen zu spezifizierenden (externen) Bereichen, die mit Hilfe von Indikatoren gemessen werden können, werden dann zum Maßstab für die Effektivität der Durchführungsorganisation. Dies wäre z.B. dann der Fall, wenn es einer Ausbildungseinrichtung gelingt, im Rahmen eines Qualifizierungsprogramms das Beschäftigungssystem mit qualifizierten Fachkräften zu versorgen.

### *Innovations-/Diffusionsmodell*

Nach der hier entwickelten organisationstheoretischen Vorstellung verbreiten Programme *Innovationen* in und durch Organisationen. Mit der Frage, unter welchen Bedingungen Verbreitungsprozesse stattfinden, beschäftigt sich die *Diffusionsforschung*.

Diffusion von Innovationen

Unter einer *Innovation* wird hier schlicht jede Form von Neuerung verstanden, die nach einer vielzitierten Kurzformel von Schumpeter (1947: 151) als „the doing of new things or the doing of things that are already being done in a new way" bezeichnet wird.

Die *Diffusionsforschung*[46] beschäftigt sich mit den Bedingungen, unter denen eine Verbreitung von Innovationen stattfindet. Nach Rogers (1995: 5) ist Diffusion „the process by which an innovation is communicated through certain channels over time among the members of a social system". Zu den Faktoren, die den Diffu-

46 Zu den verschiedenen Richtungen der Diffusionsforschung vgl. u.a. Tews 2004; Rogers 1995, S. 38ff.; Kortmann 1995, S. 33ff.; Mohr 1977, S. 33ff. Zur Diffusion von Innovationen in Nonprofit-Organisationen vgl. z.B. Rogers u. Kim 1985.

sionsprozess positiv wie negativ beeinflussen können, hat Mohr (1977) ein grundlegendes Modell entwickelt. Er unterscheidet vier Gruppen von Variablen: (1.) Die erste Gruppe bezieht sich auf die spezifischen Eigenschaften der jeweiligen Innovation selbst. (2.) Der zweite Komplex setzt sich aus Umweltvariablen zusammen. (3.) Der dritte Variablenkomplex befasst sich mit den Personen, die eine Innovationsidee aufgreifen, über ihre Einführung entscheiden und gegebenenfalls ihre Realisierung durchsetzen. (4.) Die Elemente der formalen Struktur der Organisation, die die Innovation einführt, bilden die vierte Variablengruppe (vgl. Mohr 1977, S. 19ff.).

Nach der in dieser Arbeit verwendeten Organisationskonzeption werden Personen, die eine Innovation aufgreifen, durchsetzen und an ihrer Realisierung arbeiten, als Mitglieder von Organisationen behandelt. Deshalb werden hier – in Anlehnung an Mohr (1977: 43) – nur *drei Variablengruppen* unterschieden (vgl. Abbildung 2.15): [47]

Diffusionsmodell

*Abbildung 2.15:* Diffusionsmodell

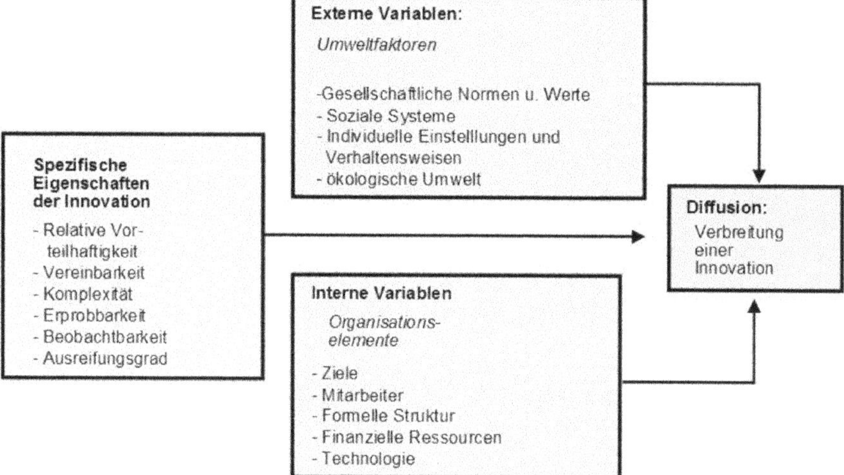


Quelle: In Anlehnung an Mohr 1977: 43

Innovationseigenschaften

(1) Die erste Gruppe von Variablen bezieht sich auf die *spezifischen Eigenschaften der Innovation* selbst (z.B. einem Umweltberatungsprogramm). In zahlreichen Untersuchungen konnte mittlerweile gezeigt werden, dass eine Innovation umso eher übernommen wird, „je relativ vorteilhafter, je mehr vereinbar mit den vorhandenen Produktionsbedingungen, je weniger komplex, je besser erprobbar und beobachtbar die Innovation dem Anwender erschien" (Mohr 1977: 60).[48]

47 Zum Ablauf des Diffusionsprozesses über die Zeit hinweg und den verschiedenen Adoptionstypen vgl. Rogers 1995: 11 und 20ff.

48 Rogers (1995: 15f.) nennt als Kriterien, die die unterschiedliche Adoptionsrate von Innovationen erklären: Relative Advantage, Compatibility, Complexity, Trialability und Observability.

(2) Da auch in der Diffusionsforschung Organisationen als dynamisch-komplexe Gebilde betrachtet werden, die in einer symbiotischen Beziehung zu ihrer Umwelt stehen (vgl. Mohr 1977: 64), die wiederum aus anderen Organisationen, Netzwerken und sozialen Gebilden und Systemen bestehen, kommt den *organisations-externen Variablen* bei der Diffusion von Innovationen eine besondere Bedeutung zu. Je nach Untersuchungsgegenstand (Programm) sind unterschiedliche Systeme bedeutsam (bei einem Umweltberatungsprogramm z.B. Unternehmen, Umweltgesetzgebung, Abfallentsorgungssystem, etc.).

organisations-externen Variablen

(3) Die *Elemente einer Organisation*, die eine Innovation einführt, bilden die dritte Variablengruppe und wurden bereits im Rahmen des Organisationsmodells festgelegt und beschrieben.

organisations-interne Variablen

Aus den organisations- und innovations-/diffusionstheoretischen Überlegungen kann ein *Evaluationsleitfaden für die Evaluation von Programmen* entwickelt werden. Die einzelnen Untersuchungsfelder ergeben sich aus den in den theoretischen Überlegungen verwendeten Variablen. Zur Untersuchung der *‚internen Wirkungsfelder‘* (der Veränderungen in der Trägerorganisation des Programms) werden die identifizierten Organisationsparameter verwendet (vgl. Abbildung 2.6). Für die ‚Messung‘ der Wirkungen in den *‚externen Wirkungsfeldern‘* werden die Veränderungen in den Zielsystemen (Politikfeldern) und bei den Zielgruppen (z.B. Menschen oder auch andere Organisationen) untersucht, bei denen Veränderungen bewirkt werden sollten. Aus der in Kapitel 2.1.3 dargestellten Lebensverlaufsperspektive folgt zudem, dass die einzelnen *Phasen eines Programms* betrachtet werden müssen, um den Planungs- und Implementationsprozess bewerten zu können. Diesen analytischen Kapiteln ist ein Abschnitt vorangestellt, in dem das Programm, das evaluiert werden soll, sowie seine Kontextbedingungen beschrieben werden (vgl. im Detail Stockmann 2006: 126ff.).

### *Nachhaltigkeit*

Ergänzt wird der CEval-Evaluationsansatz, der sich sowohl für preformative, formative als auch summative Evaluationen eignet, durch ein *Nachhaltigkeitsmodell*, das zwischen der Nachhaltigkeit auf Makroebene und der auf Programmebene unterscheidet.

Nachhaltigkeitsmodell

Auf der *Makroebene* knüpft der Evaluationsansatz an das Konzept der ‚nachhaltigen Entwicklung‘ (sustainable development) an, dem die Einsicht zugrunde liegt, dass ökonomische, soziale und ökologische Entwicklungsprozesse untrennbar miteinander verbunden sind und so austariert werden müssen, dass die natürlichen Lebensgrundlagen für nachfolgende Generationen nicht zerstört werden[49]. Mittlerweile existieren unterschiedlichste Konzepte, mit denen diese drei Zielgrößen auf sehr verschiedene Weise operationalisiert werden. Hier wird eine vereinfachte und leicht zu handhabende Operationalisierung gewählt, die

Makroebene

49 In den Facetten des Nachhaltigkeitskonzepts vgl. u.a. Meyer 2000, Meyer 2002a u. b, Meyer u.a. 2003, Meyer 2005, Caspari 2004.

sich vor allem für die Evaluation von Programmen eignet (vgl. im Detail Stockmann 2006: 134ff. u. 157ff.) und in Abbildung 2.16 im Überblick dargestellt ist.

*Abbildung 2.16:* Dimensionen der Nachhaltigkeit auf der Makroebene

| Zielgröße | Operationalisierung | Kriterium erfüllt, wenn... |
|---|---|---|
| ökonomisch | Effizienz | mit einem möglichst geringen Mitteleinsatz (Input) ein Optimum an Leistungen (Output) und möglichst alle intendierten Wirkungen (Outcome) erzielt werden. |
| sozial | gesellschaftspolitische Relevanz | die durch die erbrachten Leistungen entstandenen (intendierten wie nicht-intendierten) Wirkungen insgesamt als gesellschaftspolitisch relevant und nützlich eingestuft werden. |
| ökologisch | Umweltverträglichkeit | mit den Ressourcen zur Leistungserstellung umweltschonend umgegangen wird und wenn die erbrachten Leistungen und die daraus entstandenen (intendierten wie nicht-intendierten) Wirkungen umweltverträglich sind. |

Die bewusst abstrakt gehaltenen Kriterien bedürfen natürlich in ihrem jeweiligen Kontext einer weitergehenden Operationalisierung, die die Sammlung messbarer (quantitativer und/oder qualitativer) Daten ermöglicht.

Damit das Zukunftsbild einer Gesellschaft verwirklicht werden kann, bei der ökonomische, soziale und ökologische Zielsetzungen miteinander in Einklang stehen, bedarf es politischer Strategien und Programme, die zur Umsetzung einer nachhaltigen Entwicklung beitragen. Dabei stellt sich die Frage, ob Maßnahmen nur so lange wirksam sind, wie sie mit Finanzmitteln gefördert werden, oder ob Strukturen geschaffen und Verhaltensänderungen herbeigeführt werden können, die eine Problemsituation dauerhaft verändern. Nachhaltigkeit ist dann gegeben, wenn die neuen organisatorischen Strukturen und Verhaltensänderungen das Förderende von Maßnahmen überdauern. Um die *Nachhaltigkeit von Programmen* zu bestimmen, werden hier vier Dimensionen unterschieden:

Programmebene

*Abbildung 2.17:* Dimensionen der Nachhaltigkeit auf der Programmebene

| Dimension | Typ | Merkmal |
|---|---|---|
| I | projekt-/programm-orientiert | Die Zielgruppe und/oder Trägerorganisation führt die Innovationen im eigenen Interesse und zum eigenen Nutzen fort. |
| II | output-/leistungs-orientiert | Andere Gruppen/Organisationen haben die Innovationen in ihrem eigenen Interesse und zum eigenen Nutzen dauerhaft übernommen. |
| III | system-orientiert | Die Innovationen führen über Diffusionsprozesse zu einer Leistungssteigerung des gesamten Systems (z.B. des Gesundheits- oder Bildungssystems). |
| IV | innovations-orientiert | Die Zielgruppe/die Trägerorganisation verfügt über ein Innovationspotential, um auf veränderte Umweltbedingungen flexibel und angemessen zu reagieren. |

Die *erste Dimension* beinhaltet jenes Element, das allen Nachhaltigkeitsdefinitionen gemeinsam ist – das der *Langfristigkeit*. Sie ist dann gegeben, wenn die Zielgruppe und/oder die Trägerorganisation die mit dem Projekt/Programm erreichten Innovationen ohne fremde Hilfe *dauerhaft weiterführt*. Diese Dimension der Nachhaltigkeit ist eng an das Projekt/Programm angelehnt und bezeichnet die über das Förder- oder Programmende hinausgehenden ‚langfristigen Wirkungen' und kann deshalb als *projekt-/programmorientierte Nachhaltigkeit* bezeichnet werden. Langfristigkeit

Die *zweite Dimension* berücksichtigt die *Reichweite* der Wirkungen bzw. des Nutzens eines Projekts oder Programms. Als Indikator wird hierfür der *Output* betrachtet, d.h. die Anzahl der Nutzer (Leistungsempfänger) oder auch die Art der Nutzergruppe. Die entscheidende Frage ist, ob andere als die ursprüngliche Zielgruppe die durch das Programm eingeführten Innovationen in ihrem eigenen Interesse und zu ihrem eigenen Nutzen dauerhaft übernommen haben. Diese Dimension lässt sich als *output- oder leistungsorientierte Nachhaltigkeit* bezeichnen. Reichweite

Die *dritte Dimension* umfasst die Veränderung des Systems, in dem die Innovation beispielhaft eingeführt wurde (z.B. in Organisationen des Gesundheits-, Bildungs- oder Wirtschaftssystems). Zentrales Moment dieser Dimension ist also nicht (nur) die Ausdehnung der Nutzergruppe, sondern die *Evolution* des *gesamten Systems*. Damit ist gemeint, dass es nicht nur zu einer regionalen Verbreitung kommt und nicht nur die einst geförderte Trägerorganisation und weitere Organisationen die Innovationen nutzen, sondern dass das gesamte System, in dem Zielgruppen und Trägerorganisationen angesiedelt sind, davon betroffen ist. Demnach kann dann von *systemorientierter Nachhaltigkeit* gesprochen werden, wenn über ein Programm eingeführte Innovationen über Diffusionsprozesse zu einer Leistungssteigerung eines gesamten Systems führen. Systemveränderungen

Die *vierte Dimension* der Nachhaltigkeit berücksichtigt, dass Leistungen nicht einfach nur auf die gleiche Weise reproduziert werden, sondern dass eine Zielgruppe, ein Träger oder gar ein System sich auf verändernde Umweltbedingungen *flexibel und angemessen einstellen* kann. Nachhaltigkeit besteht eben nicht in der Perpetuierung des einmal Geschaffenen oder Eingeführten, sondern in der Fähigkeit, Innovationen weiterzuentwickeln. D.h. der Träger oder die Zielgruppe müssen über ein Innovationspotential verfügen, um Anpassungen und Veränderungen bewusst herbeiführen zu können. Werden Leistungen immer wieder auf die gleiche Weise reproduziert, obwohl sich Umweltbedingungen verändert haben, werden sie bald nicht mehr den Bedürfnissen der Zielgruppen entsprechen. Werden die Leistungen oder Produkte jedoch nicht mehr nachgefragt ist die Nachhaltigkeit gefährdet. Innovationspotentiale

Zusammenfassend kann festgehalten werden, dass der hier dargestellte Evaluationsansatz nacheinander verschiedene theoretische Perspektiven einnimmt, die sich mit jeweils unterschiedlichen Aspekten von Projekten und Programmen beschäftigen. Ausgangspunkt ist ein *Lebensverlaufsmodell*, das die zeitliche Perspektive und den Prozesscharakter eines Projekts oder Programms in den Mittelpunkt stellt. Nach diesem Modell konstituieren sie sich aus einer Reihe aufeinanderfolgender und voneinander abgrenzbarer Phasen, in denen jeweils die Umsetzung spezifischer Planungs- und Durchführungsschritte zu einer erfolgreichen, d.h. der Zielerreichung entsprechenden, Programmumsetzung führen sol- Zusammenfassung len. Durch die Zeitachse werden die einzelnen Phasen miteinander verbunden und in einen kausalen Zusammenhang gebracht. Dadurch werden hypothesengeleitete Ursache-Wirkungs-Analysen erleichtert.

Da Programme in der Regel von Organisationen durchgeführt werden, die als offene soziale Systeme in Interdependenz zu ihrer Umwelt stehen, wird ein *organisationstheoretisches Konzept* verwendet, um diese Programm-Organisations-Umweltbeziehungen zu analysieren. Programminterventionen werden als Innovationen betrachtet, die in organisatorische oder spezifische Umweltsysteme (z.B. Bildungs-, Gesundheits-, Arbeitsmarktsystem) eingeführt werden. Inwieweit diese Innovationen adaptiert und implementiert werden und inwieweit sie in einer Organisation und darüber hinaus in den sie umgebenden (externen) Systemen Verbreitung finden, wird mit Hilfe *diffusionstheoretischer Überlegungen* zu erklären versucht.

Evaluationsleitfaden

Handelt es sich um eine ex-post Evaluation, dann kann *auch die Nachhaltigkeit* eines Programms untersucht werden. Hierfür wurde ein auf die Makro- und Mikro-(Programm-)ebene abzielendes Modell entwickelt, in dem die drei theoretischen Perspektiven (Lebensverlauf, Organisations- und Diffusionsmodell) zusammengeführt werden.

Die inhaltliche Gliederung des Evaluationsleitfadens folgt diesen theoretischen Überlegungen, in dem

(1) zunächst Fragen zu dem Programm (dem Evaluationsgegenstand) und seinem situativen Umfeld gestellt werden,
(2) entsprechend dem Lebensverlaufsmodell die zeitliche Abfolge der einzelnen Programmschritte und ihre kausale Verkettung untersucht wird,
(3) entsprechend den im Organisationsmodell entwickelten Parametern Fragen zu den Strukturen, Prozessen und Veränderungen innerhalb der programmdurchführenden Trägerorganisation gestellt werden,
(4) der Zustand und die Veränderungen in ausgewählten Politikfeldern und bei den Zielgruppen, denen die Programminterventionen zugute kommen sollen, untersucht werden und abschließend
(5.) die Nachhaltigkeit auf der Makro- und der Mikro-(Programm-) ebene anhand des entwickelten Kriteriensets bzw. Kategoriensystems bestimmt wird.

Die Struktur des Leitfadens kann Abb. 2.18 entnommen werden. Ein Musterleitfaden sowie eine umfassende Erläuterung zu den einzelnen Evaluationsfeldern, zur Anwendung des Leitfadens sowie zu dem Bewertungsverfahren sind in Stockmann (2006) dargestellt.

*Abbildung 2.18:* Struktur des Leitfadens für die Evaluation von Programmen

Programm-Evaluationsleitfaden des CEval

| | |
|---|---|
| **1. Programm und Umwelt** | |
| 1.1 | Programmbeschreibung (u.a. Programmdaten und -konzeption, Innovationskonzeption, Ressourcen) |
| 1.2 | Umwelt-/Kontextbedingungen (u.a. Beschreibung des Praxis- /Politikfelds bzw. des gesellschaftlichen Subsystems, Zielgruppen) |
| **2. Programmverlauf** | |
| 2.1 | Planung |
| 2.2 | Steuerung |
| 2.3 | Förderende |
| 2.4 | Nachbetreuung |
| **3. Interne Wirkungsfelder** | |
| 3.1 | Ziele/Zielakzeptanz bei der Durchführungsorganisation und/oder politisch übergeordneten Organisationen (z.B. Geldgeber) |
| 3.2 | Personal (insb. Qualifikation) |
| 3.3 | Organisationsstruktur (insb. Funktionalität und Funktionsfähigkeit) |
| 3.4 | Finanzielle Ressourcenverfügbarkeit |
| 3.5 | Technologie: Technische Infrastruktur (insb. Ausstattung) |
| 3.6 | Technologie: Organisationsprogramm / -konzeption |
| **4. Externe Wirkungsfelder** | |
| 4.1 | Zielakzeptanz bei den Zielgruppen |
| 4.2 | Zielgruppenerreichung |
| 4.3 | Nutzen für die Zielgruppen |
| 4.4 | Zielgruppenübergreifende Wirkungen |
| 4.5 | Wirkungen im Politikfeld des Programms |
| 4.6 | Politikfeldübergreifende Wirkungen |
| **5. Nachhaltigkeit** | |
| | Auf der Makroebene |
| 5.1 | Effizienz |
| 5.2 | Gesellschaftliche Relevanz |
| 5.3 | Ökologische Verträglichkeit (Umweltverträglichkeit) |
| 5.4 | Auf der Programmebene<br>– projekt-/programmorientiert<br>– output-/leistungsorientiert<br>– systemorientiert<br>– innovationsorientiert |

# 3. Evaluationsansätze und ihre theoretischen Grundlagen

## 3.1. Einleitung

Das im vorangegangenen Kapitel dargestellte wissenschaftsbasierte Evaluationskonzept sowie der darauf aufbauende Ansatz des CEval sind Vorgehensweisen, die hinsichtlich ihrer theoretischen Fundierung mit Anderen eine Reihe Gemeinsamkeiten, aber auch gravierende Unterschiede aufweisen. Obwohl die Evaluationsforschung im Vergleich zu den meisten wissenschaftlichen Disziplinen bisher nur auf eine relativ kurze Geschichte zurückblicken kann, haben sich bereits verschiedene Entwicklungsrichtungen herausgebildet, die im Folgenden kurz dargestellt werden sollen, um den hier entwickelten Ansatz in die evaluationstheoretische Diskussion einordnen zu können.

Um die immense Vielfalt grundlegender Evaluationsansätze strukturieren zu können, werden hier drei verschiedene Systematiken ausgewählt, die jeweils unterschiedliche Kriterien für ihre Ordnungsversuche verwenden. Während sich der *Generationenansatz* von Guba und Lincoln (Kapitel 3.2) an einem linearen historischen Ablauf orientiert und die identifizierten Generation von Evaluationsansätzen klar als Weiterentwicklungen begreift, gilt dies für Alkin's *Baummodell* (Kapitel 3.3) nur noch mit Einschränkungen. Zwar suggeriert auch hier das „Wachstum des Baumes" eine Entwicklungsrichtung, aber die Anordnung der einzelnen Ansätze folgt keineswegs der historischen Folge, sondern bezieht sich viel stärker auf die konzeptionellen Gemeinsamkeiten und Unterschiede als auf die Chronologie der Entstehung. Die Systematisierung von Fitzpatrick, Sanders und Worthen (Kapitel 3.4) schließlich löst sich vollständig von einer historischen Sichtweise und verwendet ein einheitliches Klassifizierungskriterium, den *Zweck der Evaluation* und ihre Nutzung.

Die abschließende eigene Systematisierung (Kapitel 3.5) versucht zum einen eine Synthese der von den zitierten Autoren vorgeschlagenen Ordnungen vorzunehmen, zum anderen aber darüber hinaus den Blick auf die in Kapitel 2.2.3 vorgestellte *gesellschaftliche Funktion* von Evaluation zu richten und dieses Kriterium als Ordnungsprinzip zu verwenden.

## 3.2 Systematisierung nach Guba und Lincoln: Das Generationenmodell

Lange Zeit stellte die unterschiedliche fachdisziplinäre Herkunft der Evaluation ein schweres Hindernis bezüglich der Ordnung und Systematisierung von Evaluationsansätzen dar. Innerhalb der verschiedenen sozialwissenschaftlichen Fachbereiche (speziell den Erziehungswissenschaften, der Psychologie, der Soziologie und den Wirtschaftswissenschaften) wurden Evaluationsstudien ausschließlich als Anwendung der eigenen Theorien und Methoden verstanden und in die bestehenden Systematisierungen entsprechend eingeordnet.

Allerdings sind in den siebziger und frühen achtziger Jahren des zwanzigsten Jahrhunderts mehrere Kategoriensysteme vorgelegt worden, die aus der Sicht einer interdisziplinären Evaluationsforschung einen Überblick zu den verschiedenen Ansätzen lieferten (siehe z.B. Glass u. Ellett 1980; House 1978; Popham 1975; Worthen u. Sanders 1973). Zu diesen frühen Versuchen gehört auch das *Generationenmodell* von Guba und Lincoln 1989. Die Verwendung des Generationenbegriffs suggeriert eine fortschreitende Entwicklung, wobei die einzelnen Generationen aufeinander aufbauend neue Entwicklungsabschnitte kennzeichnen, die sich von den Fortschritten innerhalb einer Generation fundamental unterscheiden. Durch das Auftreten einer neuen Generation wird zwar die bestehende nicht unbedingt ersetzt[50] – die Generationenabfolge geschieht non-linear und überlappend – aber sie verliert zumindest ihre Vorreiterrolle und die neue Generation schließt die vorrangegangenen (oder zumindest deren wesentliche Erkenntnisgewinne) mit ein. Allerdings ist das Bild der Generationen eher illustrativ gewählt worden und versteht sich nicht als Weiterentwicklung bestehender Generationenkonzepte[51]. Eine systematische Abgrenzung der Generationen anhand festgelegter und nachprüfbarer Kriterien erfolgt nicht, die Einstufung bestimmter Ansätze als „Generation" und deren Zuordnung erscheint im Gegenteil ziemlich willkürlich.

Generationenbegriff

Es wird von Guba und Lincoln auch nicht der Versuch unternommen, sämtliche bekannten Evaluationsansätze den einzelnen Generationen sinnvoll zuzuordnen oder die als Evaluationen klassifizierten Verfahren systematisch von anderen wissenschaftlichen Vorgehensweisen abzugrenzen. Es ist im Gegenteil ein deutlicher „Bias" bezüglich erziehungswissenschaftlicher Arbeiten zu konstatieren, der andere Forschungsrichtungen und Evaluationsstudien in anderen Arbeitsgebieten ignoriert.

Vorteile des Generationenmodells

Trotzdem soll hier dieses Generationenmodell als erster Systematisierungsversuch vorgestellt werden, da es einige unbestreitbare Vorteile hat und deswe-

50 Donna Mertens (2000: 44) unterstellt Guba und Lincoln, dass sie die Generationenfolge als ausschließlich angesehen haben. Dies wird jedoch nicht belegt und ist dem Originaltext so nicht zu entnehmen. Allerdings erheben Guba und Lincoln (1989: 22) den Anspruch, dass jede folgende Generation bedingt durch die historischen Rahmenbedingungen ihrer Entstehung und den kontinuierlichen sozialen Wandel „more informed and sophisticated" als die vorausgegangene ist.

51 Z.B. der Arbeiten Karl Mannheims, der die prägenden gemeinsamen Erlebnisse als Kennzeichen einer Generation betonte, siehe Mannheim (1964). Zur Konjunktur und Geschichte des Generationenbegriffs siehe auch Parnes u.a. (2008).

gen eine gewisse Popularität erlangte. Der erste Vorzug dieser Klassifikation besteht in seiner Einfachheit und damit seiner Anschaulichkeit. Die Einteilung der komplexen Evaluationswelt in vier aufeinanderfolgende Generationen mit leicht verständlichen Kennzeichnungen (Messen, Beschreiben, Bewerten, Verhandeln) ist schnell nachvollziehbar. Die Abgrenzung anhand bestimmter, in allen Evaluationen notwendigen Tätigkeiten ist insbesondere mit Blick auf die Allgemeingültigkeit eines solchen Kategoriensystems bestechend. Die Grenzziehung zwischen diesen vier Tätigkeiten ist allerdings nicht immer bei allen Ansätzen trennscharf und leider ist eine vollständige Einordnung von Guba und Lincoln nicht einmal versucht worden. Dennoch sind bestimmte Schwerpunktsetzungen der im folgenden vorzustellenden Evaluationskonzepte hinsichtlich der Tätigkeiten Messen, Beschreiben, Bewerten und Verhandeln erkennbar.

Hierauf soll später noch näher eingegangen werden (vgl. Kapitel 3.5). Im Folgenden wird jedoch zunächst der Darstellung von Guba und Lincoln gefolgt und eine kurze Beschreibung der Generationen anhand deren Beispiele vorgenommen.

### 3.2.1 Die erste Evaluationsgeneration – Das Messen

Erste Generation: Messen

Die *erste Generation* der Evaluation wird von Guba und Lincoln mit dem Begriff des „Messens" („Measurement") gekennzeichnet und dabei behauptet, dass es in der Frühphase der Evaluierungen ausschließlich um die Gewinnung (quantitativer) Daten gegangen sei. Die zur Illustrierung angeführten Beispiele beziehen sich auf die ersten empirischen Forschungsarbeiten der Erziehungswissenschaft im 19. Jahrhundert und die dort vorgenommenen Versuche von Forschern wie z.B. Wilhelm Wundt und Francis Galton, psychometrische Testverfahren zur *Leistungsmessung von Schülern* einzusetzen. Es wird dabei nicht hinterfragt, ob diese Messverfahren tatsächlich Evaluationen darstellen und weshalb sie sich von anderen, zu dieser Zeit durchaus üblichen Messungen in den Sozialwissenschaften unterscheiden. Keiner der benannten Autoren (Rice, Binet, Otis, Hildreth) hat seine Arbeiten selbst als „Evaluation" bezeichnet und es kann zumindest aus diesem Grund bezweifelt werden, ob die Einordnung dieser Arbeiten als „Evaluationsansätze" gerechtfertigt ist. Gleichwohl steht allerdings außer Frage, dass die zum Ende des 19. Jahrhunderts entstehende empirische Erziehungswissenschaft in Folge der von Johann Friedrich Herbart begründeten wissenschaftlichen Schule der Pädagogik die heutige Schulevaluation maßgeblich geprägt hat und immer noch einen starken Einfluss ausübt.

Leistungsmessung von Schülern

Dies gilt speziell für die Arbeiten des von Guba und Lincoln als erstes Beispiel angeführten *Joseph Mayer Rice*. Rice wurde als US-Amerikaner deutscher Abstammung insbesondere während seiner Studienzeit in Leipzig und Jena sehr stark von den neueren, besonders durch die Psychologie beeinflussten Entwicklungen der Herbart-Schule geprägt (u.a. durch Wilhelm Wundt und Wilhelm Thierry Preyer). Im Geiste dieser wissenschaftsorientierten, positivistischen Pädagogik führte Rice in den 1890er Jahren mehrere Untersuchungen zum amerikanischen Schulsystem durch (zusammengefasst in Rice 1893), welche zugleich die ersten, von unabhängigen Forschern durchgeführten, schulübergreifende Vergleiche von

Joseph M. Rice

Lernleistungen enthielten. Allerdings stützten sich diese ersten Arbeiten noch ausschließlich auf teilnehmende Unterrichtsbeobachtungen und nicht auf Leistungstests. Zum „Vater der Schulevaluation" (vgl. z.B. Albjerg 1966; Stanley 1966; Oelkers 2008) wurde Rice erst durch eine weitere Studie im Jahr 1895, bei der die ersten vergleichenden Tests zur Rechtschreibung an Schulen in den USA bei einer Befragung von mehr als 30.000 Schülern eingesetzt wurden (Rice 1897).

Kritik der Zuordnung

Allein auf diese Studie beziehen sich Guba und Lincoln bei der Einordnung von Rice in die erste Generation. Allerdings ging es Rice bei dieser Arbeit keineswegs um die *Entwicklung eines (Mess-)Verfahrens zur Schulevaluation*, sondern um die Offenlegung der Defizite im amerikanischen Schulsystem und ein Plädoyer für die Etablierung einer progressiven Pädagogik. Seine Vita zeichnet sich weder davor noch danach durch methodische Forschungsarbeiten zur Evaluation aus. Trotz aller Bedeutung, die diese Studie für die Entwicklung der Schulevaluation hatte und noch hat, war Rice kein Pionier der Evaluationsforschung und er hat sicher kein methodisch orientiertes Evaluationskonzept entwickelt.

Schulleistungstests heute

Auch wenn die Einordnung der Forschungsarbeiten von Joseph Mayer Rice in die Reihe der Evaluationskonzeptionen problematisch ist, so steht doch außer Zweifel, dass *empirische Leistungstests* bis zum heutigen Tag ein wichtiger Bestandteil von Evaluationen an Schulen, Hochschulen, Berufsschulen und außerschulischen Fort- und Weiterbildungen sind. Das beste Beispiel hierfür sind sicherlich die von der OECD initiierten vergleichenden Bildungsstudien im Rahmen des „*Programs for International Student Assessment*" (PISA). Die Leistungstests des PISA-Programms beziehen sich – ähnlich den Testverfahren, die Rice anwendete – auf Basiskompetenzen und nicht auf Faktenwissen. Im Mittelpunkt steht die Messung und Bilanzierung zentraler und für die Teilhabe am Leben in modernen Gesellschaften notwendiger Kompetenzen (zur methodischen Konzeption der PISA-Studien, den Erhebungsinstrumenten und den deutschen Erweiterungen siehe z.B. OECD 2006 o.J.; Kunter u.a. 2002; Baumert u.a. 2001; PISA-Konsortium Deutschland 2008, 2007, 2006, 2000).

Festzuhalten ist, dass die von Rice eingeführten psychometrischen Verfahren zur Leistungsmessung immer noch (und in den letzten Jahren dank internationaler Bemühungen deutlich verstärkt) eingesetzt werden. Die von Guba und Lincoln als „erste Evaluationsgeneration" bezeichneten Verfahren der Schulleistungsmessung sind keineswegs „abgelöst" worden, sondern erfreuen sich aktuell höchster öffentlicher Aufmerksamkeit: kein anderes wissenschaftliches (Evaluations-)Projekt hat in den letzten Jahren eine so intensive politische Debatte nach

PISA

sich gezogen wie das PISA-Programm, welches in Deutschland geradezu einen „PISA-Schock" und entsprechend intensive Bemühungen zur Verbesserung der nationalen Bildungsresultate ausgelöst hat. Messungen von Schulleistungen sind allerdings eher Bestandteil eines regelmäßigen Bildungsmonitorings, welches nur bedingt über die Wirkungen von Bildungsmaßnahmen Aufschluss gibt und für die konkrete Weiterentwicklung der Performance einzelner Schulen kaum Hilfestellungen gibt. Diese Aufgaben werden eher von parallelen Verfahren der Schulevaluation übernommen (vgl. Kapitel 3.5.2), die allerdings nicht eine „Weiterentwicklung" der Leistungsmessung darstellen. Vielmehr ist eine gewisse Parallelität der Entwicklung von Monitoring UND Evaluation erkennbar – selbst der von Guba und Lincoln als (unstrittig) wichtiger Autor für die Entwicklung der Schulleistungsmessung angeführte Rice war keineswegs auf die Etablierung quantitativer Testverfahren fixiert, sondern setzte sogar früher qualitative Beobachtungsmethoden und stärker subjektiv rekonstruierende Methoden ein. Im Falle von Rice ist der Kausalzusammenhang sogar eindeutig umgekehrt: aufgrund der Kritik an seiner methodischen Vorgehensweise versuchte er mittels neuerer Testverfahren seine Ergebnisse objektiv abzusichern.

### 3.2.2 Die zweite Evaluationsgeneration – Das Beschreiben

Zweite Generation: Beschreiben

Es lässt sich ferner stark in Zweifel ziehen, ob tatsächlich das „Messen" historisch vor dem „Beschreiben" („Description"), der Kennzeichnung für die *zweite Generation* der Evaluationen, einzuordnen ist und die Beschreibung eine signifikante „Weiterentwicklung" der Messung darstellt. Das einzige Beispiel von Guba und Lincoln für diese zweite Generation stammt ebenfalls aus der schulpädagogischen Forschung, lediglich *Ralph W. Tyler* wird aufgrund seiner Arbeiten im Rahmen der „Eight Year Study" (Beginn 1933) als Vertreter der zweiten Generation benannt. Guba und Lincoln argumentieren, dass sein Ansatz durch die „*description* of patterns of strengths and weaknesses with respect to certain stated objectives" (Guba und Lincoln 1989: 28; Hervorhebung im Orginal) zu charakterisieren sei und dadurch die Beschreibung dem Evaluator als zentrale Aufgabe zugewiesen wurde. „Measurement was no longer treated as the equivalent of evaluation but was redefined as *one of several tools* that might be used in its service" (ebd.).

Ralph W. Tyler

Ohne Zweifel stellen Tylers Arbeiten zur Bildungsevaluation in den 1930er und 1940er Jahren (Tyler 1935, 1938, 1942, 1950; Smith u. Tyler 1942) einen wichtigen Meilenstein in der Schulevaluation dar. Tylers Ziel war der *Vergleich* zwischen klar formulierten (Bildungs-)zielen und möglichst exakt messbaren (Bildungs-)ergebnissen: an der *Differenz zwischen erbrachten Leistungen (performance) und den ursprünglich gesetzten Zielen* lässt sich gleichzeitig der Erfolg der durchgeführten (Bildungs-)Maßnahmen messen. Die Beschreibung von Stärken und Schwächen eines Projektes ist sicherlich ein wichtiges Element und Ergebnis dieses Vergleichs, dennoch scheint es stark verkürzt, wenn die Arbeiten Tylers ausschließlich auf diesen Aspekt der Beschreibung reduziert werden.

Vergleich von Ziel und Ergebnis

Sein methodischer Beitrag besteht zum einen in der Entwicklung von Klassifikationsverfahren für Bildungsergebnisse und zum anderen in der Beschäftigung mit dem Problem des „outcome-measurements". Dabei bediente er sich einer Vorgehensweise, die heute noch als grundlegend für die *Evaluation der Zielerreichung* bezeichnet werden kann (siehe ausführlich zu solchen zielorientierten Ansätzen Kapitel 3.4.1). In dieser Hinsicht geht seine Arbeit weit über den von Guba und Lincoln rein deskriptiven Anspruch hinaus. Zudem scheint auch die Unterstellung gegenüber Rice übertrieben, im Unterschied zu Tyler Messungen weniger als Werkzeug denn als Selbstzweck der Evaluation zu begreifen.

Evaluation der Zielerreichung

| **Vorgehensweise bei der Evaluation der Zielerreichung nach Tyler** |
|---|
| 1. Formulierung allgemeiner Zielsetzungen ("Establish broad goals or objectives")<br>2. Klassifizierung dieser Zielsetzungen ("Classify the goals or objectives")<br>3. Definition konkreter Bildungsziele ("Define objectives in behavioral terms")<br>4. Suche nach Situationen, die eine Zielerreichung belegen können („Find situations in which achievement of objectives can be shown")<br>5. Entwicklung oder Auswahl von Messtechniken („Develop or select measurement techniques")<br>6. Erhebung von Performanzdaten ("Collect performance data")<br>7. Vergleich der Performanzdaten mit den definierten Bildungszielen ("Compare performance data with behaviorally stated objectives") |

In Anlehnung an Fitzpatrick, Sanders & Worthen, 2004: 72

Kritik der Zuordnung

Im Unterschied zur Schulleistungsmessung von Rice, die primär dem Bildungsmonitoring auf internationaler und nationaler Ebene zuzuordnen ist, betrifft der Vergleich zwischen Zielen und Ergebnissen eher die konkrete Durchführungsebene in den einzelnen Schulen und ist somit zumeist als Element der Selbstevaluation implementiert worden (vgl. Kapitel 3.5.2). Es ist aber keineswegs zu sehen, dass die „zweite" Generation der Evaluation in irgendeiner Form die „erste" abgelöst, verdrängt oder subsumiert hat. Zudem müsste belegt werden, dass die Arbeiten von Tyler „more informed and sophisticated" als die von Rice sind. Deshalb ist die eigenständige Klassifikation von Tyler nicht überzeugend begründet und allein für dieses Einzelbeispiel ist die Verwendung des Generationsbegriffs sicherlich unangebracht.

ökonomische Grundlagen

Darüber hinaus ist die *zeitliche Anordnung* – wie bereits eingangs erwähnt – eher fragwürdig, zumal wenn man sich von der rein schulbezogenen Perspektive löst und die *ökonomische Grundlage* der Zielerreichungsperspektive und des Soll-Ist-Vergleichs mit berücksichtigt (vgl. hierzu ausführlicher Kapitel 3.5.3). Der – von Tyler nicht verwendete – Begriff des Soll-Ist-Vergleichs stammt aus der *Buchführung* und diese lässt sich bis 9.000 v.Chr. in Mesopotamien zurück verfolgen. Die heutige „doppelte Buchführung" eines Vergleichs zwischen Soll und Haben (und einer beidseitigen Buchung aller Einträge) war bereits im 14. Jahrhundert gängige Praxis. Der Soll-Ist-Vergleich entstand als wichtiges Element der *Abweichungsanalyse*, welche die geplanten Sollkosten ins Verhältnis zu den berechneten Ist-Kosten setzte und hierdurch Aussagen zu den Verbrauchsabweichungen und damit zur (gegenwärtigen) Wirtschaftlichkeit der Maßnahmen möglich machte. In ähnlicher Form ist dies in den Arbeiten von Tyler angelegt, wobei dieser sich jedoch von einer rein ökonomischen, kostenorientierten Sichtweise löst und die Zielgrößen in den Vordergrund seiner Betrachtungen rückt.

Gerade dieser Vergleich zwischen Leistungen und Zielen als Element der Evaluation würde am ehesten die Zuordnung Tylers zu einer eigenständigen Kategorie rechtfertigen. Wiederum kann nicht von einem „Überholtsein" oder gar einer „Ablösung" einer „zweiten Evaluationsgeneration" gesprochen werden, sondern im Gegenteil von der Einführung eines wichtigen, die heutige Evaluationsaktivitäten sehr wesentlich prägenden neuen Elements.

### 3.2.3 Die dritte Evaluationsgeneration – Das Bewerten

Den nächsten Entwicklungsschritt sehen Guba und Lincoln im Übergang von der Beschreibung zur „Bewertung“, welche die *dritte Generation* der Evaluation kennzeichnet. In der Tat stellt die „Bewertung“ das zentrale Grundelement der Evaluation dar, welche diese von der wissenschaftlichen Grundlagenforschung unterscheidet (vgl. hierzu Kapitel 2.1.2). Auf die besondere Bedeutung einiger von Guba und Lincoln genannten Autoren und deren Ansätze wird weiter unten noch eingegangen (Stufflebeam, Provus und insbesondere Scriven, siehe Kapitel 3.3.3). Die folgenden Ausführungen beschränken sich auf Robert Stake als eines der angeführten Beispiele für diese Generation und wiederum soll es primär darum gehen, die Besonderheiten seines Ansatzes zu benennen und hinsichtlich des von Guba und Lincoln als essentiell betrachteten Aspekts der Bewertung einzuordnen.

Dritte Generation: Bewerten

Robert Stake gehörte zu den ersten Evaluationsforschern, den die „dominance of program evaluation by parochial, objectivist, mechanistic, and stagnant conceptions and methods“ (Fitzpatrick u.a. 2004: 131) gewaltig störte. Mit seinem einflussreichen Aufsatz „The contenance of Educational Education“ (1967) grenzte er sich von der bisher vorherrschenden wissenschaftlichen Betrachtungsweise von Evaluation ab. Zunächst entwickelte er ein einfaches Schema, das die beiden, nach seiner Auffassung wesentlichen Handlungskomponenten („countenances“) einer jeden Evaluation gegenüberstellt: Beschreibung und Bewertung. Es sei Aufgabe des Evaluators, (1) eine *Beschreibung der einem Programm zugrundeliegenden Logik* und des identifizierten Bedarfs zu liefern (background, justification and program description of the program rationable); (2) die *intendierte Programmstruktur und Programmbedingungen* (antecedents: inputs, resources, existing conditions), die *Programmaktivitäten und -prozesse* (transactions) sowie die (auch nicht intendierten) *outcomes* aufzulisten und (3) *empirisch zu erfassen.* Nachdem (4) die für die Beurteilung *verwendeten Standards oder Kriterien explizit benannt* worden sind, kann dann (5) eine *Bewertung der Programmstruktur/-bedingungen, -akitivitäten/-prozesse und Wirkungen* vorgenommen werden. Anhand der von Stake entwickelten Matrix (vgl. Abbildung 3.1) werden die erwarteten Werte (intents) mit den beobachteten (observations) in der *„Description Matrix“* auf Übereinstimmmung (congruence) verglichen und die Zusammenhänge zu den Programmbedingungen, -prozessen und -wirkungen nachgezeichnet (contingencies). In der *„Judgement Matrix“* werden dann die Beurteilungen festgehalten.

Robert Stake

Handlungskomponenten („countenances“)

Description und Judgement Matrix

*Abbildung 3.1:* Beschreibungs- und Bewertungsmatrizen von Stake

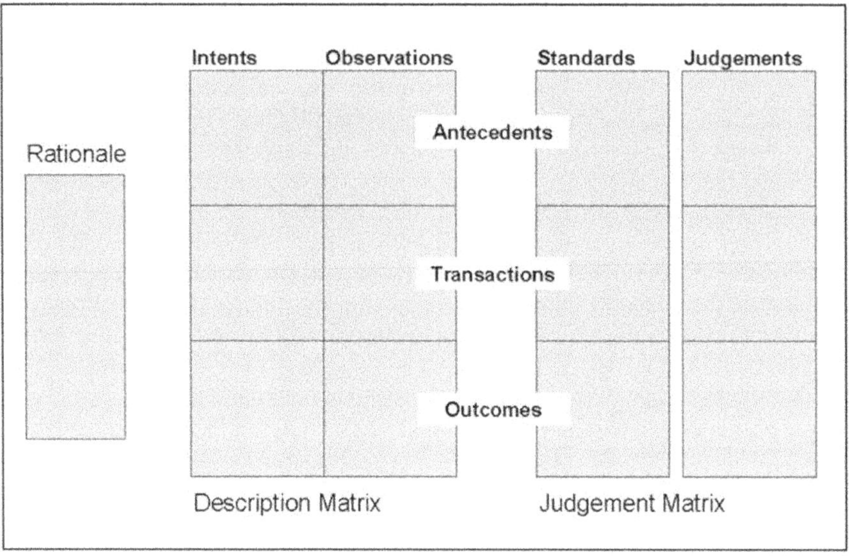


(vgl. Stake 1967: 529)

Kritik der Zuordnung

Diese frühe Arbeit von Stake weist somit eine gewisse Parallelität zu dem weiter unten erläuterten Log-Frame-Ansatz auf, auch wenn zwischen diesen beiden Ansätzen kein direkter Bezug herzustellen ist (vgl. Kapitel 3.5.3). Zweifellos ist die Einführung des Bewertungsaspekts ein wichtiger Beitrag gewesen, der sich von den anderen, von Guba und Lincoln hervorgehobenen Ansätzen von Rice und Tyler stark unterscheidet. In dem er den Vergleich zu externen, außerhalb des zu evaluierenden Objekts entstandenen Kriterien und Standards als zentrales Element der Evaluation einführt, geht er in der Tat über die Arbeiten von Rice und Tyler hinaus. Es ist zwar nicht so, dass diese beiden Autoren keine Bewertungen vorgenommen haben, aber die Festlegung der Bewertungskriterien erfolgt nicht so systematisch und explizit. Trotzdem erscheint es fraglich, ob dieser Entwicklungsschritt – zumindest bei Stake – ausreichend ist, um von einer neuen „Evaluationsgeneration“ zu sprechen.

Responsive Evaluation

Stake selbst liefert mit seinen nachfolgenden Arbeiten (Stake 1972, 1975 und 1980) ein gutes Argument für diese kritische Sichtweise, indem er eine weitere, deutlich bedeutsamere Innovation in sein Evaluationskonzept einführt und den Fokus stärker auf die *direkte Berücksichtigung der Probleme und Interessen der an einer Evaluation Beteiligten* legt. Ziel ist es, während der Evaluationsdurchführung responsiv auf die Reaktionen der Programmbeteiligten einzugehen. Dementsprechend definiert Stake (1975: 11) eine *responsive Evaluation* „if it orients more directly to program activities than to program intents; responds to audience requirements for information; and if the different value perspectives present are referred to in reporting the success and failure of the program“. Responsive Evaluation hat zum einen zum Ziel, die *Einsicht in die Programmzusammenhänge bei den Beteiligten* zu fördern und zum anderen, die *Kommunikation mit diesen zu verbessern.*

Hierzu muss der Evaluator in einen kontinuierlichen Austausch mit den verschiedenen Stakeholdergruppen treten. Die einzelnen Aufgabenschritte einer responsiven Evaluation hat Stake (1975: 20) im Uhrzeigersinn angeordnet (vgl. Abbildung 3.2)

*Abbildung 3.2:* Evaluationsuhr nach Stake (1975)

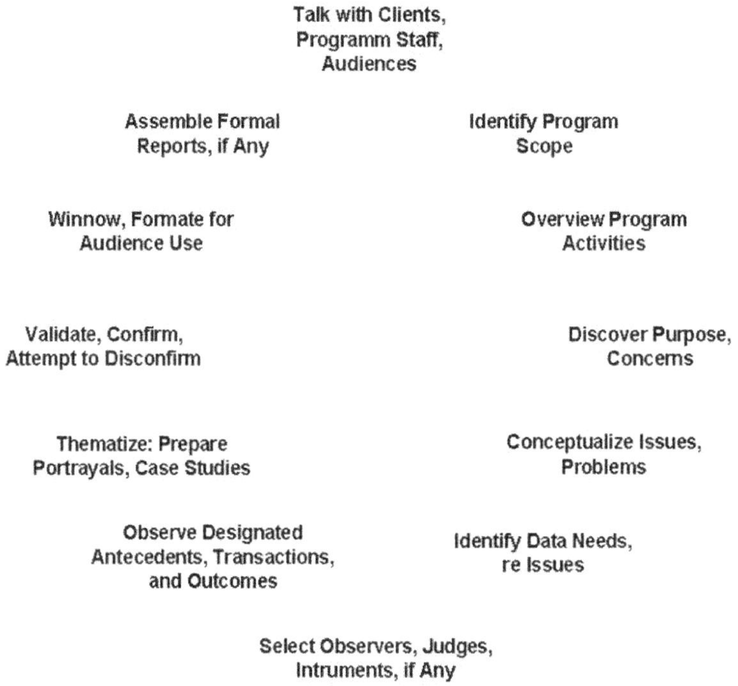

Evaluationsuhr



(zit. nach Fitzpatrick 2004: 198)

Vorteile der responsiven Evaluation

**Vorzüge der Responsiven Evaluation nach Stake**

1. „Es hilft Zielgruppen der Evaluation, das Programm zu verstehen, wenn Evaluatoren die natürliche Art und Weise, so wie Zielgruppen Dinge verstehen und kommunizieren, beachten.
2. Wissen, das durch Erfahrung gewonnen wurde (stillschweigendes Wissen), erleichtert menschliches Verstehen und erweitert die menschliche Erfahrung.
3. Naturalistische Verallgemeinerungen, auf die man sich einigt durch das Anerkennen der Ähnlichkeiten von Objekten und Belangen in und außerhalb des Kontexts, haben sich durch Erfahrung entwickelt. Sie helfen den Leuten, eine Erweiterung der Sichtweise und des Verstehens der Programme zu erlangen.
4. Beim Studieren einzelner Objekte sammeln Leute Erfahrungen, die zur Erkennung von Ähnlichkeiten bei anderen Objekten genutzt werden können. Individuen tragen zu der bestehenden Erfahrung und menschlichem Verstehen bei."

Quelle: Stake (1978: 4ff.)

Mit dem Konzept der „responsiven Evaluation“ hat Stake neben der expliziten Hervorhebung des Bewertungsprozesses eine weitere wichtige Ergänzung vorgenommen, die vermutlich die größere Veränderung für Evaluationskonzeptionen darstellte. Zwar haben auch Rice und Tyler die Beteiligtengruppen ernst genommen und als Ressourcenpersonen genutzt, sie haben diesen Personenkreis jedoch bei weitem nicht so in das Zentrum ihrer Evaluationsansätze gestellt. Auf die Bedeutung dieser partizipativen Komponente der Evaluation wird später noch näher einzugehen sein (vgl. Kapitel 3.4.5).

### 3.2.4 Die vierte Evaluationsgeneration – Das Verhandeln

Vierte Generation: Verhandeln

Zunächst ist jedoch der Ansatz von Guba und Lincoln als selbsternannte Vertreter einer „vierten Evaluationsgeneration“ zu würdigen. Hierbei fällt als erstes auf, dass die Gemeinsamkeiten zwischen der partizipativen Perspektive Stakes und der sogenannten *„responsive constructivist evaluation*“ größer ist als es ein „Generationsunterschied“ suggeriert. In ihren verschiedenen Studien und theoretischen Erörterungen haben Guba und Lincoln (1981, 1989, 2000; Lincoln u. Guba 1985, 2004) die zentralen Ideen der responsiven Evaluation nach Stake mit sogenannten *„naturalistischen“ Methoden der Datenerhebung* verbunden (vgl. House 1983, zit. nach Fitzpatrick 2004: 140), die in der ethnologischen Tradition ihre Wurzeln haben. Die wesentliche Rolle einer „Fourth Generation Evaluation“ besteht darin, auf die Informationsbedürfnisse der potentiellen Adressaten der Evaluation einzugehen und dabei die unterschiedlichen Werteperspektiven der Beteiligten zu berücksichtigen.

Egon G. Guba
Yvonne Lincoln

Responsive constructivist Evaluation

Fitzpatrick, Sanders u. Worthen (2004: 140) fassen diesen Ansatz wie folgt zusammen: „By taking a naturalistic approach to evaluation, the evaluator is studying the program activity in situ, or as it occurs naturally, without constraining, manipulating, or controlling it.“ Der Evaluator wird entsprechend den Vorstellungen von Guba und Lincoln zu einem Lernenden und die Evaluierten avancieren in die Rolle der Lehrer. „The dominant perspective is that of the informant, because the evaluators learn their perspectives, learn the concepts they use to describe their world, use their definitions of these concepts, learn the 'folk theory' explanations, and translate their world so the evaluator and others can understand it“ (ebd.).

Die Vorgehensweise der „Fourth Generation Evaluation“ haben Guba und Lincoln in einem detaillierten Flussdiagramm mit insgesamt zwölf Schritten dargestellt (Abbildung 3.3).[52] Einige dieser Schritte (1 und 2, 8, 11) sind nicht unbedingt spezifisch für eine bestimmte Form von Evaluation und sind in anderen Ansätzen ebenfalls zu finden. Die folgende Darstellung konzentriert sich lediglich auf die zentralen Elemente dieses Ansatzes.

52 Darüber hinaus sind im Internet Guidelines und Checklisten erhältlich, die eine Umsetzung des Verfahrens von Guba und Lincoln erleichtern. Siehe hierzu Guba E. G. und Lincoln Y. S.: Guidelines and Checklist for Constructivist (a.k.a. Fourth Generation) Evaluation: www.wmich.edu/evalctr/archive-checklists/constructivisteval.pdf, Stand: 09.01.14.

*Abbildung 3.3:* Ablaufplan der „Fourth Generation Evaluation“

Ablauf „Fourth Generation Evaluation“

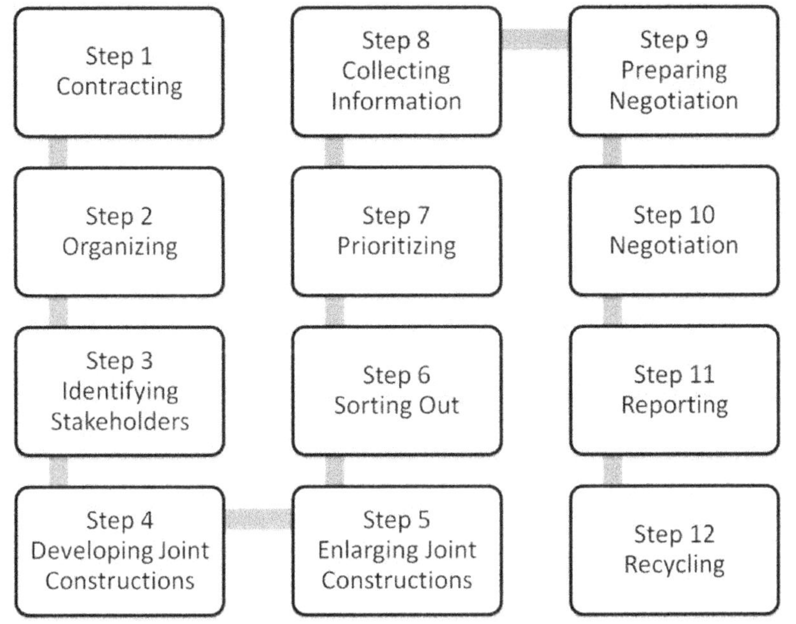


Quelle: Guba und Lincoln (1989: 186f.; verkürzte eigene Darstellung).

Stakeholder Identifikation

Den Ausgangspunkt der „naturalistischen Evaluation“ stellt die *Identifizierung aller potentiellen Stakeholder* (Step 3), deren Perspektiven berücksichtigt werden sollen, dar. Die zentralen Fragestellungen werden gemeinsam mit den Stakeholdern in hermeneutischen Zirkeln[53] erarbeitet (Step 4) und dann durch qualitative Interviews, Beobachtungen und Literaturstudien erweitert bzw. konkretisiert (Step 5 bis 7). Folgende Arten von Informationen (Step 8) werden für die Beantwortung der Fragestellungen herangezogen (vgl. Fitzpartrick u.a. 2004: 141):

- Deskriptive Informationen über das Objekt der Evaluation und seinen Kontext.
- Informationen, die auf Belange eingehen (Angelegenheiten betreffend Dokumente, Suchen nach Gründen und Konsequenzen und Identifizierung möglicher Abläufe).
- Informationen zur Verdeutlichung von Problemen sowie zur Identifizierung potenzieller Vorgehensweisen, um sie zu überwinden.
- Informationen über Wirkungen (Verdeutlichen von Wirkungen, Herausfinden ihrer Ursachen, Überzeugungsgrad).
- Informationen über Standards, die für die Evaluation genutzt werden (Identifizierung von Kriterien, Erwartungen und Bedürfnissen).

53 Vgl. zur hermeneutischen Methodik Kapitel 5.5.

Für die Datenerhebung kommen auch hier vornehmlich qualitative Instrumente (Interviews, Beobachtung, Dokumentenanalyse und nicht-reaktive Verfahren) zum Einsatz. Ein wesentlicher Unterschied zu anderen Evaluationen besteht vor allem in der Form der Verarbeitung der gewonnenen Informationen. Zwar werden auch bei der „Fourth Generation Evaluation" die Ergebnisse in Berichten zusammengefasst, die sich an den Informationsbedürfnissen der jeweiligen Adressaten orientieren (Step 11), aber die mündliche Präsentation erfolgt im Rahmen eines gemeinsamen Verhandlungsprozesses mit den Stakeholdern und ist nicht ausschließlich eine Interpretation durch die Evaluatoren (Step 10). Durch die gemeinsame „Rekonstruktion" der anfänglich erarbeiteten gemeinsamen Sichtweise können die Perspektiven der Stakeholder nochmals aufgegriffen und in die Berichterstattung einfließen. Der Evaluationsprozess wird damit aber nicht als abgeschlossen betrachtet, sondern sollte nun wieder von vorne beginnen (können), um zu einer weiteren Schärfung der Interpretation zu kommen (Step 12).

Gütekriterien

Im Hinblick auf die *Gütekriterien* einer solchen Evaluation verweisen Guba und Lincoln darauf, dass nicht – wie beim klassischen wissenschaftlichen Ansatz – die Suche nach „objektiven" Wahrheiten (interne Validität) im Vordergrund steht, sondern die Glaubwürdigkeit (credibility). Um diese zu erhöhen, werden Daten-cross-checks und Triangulation angewendet. Wenn es um die Übertragbarkeit von Evaluationsergebnissen in andere Kontexte geht, ist dementsprechend auch nicht die externe Validität entscheidend, sondern die Passgenauigkeit.

Kritik der Zuordnung

Die Besonderheit, warum sie ihren Ansatz als eigenständige und neue Evaluationsgeneration betrachten, sehen Guba und Lincoln (1989: 8) in dem Aspekt der *Verhandlung* mit den Stakeholdern: „We have called this new approach fourth generation evaluation to signal our construction that this form moves beyond previously existing generations, characterizable as measurement-oriented, description-oriented, and judgement-oriented, to a new level whose key dynamic is negotiation". Im Zentrum steht also die konsensual erarbeitete gemeinsame „Konstruktion" einer Einschätzung des Evaluationsobjektes von Evaluatoren und allen Stakeholdern, also einer *Bewertung*, die nicht allein auf die subjektive Meinung der Evaluatoren zurückzuführen ist. Gerade in dieser Hinsicht sind Guba und Lincoln – siehe Kapitel 3.2.3 – nicht sonderlich weit von Stake entfernt. Wie hier herausgestellt, erscheint die Einführung naturalistischer Methoden wesentlich typischer, rechtfertigt aber kaum die Zuordnung in eine eigene, „vierte Evaluationsgeneration".

### 3.2.5 Zusammenfassung und Bewertung

Zusammenfassende Bewertung der Systematik

Insgesamt lässt sich festhalten, dass die Wahl des Generationenbegriffs für die Kategorisierung der Evaluationsansätze bei Guba und Lincoln zumindest unglücklich und durch die von ihnen vorgestellten Beispiele nur ungenügend gerechtfertigt ist. Sicherlich wäre es verdienstvoll gewesen, eine umfassende Geschichte der Evaluationsansätze vorzustellen und die einzelnen Entwicklungsschritte sowie ihre zentralen Elemente in einer historischen Reihung anzuordnen (vgl. als ein gelungenes Beispiel hierfür Madaus and Stufflebeam 2000; siehe auch die Darstellung von Rossi et al. 1999: 9ff.). Dies leisten Guba und Lincoln bestenfalls rudimentär in Bezug auf die schulorientierte erziehungswissenschaftliche Forschung.

Andererseits geht es aber Guba und Lincoln nicht primär um eine Abhandlung der Evaluationstheorien und die Vorstellung eines möglichst perfekten Ordnungsschemas, sondern vor allem um die Präsentation ihres eigenen Ansatzes. Der Anspruch, diesen Ansatz als Vorreiter einer neuen „Evaluationsgeneration" darzustellen, ist sicherlich überzogen. Der Verdienst ihrer Systematisierung besteht allerdings in der Hervorhebung vier verschiedener zentraler Tätigkeiten, die im Rahmen einer Evaluation erfolgen sollen und die sich tatsächlich in den einzelnen Evaluationsansätzen in unterschiedlicher Form wieder finden. Ob das Messen, Beschreiben und Bewerten der Evaluationsobjekte sowie das Verhandeln mit den Stakeholdergruppen über die Evaluationsergebnisse dabei tatsächlich in dieser Reihenfolge entstanden sind (und damit die Wahl des Generationsbegriffs rechtfertigen) ist weniger relevant. Dies belegt nicht zuletzt das nächste Beispiel einer Systematisierung der Evaluationsansätze, welches zumindest zwei der Begriffe (Messen und Beschreiben) aufgreift und den Fokus viel stärker auf die verschiedenen Entwicklungslinien sowie deren Differenzierungen legt.

## 3.3 Systematisierung nach Alkin: Das Baummodell

Das „Baummodell" von Marvin C. Alkin und Christina A. Christie zur Systematisierung von Evaluationstheorien hat in den letzten Jahren viel Aufmerksamkeit erlangt (Alkin u. Christie 2004, vgl. Abbildung 3.4).[54] Im Unterschied zu Guba und Lincoln folgen Alkin und Christie nicht einem zeitlich-chronologischen Ordnungsprinzip, sondern betonen die inhaltliche Verwandtschaft der Ansätze, die sie innerhalb eines Haupt- oder Nebenastes ansiedeln. Die sehr anschauliche Darstellung in Baumform suggeriert einen Wachstumsprozess von „unten" – den Wurzeln der Rechnungslegung („Accountabilitiy") und der empirischen Sozialforschung („Social Inquiry"), die gleichzeitig den „Stamm" des Evaluationsbaums darstellen – nach „oben", die in einer zunehmenden Verästelung der einzelnen Theoriestränge und damit visuell eine fortschreitende Differenzierung der Ansätze nahe legt.

Baummodell

54 Christie & Alkin (2008) haben eine modifizierte Version des Baummodells vorgelegt ohne jedoch die Grundstruktur wesentlich zu verändern. Dieses Modell wurde schliesslich in den letzten Jahren für die Neuauflage des Alkin und Christie Buchs erneut überarbeitet (Alkin & Christie 2013; Carden & Alkin 2012). Die meisten Veränderungen sind eher maginal und betreffen die Verschiebung einzelner Autoren (z.B. Cook), die Aufnahme neuer Autoren (z.B. Henry, Mark & Julnes) oder die Einfügung neuer Äste und Verzweigungen (z.B. für Eisner). Lediglich im „Valuing" Teil nahmen die Autoren größere Eingriffe vor. Die hier vorgetragene Kritik am Ordnungsprinzip des ursprünglichen Baummodells wird allerdings von diesen Änderungen nicht beeinflusst. Aufgrund der Verbreitung und Bekanntheit der ursprünglichen Fassung ist hier davon abgesehen worden, die Ausführungen anzupassen.

*Abbildung 3.4:* Baummodell von Alkin und Christie

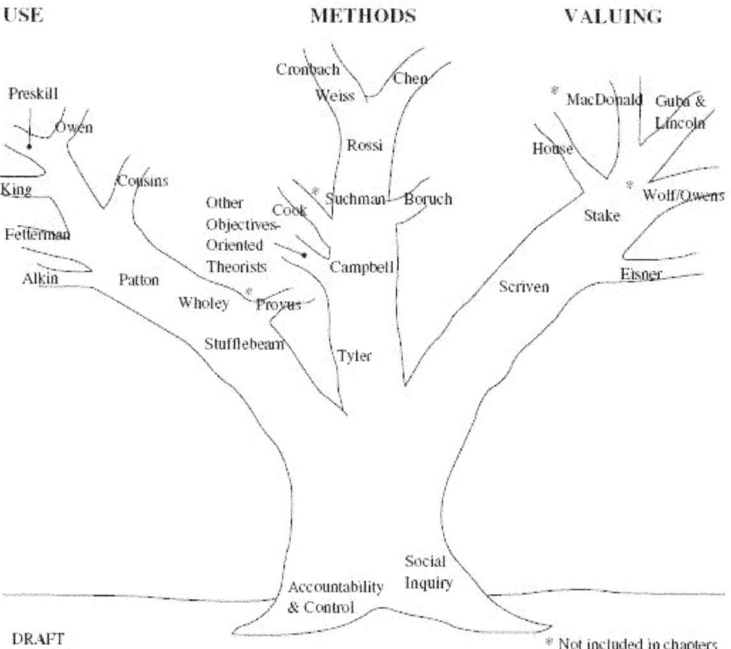


Im Unterschied zu Guba und Lincoln heben Alkin und Christie dadurch die Bedeutung der Buchführungstradition (ähnlich wie in Kapitel 3.2.2 geschehen) und der verschiedenen Sozialforschungsaktivitäten (ohne Festlegung auf bestimmte Fachdisziplinen oder Gegenstände) als wichtige Ausgangspunkte der Evaluationsentwicklung hervor. Den ersten wesentlichen Schritt sehen sie in der Differenzierung in drei „Hauptäste“: Evaluationsansätze, die sich primär mit Methodenfragen („Methods“), der Praxis („Use“) oder dem Wertungsprozess („Valuing“) beschäftigen, unterscheiden sich entsprechend dieser Darstellung grundlegend von einander und bilden in Folge eigene „Schulen“ mit weiteren Verästelungen aus. Diese Hauptäste und ihre Differenzierungen werden im Folgenden etwas ausführlicher betrachtet.

### 3.3.1 Der Methodenast („Methods“)

Alkin und Christie (2004) weisen jedem der drei Hauptpfade einen „Stammvater“ zu, den sie als zentral für die weitere Entwicklung der zugeordneten Evaluationsansätze identifiziert haben. Für den primär aus der empirischen Sozialforschung hervorgegangenen *Hauptpfad der Methodenentwicklung* ist dies Ralph W. Tyler, dessen Arbeiten – wie bereits vorgestellt (Kapitel 3.2.2) – von Guba und Lincoln zur Kennzeichnung der zweiten, eher beschreibenden Generation von Evaluationen verwendet wurden. Alkin und Christie würdigen dagegen die-

Methodenast

ses Werk als theoretische Grundlegung einer zielorientierten Evaluierung („objectives-oriented evaluation"). Ohne die zweifellos großen Verdienste Tylers für die Theorieentwicklung insbesondere im Bereich der Bildungsevaluation schmälern zu wollen, muss jedoch die von Alkin und Christie zugewiesene Rolle als Schlüsselfigur einer methodenorientierten Evaluationstheorie kritisch betrachtet werden.

Für diese Einschätzung bringen Alkin und Christie die bedeutsamen und für die weitere Entwicklung der Evaluationsforschung prägenden methodischen Innovationen der „Eight-Year Study" vor (Alkin u. Christie 2004: 18; vgl. auch Madaus u. Stufflebeam 1989: xiii), vor allem Tyler's Beitrag zum „outcome measurement" und seine grundlegenden Überlegungen zur zielorientierten Evaluation. Besonders letztere wurde von einer Reihe von Autoren (Alkin und Christie nennen speziell Bloom, Hammond, Metfessel und Popham) weiterentwickelt, die unter dem Begriff „objectives-oriented theorists" zusammengefasst einem Seitenarm des Methodenasts zugeordnet wurden. Generell fällt aber auf, dass zwar eine Reihe von Evaluationstheoretiker – allen voran Stufflebeam – die theoretischen Ausführungen Tylers diskutieren und für die eigene Theorieentwicklung nutzen, nicht jedoch die im Methodenstamm Alkins verorteten Campbell, Suchmann und Rossi. Anders als in den Lehrbüchern von Fitzgerald oder Stufflebeam taucht in dem Werk von Rossi, Freeman und Lipsey der Name Tyler überhaupt nicht auf und für die 1930er und 1940er Jahre werden andere Studien als grundlegend genannt (Dodd zum öffentlichen Gesundheitswesen, Stephan zur Evaluation des „New Deals", die Hawthorne Studie sowie die Arbeiten von Lewin, Lippitt und White, siehe Rossi u.a. 1999: 10f.).

outcome measurement

objectives-oriented theorists

Mag die inhaltliche Verortung Tylers auch richtig sein, so suggeriert das Baummodell und die zugewiesene zentrale Position jedoch eine Rolle Tylers für die Entwicklung einer bestimmten Richtung von Evaluationstheorie, die dieser niemals innehatte. Dies gilt bereits im Bezug zu dem Psychologen *D.T. Campbell*, der als unmittelbarer „Nachfolger" im Hauptarm des Methodenstrangs eingeordnet wurde. Allein die Tatsache, dass Campbell als Evaluationstheoretiker aufgeführt ist, würden einige Autoren – vermutlich sogar Campbell selbst – bestreiten. Zweifellos stellt dessen gemeinsam mit J.C. Stanley verfasster grundlegender Beitrag zur Feldforschung und zur Entwicklung „quasi-experimenteller Designs" (Campbell u. Stanley 1963) eine wichtige Grundlage für die Entwicklung der Evaluationsmethodologie dar und hat ebenfalls einen gewissen Einfluss auf die Theoriebildung gehabt. Als *eigenständiger Beitrag zur Evaluationstheorie* sind aber weder dieser Beitrag noch die anderen Schriften von Campbell zu werten. Und sie sind auch keineswegs als Folge der Studien Tylers zu sehen, die zumindest in den zentralen Schriften Campbells zur Evaluation keine Beachtung findet (Campbell 1969, 1975, 1991; Campbell u. Boruch 1975).

Donald T. Campbell

Gleiches gilt für die Arbeiten von *Edward Suchman*, dessen Hauptwerk „Evaluative Research" (Suchman 1967) einen ersten Versuch zur theoretischen Integration des Evaluationsfeldes darstellt. Von ihm stammt die wichtige Unterscheidung zwischen der *Evaluation im allgemeinen Sprachgebrauch* als sozialer Prozess zur Beurteilung des Wertes eines Objektes und dem *wissenschaftlichen Verständnis der „Evaluationsforschung"*, die sich durch den Gebrauch wissenschaftlicher Forschungsmethoden und -techniken auszeichnet. Dementsprechend

Edward Suchman

beschäftigt sich Suchman sehr ausführlich mit der wissenschaftlichen Vorgehensweise und den Designfragen, für die sich zeitgleich Campbell interessierte. Es war somit eher Suchman, der Campbells Arbeiten für die Evaluation nutzbar machte und sie in ein theoretisches Konzept zur Durchführung von Evaluationen eingebunden hat. Da außerdem von ihm ein nachweislicher Einfluss auf die Arbeiten Peter Rossis ausgegangen ist (vgl. Alkin u. Christie 2004: 22) wäre es sicher angemessener gewesen, Edward Suchman die zentrale Position im Methodenstrang des Baums der Evaluationstheorien zu zugestehen.

Die Existenz einer gemeinsamen, methodisch orientierten Evaluationstheorietradition lässt sich sicher nicht aus den nahezu unabhängigen Arbeiten Tylers und Campbells herleiten, sondern eher aus dem oberen Drittel dieses Astes und der Konstellation der Autoren Suchman, Rossi, Chen und Weiss. Insbesondere das von *Peter Rossi* gemeinsam mit Howard Freeman Ende der siebziger Jahre geschriebene Einführungsbuch „Evaluation: A Systematic Approach" erlangte eine hohe Popularität und ist heute in der siebten Auflage immer noch erhältlich (Rossi, Lipsey u. Freeman 2004). Es kann gleichzeitig als Grundlagenwerk der „theoriegeleiteten Evaluation" gelten, auch wenn dieser Begriff („theory-driven evaluation") primär durch die Zusammenarbeit Rossis mit Huey-Tsyh Chen in einer Reihe anderer Publikationen geprägt wurde (Chen 1990; Chen u. Rossi 1980, 1983, 1987).

Peter Rossi

theoriegeleitete Evaluation

Der zentrale Gedanke der *theoriegeleiteten Evaluation* ist der Entwurf einer Programmtheorie welche dann die Evaluation leiten soll. Begründet wird dies wie folgt: „Every program embodies a conception of the structure, functions, and procedures appropriate to attain its goals. This conception constitutes the 'logic' or plan of the program, which we have called program theory. The program theory explains why the program does what it does and provides the rationale for expecting that doing things that way will achieve the desired results" (Rossi u.a. 1999: 156). Entsprechend dieser Ausführung muss eine „*Programmtheorie*" zunächst keineswegs den wissenschaftlichen Ansprüchen an eine Theorie genügen und sie muss auch nicht dem gegenwärtigen Stand der Forschung entsprechen. In den meisten Fällen wird es eine implizite Theorie der Akteure (speziell des Auftraggebers von Programmen) sein, die nicht ausformuliert und in Form von Hypothesensätzen und Kausalketten ausführlich logisch begründet worden ist. In stärker ausgearbeiteter Form handelt es sich um ein nicht mit wissenschaftlichen Ergebnissen fundiertes „logisches Modell", welches während eines Planungsworkshops entworfen und z.B. im Rahmen des „Log-Frame-Ansatzes" als konsensuales Ergebnis dieses Workshops zu Papier gebracht worden ist (vgl. Kapitel 3.5.3).

Programmtheorie

Erste Aufgabe der Evaluation ist es somit, diese *Programmtheorie entsprechend wissenschaftlicher Standards zu konzeptionalisieren* und somit einer wissenschaftlichen Untersuchung zugänglich zu machen. Im Unterschied zur Grundlagenforschung wird also bei einer Evaluation die handlungsleitende Theorie nicht aus den wissenschaftlichen Standards sondern aus den zugrunde liegenden Annahmen der Programmakteure entwickelt und hieraus das konkrete Untersuchungsdesign abgeleitet (vgl. Kapitel 5.2).

**Aufbereitung und Evaluation der Programmtheorie nach Rossi u.a.**

1. „Every program embodies a program theory, a set of assumptions and expectations that constitute the logic or plan of the program...
2. Program theory is an aspect of a program that can be evaluated in its own right. Such assessment is important because a program based on weak or faulty conceptualization has little prospect of achieving the intended results.
3. ... evaluability assessment [is] a preevaluation appraisal of whether a program's performance can be evaluated and, if so, whether it should be.
4. Evaluability assessment involves describing program goals and objectives, assessing whether the program is well enough conceptualized to be evaluable, and identifying stakeholder interest in evaluation findings...
5. To assess program theory, it is necessary for the evaluator to articulate the theory, that is, state it in a clear, explicit form acceptable to stakeholders. The aim of this effort is to describe the 'program as intended' and its rational, not the program as it actually is...
6. The evaluator describes program theory by collating and integrating information from program documents, interviews with program personnel and other stakeholders, and observations of program activities....
7. The most important assessment of program theory the evaluator can make is based on a comparison of the intervention specified in the program theory with the social needs the program is expected to address...
8. A complementary approach to assessing program theory uses stakeholders and other informants to appraise the clarity, plausibility, feasibility, and appropriateness of the program theory as formulated...
9. Program theory also can be assessed in relation to the support for its critical assumptions found in research or documented program practice elsewhere...
10. Assessment of program theory yields findings that can help improve the conceptualization of a program or, possibly, affirm its basic design..."

Quelle: Rossi, Freeman u. Lipsey (1999: 187f.); verkürzte Darstellung

Evaluation der Programmtheorie

Kritik der Zuordnung

Mit der Einbindung methodischer Verfahren in ein theoretisches Grundkonzept wird ein wichtiger Schritt vollzogen, der über die rein methodischen Überlegungen Campbells oder die sehr anwendungsorientierten Arbeiten Tylers hinausgeht. Mit der Forderung nach der Formulierung einer Programmtheorie als Grundlage für Evaluationen, welche die einzusetzenden Methoden nicht als Selbstzweck – wie es die Kennzeichnung der Klassifikation durch Alkin und Christies nahelegen würde – sondern als strikte Ableitung aus dieser Theorie postuliert, nähert sich die Evaluationsforschung den Prinzipien der Grundlagenforschung an und befreit sich gleichzeitig selbst auch aus dem Korsett der Einbindung in unterschiedliche Fachdisziplinen dieser Grundlagenforschung. Die für eine Evaluation grundlegende Programmtheorie ist gerade nicht an die Denkweisen einzelner sozialwissenschaftlicher Fächer gebunden, sondern muss sich im Gegenteil im Dienste der Evaluationsaufgabe interdisziplinär ausgerichtet darstellen und die verschiedenen Aspekte der expliziten und impliziten Annahmen eines Programms konkretisieren können. Stärker als die bisher beschriebenen Autoren haben also Chen und Rossi zur Etablierung der Evaluation als eigene Forschungsdisziplin beigetragen, selbst wenn die meisten Autoren in der Folge einem anderen Theorie- und Wissenschaftsverständnis gefolgt sind.

Nur wenige Autoren haben versucht, eine über die von Chen und Rossi angedachte Form der spezifischen, an den jeweiligen Programmintentionen orientierten Theorieformulierung hinauszugehen und eine allgemeingültige Programmtheorie zu entwerfen. Ein Beispiel lieferte Reinhard Stockmann, der gesicherte Erkenntnisse aus der Grundlagenforschung in ein verbindendes Gesamtkonzept überführt hat und dieses zur Ableitung von Evaluationskriterien verwendet (Stockmann 1996, 2006). Auf diese allgemeine Programmtheorie und ihre Nutzung im Rahmen von Evaluationen wurde bereits eingegangen (vgl. Kapitel 2.3). An dieser Stelle sei nur festgehalten, dass diese Evaluationsansätze nur noch schwerlich unter der Rubrik „Methods" abgehandelt werden können, sondern sich gerade die theoretische Integration der verschiedenen Zweige und Verästelungen des „Evaluationsbaums" auf die Fahne geschrieben haben. Diese integrative Gegenbewegung wird in dem auf fortschreitende Differenzierung ausgerichteten Baumodell leider nicht gewürdigt (siehe dazu ausführlich Kapitel 3.4).

### 3.3.2 Der Nutzungsast („Use")

Nutzungsast

Der zweite „Hauptstrang" des Evaluationsbaumes von Alkin und Christie stellen die *nutzungsorientierten Theorien* („Use") dar. Hier wird *Daniel L. Stufflebeam* als Schlüsselfigur angeführt. Im Unterschied zu den im vorherigen Abschnitt erwähnten Autoren stellt Stufflebeam die *Entscheidungsträger* in den Focus seiner Theorie und versteht Evaluationen als ein Verfahren zur Informationsgewinnung für diese Personengruppe. In seinem CIPP-Model (Stufflebeam 1983) unterscheidet er vier verschiedene Typen von Evaluation – Kontext, Input, Prozess und Produkt Evaluation. Die Beurteilung des *Kontexts* hilft den Entscheidungsträgern dabei, realistische Zielsetzungen und Zielsysteme zu entwerfen. Die Untersuchung des *Inputs* soll Entscheidungen über Strategien und Programmdesigns unterstützen. Im Rahmen der *Prozessevaluation* werden die Stärken und Schwächen bestehender Programme bilanziert, damit die Implementation der Maßnahmen verbessert werden kann. Und bei der *Produktevaluation* werden schließlich die Wirkungen der Maßnahmen untersucht und damit eine Verbesserung von Effektivität und Effizienz angestrebt. Dieses Modell wurde in verschiedenen Schritten weiterentwickelt und enthält mittlerweile zehn statt vier Elemente (ergänzt wurde die Kontraktkomponente zu Beginn, die Metaevaluations- und Berichterstattungskompenente am Schluss sowie die Differenzierung der Produktevaluation in Wirkungen, Effektivität, Nachhaltigkeit und Übertragbarkeit, siehe die Kurzdarstellung im untenstehenden Kasten).

Daniel L. Stufflebeam

Prozess- und Produktevaluation

CIPP-Modell

**Das CIPP-Modell von Stufflebeam**

1. *Vertragliche Vereinbarungen* (‚Contract'): CIPP-Evaluationen sollen auf expliziten Vorgehensvereinbarungen mit den Auftraggebenden basieren; diese sollen aktualisiert werden, wenn nötig, und zwar über die ganze Evaluation hinweg.
2. *Kontextevaluation* (‚Context'): Kontextevaluationen bestimmen die Bedarfe, die Ressourcen und die Probleme innerhalb einer definierten Umwelt.
3. *Inputevaluation* (‚Input'): Inputevaluationen beurteilen konkurrierende Strategien sowie die Ablaufpläne und Budgets des ausgewählten Ansatzes.
4. *Prozessevaluation* (‚Process'): Prozessevaluationen erfassen, dokumentieren und bewerten Programmaktivitäten.

5. *Impactevaluation* (‚Impact'): Impactevaluationen bewerten die Programmreichweite in Bezug auf die Zielgruppen.
6. *Effektivitätsevaluationen* (‚Effectiveness'): Effektivitätsevaluationen schätzen die Qualität und Bedeutsamkeit von Outcomes ab.
7. *Nachhaltigkeitsevaluationen* (‚Sustainability'): Nachhaltigkeitsevaluationen schätzen das Ausmass ein, in dem die Leistungen des Programms erfolgreich institutionalisiert und über die Zeit fortgeführt werden.
8. *Übertragbarkeitsevaluationen* (‚Transportability'): Übertragbarkeitsevaluationen schätzen das Ausmass ein, in dem ein Programm erfolgreich anderswo adaptiert und angewendet worden ist oder angewendet werden könnte.
9. *Metaevaluationen* (‚Metaevaluation'): Metaevaluation bedeutet eine Einschätzung der Übereinstimmung einer Evaluation mit wichtigen Standards guter Evaluationen.
10. *Zusammenfassende Schlussberichte* (‚Final Synthesis Report'): Zusammenfassende Schlussberichte stellen Evaluationsbefunde zusammen mit dem Zweck, die gesamte Breite von Adressatengruppen darüber zu informieren, was geplant war, was getan wurde und was erreicht wurde; welche Lektionen gelernt wurden; und die grundlegende Einschätzung in Bezug auf das Programm.

Quelle: verkürzte Form der deutschen Fassung (übersetzt von Wolfgang Bewyl, im Internet unter www.univation.org/download/Checkliste_Stufflebeam_CIPP.pdf, Stand 09.01.14); die aktuelle englische Fassung (2007) der Checkliste findet sich im Internet unter www.wmich.edu/evalctr/archive_checklists/cippchecklist_mar07.pdf, Stand: 09.01.14.

Stufflebeam beschreibt in dieser frühen Arbeit Evaluation als einen Prozess und versteht das Evaluationsdesign nicht primär als Produkt theoretischer Überlegungen sondern als Ergebnis eines interaktiven Prozesses mit den Entscheidungsträgern. Evaluation wird hier als *Dienstleistung* begriffen, die sich den verändernden Bedürfnissen und Entscheidungssituationen anzupassen hat. Die Evaluation hat sicherzustellen, dass sie das Informationsinteresse der Entscheidungsträger eines Programms befriedigen kann und muss sich während der Datenerhebungsphase immer wieder des Bedarfs rückversichern. In dieser Hinsicht unterscheidet sich eine Evaluation eklatant von der Grundlagenforschung, die Interessen Dritter gerade nicht berücksichtigt und idealtypischerweise vollkommen unabhängig von den Auftraggebern einer Studie nur dem eigenen Forschungsinteresse folgt sowie die aus Theorien abgeleiteten Hypothesen möglichst exakt testen soll.

Diese Sichtweise bedeutet jedoch nicht, dass Stufflebeam die Verwendung von Programmtheorien rigoros ablehnt oder die wissenschaftlich exakte Anwendung von Forschungsmethoden zugunsten eines dialogorientierten Prozesses aufgibt. Besonders in seinem jüngsten Werk beschäftigt sich Stufflebeam sehr ausführlich mit Programmevaluationstheorien und würdigt ihre Bedeutung sowohl für die Konsolidierung der Evaluation als eigenständiges wissenschaftliches Forschungsfeld als auch für die praktische Durchführung und die Nützlichkeit von Evaluation für die Entscheidungsträger (Stufflebeam u. Shinkfield 2007: 57ff.). Ähnlich der weiter oben eingeführten Unterscheidung differenzieren Stufflebeam und Shinkfield zwischen einer *allgemeinen und einer spezifischen Form der Programmevaluationstheorien*: „A general theory of program evaluation would characterize the nature of program evaluations, regardless of subject matter, time and space. Such a general theory would cover a wide range of program evaluations, denote their modal characteristics – including logic and processes of evaluative discourse – and describe in general how program evalua-

Allgemeine und Spezifische Programmtheorie

tions should be assessed and justified. Specific theories of program evaluation would have many of the same characteristics as a general theory but be delimited to account for program evaluations that are restricted to particular substantive areas, locations, or time periods" (Stufflebeam u. Shinkfield 2007: 58).

Es wird deutlich, dass Stufflebeam und Shinkfield die Entwicklung einer allgemeinen Programmevaluationstheorie anstreben, die sie wiederum nur als ein Element einer allgemeinen Evaluationstheorie verstehen. Als wichtigste Grundlage für die Entwicklung einer solchen Theorie sehen sie den Austausch mit der Praxis an, dessen Ziel es sein sollte „to produce a science of program evaluation – one that is grounded in ongoing conceptiualization and rigorous testing of theory-based propositions and continually improves." (Stufflebeam u. Shinkfield 2007: 59). Dieser Anspruch wird von Chen, Rossi, Suchman oder Weiss sicher geteilt, die dem Methodenpfad des Evaluationsbaums zugeordnet wurden.

Stufflebeam und Shinkfield sind hinsichtlich ihres Anspruchs sogar noch radikaler und fordern stärker wissenschaftlich formulierte *Theorien*, die sich von den bisher dominierenden *Modellen* deutlicher absetzen. Während jede von den Evaluatoren formulierte idealisierte Konzeptualisierung zur Durchführung einer Programmevaluation mit dem Modellbegriff erfasst wird, soll der Anspruch an eine Programmevaluationstheorie deutlich höher sein: „A program evaluation theory is a coherent set of conceptual, hypothetical, pragmatic, and ethical principles forming a general framework to guide the study and practice of program evaluation" (Stufflebeam u. Shinkfield 2007: 63). Die *Qualität von Evaluationstheorien* möchten sie deshalb an sechs zentralen Kriterien beurteilt wissen: overall coherence, core concepts, tested hypotheses on how evaluation procedures produce desired outcomes, workable procedures, ethical requirements and a general framework for guiding program evaluations practice and conducting research on program evaluation.

Qualität von Evaluationstheorien

Kritik der Zuordnung

An dieser Stelle bleibt festzuhalten, dass Stufflebeam sich in seinem theoretischen Denken keineswegs fundamental von den Autoren des „Methodenastes" unterscheidet. Wie bereits erwähnt, setzt sich Stufflebeam deutlich intensiver mit den Arbeiten Tylers auseinander als z.B. Rossi. Er lehnt zudem eine theoriegeleitete Vorgehensweise nicht grundsätzlich ab sondern hält sie im Gegenteil für ein wichtiges Element zur Weiterentwicklung der Evaluationsforschung als eigenständige Disziplin. Gleichwohl bleibt aber festzuhalten, dass Stufflebeam sich tatsächlich viel stärker als die im Methodenstrang aufgeführten Theoretiker mit der Frage der Nutzung von Evaluationsergebnissen für Entscheidungsträger auseinandersetzt. Ob er allerdings damit bereits die herausragende Stellung des „Stammvaters" eines eigenen Theorieentwicklungsstrangs beanspruchen darf, mag dahin gestellt sein.

Michael Patton

Es spricht vieles dafür, diese Rolle eher *Michael Patton* zukommen zu lassen, dessen *„utilization-focused evaluation"* Modell sich wesentlich stärker von den Vorstellungen der theoriegeleiteten Evaluationsforschung abhebt (Patton 1978, 1997, 2003).[55] Die Vorgehensweise bei einer „utilization-focused evalua-

55 Dieser Einschätzung scheint auch Stufflebeam zu teilen, der Michael Pattons Utlization-focused Evaluation Konzept ein eigenes Kapitel in seinem neusten Buch widmet und sich dabei im Vorwort von Alkins und Christies Zuweisung als „Stammvater" dieser Denkrichtung distanziert (Stufflebeam u. Shinkfield 2007: 431ff.).

tion“ besteht idealtypisch aus fünf verschiedenen Phasen: (a) die Identifikation der intendierten Nutzer (Zielgruppen) des zu evaluierenden Programms, (b) die Stellung dieser Nutzer zum angestrebten Ziel der Evaluation und zur Nutzung der gewonnenen Erkenntnisse, (c) die Einbindung der Nutzer in Methoden, Design und Messungen; (d) das Engagement bezüglich der aktiven und direkten Interpretation der Ergebnisse und deren Bewertung; (e) die Entscheidungsfindung über zukünftige Verbreitungsmaßnahmen.

Stakeholder-identifikation

Im Zentrum der Vorgehensweise stehen also die *„Stakeholder“ der Evaluation*, deren Identifikation die erste wichtige Aufgabe der Evaluatoren darstellt. Patton betont die persönliche Rolle der Evaluatoren, die sich in seinem Diktum „active – reactive – adaptive“ verhalten sollen. Eigene Aktivitäten sind zur Identifikation der Nutzer und zur Fokusierung von Fragestellungen erforderlich. Reaktives Verhalten erfordert der kontinuierliche Lernprozess bezüglich der sozialen Situation der Evaluation. Der Adaptionsanspruch schließlich ergibt sich aus der kontinuierlichen Anpassung der Evaluationsfragestellungen und des Evaluationsdesigns an die sich verändernde Situation bzw. das sich stetig erweiternde Verständnis dieser Situation. Mit der Einführung des Begriffs der *„Entwicklungsevaluation“* (developmental evaluation) geht Patton sogar noch einen Schritt darüber hinaus: „The evaluator becomes part of the program design team or an organization’s management team, not apart from the team … but fully participating in decisions and facilitating discussion about how to evaluate whatever happens“ (Patton 1997: 106). Die wichtigsten Merkmale des Ansatzes von Patton sind in der folgenden Übersicht zusammengestellt.

Entwicklungs-evaluation

Utilization-Focused Evaluation

**Kennzeichen des Utilization-Focused Evaluation Ansatzes von Patton**

1. *Stakeholderorientierung*: Evaluation ist eine Dienstleistung für „Stakeholder“. Eine sorgfältige „Stakeholder Analyse“ welche die vielfältigen und unterschiedlichen Interessen der Programmbeteiligten angemessen berücksichtigt stellt den Ausgangspunkt einer Evaluation dar.
2. *Nutzenorientierung*: Evaluation muss sich auf ihren Nutzen fokussieren. Dies ist eine kontinuierliche Aufgabe vom Beginn bis zum Ende, welche sich situationsbezogen den sich verändernden Erfordernissen anpassen muss. Standardisierte Ansätze verfügen nicht über die notwendige Flexibilität.
3. *Nutzereinbindung*: Die Nutzer einer Evaluation sind in die wichtigen Entscheidungen einzubinden. Dabei steht nicht die Häufigkeit sondern die Qualität der Partizipation im Vordergrund. Dem persönlichen Kontakt kommt dabei eine Schlüsselrolle zu.
4. *Gestaltungsaufgabe der Evaluatoren*: Die Durchführung einer Evaluation obliegt den Evaluatoren, deren Glaubwürdigkeit und Integrität von der Qualität der Bewältigung dieser Aufgabe abhängt. Sie müssen sich aktiv, reaktiv und adaptiv verhalten und zur Bewertung des Wertes eines Programms (summative Evaluation), zu dessen Verbesserung (instrumentelle Nutzung von Evaluation) und zur Generierung von Wissen (konzeptioneller Aspekt von Evaluation) beitragen. Sie müssen die Stakeholder bei der Nutzung der Evaluationsergebnisse unterstützen.
5. *Verbreitung von Evaluationsergebnissen*: Die Nutzung der Evaluation ist nicht unbedingt gleichzusetzen mit der Berichterstattung und Verbreitung ihrer Ergebnisse. Diese Aufgabe ist von der Entscheidungsfindung, Programmverbesserung und Wissensgenerierung zu trennen.

In Anlehnung an Stufflebeam & Shrinkfield 2007 und Patton 2003

Kritik der Zuordnung

Abschließend bleibt festzuhalten, dass die begriffliche Festlegung eines Nutzungsastes deutlich mehr Sinn macht als die eines „Methodenastes". In dem Methodenast sind einerseits an der Methodenentwicklung interessierte empirische Sozialforscher aufgeführt, die sich selbst nicht oder nur bedingt als Evaluatoren verstehen. Anderseits werden hierunter die (programm)theoriegeleiteten Autoren subsumiert, denen es nicht primär (oder zumindest nicht mehr als den Autoren in anderen Bereichen des Baumes) um die Entwicklung von Methoden geht. Ihre Zuordnung scheint eher einem gemeinsamen wissenschaftstheoretischen Verständnis geschuldet. Hier wären dann auch die Verbindungen zu den „Methodikern" in diesem Ast zu finden: alle Autoren, die von Alkin und Christie hier zugeordnet wurden, teilen ein Verständnis von Evaluation, welches Theorien mittels empirischer Verfahren testen möchte (zu den verschiedenen Auffassungen bezüglich der Rolle von Theorien in Evaluationsansätzen siehe Donaldson u. Lipsey 2006).

Hiervon unterscheiden sich in der Tat die Autoren des Nutzungsastes, die primär die Dienstleistung für den Auftraggeber in den Vordergrund rücken und weniger eine wissenschaftliche denn eine pragmatische Sichtweise bevorzugen. Mit Michael Patton – und auch mit Daniel L. Stufflebeam werden tatsächlich die wichtigsten Protagonisten dem Hauptstamm zu geordnet, wobei sich besonders Patton von Autoren wie Chen, Rossi oder Suchman unterscheiden lässt.

### 3.3.3 Der Wertungsast („valuing")

Wertungsast

Michael Scriven

Schließlich bleibt noch der dritte Hauptstrang des Evaluationstheoriebaums von Alkin und Christie, bei dem *Wertungsverfahren* im Mittelpunkt stehen („Valuing"). Als Hauptprotagonist dieser Richtung wird *Michael Scriven* (1967, 1974, 1980, 1983, 1994, 1997, 2003) genannt, der auch nach Einschätzung von Shadish u.a. (1991: 94) der einzige führende Evaluationstheoretiker ist, der über eine explizit formulierte und allgemeine *Theorie der Wertung* verfügt (ähnlich auch Mark u.a. 2000: 3f.; Stufflebeam u. Shrinkfield 2007: S. 369f.).

Goal-free Evaluation

Deutlich wird dies bereits in Scrivens häufig zitierter Definition von Evaluation: „Evaluation is the process of determining the merit, worth and value of things, and evaluations are the products of that process" (Scriven 1991: 1). Für Scriven besteht also die Hauptaufgabe des Evaluators darin, Bewertungen vorzunehmen und klar zu benennen, was „gut" und was „schlecht" an einem Programm (oder einem anderen Evaluationsobjekt) ist. Dabei handelt und urteilt er im öffentlichen Interesse und seine Aufgabe lässt sich nicht auf die Informationsgewinnung und -aufbereitung für Entscheidungsträger reduzieren. Ausdrücklich distanziert sich Scriven von der Orientierung einer Evaluation an den Zielsetzungen eines Programms und fordert eine „*Goal-free Evaluation*" (siehe hierzu besonders Scriven 1974; vgl. Kapitel 3.4.1). Aufgabe der Evaluation ist es, nach allen Effekten, die durch die Aktivitäten ausgelöst wurden, zu suchen und diese dann zu bewerten. Eine Beschränkung oder auch nur eine vorrangige Ausrichtung auf die Programmziele birgt die Gefahr, das Side-effects, nichtintendierte Handlungsfolgen und Nebenwirkungen übersehen oder unterbewertet werden.

**Kennzeichen der „Goal-Free Evaluation" von Michael Scriven**

1. Bei der „Goal-Free Evaluation" sind die Evaluatoren vollkommen blind gegenüber den Zielen eines Projektes.
2. Die Evaluatoren haben die Aufgabe, alle Effekte, die ein Programm hat (intendierte und nicht-intendierte), zu finden und zu untersuchen – unabhängig von den geplanten Zielen.
3. Die gefundenen Wirkungen werden mit den Bedürfnissen der Zielgruppen verglichen und auf dieser Grundlage bewertet.
4. Die Bewertung des Nutzens eines Programms erfolgt ausschließlich auf Grundlage der empirischen Daten zu den Wirkungen der Programmintervention.
5. Der „Goal-Free Evaluator" vermeidet während der Formulierungsphase von Evaluationsfragen den Kontakt zu den Programmverantwortlichen, da diese seine Sichtweise tendenziös beeinflussen könnten.
6. Eine Untersuchung der Ziele sagt nichts über den gesellschaftlichen Nutzen eines Programms aus und sollte deshalb nicht erfolgen. Der Blick muss über die Ziele hinaus auch auf die unerwarteten Wirkungen gerichtet sein.

In Anlehnung an Scriven (1976: 137)

Als *Vorteile der zielfreien Evaluation* werden angeführt, dass die aufwändige, zeitraubende und schwierige Bestimmung und Gewichtung von Programmzielen wegfällt, eine zielfreie Evaluation die laufende Programmdurchführung weniger stört, weil die Akteure nicht über die Ziele Rechenschaft ablegen müssen, eine soziale, perzeptuelle und kognitive Beeinflussung der Evaluatoren weniger wahrscheinlich ist, da diese mit der Programmleitung und dem Personal weniger Kontakt haben, sie reversibel ist, d.h. in einer späteren Phase der Evaluation in eine zielorientierte Evaluation einmünden kann, Umgekehrtes hingegen nicht möglich ist (vgl. Scriven 1991: 180). Da jedoch *alle Programme* stets einen bestimmten, wenn auch nicht immer explizit formulierten *Wert- und Zielbezug aufweisen* (vgl. Brandtstädter 1990b: 221), wäre die Vorstellung von vollkommen „zielfreien Programmen oder gar zielfreien Evaluationen eine äußerst naive Angelegenheit" (Weiss 1974: 22). Darauf weisen auch Owen und Rogers (1999: 269) hin: „Practically, the notion of deliberately ignoring the intentions of a programmatic intervention borders on the bizarre. Commissioners and clients are almost always interested in whether program objectives have been met, and the evaluator would need to go to extremes to ignore information about how the program is meant to operate".

Analyse des Zielgruppenbedarfs

Der theoretischen Diktion einer von den Zielsetzungen der Programmverantwortlichen vollkommen gelösten Betrachtung des Evaluationsgegenstands folgend hat Scriven sich auf die *Analyse des Zielgruppenbedarfs* konzentriert und sich dabei besonders mit verschiedenen *Formen von Bewertungsverfahren* beschäftigt. Die Bewertung der festgestellten Effekte einer Intervention hat anhand eines Vergleichs mit den Bedürfnissen der Nutznießer dieser Interventionseffekte zu erfolgen, weshalb die Untersuchung dieser Bedürfnisse einen wichtigen Grundpfeiler der Evaluation darstellen soll. Für die vergleichende Bewertung stehen vier verschiedene Methoden zur Verfügung. „Scoring", „Ranking", „Grading" und „Apportioning". Im *Scoring-Verfahren* werden dem Evaluationsobjekt (oder einer seiner Teildimensionen) numerische Werte zugewiesen, die auf einer vorab festgelegten Skala die Qualität der Effekte und damit des „Wer-

Scoring, Ranking, Grading und Apportioning

tes“ der Intervention abbilden sollen. Durch das *Ranking-Verfahren* soll ein Vergleich zwischen verschiedenen Optionen oder Evaluationsobjekten ermöglicht werden. Eine Zuweisung von Skalenwerten ist hierfür nicht unbedingt erforderlich. Das *„Grading“-Verfahren* bildet Klassen oder Gruppen aus vorhandenen Zahlenwerten oder anderen Informationsmerkmalen, wodurch bestimmte Gemeinsamkeiten und Unterschiede hervorgehoben werden können. Mit dem *„Apportionment“-Verfahren* wird die Aufteilung gegebener Ressourcen oder Effekte auf verschiedene Evaluationsobjekte oder Handlungsalternativen untersucht.

Kitik der Zurodnung

Die vorgenommene Zuordnung Scrivens zum „Bewertungsast“ des Evaluationsbaums von Alkin und Christie ist unstrittig und lässt sich vergleichsweise einfach und schlüssig begründen. Im Vergleich zu den anderen aufgeführten Autoren (Stake; Eisner; Wolf u. Owens, Guba u. Lincoln; MacDonald; House) ist seine herausragende Bedeutung für diese Theorierichtung durchaus nachvollziehbar, auch im Vergleich zu Stake, dessen Ansatz in Kapitel 3.2.3 dargestellt worden ist. Die große Bedeutung des Bewertungsaspektes für die Entwicklung von Evaluationsansätzen wird in praktisch allen Systematisierungsversuchen gewürdigt, wobei der von Alkin und Christie gewählte Oberbegriff „Wertungen“ („Valuing“) besser geeignet scheint, die unterschiedlichen Aspekte zu fassen wie der von Guba und Lincoln verwendete Begriff „Beurteilung“ („Judgement“).

Auf der anderen Seite ist allerdings festzuhalten, das Scriven nicht nur für die Diskussion der Wertungen einen wesentlichen Beitrag geleistet hat, sondern auch für den „Nutzungsast“ viele Anregungen gegeben hat (vgl. hierzu die Ausführungen in Kapitel 3.4.3). Das Bemühen um Kundenorientierung spiegelt sich u.a. in einer Reihe von Evaluationschecklisten und in der Publikation eines Evaluationsthesaurus wieder (Scriven 1991). Dadurch sei hier zumindest in Frage gestellt, ob es durch Scriven zu einer „Verzweigung“ zwischen Wertung und Nutzung als Richtung der Evaluationsansätze gekommen ist.

### 3.3.4 Zusammenfassung und Bewertung

Zusammenfassende Bewertung der Systematik

Generell hat dieses Ordnungsmodell einige unbestreitbare Vorzüge, allen voran natürlich seine visuelle Nachvollziehbarkeit und das zugrunde liegende *klare Ordnungsprinzip*, welches die wichtigsten Evaluationstheoretiker sehr schlüssig klassifizieren kann. Die Herausarbeitung von drei Hauptlinien anhand der zentralen Themen „Nutzung“, „Methoden“ und „Bewertung“ und ihrer Basis im Bereich der Rechnungslegung und empirischen Sozialforschung ist ausgesprochen wertvoll. Im Unterschied zu Guba und Lincoln wird auf die Einführung eines eigenen Pfads für die „Beschreibung“ verzichtet, was angesichts deren schwacher Belege für eine solche „Generation“ plausibel erscheint. Auf der anderen Seite wird mit dem Begriff der „Nutzung“ von Evaluationsansätzen auf eine wichtige Denkrichtung hingewiesen, die im Generationenmodell so nicht gewürdigt wird.

Wenn es allerdings um die *Zuordnung einzelner Namen* geht, sind zumindest einige Kritikpunkte anzuführen. Dies gilt im Besonderen bezüglich der Frage, wer als Evaluationstheoretiker zu bezeichnen ist und dementsprechend in einem Baum zur Evaluationsforschung – im Anspruch von Alkin und Christie sogar speziell der „Evaluationstheorien“ – aufgeführt werden soll. Letztendlich wäre eine solche Zuordnung vertretbar wenn sie in allen Strängen konsequent durchgehalten werden würde. Dies ist aber nicht der Fall: so steht beispielsweise am Anfang des Bewertungsstrangs mit Michael Scriven unbestritten ein führender Evaluationstheoretiker, der einen wesentlichen Beitrag zur Entwicklung dieser Denkrichtung geleistet hat. Die wichtigen, nicht unbedingt der Evaluationstheorie zuordenbaren Vorläuferarbeiten wie z.B. der von Alkin und Christie angeführte Werturteilsstreit (vgl. hierzu als Übersicht Albert u. Topitsch 1990) sowie die gesamte ökonomische Forschung zur Entscheidungsproblematik, die immerhin in einige heute sehr gebräuchliche Verfahren wie z.B. die Multi-Kriterien Analyse mündete (vgl. Kapitel 5.5), werden dagegen ausgeblendet. Im Methodenstrang ist die Vorgehensweise umgekehrt: zumindest bezüglich Campbell ist eine Zuordnung zu den „Evaluationstheoretikern" diskutabel, während umgekehrt bei den eher evaluationstheoretisch ausgerichteten Autoren in diesem Strang (wie z.B. Rossi) die Frage nach dem außergewöhnlichen Beitrag zur Methodenentwicklung zu stellen ist, der diese Autoren klar von Autoren wie z.B. Patton oder Scriven unterscheidet.

Besonders schwierig wird es, wenn das primär für die Evaluationstheorien in den USA (oder zumindest im angelsächsischen Raum) entworfene Ordnungsprinzip *auf die Entwicklungen in Europa übertragen und nicht nur die Theorien sondern die gesamte Evaluationslandschaft abbilden soll.* Angesichts der vielfältigen nationalen, sektoralen und disziplinbezogenen Grundlagen und lange Zeit weitgehend unabhängigen Entwicklungen kann schwerlich von einem gemeinsamen Entwicklungsbaum gesprochen werden, vielmehr scheint das Bild eines undurchdringbaren „Dickicht" oder Dschungels viel angemessener (vgl. hierzu Meyer u. Stockmann 2007, zur gesamten Diskussion der Übertragbarkeit des Alkin und Christie Schemas auf Europa innerhalb der European Evaluation Society siehe auch die weiteren Beiträge in der Dokumentation von Peterson und Vestman 2007).

Nicht nur angesichts dieser Probleme lässt sich die *gesamte Baummetapher* – so anschaulich sie auch ist – in Zweifel ziehen. Wie im vorangegangenen Abschnitt am Beispiel Scrivens verdeutlicht, ist es mitnichten so, dass sich die Äste zu einem frühen Zeitpunkt ausdifferenziert haben und nun innerhalb der verschiedenen Schulen weitere Differenzierungen stattfinden. Im Gegenteil nehmen die verschiedenen Autoren die Anregungen durch Andere auf und versuchen diese in ihre Ansätze zu integrieren. So gibt es z.B. nicht nur zwischen Scriven und Stake (innerhalb des Bewertungsastes) sondern auch für Scriven und Patton (die im Baummodell sehr weit voneinander entfernt sind) Parallelen. Ähnliches wurde auch für Stufflebeam und den Methodenstrang aufgezeigt, es ließe sich sicherlich zusätzlich für eine Reihe anderer Autoren vergleichbar argumentieren.

Selbstverständlich ist es nicht leicht, ein einfaches und überzeugendes Ordnungsprinzip für die Vielfalt der mittlerweile vorgelegten Evaluationsansätze zu finden. Es ist ein weiteres Indiz für den steigenden Bedeutungsgewinn der Evaluation, dass insbesondere in den letzen Jahren die Versuche einer solchen Klassifizierung deutlich zugenommen haben und dabei sehr unterschiedliche Kriterien verwendet werden (vgl. als eine Auswahl Donaldson u. Lipsey 2006; Lee 2006; Maddaus u. Kellaghan 2000; Owen u. Rogers 1999: 39ff.; Cook 1997; Shadish u.a. 1991). Aus diesem Grund soll im folgenden Abschnitt ein weiterer Systematisierungsversuch präsentiert werden, der sich von den beiden vorgestellten deutlich abhebt. Systematisierung nach Fitzpatrick, Sanders und Worthen:

## 3.4 Das Nutzungsmodell

Systematisierung nach der praktischen Ausrichtung

In den letzten Jahren hat sich in der Evaluationsforschung eine vor allem von Pragmatismus gekennzeichnete Auffassung durchgesetzt, nach der weniger die wissenschaftstheoretischen Wurzeln, die theoretischen Ansätze oder die eingesetzten Methoden sondern die Nützlichkeit der Evaluationsergebnisse für die einzelnen Stakeholder in den Vordergrund rücken. Chelimsky (1995: 6) beschreibt die neuere Entwicklung so: „We think less today about the absolute merits of one method versus another, and more about whether and how using them in concert could result in more conclusive findings.“ Die eigentlichen Evaluationsfragen rücken dabei mehr in den Vordergrund: „We have learned that the choice of methods (and measures and instruments and data) depends much more on the type of question being asked than on the qualities of any particular method“ (ebd.). Über alle theoretischen und methodischen Fragen hinweg besteht zunehmend Einigkeit darüber, dass es vor allem darauf ankommt, dass Evaluationsergebnisse von den Stakeholdern genutzt werden. Hierzu ist es notwendig, dass Evaluationen ihrer Aufgabenstellung gerecht werden.

Dieser Aspekt der *praktischen Ausrichtung* einer Evaluation der Ziele, die mit einer Evaluation verbunden sind, wird nun von Fitzpatrick, Sanders und Worthen (2004) als Strukturierungskriterium für die Klassifizierung von Evaluationsansätzen verwendet:

Fitzpatrick u.a.

„Our classification is based on what we see as the driving force behind doing the evaluation: the major questions to be adressed and/or the major organizer(s) that underlie each approach“ (Fitzpatrick, Sanders u. Worthen 2004: 68f.). Anhand dieses Maßstabs unterscheiden die Autoren fünf verschiedene Formen von Evaluationen, die im nächsten Abschnitt näher vorgestellt werden:

**Systematisierung nach Fitzpatrick, Sanders und Worthen**

1. *Zielorientierte Ansätze*, bei denen der Fokus auf der Identifizierung von Programmzielen und einer Beurteilung liegt.
2. *Managementorientierte Ansätze*, deren Schwerpunkt die Identifizierung und Erfüllung der Informationsbedürfnisse von Entscheidungsträgern ausmacht.
3. *Konsumentenorientierte Ansätze*, deren Hauptaufgabe darin besteht, produktbezogene Informationen und Bewertungen z.B. anhand von Produkt-Checklisten zur Verfügung zu stellen.
4. *Expertenorientierte Ansätze*, bei denen eine Evaluation durch ausgesuchte Experten eines Praxisfeldes erfolgt.
5. *Partizipative Ansätze*, die durch eine besondere Schwerpunktsetzung auf die Einbeziehung der verschiedenen an einer Evaluation beteiligten oder davon betroffenen Interessengruppen (Stakeholder) bei der Evaluationsplanung und -durchführung charakterisiert sind.

Quelle: Darstellung in Stockmann (2007: 47).

### 3.4.1 Zielorientierte Evaluationsansätze

Zielorientierte Ansätze

Der wesentliche Schwerpunkt zielorientierter Ansätze liegt – wie die Bezeichnung schon indiziert – auf der Beantwortung der Frage, ob und inwieweit die spezifischen Ziele eines Programms, Projekts oder Maßnahme erreicht wurden. Zielorientierte Ansätze dienen deshalb vor allem Kontrollzwecken, indem überprüft wird, ob dem proklamierten *Soll* ein entsprechendes *Ist* gegenübersteht. Die Ergebnisse der Evaluation können dazu genutzt werden, entweder die Ziele oder die Prozesse zu modifizieren.

Als ein früher Vertreter dieses Ansatzes gilt der bereits in Kapitel 3.2.2 ausführlich vorgestellte Ralph W. Tyler, der Ende der 30er Jahre Studien zur Verbesserung des Bildungserfolgs von Studenten durchführte. *Sanders und Cunningham* (1973, 1974) haben den zielorientierten Ansatz um die Einsicht bereichert, dass nicht nur die Zielerreichung empirisch untersucht werden kann, sondern sich die Ziele auch auf ihre logische Struktur hin, auf ihre Vereinbarkeit untereinander bewertet werden können. So lässt sich die Kohärenz der einem Ziel zugrunde liegenden Argumente prüfen, oder die Übereinstimmung von Zielen mit übergeordneten Werten. Auch können die Konsequenzen, die sich aus der Ereichung eines Ziels ergeben, logisch abgeleitet werden und mit den potenziellen Folgen konkurrierender Zielsetzungen verglichen werden. Die in Kapitel 3.5.3 ausführlicher erläuterten „logischen Modelle“ und darauf aufbauende Planungsverfahren wie der „LogFrame-Ansatz“ oder die „Zielorientierte Projektplanung“ (ZOPP) der Deutschen Gesellschaft für technische Zusammenarbeit (vgl. GTZ 1988) folgen einem ähnlichen Konstruktionsprinzip.

James R. Sanders
Donald J. Cunningham

In der Tradition Tylers entwickelte *Malcolm Provus* (1971) ein „Discrepancy Evaluation Model“ (DEM), das auf die Differenzen zwischen den angestrebten Programmzielen und der tatsächlichen Zielerreichung fokussiert. Ausgehend von der Annahme, dass ein Programm vier Phasen durchläuft, denen Provus noch eine fünfte anfügt, werden der Evaluation jeweils entsprechende Aufgaben zugewiesen:

Malcolm Provus

Discrepancy Evaluation Model

**Evaluationsaufgaben im Discrepancy Evaluation Model nach Provus**

1. Während der *Definitions- oder Entwicklungsphase* liegen die Arbeitsschwerpunkte auf der Definition von Zielen, Prozessen und Aktivitäten sowie der Darstellung der nötigen Ressourcen und Akteure. Für jede dieser Komponenten sind Zielgrößen (Standards) zu entwickeln, die im Rahmen von Evaluationen überprüft werden können. Die Aufgabe des Evaluators in dieser Phase besteht darin, darauf zu achten, dass ein vollständiger Satz von Designspezifikationen herausgearbeitet wird, der die Grundlage der Evaluation bildet.
2. Während der *Implementationsphase* werden die definierten Zielgrößen (Standards) oder Designspezifikationen als Maßstäbe für die Bewertung des Programmablaufs genutzt. Die Hauptaufgabe der Evaluation besteht darin, eine Reihe von Übereinstimmungsprüfungen (congruency tests) durchzuführen, um eventuelle Diskrepanzen zwischen der angestrebten und verwirklichten Implementierung des Programms zu identifizieren.
3. Während der *Prozessphase* konzentriert sich die Evaluation auf die Sammlung von Daten über den Fortschritt der Programmteilnehmer, um in Erfahrung zu bringen, ob sich ihre Leistung verbessert bzw. ihre Verhaltensweisen im gewünschten Sinne verändert haben.

4. In der *Produkt- oder Produktionsphase* zielt die Evaluation darauf ab, zu prüfen, ob die langfristigen Programmziele (terminal objectives) erreicht wurden. Hierfür wird zwischen intermediate outcomes und langfristigen Wirkungen (long-term outcomes) unterschieden, die durch Nachfolgestudien erfasst werden.
5. In einer optionalen *fünften Phase* sollen Kosten-Nutzen-Analysen und ein Vergleich der Ergebnisse mit Kosten-Nutzen-Analysen ähnlicher Programme durchgeführt werden.

Quelle: in Anlehnung an Provus (1971)

Das Evaluationsmodell von Provus könnte auch als eine frühe Form eines managementorientierten Ansatzes bezeichnet werden, da es darauf abzielt, eine effektive Programmentwicklung sicherzustellen. Festgestellte Diskrepanzen sollen von den Programmmanagern gemeinsam mit den Evaluatoren dazu genutzt werden, nach den Ursachen zu forschen, um Korrekturen vornehmen zu können. Viele Elemente des Diskrepanzmodells finden sich in zahlreichen aktuellen – insbesondere programmlogischen Modellen – wieder (z.B. im „LogFrame Ansatz", siehe Kapitel 3.5.3).

Die Orientierung der Evaluation an den Zielen eines Programms hat die Evaluation seit den 30er Jahren des 20. Jahrhunderts geprägt und ist damit *deutlich älter* als die hier vorgestellten Ansätze von Tyler oder Provus. Die Vorgehensweise, vorab definierte Zielsetzungen zum Maßstab für die Bestimmung von Erfolg oder Misserfolg eines Programms sowie zur Verbesserung, Fortführung oder Beendigung von Programmmaßnahmen zu machen, hat sich als besonders attraktiver Verfahrenstypus erwiesen.

Kritik des Ansatzes

Zu den besonderen *Stärken des Ansatzes* zählt seine (vermeintliche) Einfachheit: „It is easily understood, easy to follow and implement, and produces information that program directors generally agree is relevant to their mission" (Fitzpatrick u.a. 2004: 82). Der Ansatz hat außerdem eine Vielzahl von technologischen und methodischen Entwicklungen angestoßen, die zur besseren Spezifikation von Zielen, der adäquaten Entwicklung von Indikatoren und Methoden zu deren Messung beigetragen haben. Dem zielorientierten Ansatz wird auch zugute gehalten, dass er Programmverantwortliche und -mitwirkende dazu anhält, ihre eigentlichen Intentionen zu reflektieren und ihre Programmziele explizit zu spezifizieren. Letztlich liefert die Evaluation eines Programms anhand seiner zuvor festgelegten Ziele auch eine leicht nachvollziehbare Basis für die Bewertung.

Allerdings kann genau dies auch als eine *Schwäche des Ansatzes* ausgemacht werden, da eine eigentlich bewertende Komponente (die über die Ziele des Programms selbst hinausgeht), um den generellen Wert eines Programms zu bestimmen, fehlt. Zudem ist es häufig gar nicht so einfach, die Programmziele zu ermitteln – der Ausgangspunkt aller zielorientierten Ansätze –, da diese oft nur verschwommen formuliert und einen sehr allgemeinen Charakter aufweisen. Weiterhin ist zu beachten, dass die offiziellen – z.B. in Programmdokumenten enthaltenen – und die tatsächlich verfolgten Ziele weit auseinanderklaffen können. Zielvorgaben sind oft nur Teil einer politischen zuweilen wolkigen Legitimationsrhetorik, die mit den faktischen Programmabläufen nur wenig zu tun haben.

*Unberücksichtigt* bleibt zumeist auch das Problem, dass Ziele im Zeitverlauf in der Regel Veränderungen unterliegen, so dass die Gefahr besteht, die Zielerreichung anhand gar nicht mehr relevanter Ziele zu beurteilen. Da an der Umsetzung eines Programms zahlreiche Akteure beteiligt sind, die jeweils unterschiedliche, manchmal sogar gegenläufige Ziele verfolgen können, stellt sich die Frage, an wessen Ziele die Ergebnisverwirklichung gemessen werden soll. Wenn von Zieldimensionen ausgegangen wird, besteht die Gefahr, dass Informationen über den Wert eines Programms, die nicht dessen Zielsetzungen reflektieren, sowie nicht-intendierte Effekte systematisch ausgeblendet werden. Diese Einschränkung kann zu einer „Tunnelblick-Evaluation" führen, bei der das eigentliche Potenzial nicht ausgeschöpft wird (vgl. Weiss 1974; Lange 1983; Brandtstädter 1990b; Vedung 1999; Fitzpatrick u.a. 2004).

### 3.4.2 Managementorientierte Evaluationsansätze

Managementorientierte Ansätze

Managementorientierte Evaluationsansätze sind insoweit mit den zielorientierten Evaluationsansätzen verwandt, als die Programmverantwortlichen an der Erreichung der geplanten Programmziele interessiert sind, um entsprechend steuernd eingreifen zu können. Allerdings erschöpfen sich die managementorientierten Evaluationsansätze nicht in dieser Fragestellung. Vor allem steht die „Warum"-Frage viel stärker im Vordergrund, also die Frage, welche internen (programminhärenten oder organisatorischen) wie externen Gründen für die Zielerreichung oder eben Nicht-Erreichung verantwortlich sind. Zudem können im Rahmen dieser Ansätze auch andere Fragestellungen, so z.B. zu den Ablauf-Prozessen, den Personal- oder Ressourcenproblemen, den organisatorischen Strukturen etc. in den Fokus der Evaluation gerückt werden. Allgemein formuliert sind managementorientierte Evaluationsansätze dadurch charakterisiert, dass sie Entscheidungsträger mit Informationen versorgen, damit diese auf einer rationalen Grundlage Entscheidungen treffen können. Evaluationen dieser Art richten sich demnach an den Informationsbedürfnissen des Managements aus und werden dadurch zu einer wichtigen Komponente von Entscheidungsprozessen in Organisationen.

Marvin Alkin

Wichtige Beiträge zu den managementorientierten Ansätzen haben u.a. Daniel Stufflebeam (1971, 1973, 2000), dessen CIPP-Modell bereits in Kapitel 3.3.2 besprochen wurde, sowie *Marvin Alkin* (1969, 2004) geleistet. Alkin (1969: 2) definiert Evaluation als „the process of ascertaining the decision areas of concern, selecting appropriate information and collecting and analyzing information in order to report summary data useful to decision-makers in selecting among alternatives". Als Alkin Direktor des „Center for the Study of Evaluation" an der University of California, Los Angeles (UCLA) war, entwickelte er einen stark an dem CIPP-Modell von Stufflebeam angelehnten Ansatz. Danach gibt es fünf Evaluationsfragestellungen:

UCLA-Modell

1. *Systembewertung* (system assessment), um Informationen über das zu evaluierende Gesamtsystem zu bekommen (vergleichbar der Kontext-Analyse im CIPP-Modell).
2. *Programmplanung* (program planning), um die Auswahl spezifischer Programme im Hinblick auf ihre Effektivität, bestimmte Bedürfnisse zu befriedigen, zu ermöglichen (vergleichbar der Input-Analyse im CIPP-Modell).

3. *Programmimplementation* (program implementation), um Informationen darüber zu gewinnen, ob ein Programm entsprechend den Planungsvorgaben implementiert wurde (vergleichbar der Prozess-Analyse im CIPP-Modell).
4. *Programmverbesserung* (program improvement), zur Generierung von Informationen darüber, wie ein Programm funktioniert, ob Zwischenziele erreicht wurden und ob eventuell nichtantizipierte Wirkungen aufgetreten sind (vergleichbar der Prozess-Analyse im CIPP-Modell).
5. *Programmzertifizierung* (program certification), um Informationen über den Wert (Nutzen) eines Programms sowie über das Potenzial, es in anderen Kontexten einsetzen zu können, zu gewinnen (vergleichbar der Produkt-Analyse im CIPP-Modell).

Auch wenn es so aussehen könnte, dass diese Arbeitsschritte sequentiell zu erfolgen hätten, weisen sowohl Stufflebeam (CIPP-Modell) als auch Alkin (UCLA-Modell) besonders darauf hin, dass dies keineswegs sein muss. So kann z.B. eine Evaluation zur Überprüfung der Programmverbesserung auch ohne eine vorherige System-, Planungs- oder Implementationsbewertung auskommen, und umgekehrt. Die Vorgehensweise und welche Arbeitsschritte in eine Evaluation einbezogen werden, hängt nach diesen Modellen allein von den Informationsbedürfnissen der Entscheidungsträger ab.

Grundannahmen

**Grundannahmen im UCLA-Modell nach Alkin**

1. Bei Evaluationen handelt es sich um einen Prozess zum Sammeln von Informationen.
2. Die mit Hilfe einer Evaluation gewonnenen Informationen werden hauptsächlich dazu genutzt, um Entscheidungen über mögliche alternative Vorgehensweisen bei der weiteren Programmgestaltung zu treffen.
3. Diese Informationen sollen an den Informationsbedürfnissen der Entscheidungsträger orientiert sein und in einer Form präsentiert werden, dass sie diese aktiv nutzen können.
4. Unterschiedliche Entscheidungsproblematiken erfordern unterschiedliche Evaluationsformen.

Quelle: in Anlehnung an Alkin (1991: 4)

Die im CIPP-Modell und ganz ähnlich in dem hier dargestellten (nach dem Namen der Universität benannten) UCLA-Modell vertretenen Arbeitsschritte und Prinzipien finden sich in dieser oder vergleichbarer Form auch in anderen (neueren) managementorientierten Evaluationsansätzen wieder.

Joseph Wholey

Zu den weiteren Evaluationsmodellen, die Fitzpatrick, Sanders und Worthen (2004: 88ff.) unter die Rubrik „Managementorientierte Evaluationsansätze" einordnen, gehört der „Utilization-Focused Evaluation"-Ansatz von Michael Patton (siehe Kapitel 3.3.2) und die Arbeiten von *Joseph Wholey* (1983, 1994), die sich auf die praktische Verwendung von Evaluation im Bereich der öffentlichen Verwaltung konzentrierten.

Eine wesentliche *Stärke* der managementorientierten Evaluationsansätze wird in der klaren Ausrichtung von Evaluation an den Informationsbedürfnissen der Entscheidungsträger gesehen: „Focusing on informational needs and pending decisions of managers limits the range of relevant data and brings the evaluation into sharp focus" (Fitzpatrick u.a. 2004: 95). Dieser Vorteil dürfe nicht unterschätzt werden: „Experienced evaluators know how tempting it is simply to cast a wide net, collecting an enormous amount of information, only later to discard much of it because it is not directly relevant to the key issues or questions the evaluation must adress“ (ebd.). Die Fokussierung der Evaluationsperspektive auf die der Entscheidungsträger verhindere ein Abdriften in Richtung weniger relevanter Untersuchungsfelder.

Die managementorientierten Ansätze heben den Nützlichkeitsaspekt von Evaluationen hervor, indem sie Entscheidungserfordernisse und Informationsbedürfnisse explizit miteinander verknüpfen. Diese Ansätze haben zudenm schon frühzeitig deutlich gemacht, dass Programmmanager nicht warten müssen, bis ein Programm Wirkungen zeigt, um Evaluationen durchzuführen, sondern dass sich Evaluationen in allen Phasen eines Programms sinnvoll einsetzen lassen. Dadurch wurde vor allem die formative Aufgabenstellung von Evaluationen gestärkt (vgl. Kapitel 2.2.3).

Insoweit stellen diese Ansäte auch eine Erweiterung der zielorientierten Ansätze dar, da sie eben nicht nur die Zielerreichung in den Blick nehmen können, sondern auch Fragen der Programmplanung, -implementation und -entwicklung. Darüber hinaus heben die managementorientierten Evaluationsansätze die besondere Bedeutung einer zeitgerechten Berücksichtigung von Informationen hervor, damit eine zeitnahe Reaktion der Entscheidungsträger überhaupt möglich wird.

Kritik des Ansatzes

Allerdings weisen die managementorientierten Evaluationsansätze auch eine Reihe von *Schwächen* auf: Die Fokussierung auf die Informationsbedürfnisse der Entscheidungsträger stellt zwar einerseits eine Stärke dar, da auf diese Weise einer Evaluation eine klare Richtung vorgegeben wird, doch daraus erwachsen andererseits auch Nachteile. So kann es sein, dass kritische Themenaspekte bewusst ausgeblendet, wichtige Perspektiven nicht berücksichtigt und die Interessen der Stakeholder vernachlässigt oder gar gezielt unterdrückt werden. Es besteht die Gefahr, dass die Evaluatoren sich durch den Auftraggeber vereinnahmen lassen, mit der Folge: „the evaluator can become the ‚hired gun‘ of the manager and program establishment“ (Fitzpatrick u.a. 2004: 96). Die Verengung des Blickwinkels oder gar eine einseitige Auftraggeberperspektive kann nicht nur zur „Verfälschung“ von Evaluationsergebnissen und der Unterdrückung von wichtigen Meinungen und Perspektiven führen, sondern von vornherein zu einer stark verkürzten Evaluationsfragestellung. Die dem Ansatz zugrunde liegende Annahme, dass die Programmverantwortlichen schon im voraus genau wissen würden, welche Informationen sie für ihre Entscheidungsbedarfe benötigen, ist empirisch nicht haltbar und wird der Komplexität von Programmen und ihrer Umwelt nicht gerecht. Zudem kann diese Vorstellung dazu führen, dass Evaluationen nur mit einem sehr geringen finanziellen Budget ausgestattet werden und in einem eher knapp bemessenen Zeitrahmen durchgeführt werden sollen. Dies kann zu erheblichen Defiziten führen, die die Qualität einer Evaluation stark beeinträchtigen. Deshalb sollten auch managementorientierte Evaluationen darauf achten, dass andere Stakeholder in die Evaluationsplanung miteinbezogen werden, die Fragestellungen der Evaluation nicht zu eng formuliert und unterschiedliche Perspektiven zugelassen werden und dass Zeit- und Ressourcenargumente nicht dazu genutzt werden, konzeptionell und methodisch gründliche Evaluationen zu verhindern.

### 3.4.3 Konsumentenorientierte Evaluationsansätze

konsumentenorientierten Ansätze

Die management- und die konsumentenorientierten Evaluationsansätze haben insoweit eine Gemeinsamkeit, als sie beide vor allem bestimmten Stakeholder-Gruppen einer Evaluation dienen sollen. Während der eine Ansatz solide Informationen und Bewertungen für Managemententscheidungen bereitstellt, dient der Andere dazu, Konsumenten Kaufentscheidungen zu erleichtern. Beide Ansätze gewinnen demnach ihre Fokussierung vor allem in der Ausrichtung auf die Informationsbedürfnisse einzelner – jeweils unterschiedlicher – Adressatengruppen von Evaluationen.

Der *konsumentenorientierte Evaluationsansatz* ist eine Reaktion auf die zunehmende Produkt- und Dienstleistungsvielfalt mit konkurrierenden Angeboten, die sich für den einzelnen kaum mehr übersehen lässt. Der Ansatz zielt darauf ab, die Konsumenten bei der Beurteilung von Angeboten zu unterstützen. Hierfür werden in der Regel umfängliche „Evaluationschecklisten" angeboten, anhand derer Produkte und Dienstleistungen miteinander verglichen werden können. Am bekanntesten dürften in Deutschland die Produktprüfungen der „Stiftung Warentest" sein, bei denen anhand eines offengelegten Kriteriensatzes vergleichende Bewertungen vorgenommen werden.

Michael Scriven

In den USA wurden konsumentenorientierte Evaluationsansätze vor allem für die Klassifizierung von Bildungsangeboten entwickelt. *Michael Scriven* (1967, 1974, 1991, 2004), der wesentliche Beiträge zu diesem Ansatz lieferte und sich vor allem mit der Bewertung von Bildungsprodukten beschäftigte, entwickelte 1974 eine entsprechende *Checkliste*[56], die er später noch erweiterte. Dieses Evaluationsraster umfasst 15 allgemein formulierte Checkpoints. Dabei weist Scriven explizit darauf hin, dass es sich bei diesen Kriterien nicht um eine Maximalliste handelt, die beliebig gekürzt werden kann, sondern um „unverzichtbare" Prüfkriterien. In den USA wird der konsumentenorientierte Evaluationsansatz vor allem von staatlichen Einrichtungen und unabhängigen verbraucherorientierten Institutionen (vor allem im Bildungsbereich, z.B. dem Educational Products Information Exchange, EPIE, www.epie.org) genutzt.

Key Evaluation Checklist

**Key Evaluation Checklist nach Scriven**

- Hintergrund und Kontext eines Programms
- Beschreibung und Definitionen
- Konsumenten des Produkts („Impactees")
- Ressourcen des Programms („Strength Assessment")
- Werte, auf die sich das Programm bezieht
- Prozesse
- Outcomes
- Kosten
- Vergleiche
- Generalisierbarkeit
- Synthese

56 Diese Checkliste mit allen Details kann unter: www.wmich.edu/evalctr/checklists/evaluation-checklists/, (Stand: 09.01.14) heruntergeladen werden. Neben den von Michael Scriven entwickelten Checklisten finden sich dort weitere des Evaluationscenters der Western Michigan University.

- Mögliche Empfehlungen und Erklärungen
- Mögliche Verantwortlichkeiten und Rechtfertigungen
- Bericht und Unterstützung
- Metaevaluation

Quelle: www.wmich.edu/evalctr/archive_checklists/kec_feb07.pdf, Stand: 09.01.14 (Übersetzungen RS / WM)

Kritik des Ansatzes

Zu den *Stärken* der verbraucherorientierten Ansätze zählt vor allem, dass sie die für den einzelnen Konsumenten unübersichtliche Fülle von Angeboten nach ausgewählten Kriterien strukturieren und vergleichend bewerten. Den Verbrauchern werden sowohl Bewertungskriterien für die eigene Analyse als auch die Ergebnisse der durchgeführten Produktevaluationen zur Verfügung gestellt. Dadurch wird Markttransparenz erzeugt. Einerseits werden dadurch die Kaufentscheidungen der Verbraucher auf eine fundierte Informationsbasis gestellt und andererseits können bei den Anbietern die Ergebnisse zur Qualitätsverbesserung genutzt werden. Die Evaluationschecklisten stellen damit für den Anbieter wie den Konsumenten nützliche Instrumente dar, die einfach anzuwenden sind.

Allerdings werden die Kriterien ohne jede Beteilung der Stakeholder (Anbieter wie Konsumenten) entwickelt, so dass bestimmte Kriterien über- oder untergewichtet sein können oder ganz fehlen. Zudem wird *kritisiert*, dass die Durchführung von Produkttests zu steigenden Produktkosten führen kann. Die einmal festgelegten Kriterien (Standards) könnten sich auch hemmend auf die Entwicklung von Produktionsinnovationen auswirken. Ebenfalls wird zu bedenken gegeben, dass die Gefahr besteht, dass lokal begrenzte Produkte – die wegen des Aufwands nicht alle getestet werden können – durch überregionale (getestete) Produkte verdrängt werden (vgl. Fitzpatrick u.a. 2004: 324ff.).

Insgesamt ist festzuhalten, dass es sich bei dem konsumentenorientierten Evaluationsansatz um einen besonders speziellen Fall handelt, der ein sehr enges Aufgabenfeld umfasst. Sein Evaluationsgegenstand bezieht sich zwar zumeist auf Produkte oder Dienstleistungen, kann aber auch – zumindest in adaptierter Form (vgl. die Checkliste von Michael Scriven) – für die Evaluation von Programmen und Policies, sowie für Metaevaluationen herangezogen werden. Da er auf einem festen Katalog von Bewertungskriterien beruht, ist der Ansatz vorrangig summativ ausgelegt. Werden die Kriterien jedoch bereits schon in der Planungs- und Durchführungsphase verwendet, können sie auch formativen Charakter annehmen.

### 3.4.4 Expertenorientierte Evaluationsansätze

Expertenorientierte Ansätze

Die vierte von Fitzpatrick, Sanders und Worthen (2004: 112ff.) klassifizierte Gruppe von Evaluationsansätzen fällt logisch aus der selbstgewählten Systematik heraus. Wie eingangs dargestellt haben die Autoren als Klassifikationsmerkmal „the driving force behind doing the evaluation" (2004: 68) bestimmt. Dieses Merkmal greift jedoch hier nicht. *Expertenorientierte Evaluationen* definieren nicht einen Evaluationszweck, wie in den zuvor dargestellten Ansätzen, sondern eine Erhebungsmethode. Darüber hinaus könnte strenggenommen auch bezweifelt werden, ob Review-Verfahren, wie sie im Folgenden beschrieben werden, überhaupt Evaluationen darstellen.

Expertenorientierte Evaluationsansätze verwenden die professionellen Einschätzungen von Experten für die Beurteilung von Institutionen, Programmen, Produkten oder Aktivitäten. Auch wenn die anderen, bisher geschilderten Evaluationsansätze nicht ohne professionelle Expertise auskommen, so setzt dieser Ansatz prioritär auf die Beurteilung von Sachverhalten durch Experten. Da eine Person zumeist nicht alle Kompetenzen aufweist, die für eine umfassende Beurteilung notwendig sind, werden zumeist Teams mit komplementären Qualifikationen für Reviews eingesetzt.

Fitzpatrick, Sanders und Worthen (2004: 113) weisen darauf hin, dass es eine Vielfalt von solchen Evaluationsprozessen gibt, die so unterschiedliche Verfahren oder Einrichtungen umfassen, wie ein Promotionskolloquium, das von mehreren Professoren durchgeführt wird, eine Expertenkommission zu einem bestimmten Thema, Akkreditierungseinheiten professioneller Organisationen, staatliche Aufsichtsinstitutionen zur Einhaltung bestimmter Standards oder Peer Reviews zur Auswahl bei einer Zeitschrift eingereichter Artikel.

Um diese Vielfalt neu zu ordnen, unterscheiden die Autoren *vier Typen expertenorientierter Evaluation*, die sich anhand von fünf Dimensionen differenzieren lassen (Abbildung 3.5):

1. Gibt es eine formale Struktur für das Review-Verfahren?
2. Gibt es veröffentlichte Standards für das Verfahren?
3. Finden Reviews in jeweils spezifizierten Intervallen statt?
4. Beinhaltet das Review-Verfahren die Einschätzung mehrerer Experten?
5. Haben die Resultate des Review-Verfahrens Auswirkungen auf den Status des evaluierten Sachverhalts?

Typen expertenorientierter Evaluationsansätze

*Abbildung 3.5:* Typen expertenorientierter Evaluationsansätze

| Typen expertenorientierter Evaluationsansätze | Vorhandene Strukturen | Veröffentlichte Standards | festgelegter Rhythmus | Meinung mehrerer Experten | Beeinflussbarkeit durch Ergebnisse |
|---|---|---|---|---|---|
| Formale Review-Verfahren | Ja | Ja | Ja | Ja | Meistens |
| Informelle Review-Verfahren | Ja | Selten | Manchmal | Ja | Meistens |
| Ad hoc Panels | Nein | Nein | Nein | Ja | Manchmal |
| Ad hoc Review | Nein | Nein | Nein | Nein | Manchmal |

Quelle: Fitzpatrick, Sanders u. Worthen 2004: 113.

Am nächsten kommen formale, professionelle Review-Verfahren den Vorgehensweisen und Intentionen von Evaluationen, weshalb sich im Folgenden die Darstellung auf diesen Teilbereich beschränkt. Für diese Art von Review-Verfahren lassen sich bestimmte Merkmale bestimmen und ein deutlicher Trend zur Standardisierung erkennen.

| **Charakteristika formaler professioneller Reviewverfahren** |
|---|
| 1. Vorhandensein einer Struktur oder Organisation um periodische Reviews durchzuführen.<br>2. Veröffentlichte Standards (und möglicherweise Instrumente), die dafür zum Einsatz kommen.<br>3. Ein vorher festgelegter Rhythmus für die regelmäßige Durchführung von Reviews (z.B. alle fünf Jahre).<br>4. Eine Zusammenführung mehrerer Expertenmeinungen zu einer Gesamtbeurteilung.<br>5. Die Ergebnisse des Review-Verfahrens haben einen Effekt auf den evaluierten Sachverhalt. |

Quelle: Fitzpatrick, Sanders u. Worthen (2004: 114)

Akkreditierung

Die bekannteste Form dieses Typs expertengestützter Evaluation ist das *Akkreditierungsverfahren*, das als Prozess definiert wird „whereby an organization grants approval of institutions such as schools, universities, and hospitals" (ebd.). Insbesondere im Bildungsbereich haben Akkreditierungsverfahren in vielen Staaten einen enormen Aufschwung zu verzeichnen. In Deutschland wurde z.B. 1998 auf Beschluss der Hochschulrektorenkonferenz und der Kultusministerkonferenz ein *Akkreditierungsrat für das Hochschulwesen* eingerichtet, dessen Aufgabe es ist, „zur Entwicklung der Qualität von Studium und Lehre in Deutschland beizutragen und in diesem Sinne an der Verwirklichung des Europäischen Hochschulraums mitzuwirken" (siehe www.akkreditierungsrat.de). Das gesetzlich geregelte deutsche Hochschulakkreditierungssystem ist in Abbildung 3.6 schematisch wieder gegeben.

Deutsches Akkreditierungssystem

*Abbildung 3.6:* Das deutsche Akkreditierungssystem

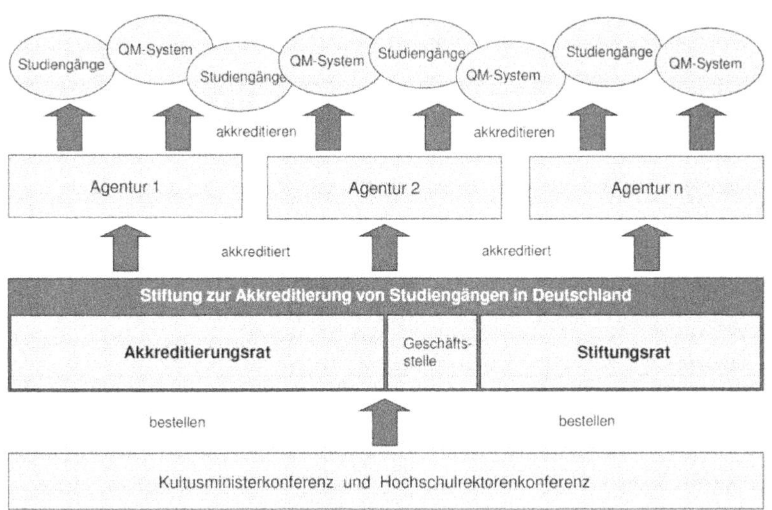


Quelle: http://typo3.akkreditierungsrat.de/fileadmin/Seiteninhalte/AR/Abbildungen/AR_Schaubild_System.pfd, Stand: 09.01.14)

Kriterien der Deutschen Akkreditierungsagentur

Für die Akkreditierung von Studiengängen verwendet die Deutsche Akkreditierungsagentur laut Beschluss vom 29.02.2008 folgende *Kriterien*:

(1) Systemsteuerung der Hochschule (u.a. Qualitätssicherungskonzept und Formulierung der Qualitätsziele)
(2) Qualifikationsziele des Studiengangkonzeptes (u.a. die Befähigung zur Aufnahme einer qualifizierten Beschäftigung)
(3) Konzeptionelle Einordnung des Studiengangs in das Studiensystem (u.a. die Anforderungen der ländergemeinsamen Strukturvorgaben)
(4) Das Studiengangkonzept (u.a. ob es innerhalb der Regelstudienzeit studierbar ist)
(5) Durchführung des Studiengangs (u.a. personelle und räumliche Ausstattung)
(6) Prüfungssystem
(7) Transparenz und Dokumentation
(8) Qualitätssicherung

Mit seinem Beschluß vom 08.12.2009, der in den letzten Jahren mehrfach modifiziert wurde (zuletzt am 23.02.2012) hat der Akkreditierungsrat die „Regeln für die Akkreditierung von Studiengängen und für die Systemakkreditierung“ neu gefasst. Sie lauten nun:

(1) Qualifikationsziele des Studiengangskonzeptes
(2) Konzepitionelle Einordnung des Studiengangs in das Studiensystem
(3) Studiengangskonzept
(4) Studierbarkeit (u.a. Eingangsvoraussetzungen, Studienplangestaltung, Bewertung der studentischen Arbeitsbelastung, Betreuungsangebote)
(5) Prüfungssystem
(6) Studiengangbezogene Kooperationen
(7) Ausstattung
(8) Transparenz und Dokumentation
(9) Qualitätssicherung und Weiterentwicklung
(10) Studiengänge mit besonderem Profilanspruch
(11)Geschlechtergerechtigkeit und Chancengleichheit

ZEvA

Die Akkreditierung führen Akkreditierungsagenturen wie z.B. die *Zentrale Evaluations- und Akkreditierungsagentur Hannover* (ZEvA) durch. Die ZEvA ist 1995 von der Landeshochschulkonferenz (LHK) Niedersachsen als gemeinsame Institution der Hochschulen des Bundeslandes eingerichtet worden und hat 1998 ein eigenes Konzept zur Umsetzung des Akkreditierungsverfahrens entwickelt. Seit Februar 2000 führt ZEvA als erste vom deutschen Akkreditierungsrat zertifizierte Agentur bundesweit Akkreditierungen entsprechend dieses Verfahrens durch, welches allerdings entsprechend der sich verändernden gesetzlichen Grundlagen sowie der Beschlüsse von Kultusministerkonferenz, Hochschulrektorenkonferenz und Akkreditierungsrat immer wieder angepasst werden muss. So gibt es z.B. neben der im folgenden Kasten dargestellten Programmakkreditierung für einzelne Studiengänge auch eine Cluster- und eine Systemakkreditierung. Beide Verfahren dienen der Vereinfachung und Bündelung des Akkreditierungsverfahrens: in der Clusterakkreditierung werden mehrere ähnliche Studiengänge zusammengefasst, die seit 2004 mögliche Systemakkreditierung bietet Hochschulen die Option, alle Studiengänge und Strukturen bei einer Umstellung auf den Prüfstand zu stellen.

Ablauf des Akkreditierungsverfahrens

**Ablauf des Programmakkreditierungsverfahrens nach ZEvA**

1. Phase: Antrag
   a. Antrag der Hochschule an die ZEvA
   b. Beratung und Vertrag
   c. Vorprüfung der Unterlagen
2. Phase: Externe Begutachtung
   a. Bestellung der Gutachter
   b. Vor-Ort-Begutachtung
   c. Bewertungsbericht der Gutachter an die Hochschule
   d. Stellungnahme der begutachteten Hochschule
3. Phase: Beratung und Entscheidung der SAK[1]
   a. Bewertungsbericht und Stellungnahme an die SAK
   b. Beschlussfassung
   c. Bekanntgabe des Beschlusses

1 SAK=Stiftung zur Akkreditierung von Studiengängen in Deutschland

(Quelle: http: //www.zeva.org/de/programmakkreditierung/verfahrensablauf/, Stand: 09.01.14).

Kritik des Ansatzes

Die öffentliche *Kritik* an diesem Akkreditierungsverfahren ist teilweise recht heftig. So wird die Akkreditierung von Juristen z.B. „als rechtswidrige Parallelverwaltung“ (Lege 2006) gegeißelt und selbst von Rechnungsprüfern als „bürokratisch aufgebläht“ bezeichnet. Wegen des „unverhältnismäßig hohem Aufwands“ und der wenig zuverlässigen Ergebnisse infolge der großen Ermessensspielräume der Agenturen sei das Akkreditierungsverfahren „nicht weiter hinnehmbar und praktizierbar“ urteilt der Thüringer Rechnungshof (Thüringer Rechnungshof 2008). Dennoch schreitet im Zuge des Bologna-Prozesses an den Hochschulen die Einführung von Akkreditierungsverfahren überall in Europa voran, auch wenn die eingesetzten Konzepte trotz der sich immer stärker vereinheitlichenden gesetzlichen Grundlagen immer noch sehr unterschiedlich sind.[57]

Es haben sich allerdings einige *Grundstrukturen* herausgebildet, die Scriven (1984) schon vor Jahren wie folgt zusammengefasst hat:
Veröffentlichte Standards.

- Eine Selbstevaluation der untersuchten Institution.
- Ein Team externer Evaluatoren.
- Eine Ortsbegehung (site visit).
- Ein darauf basierender Bericht, in der Regel mit Empfehlungen.
- Ein Review dieses Berichts durch ein besonderes geeignetes Panel.
- Ein abschließender Bericht sowie die Akkreditierung durch die Akkreditierungsagentur.

---

57 Siehe z.B. die französische Variante der Akkreditierung im Vergleich zur Deutschen, vgl. dazu die Beschreibung der Vorgehensweise der Comité National d'Evaluation CNE (www.cne-evaluation.fr).

Formale Akkreditierungssysteme beruhen zudem auf der gemeinsamen Annahme, „that only members of a profession are qualified to judge the activities of their peers" (Fitzpatrick 2004: 116). Deshalb werden die externen Reviewer, die die Ortsbegehung vornehmen, als auch das Reviewpanel für die Bewertung des Berichts aus dem Kreis der Profession ausgewählt, deren Arbeit sie beurteilen sollen. Darüber hinaus werden auch die Standards und Bewertungskriterien für die Reviews von diesem Personenkreis – ohne Mitwirkung anderer Stakeholder – bestimmt.

Prüfkriterien der Akkreditierung

Hinsichtlich der *Prüfkriterien* stehen vor allem eine adäquate Ausstattung, Qualifikation des Personals und die Angemessenheit der organisatorischen Prozesse im Vordergrund. Während es bereits eine Reihe von Versuchen gibt, auch die Zielerreichung zu erfassen (z.B. im Wissenschaftsbereich anhand von Indikatoren wie Anzahl der Publikationen, Zitationen, Drittmitteleinwerbungen etc.) befindet sich die Messung von Wirkungen noch in den Anfängen. Vergleicht man auch bei diesem Ansatz abschließend wieder *Stärken und Schwächen*, dann ist festzustellen, dass die Leistungen expertengestützter Evaluationsverfahren vor allem in der Entwicklung von Standards und Beurteilungskriterien zu sehen sind. Die Durchführung von Selfassessments, die in der Regel im Rahmen von Akkreditierungsverfahren eingeräumt wird, macht eine intensive Auseinandersetzung mit den eigenen Strukturen und Prozessen notwendig und kann dadurch der Aufdeckung eigener Stärken und Schwächen dienen, die die Chance für Verbesserungen bieten. Die externe Sichtweise durch die Reviewer ermöglicht zudem eine unabhängige Perspektive, die mit den Ergebnissen aus der Selbsteinschätzung verglichen werden kann und auch dadurch Lernpotenziale erschließt.

Gleichzeitig weist der expertengestützte Beurteilungsansatz jedoch auch eine Reihe markanter Schwächen auf. Wie schon erwähnt, stammen die Experten, die die Kriterien für die Reviews festlegen, die Experten für die Ortsbegehungen sowie für die Bewertung der angefertigten Berichte alle aus dem selben professionellen Pool, so dass nicht nur die Gefahr einseitiger Beurteilungen besteht (nach dem Motto: „eine Krähe hackt der Anderen kein Auge aus"), sondern auch, dass die externe Perspektive, die neue Ideen einbringen soll, gar nicht so extern ist („alle schmoren im gleichen Saft"). Akkreditierungen umfassen zudem häufig nur ein sehr begrenztes Spektrum von Fragestellungen. Nicht-intendierte Effekte werden nahezu vollkommen ausgeblendet. Zudem besteht eine starke Vorliebe für quantitative Indikatoren, weil diese leichter messbar sind. Dadurch werden häufig qualitative Indikatoren vernachlässigt. Hinzu kommt, dass die zugrunde gelegten Standards in der Regel nicht gewichtet sind, so dass neben trivialen imminent wichtige Faktoren stehen können.

Auch die implizite Annahme, auf der jedes Review-Verfahren basiert, dass die jeweils für die Durchführung eines Reviews herangezogenen Experten über die für eine Beurteilung erforderlichen fachlichen und sonstigen Kompetenzen verfügen, kann anhand objektiver Maßstäbe nur schwer überprüft werden. Erschwerend kommt hinzu, dass nicht auszuschließen ist, dass die Bewertungen der einzelnen Experten trotz publizierter Standards durch die persönlichen Präferenzen und den subjektiven Erfahrungshorizont jedes einzelnen Akteurs zu Verzerrungen führen.

Deshalb werden Reviews häufig auch dahingehend *kritisiert* „that it often permits evaluators to make judgements that reflect little more than personal biases“ (Fitzpatrick u.a. 2004: 123). Scriven (1984: 73) spart ebenfalls nicht mit Kritik an Review-Verfahren und nennt Akkreditierungen „an excellent example of one might with only slight cynicism call a pseudo-evaluative process, set up to give the appearance of self-regulation without having to suffer the inconvenience“. Nicht zuletzt sollte auch bedacht werden, dass Akkreditierungsprozesse mit erheblichen finanziellen und zeitlichen Belastungen verbunden sind, die dazu führen können, dass Institutionen sich diese Kosten nicht leisten können. Dies kann dann automatisch zu Abwertungen führen, obwohl die Qualität der nicht-akkreditierten Institutionen bzw. ihrer Produkte natürlich nicht schlechter sein muss als bei einer akkreditierten Institution.

### 3.4.5 Partizipative Evaluationsansätze

Partizipative Absätze

Wie eingangs dargestellt, wurden die Anfangsjahre der Evaluationsforschung von einem *positivistisch-methodologischen Rigorismus* geprägt. Die Evaluatoren waren darauf bedacht, nicht nur die Wirkungen von Programmen zu identifizieren, sondern vor allem auch „die wahren Zusammenhänge“ zwischen kausalen Kräften aufzudecken (vgl. Cook u. Matt 1990: 20), damit Programmentscheidungen nicht auf der Basis „falscher“ Behauptungen getroffen würden. Gegen die gängige Praxis, sozialwissenschaftliche Methoden auf Evaluationsfragestellungen zu übertragen, kam schon Mitte der 60er Jahre Kritik auf, die sich nach Fitzpatrick, Sanders und Worthen (2004: 130f.) insbesondere darauf bezog, dass die Evaluatoren überwiegend damit beschäftigt seien, Programmziele zu explizieren, elaborierte Evaluationssysteme und aufwändige Instrumente zu entwickeln sowie lange Berichte zu verfassen. Dies lenke sie davon ab, zu erkennen, was wirklich in den von ihnen zu evaluierenden Programmen ablaufe. Nicht nur die anfangs verwendeten experimentellen Methoden, auch die konventionelle Verwendung von Surveys wurde zunehmend kritisiert: „with long questionnaires tended to be drawn-out, tedious, a headache to administer, a nightmare to process and write up, inaccurate and unreliable in data obtained, leading to reports, if any, which were long, late, boring, misleading, difficult to use, and anyway ignored“ (Chambers 1994: 956). Zudem wurde bemängelt, dass viele groß angelegte Evaluationsstudien durchgeführt worden seien, ohne dass die Evaluatoren vor Ort waren. Die Kritik gipfelte in dem Vorwurf, dass den konventionellen, aus der Wissenschaft übernommenen Untersuchungsdesigns, die „menschliche“ Komponente fehle und deshalb die Programmbeteiligten stärker in Evaluationen mit einbezogen werden müssten. Aus dieser Forderung nach mehr *Partizipation der Betroffenen* entwickelte sich eine Fülle von Ansätzen, die zu einer der umfangreichsten Diskussionen in der Evaluationsforschung führten[58].

58 Gerade in der Evaluation der Entwicklungszusammenarbeit haben partizipative Ansätze einen überwältigenden Zuspruch erfahren, wobei sich hier besonders die Grenzen zwischen Projektplanungs-, durchführungs- und Evaluationsansätzen verwischen. Zu einer zusammenfassenden Würdigung vgl. Caspari 2004: 101ff..

Auf einige Aspekte dieses Anspruchs zur Beteiligung von Stakeholdern im Allgemeinen und von den Betroffenen im Speziellen wurde bereits an anderer Stelle eingegangen (siehe Kapitel 3.2.3, 3.2.4 und 3.3.2). Dort sind auch eine Reihe der von Fitzpatrick, Sanders und Worthen aufgeführten Autoren (Stake; Guba u. Lincoln; Patton) und deren Evaluationskonzeptionen vorgestellt worden. Über die diesen *partizipativen Ansätzen* gemeinsame inhärente Forderung nach Beteiligung der Stakeholder an einer Evaluation geht der Ansatz der *Empowerment Evaluation* hinaus. Wie auch die *partizipatorischen Evaluationsansätze* – auf die hier nicht eingegangen wird[59] – hat dieses Konzept seine Wurzeln in der Aktionsforschung und verlangt „that evaluators should not only facilitate citizen participation in evaluation, but also become advocates for societies' disenfranchised and voiceless minorities". Der Evaluator als Anwalt der Benachteiligten verhilft diesen zu mehr Kompetenzen (nicht nur im Hinblick auf Evaluation), damit sie an Selbstbestimmung und -verantwortung gewinnen.

Empowerment Ansatz

partizipatorische Ansatz

David Fetterman

Der Empowerment Ansatz, der von *David Fetterman* (1994, 2000a, 2000b, 2004) entscheidend mitgeprägt wurde, wirft die klassischen Gütekriterien wie Objektivität, Validität und Reliabilität bewusst über Bord, da Wissenschaft und insbesondere Evaluation nie „neutral" gewesen seien und es eine wissenschaftliche Wahrheit sowieso nicht gebe. Stattdessen solle Evaluation dazu genutzt werden, die Kompetenzen der Beteiligten so zu stärken, dass sie in der Lage sind, ihre eigene Situation selbst zu verbessern.

Stärken des Empowerment Ansatzes

**Stärken des Empowerment Ansatzes nach Fetterman**

1. Die Stakeholder können nach einem entsprechenden Training durch die Evaluatoren selbst Evaluationen durchführen (training).
2. Dem Evaluator kommt dabei die Rolle eines Helfers zu (facilitation).
3. Er tritt außerdem als Anwalt für die Benachteiligten auf (advocacy).
4. Die Beteiligten gewinnen ein besseres Programmverständnis (illumination).
5. Die Empowerment Evaluation trägt dazu bei, dass sich die Beteiligten aus ihren traditionellen Rollen und den damit verbundenen Erwartungen befreien (liberation).

Quelle: in Anlehnung an Fetterman (1994: 3ff.)

Natürlich sind keineswegs alle Evaluatoren mit dieser Neudefinition ihrer Rolle und dem darauf basierenden Konzept der Evaluation einverstanden. So weist z.B. Stufflebeam (1994: 323) darauf hin, dass „helping people help themselves" ein wohlfeiles Ziel ist, doch dass dies nicht Aufgabe der Evaluation sei.

Partizipationsverständnis

Ein gutes Unterscheidungsmerkmal für die interne Differenzierung partizipativer Ansätze bietet das Partizipationsverständnis, das diesem zugrunde liegt. Die Frage, *wer, woran und in welchem Ausmaß beteiligt sein soll*, lässt sich in den einzelnen Ansätzen sehr unterschiedlich beantworten und reicht von der Konsultation der Beteiligten (Responsive Evaluation) bis zur Mitwirkung (Naturalistische Ansätze) oder gar eigenständigen Durchführung von Evaluation (Em-

59 Als Hauptvertreter der partizipatorischen Evaluationsansätze (participatory evaluation) gelten Cousins u. Earl (1995, Cousin 2004) und Whitmore (1998). Nicht zu verwechseln mit dem hier verwendeten Oberbegriff „partizipative Evaluationsansätze" (participant-oriented evaluation approaches).

powerment Ansätze). Dabei ist zu beobachten, dass sich das Partizipationsverständnis von der Frage „whose reality counts“ zu der Frage „who counts reality“ wandelte (vgl. Caspari 2004: 102). Aus dem Plädoyer für eine explizite Berücksichtigung der Perspektiven und Werte der einzelnen Stakeholder wurde die Forderung nach einer extensiven Beteiligung der Stakeholder bis hin zur Verantwortungsübernahme für die Evaluation.

Melvin M. Mark, Gary T. Henry George Julnes

Eine Alternative zu diesem Partizipationsverständnis bietet zum Beispiel das Evaluationskonzept von *Melvin M. Mark, Gary T. Henry* und *George Julnes* (Mark u.a. 2000, 1999; Henry u.a. 1998; Henry 1996; Julnes u.a. 1998)[60]. Der zentrale Begriff dieser Autoren ist *„social betterment“* (soziale Verbesserung) und sie stellen diesem dem Anspruch der Nützlichkeit („utilization“) und damit den Stakeholder basierten Ansätzen (vor allem Patton und Weiss) entgegen: „Social betterment, rather than the more popular and pervasive goal of utilization, should motivate evaluation“ (Mark u.a. 2000: 19). Im Unterschied zu patizipativen Ansätzen sind eindeutig die Entscheidungsträger Adressaten für „Social Betterment“ und nicht die Betroffenen selbst. Es geht darum, Programme zu entwerfen, die Menschen helfen, Notsituationen zu überwinden und das Ziel der Evaluation ist es, Informationen für deren Verbesserung bereit zu stellen. Dies ist die Aufgabe von Experten und nicht von den Betroffenen selbst.

Social Betterment

Auf der anderen Seite wenden sich die drei Autoren nicht prinzipiell gegen einen partizipatorischen Evaluationsansatz, sondern möchten diesen in ein übergeordnetes Konzept eingebunden wissen: „Evaluation success should not be defined solely in terms of method, theory, direct utilization, or staff or client empowerment. ... The alternative we present might be called betterment-driven evaluation. That is, decisions about an evaluation and the definition of its success should be driven by an analysis of the potential contribution that the evaluation can make, in the particular circumstances, to the democratic process that define and seek social betterment“ (Mark u.a. 2000: 11f.). Mit andern Worten suchen Mark, Henry und Julnes ein integratives Konzept, welches die hier vorgestellten Komponenten verbindet und entsprechend des gesellschaftlichen Bedarfs zum Einsatz bringt. Gleichzeitig wenden sie sich damit gegen die Vorstellung, nur ein partizipativer Ansatz, der möglichst die Betroffenen zu Evaluatoren ausbildet, könne für diese nützlich sein. Sie machen dabei deutlich, dass Evaluation nicht nur im Auftrag der Zielgruppen handelt, sondern eine gesellschaftliche Funktion hat und deshalb auch eine soziale Verantwortung gegenüber politischen Gremien, Steuerzahlern und Personen, die nicht in das Programm eingebunden sind oder nicht von diesem profitieren können, hat.

Betterment-Driven-Evaluation

**Aufgaben der Betterment-Driven Evaluation nach Mark u.a.**

1. *„Assessment of merit and worth*: the development of warranted judgments, at the individual and societal level, of the value of a policy or a program.
2. *Program and organizational improvement*: the effort to use information to directly modify and enhance program operations.

60 Der in Kapitel 5.2 vorgestellte pragmatische „Real World“ Ansatz von Bamberger u.a. ist eine weitere Variante. Dort bezieht sich das „Empowerment“ ausschließlich auf die Projektverantwortlichen und nicht auf die Zielgruppen.

3. *Oversight and compliance*: the assessment of the extent to which a program follows the directives of statutes, regulations, rules, mandated standards or any other formal expectations.
4. *Knowledge development*: the discovery or testing of general theories, propositions, and hypotheses in the context of policies and programs."

Quelle: Mark u.a. (2000: 13).

Kritik des Ansatzes

Die Befürworter partizipativer Ansätze heben als *Vorteile* vor allem die explizite Berücksichtigung der „menschlichen" Komponente bei der Planung und Durchführung von Evaluationen hervor sowie die klare Fokussierung auf die Bedürfnisse derjenigen, die letztlich von Evaluationen profitieren sollen. Die konzeptionelle Weite, die die Vielfalt der verschiedenen Interessenperspektiven einfangen kann, wird als weitere Stärke dargestellt, da dadurch neuartige Einsichten in die Programmzusammenhänge gewonnen werden könnten. Zudem werde dadurch eine Identifizierung möglicher nicht-intendierter Wirkungen erleichtert. Auch die Verwendung multipler Methoden, die große Flexibilität des Ansatzes bei der Durchführung von Evaluationen sowie speziell der Ausbildungsaspekt im Rahmen der Kompetenzbildung (Empowerment-Ansatz) für die eigenverantwortliche Durchführung von Evaluationen werden als weitere Vorteile genannt (vgl. Fitzpatrick u.a. 2004: 146ff.).

Allerdings gibt es auch eine Fülle von *Kritik* an dieser Art von Evaluationen. Am grundsätzlichsten ist der Einwand zu werten, dass den partizipativen Ansätzen wegen ihrer politischen Komponente (insbesondere dem Empowerment-Ansatz) die Erfüllung wissenschaftlicher Gütekriterien wie Objektivität, Validität und Reliabilität abzusprechen ist und es sich deshalb nicht um wissenschaftliche Ansätze handelt. Auch die Übertragung der Bewertungskomponente vom Evaluator auf die Programmbeteiligten – wie sie in manchen partizipativen Modellen vorgesehen ist – wird von einigen Evaluationsforschern als Abkehr vom eigentlichen Konzept der Evaluation angesehen.

Da die Ansätze von ihrem theoretischen Grundverständnis her recht komplex sind, lassen sie sich in der Praxis nur schwer umsetzen, so dass die Gefahr einer vereinfachten, unreflektierten Anwendung droht. Durch die Einführung von Prinzipien wie der „optimalen Ignoranz" (unnötige Genauigkeit soll vermieden werden), „good enough" (zufriedenstellende Genauigkeit ist ausreichend) oder der „angemessenen Ungenauigkeit" (vgl. Laderchi 2001: 5) in manchen partizipativen Ansätzen sowie mit der Ansicht (zumindest in den Empowerment-Ansätzen), dass jeder Beteiligte die Entwicklung und Anwendung der notwendigen Evaluationsinstrumente schnell selbst erlernen könne, wird diese Tendenz gestützt.

Ein weiteres Problem stellt die *fehlende Repräsentativität* von Befunden sowie ihre geringe Verallgemeinerbarkeit dar, da die partizipativen Ansätze sich stark am Einzelfall orientieren und ihnen die Repräsentativität nicht so wichtig erscheint: „Participatory approaches are more relaxed about sampling, assuming that if there is enough consultation and good will, the right voices will be heard. (...) But here is where the participatory practice falls short, and for a simple reason. Being relaxed about sampling often means falling back on the judgement of local groups, village governing bodies and user committees about who should and should not be consulted, and this is risky" (Freedman 1997: 776).

Die Frage, inwieweit die an einer Evaluation partizipierenden Personen repräsentativ für die Beteiligten oder Gruppen, für die sie sprechen, sind, wird im Kontext der partizipativen Ansätze überraschend wenig thematisiert. Da jedoch klar ist, dass es bei den wenigsten Evaluationsvorhaben gelingen wird, alle denkbaren Interessenperspektiven zu berücksichtigen oder alle Stakeholder in den Prozess mit einzubeziehen, besteht die Gefahr, dass vor allem nicht organisierte Interessen, wie dies häufig bei benachteiligten Bevölkerungsgruppen der Fall ist, nicht ausreichend vertreten sind. Bei den Beteiligten stellt sich die Frage, wen sie vertreten und ob sie legitimiert sind, für Andere zu sprechen. Nicht immer werden sich überhaupt Repräsentanten finden. In diesem Fall hilft auch der aus der Empowerment-Evaluation kommende Vorschlag kaum weiter, dass die Evaluatoren die Interessen der Benachteiligten wahrnehmen sollen. Ein solches Vorgehen würde voraussetzen, dass die Evaluatoren die tatsächlichen Bedürfnisse der nicht vertretenen benachteiligten Bevölkerungsgruppen kennen würden. Doch dies ist kaum ernsthaft anzunehmen (vgl. Mertens 2004: 45ff.; Lee 2004: 135ff.).

Bei aller berechtigten Kritik an partizipativen Evaluationsansätzen sollte jedoch nicht vergessen werden, dass sie die Evaluationsforschung enorm bereichert haben, nicht nur durch die Entwicklung einer eigenständigen Evaluationsform, sondern vor allem auch durch den *Perspektivenwechsel* in der Evaluationsforschung insgesamt. Die Beteiligung der Stakeholder bei Planung und Durchführung von Evaluationen, die Berücksichtigung ihrer Bewertungskriterien und Interessen, die Erfassung ihrer verschiedenen Perspektiven, Einschätzungen und Bewertungen sind in – unterschiedlichem Umfang – Bestandteil der meisten Evaluationen geworden. Gravierender Dissens besteht im Grunde nur im Hinblick auf den Umfang der Beteiligung.

### 3.4.6 Zusammenfassung und Bewertung

Zusammenfassende Bewertung der Systematik

Fitzpatrick, Sanders und Worthen orientieren sich im Unterschied zu den anderen hier vorgestellten Systematiken für Evaluationsansätze mehr an der praktischen Ausrichtung der Evaluation als an den Tätigkeiten der Evaluatoren. Sie gewinnen dabei fünf verschiedene Kategorien, von denen allerdings eine – die expertenorientierten Ansätze – nicht stringent in das Klassifikationsmuster eingebunden ist. Ferner gelingt auch hier die Zuordnung der Ansätze nicht trennscharf, d.h. es gibt zumindest einzelne Autoren/Konzepte die mit gutem Recht zwei oder mehreren Kategorien zugewiesen werden könnten, weil sie klassenbildende Aspekte von beiden enthalten.

Durch den Verzicht auf eine Metapher vermeiden Fitzpatrick, Sanders und Worthen die Andeutung einer Entwicklungsrichtung: Es ist genauso vorstellbar, dass eine neue, sechste Kategorie sich aufgrund der Evaluationspraxis herausbildet wie sich eventuell zwei zu einer Klasse zusammenschließen könnten. Während das Baummodell einen kontinuierlichen Differenzierungsprozess aus einem gemeinsamen Stamm und zwei Wurzeln suggeriert, der sich in immer weiteren Ästen verzweigt, und das Generationenmodell einen linearen Wachstumsprozess postuliert, welches vorangegangene Entwicklungsstufen überwindet, bleibt das Nutzungsmodell von Fitzpatrick, Sanders und Worthen in diesem Punkt neutral.

Bezüglich der Konzeptionen und Autoren, die in ein solches Klassifikationsschema aufzunehmen sind, herrscht weitgehende Einigkeit: die zentralen konzeptionellen Beiträge von Autoren wie Tyler, Scriven, Stake, Stufflebeam, Rossi, Chen, Patton, Guba und Lincoln, Fetterman und noch einigen mehr sind innerhalb der Evaluationsgemeinschaft hinsichtlich ihrer Bedeutung nicht umstritten. Allerdings zeigt sich hier gleich in zweierlei Hinsicht ein „bias“ bezüglich der erziehungswissenschaftlichen und psychologischen Forschung sowie dem nordamerikanischen Subkontinent: die europäische, asiatische oder afrikanische Evaluationsforschung – so klein und unbedeutend ihr Beitrag auch sein mag – wird ebenso wenig beachtet wie die Entwicklungen in der Ökonomie, Politikwissenschaft und – mit Abstrichen – sogar in der Soziologie.

Trotz des Perspektivenwechsels hat das Konzept von Fitzpatrick, Sanders und Worthen auch etwas gemeinsam mit den anderen hier vorgestellten Klassifikationssystemen: das Ordnungsprinzip unterstellt die Möglichkeit einer exakten Zuordnung jedes Ansatzes in eine der vorgegebenen Klassen und impliziert damit eine optimale Abgrenzung der Klassen untereinander. Beispielsweise sollte es keinen „Managementorientierten“ Ansatz geben, der zugleich auch „Expertenorientiert“ ist – obwohl einmal die Zuordnung über die Informationsbedürfnisse der Evaluationsnutzer und das andere Mal über die Tätigkeit der Evaluationsdurchführer erfolgt. Aufgrund der Tatsache, dass es kaum Evaluationsansätze gibt, die beide Perspektiven nicht zumindest in einem gewissen Umfang berücksichtigen, verliert das Ordnungsschema an Trennschärfe und muss sich entsprechend den Vorwurf einer gewissen Beliebigkeit bei der Zuordnung machen lassen.

Im Folgenden soll nun der Versuch unternommen werden, auch diese Verankerungen zu vermeiden und eine Klassifikation der Evaluationsansätze allein anhand deren gesellschaftlicher Funktionen vorzunehmen. Damit entfernt sich das Ordnungsprinzip nicht allzu weit von den Vorstellungen Fitzpatrick, Sanders und Worthen – auch hier geht es um Ziele und Aufgaben der Evaluation – folgt aber einem vorgegebenen theoretischen Rahmenkonzept. Wie in Kapitel 2.2.3 vorgestellt, erfüllen Evaluationen vier verschiedene Leitfunktionen, nämlich die Gewinnung von Erkenntnissen, die Ausübung von Kontrolle, die Auslösung von Entwicklungs- und Lernprozessen sowie die Legitimation der durchgeführten Maßnahmen, Projekte oder Programme.

Dabei wird impliziert, dass für die Erreichung der einzelnen Evaluationszwecke die verschiedenen Evaluationsansätze in unterschiedlichem Maße geeignet sind. Im folgenden sollen die vier Funktionsdimensionen zur Strukturierung der Evaluationsansätze genutzt werden.

## 3.5 Systematik nach Stockmann und Meyer: Das Funktionsmodell

Funktionsmodell von Stockmann und Meyer

Ausgangspunkt des Funktionsmodells ist die Frage, warum es überhaupt Evaluationen gibt. Wie zu Beginn des Buchs geschildert, sind Evaluationen ein „Kind“ moderner Gesellschaften und mit deren Aufkommen und Weiterentwicklung untrennbar verbunden. Sie sind das Ergebnis eines bestimmten Steuerungsbewusstseins, welches Grundprinzipien wie Rationalität, Gerechtigkeit, Transparenz, Partizipation als wichtige Elemente in sich trägt. Die feudale Gesellschaft z.B. brauchte sich nicht gegenüber ihren Bürgern zu legitimieren und erst seit der Aufklärung war ein gestiegenes Interesse an Erkenntnisgewinn zu konstatieren.

Nur die modernen Gesellschaften bemühen sich um Transparenz und sind überhaupt bereit, die Relevanz von Politiken anhand allgemein akzeptierter Normen und Werten prüfen zu lassen. Lediglich demokratische Regime benötigen eine Legitimierung ihrer politischen Entscheidungen gegenüber den Bürgern, deren Interessen sie auf Zeit vertreten. Und erst hierdurch entsteht auch der Bedarf, die Programmsteuerung zu optimieren, um möglichst effektiv zu gesellschaftlichen Verbesserungen aktiv gestaltend beitragen zu können.

In Kapitel 2.2.3 wurde darauf hingewiesen, dass die vier Leitfunktionen der Evaluation keineswegs unabhängige Zielgrößen sind, die sich eindeutig voneinander trennen lassen. Es wurde aber behauptet – und zumindest anhand einiger Beispiele belegt – dass die Themenstellungen verschiedene Herangehensweisen nahelegt, die sich dann in unterschiedlichen Evaluationskonzepten niederschlägt. Dementsprechend ist im Folgenden zu zeigen, in welcher Form sich die vorgestellten Konzeptionen hinsichtlich der vier Funktionen zuordnen lassen.

Dabei werden die Grenzen zwischen den vier Funktionen nicht als starr und unüberwindbar gesehen, sondern im Gegenteil die einzelnen Funktionen als überlappende Dimensionen begriffen. Für eine exakte Zuordnung müsste eine Verortung im vierdimensionalen Raum anhand von metrischen Skalen erfolgen. Da eine entsprechende Operationalisierung nicht erfolgte, sind die im Folgenden vorgenommenen zweidimensionalen graphischen Illustrationen nur als solche und nicht als wissenschaftlich fundierte Befunde zu verstehen.

Ein weiteres Problem besteht darin, zu definieren, was in dieses Schema sortiert werden soll. Die hier vorgestellten Autoren hatten durchaus in einzelnen Fällen Schwierigkeiten, trennscharf zu bestimmen, was eine Evaluationskonzeption ist, bzw. ab wann von einer Evaluation zu reden ist oder wie lange es sich noch um Grundlagenforschung handelt. Alkin und Christie reden sogar von Evaluationstheorien, was – wenn wissenschaftliche Maßstäbe bezüglich des Theorieanspruchs angelegt werden würde – die Zahl der zuordenbaren Beiträge dramatisch reduzieren würde. Schließlich haben alle hier vorgestellten Klassifikationen primär *Personen* zugeordnet und dabei mehr oder weniger die Entwicklungsprozesse der unterschiedlichen Autoren bezüglich ihrer Konzepte unterschlagen oder zumindest zurückgestellt.

Wenn nun in einem ersten Schritt der gleichen Logik gefolgt wird, dann vor allem, um die Vergleichbarkeit dieser Klassifikation zu den bereits vorgestellten zu gewährleisten und dabei die Leistungsfähigkeit des eigenen Klassifikationsprinzips zu demonstrieren. Der grundsätzlichen Problematik einer fehlenden Darstellung von Weiterentwicklungen einzelner Konzeptionen durch die Autoren selbst entgeht allerdings der im nächsten Abschnitt vorgestellte eigene Systematisierungsvorschlag nicht.

### 3.5.1 Personenbezogene Systematisierung

Die Systematisierung nach den vier Funktionen erfasst die in diesem Kapitel angesprochenen Autoren und erhebt damit nicht den Anspruch auf Vollständigkeit der Darstellung aller vorgelegten Evaluationskonzepte. Andererseits ist allerdings festzuhalten, dass bezüglich der Bedeutung der hier aufgelisteten Autoren und Konzepte für die Entwicklung der Evaluation ein breiter Konsens vorliegt und sich ein Einführungsbuch natürlich vorrangig auf diesen Bereich konzentrieren sollte. Prinzipiell ist aber eine Einordnung jedes weiteren Autors (bzw. Konzepts) unter Zugrundelegung der vier Funktionen problemlos möglich und erfordert keine Veränderungen des Ordnungsprinzips. Es wird im Unterschied zu den anderen hier vorgestellten Klassifikationen also eine Allgemeingültigkeit postuliert.

Der erste Blick auf die graphische Darstellung (Abbildung 3.7) soll der „radikalen“ Position am linken oberen Ende gelten, also jenen Autoren/Konzepten die eindeutig der Erkenntnisfunktion zugeordnet sind und die kaum Bedeutung für die anderen Funktionen haben. Von den hier vorgestellten Autoren ist sicherlich Campbell derjenige, der am stärksten in der *Grundlagenforschung* verankert war und dessen Konzeptionen sich primär am (eigenen) *Erkenntnisinteresse* ausrichteten. Selbstverständlich könnten hier eine Vielzahl anderer Autoren zusätzlich aufgeführt werden, die sich nicht der Evaluation verpflichtet haben, sondern einer *anwendungsbezogenen Feldforschung* in ihren jeweiligen Disziplinen. Je nach Grenzziehung könnte z.B. die Chicago-School der Soziologie, die Hawthorne Studie oder Autoren wie Paul Lazarsfeld an dieser Stelle der Evaluation zugeordnet werden. Bei allen Unterschieden ist dieser Gruppe von Autoren gemeinsam, dass ihr wissenschaftliches Erkenntnisinteresse dominiert und sich nicht im Sinne der Auftragsforschung als Dienstleister verstehen.

Anwendungsbezogene Feldforschung

Erkenntnisinteresse

Personenbezogene Systematisierung

*Abbildung 3.7:* Personenbezogene Systematisierung der Evaluationsansätze*

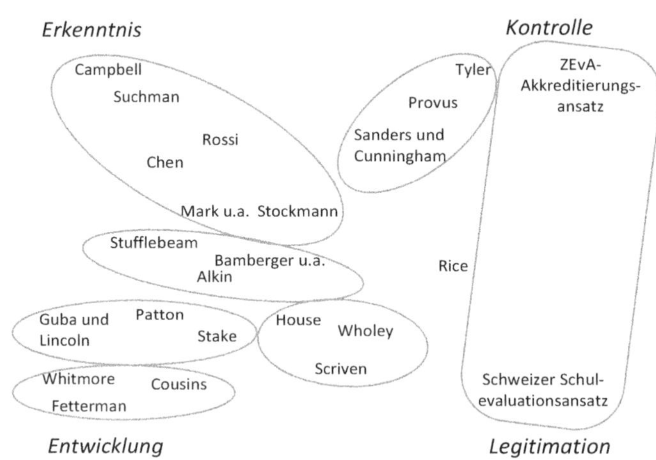


* alle hier aufgeführten Autoren und Konzepte wurden in diesem Kapitel zumindest angesprochen. Ausnahmen sind Bamberger u.a., deren Ansatz erst in Kapitel 5.2 vorgestellt wird, und der eigene, bereits im vorangegangenen Kapitel beschriebene Ansatz.

Aus diesem „Pol“ der klassischen, anwendungsbezogenen und im Feld durchgeführten empirischen Grundlagenforschung hat sich insbesondere in Folge von Suchman eine an *Programmtheorien* orientierte Evaluationsforschung entwickelt, die zunehmend nicht nur die Erkenntnis, sondern auch partizipatorische und legitimierende Elemente in ihre Konzeptionen integrierte. Während sich die älteren Autoren (Suchman, Rossi, Chen) noch stärker einem positivistischen Wissenschaftsideal und dem Einsatz quantitativer Erhebungsverfahren verpflichtet fühlten, sind die neueren Ansätze (Stockmann, Mark u.a.) darum bemüht, die von einem „Gegenpol“ ausgehenden Beiträge der Evaluationsdiskussion aufzugreifen und in ihre Konzepte einzubinden.

Lernen der Betroffenen

Als extremster Autor dieses „Gegenpols“ ist Fetterman zu sehen, dessen Empowerment-Ansatz eindeutig das *Lernen (der Betroffenen)* in den Mittelpunkt stellt und dafür beim Erkenntnisgewinn eher Abstriche machen würde. Der Empowerment-Ansatz versteht sich aber ebenfalls nicht als „Dienstleistung“ für Auftraggeber, sondern eher als Anwalt der Betroffenen. Jede Form von Selbstevaluation, die ausschließlich intern verwertet werden soll, ist an diesem Pol anzuordnen. Wiederum ergeben sich Abgrenzungsprobleme, z.B. zu Ansätzen der Organisationsentwicklung oder allgemein des Lernens in Gruppen, wenn sich von dem Selbstverständnis der Protagonisten als „Evaluatoren“ gelöst wird.

Eine andere Auffassung vertritt die Gruppe von Evaluatoren um Michael Scriven (House und Wholey), die primär den Aspekt der Auftragsforschung betonen und sich mehr oder weniger stark als *Leistungserbringer für den (meist staatlichen) Auftraggeber* definieren. Im Unterschied zu den beiden bereits benannten Gruppen am oberen und unteren Ende der Skala dient diese Auffassung deutlich mehr der Legitimierungsfunktion von Evaluationen, also dem Anspruch öffentlicher Haushalte, die mit Maßnahmen verbundenen Ausgaben angesichts der erzielten Ergebnisse zu rechtfertigen. Sie heben sich dadurch von einer weiteren Gruppe von Autoren (Stufflebeam, Alkin, Bamberger u.a.) ab, die ihre Leistungserbringung eher auf das *Programm- oder Projektmanagement der Durchführungsorganisationen* denn auf die zumeist nur geldgebenden staatlichen Instanzen bezogen sehen.

Leistungserbringer für Auftraggeber

Durchführungsorganisationen

Wiederum hiervon setzen sich diejenigen Autoren (Guba und Lincoln, Patton, Stake) ab, die primär die *Beteiligten eines Programms oder Projektes* (also nicht nur Auftraggeber und Management, sondern auch Mitarbeiter, Zielgruppen, Nutznießer und von den Leistungen ausgeschlossene Personen) in den Fokus ihres Ansatzes nehmen. Ihr Anspruch auf aktive Einbindung der Klienten eines Programms oder Projektes geht jedoch nicht soweit, wie partizipatorische und Empowerment Ansätze, die sich ausschließlich auf diese Gruppe konzentrieren (neben Fetterman wurden hier Cousins und Whitmore als Vertreter genannt).

Programmbeteiligte

Abseits von diesem „Mainstream“ der aktuellen Evaluationsdebatte sind vor allem die älteren *zielorientierten Ansätze* (Tyler, Provus, Sanders und Cunningham) zu finden, die als einzige die Kontrollfunktion von Evaluationen (im Sinne der Überwachung von Zielerreichungen) betonen. Sie ähneln damit mehr den auf der rechten Seite dominierenden Evaluationskonzepten, die von staatlichen Einrichtungen initiiert und implementiert wurden. Es ist auffallend, dass hier mittlerweile praktisch keine individuellen Evaluationsforscher mehr zu finden sind, sondern zur Erfüllung der Kontroll- und Legitimationsfunktion vorrangig Entwicklungsteams und Gremien im Auftrag der öffentlichen Hand tätig sind.

Kontrollfunktion

Nicht-personenbezogene Ansätze

Damit rückt ein weiteres Problem der bisherigen Systematisierungen in den Blickpunkt: durch die Konzentration der Betrachtung auf diejenigen Autoren, die in wissenschaftlichen Fachblättern oder -büchern über Evaluation publizieren (und zudem auch noch ausschließlich im anglosächsischen Raum), geraten alle Evaluationsansätze aus dem Blick, die sich eben nicht dieser Medien bedienen. Dies mag in den USA angesichts der fortgeschrittenen Institutionalisierung der Evaluation ein geringeres Problem als in Europa sein, wo in vielen *Politikfeldern* der Begriff Evaluation auch jenseits der vergleichsweise jungen Evaluationsgemeinschaft Anwendung findet und der Staat sich in höherem Maß als eigenständiger Akteur und Motor gesellschaftlichen Wandels begreift. Der in Kapitel 3.4.4 vorgestellte Akkreditierungsansatz ist nicht einer Einzelperson oder Institution zuordenbar und gehört trotzdem zu den einflussreichsten Evaluierungskonzepten der letzten Jahre. Der intensive Austausch zwischen den verschiedenen Akkreditierungsagenturen im In- und Ausland führt zudem zu einer Harmonisierung der verschiedenen alternativen Konzepte und fördert einen Dialog jenseits der existierenden Evaluationsgesellschaften.

ZEvA-Ansatz

Trotz aller Verknüpfungen der Akkreditierung mit Evaluationselementen (wie am Beispiel von ZEvA dargestellt) dominiert bei der Akkreditierung eindeutig der Kontrollgedanke. So wird z.B. im Gesetz zur Errichtung einer „Stiftung zur Akkreditierung von Studiengängen in Deutschland“ der Stiftungszweck sehr deutlich auf *Kontrollaufgaben* abgehoben, wobei insbesondere die „Überwachung der Akkreditierungen, welche durch die Agenturen erfolgen“ (§2, Abs. 1, Punkt 4) im Zentrum steht. Auch die Akkreditierungsabteilung der „Zentralen Evaluations- und Akkreditierungsagentur Hannover“ (ZEvA) stellt den Kontrollgedanken in den Vordergrund, wenn sie „fachlich-inhaltliche Mindeststandards durch Beurteilung der vorgelegten Konzepte für Bachelor-, Master- und Weiterbildungsprogramme festzustellen und zu überprüfen“ sucht (zit. nach http://www.zeva.org/de/programmakkreditierung Stand: 09.01.14).

Auf der anderen Seite ist aber das Akkreditierungssystem der Hochschulen keineswegs typisch für die Implementierung der Evaluation in den verschiedenen Politikfeldern. Die Unterschiede in Umfang, Form und Institutionalisierungsgrad der Evaluation sind im Gegenteil höchst verschieden. Eine Bildung eigener Gremien, denen per Gesetz die Akkreditierung von Einrichtungen übertragen wurde, ist lediglich für die Hochschulen geschehen und unterscheidet sich bereits eklatant von der Vorgehensweise gegenüber anderen Bildungseinrichtungen wie z.B. den Schulen. Überprüfungen der Leistungen von Durchführungsorganisationen, die im Auftrag der (Bundes-)ministerien tätig werden, gibt es allerdings in allen Politikfeldern. Vorgenommen werden diese vom Ministerium selbst (z.B. durch Implementierung einer Evaluationsabteilung wie in der Entwicklungspolitik), durch nachgeordnete Behörden (z.B. das Umweltbundesamt), durch wissenschaftliche Einrichtungen, die Behörden angegliedert sind (z.B. das Institut für Arbeitsmarkt und Berufsforschung) oder durch private Organisationen, die hierzu ermächtigt werden (z.B. der Technische Überwachungsverein). Im Folgenden soll am Beispiel der Schulevaluation die Klassifikation von Ansätzen innerhalb eines Politikfeldes skizziert werden. Das Funktionsmodell kann hier im Unterschied zu den anderen Klassifikationssystemen problemlos als Orientierungsrahmen verwendet werden und ermöglich damit z.B. auch den Vergleich zwischen verschiedenen Politikfeldern. Als Beispiel hierzu wird auf die besondere Betonung der Legitimierungsfunktion der Schulevaluation (im Unterschied zu den Hochschulen) eingegangen.

### 3.5.2 Politikfeldbezogene Systematisierung

Schulaufsicht

Historisch gesehen liegt der Ausgangspunkt der Evaluationsentwicklung im *Politikfeld* der Schulen weltweit bei der *Schulaufsicht*, die in ihrer frühen Form ausschließlich der *bürokratischen Kontrolle* diente und den Zugriff der Bildungsbehörden auf die Schulen sicherstellen sollte. Dies zielte auf die Gewährleistung eines gewissen Maßes an Gleichheit bei der Umsetzung des staatlichen Lehr- und Erziehungsauftrags in den einzelnen Schulen, der im Sinne der übergeordneten Stellen erfolgen sollte. Diese eindeutig auf Kontrolle ausgerichtete Form stellt den Ausgangspunkt der Entwicklung in diesem Politikfeld dar (rechts oben in Abbildung 3.8).

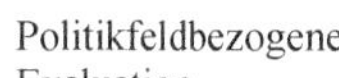


*Abbildung 3.8:* Politikfeldbezogene Systematisierung (Beispiel Schule)

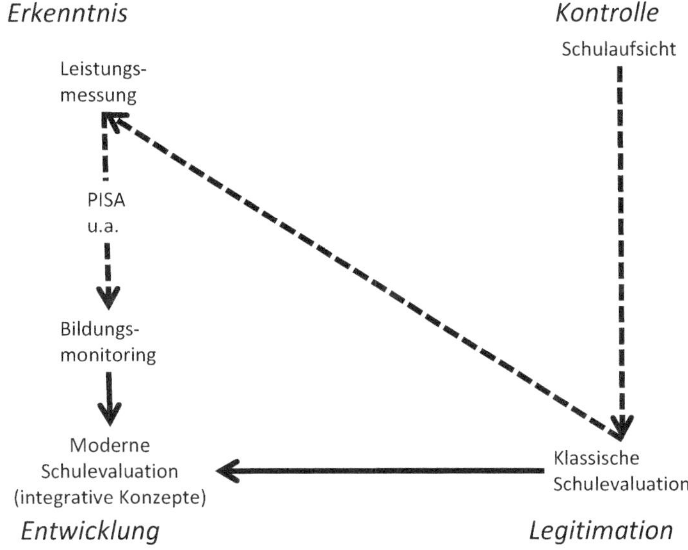


Die Kritik an der Schulaufsicht, welche sich bereits im 19. Jahrhundert in heftigen öffentlichen Diskussionen niederschlug, betraf deren mangelnde Fähigkeiten, die erforderlichen Steigerungen hinsichtlich der Kompetenzvermittlung zu gewährleisten. In den USA waren es die Arbeiten von Joseph Mayer Rice zur *Leistungsmessung* der Schüler, welche diese Kritik mit empirischen Daten untermauerte (vgl. Kapitel 3.2.1, links oben in Abbildung 3.8). Diese wissenschaftlich fundierte und primär am *Erkenntnisinteresse* orientierte Kritik entzog dem bestehenden Schulsystem und seiner Kontrollinstanz, der Schulaufsicht, zunehmend die *Legitimation*.

Legitimation

Dieses Legitimationsdefizit ist bis zum heutigen Tag die Grundlage für die Entstehung einer Schulevaluation (rechts unten in Abbildung 3.8), welche durch den Einbezug externer Gutachter und wissenschaftlicher Verfahren vorrangig einer nach außen vermittelbare Qualitätssicherung dienen sollte. Ein ähnlicher Effekt wie im 19. Jahrhundert ist in Bezug auf die PISA-Debatte auch heute zu beobachten: durch den internationalen Vergleich der Schülerleistungen und das vergleichsweise schlechte Abschneiden der deutschen Schüler in der ersten Erhebungsrunde wurde die Qualität des deutschen Schulsystems grundsätzlich in Frage gestellt. Eine Reaktion bestand in verstärkten Bemühungen zur Etablierung einer über die schulübergreifende Leistungsmessung hinausgehenden *Schulevaluation.*

Schulevaluation in der Schweiz

Da aufgrund der Länderhoheit im Bildungswesen die Implementationsformen in Deutschland sehr unterschiedlich sind, soll hier als Beispiel kurz auf die neusten Entwicklungen in der (deutschsprachigen) *Schweiz* eingegangen werden (zur Einführung in die Schulevaluation in Deutschland siehe Ruep und Keller 2007). Die Bemühungen für eine umfassende Reform der Schulaufsicht sind in der Schweiz sogar noch stärker als in Deutschland, wobei vor allem die Rollen der Inspektoren, der Behörden und der Schulen vollkommen neu definiert werden sollen (vgl. hierzu Brägger, Kramis u. Teuteberg 2007). Das Ziel ist dabei stärker als in den bisherigen Formen der Schulaufsicht und Schulevaluation die Implementierung eines geschlossenen Systems, welches der *kontinuierlichen Weiterentwicklung* jeder einzelnen Schule dienen soll (in Abbildung 3.8 links unten).

Im Zentrum der Reformen in der Schweiz steht ein *zweigliedriges Evaluationskonzept* auf drei Untersuchungsebenen (Abbildung 3.9), welches – entsprechend der offiziellen Zielsetzungen – einerseits der Rechnungslegung zur öffentlichen Legitimierung und Vertrauensbildung in die Institution und anderseits der Qualitätsentwicklung zur Optimierung der Leistungen von Schulen dienen soll. Die externe Schulevaluation ist somit genauso wie das Bildungsmonitoring (inklusive der Leistungsmessungen im Rahmen der PISA-Studien) Teil eines übergreifenden Qualitätssicherungskonzeptes, welches das schulinterne Qualitätsmanagement ergänzt.

Qualitätssicherung im Kanton Zürich

*Abbildung 3.9:* Qualitätssicherungsgrundmodell des Kanton Zürich

| **Qualitätsmanagement** | **Selbstevaluation** | **Fremdevaluation** |
|---|---|---|
| Ebene Lehrperson | Individuelle Selbstbeurteilung (Formen individuellen Feedbacks) | Individuelle Fremdbeurteilung (Formen von Mitarbeiterbeurteilungen) |
| Ebene Schule | Selbstbeurteilung der Schule (systematische kriteriengeleitete Selbstevaluation) | Fremdbeurteilung der Schule (systematische, kriterien- und standardgeleitete Fremdevaluation) |
| Ebene Gesamtsystem Volksschulen | Selbstbeurteilung durch kantonale Erziehungs- und Bildungsdirektionen (Bildungsstatistik) | Bildungsmonitoring (unabhängige wissenschaftliche Systemevaluation) |

Quelle: Bildungsdirektion des Kanton Zürich (2001); zit. nach Brägger u.a. 2007.

Zu dem *Gesamtkonzept* gehört auch die Implementierung einer interkantonalen „Arbeitsgemeinschaft externe Evaluation von Schulen“ (ARGEV), die seit 2002 einen Erfahrungsaustausch über den Einsatz externer Evaluationen zwischen den Schweizer Kantonen gewährleistet. Das Bildungsmonitoring wurde als Bundesaufgabe unter der Verantwortung des Staatssekretariats für Bildung und Forschung, der Bundesämter für Statistik und für Berufsbildung und Technologie sowie der Schweizerischen Konferenz der kantonalen Erziehungskonferenz institutionalisiert und mündete 2006 in den ersten Bildungsbericht der Schweiz, erstellt von der Schweizerischen Koordinationsstelle für Bildungsforschung (SKBF) in Aarau. Darüber hinaus wurden in den für die Schulaufsicht zuständigen Ämtern von der Schulaufsicht unabhängige Fachbereiche für Schulevaluation eingerichtet, welche die Schulen bei der Durchführung von Selbstevaluationen unterstützen sollen.

ARGEV

Die *externe Schulevaluation* wird in der Regel nicht an freie Gutachter, selbständige Evaluationsbüros oder Hochschuleinrichtungen im Rahmen eines Ausschreibungsverfahrens vergeben und von diesen unter Anwendung ihrer eigenen Methodik durchgeführt. Zumeist haben die zuständigen Kantonalämter entsprechende Evaluierungsstellen eingerichtet, die unabhängig von den Schulen und Behörden (speziell auch der Schulaufsicht) Schulevaluationen vorbereiten, organisieren, realisieren, auswerten und publizieren. Ein Beispiel hierfür ist die Fachstelle für Schulevaluation des Kantons Luzern (FSE), die jährlich ca. 50 der rund 200 Schuleinheiten des Kantons extern evaluiert. Auftrag der Fachstelle ist nicht die Kontrolle der Schulen (diese obliegt weiterhin der Schulaufsicht), sondern deren Unterstützung bei der eigenen Qualitätsentwicklung. Neben der externen Evaluation berät die Fachstelle deshalb auch bei der Selbstevaluation und gibt aufgrund der gesammelten Expertise Empfehlungen für die Maßnahmen zur Weiterentwicklung der Schul- und Unterrichtsqualität (für weitere Details siehe Brägger u.a. 2007). In ähnlicher Form ist die Schulevaluation auch in anderen Kantonen implementiert worden (vgl. hierzu Oelkers 2008; Abs u.a. 2006).

externe Schulevaluation

Die Initiative zur Etablierung der Schulevaluation ging insbesondere in Europa sehr wesentlich vom Staat aus, der diese bis heute primär als Staatsaufgabe ansieht. Im Unterschied zu anderen Politikfeldern wird zur Evaluierung der Schulen eine eigenständige institutionelle Lösung gesucht und nicht der freie Gutachtermarkt beauftragt. Dieser Unterschied ist durch die besondere (Selbst-) Verpflichtung des Staats bezüglich des schulischen Bildungsauftrags und dem daraus resultierenden besonderen öffentlichen Rechtfertigungsdruck zu erklären. Deshalb nennen auch die heutigen Schulevaluationskonzepte (wie am Schweizer Beispiel dargestellt) explizit die Legitimierung des Schulsystems gegenüber der Öffentlichkeit als ein wichtiges Ziel der Evaluationen.

Der *Kontrollanspruch* von Schulevaluation ist dagegen eher gering entwickelt, da hierfür die Schulaufsicht zuständig war und immer noch ist. Diese ähnelt den Akkreditierungsbüros, die anhand fest vorgegebener Checklisten die Titelvergabe regeln und ebenfalls relativ unabhängig von den Hochschulevaluationsinstanzen agieren. Im Unterschied zu den Akkreditierungsstellen der Hochschulen ist allerdings die Schulaufsicht schon sehr früh entstanden und nicht ein Produkt neuester Entwicklungen. Dementsprechend sind Schulaufsicht und Schulevaluation institutionell und konzeptionell weniger miteinander verknüpft als Hochschulevaluation und Akkreditierung (siehe das Beispiel ZEvA in Kapitel 3.4.4), es wird im Gegenteil sogar eine weitgehende institutionelle Trennung angestrebt.

Bildungsmonitoring

Neben der Schulaufsicht und der Schulevaluation existiert ebenfalls schon seit längerer Zeit die Bildungsstatistik als Grundlage für eine regelmäßige *Bildungsberichterstattung* sowie ein kontinuierliches *Bildungsmonitoring* auf der Grundlage von Leistungstests (zum Bildungsmonitoring und zur Leistungsmessung an Schulen allgemein siehe: Böttcher u.a. 2008; Weinert 2001; zu anderen aktuellen Schulleistungstests wie IGLU oder TIMSS siehe z.B. Bos u.a. 2008a,b, 2007, 2005, 2003; Bos, Gröhlich u. Pietsch 2007; Bos u. Pietsch 2006; Mullis u.a. 2003). Im Unterschied zur institutionalisierten Schulevaluation ist in diesem Bereich viel stärker die universitäre Bildungsforschung involviert und die Initiative geht mehr von internationalen denn von nationalen Organisationen aus (wie z.B. beim PISA-Programm).[61]

Qualitätsmanagement in den Schulen

Zu den neusten Entwicklungen gehört die Erfassung von Wirkungen auf Ebene der einzelnen Schulen, die zusätzlich durch desaggregierte Daten der Bildungsstatistik ergänzt und damit im Rahmen eines *Qualitätsmanagementsystems auf Schulebene* genutzt werden können. Durch die Übertragung dieser aus der Industrie stammenden Konzepte wird zum ersten Mal die *Entwicklungs- und Lernkomponente* von Evaluation auf Schulebene betont. Während der Schulaufsicht (und auch dem Akkreditierungsmodel) ein klarer „Top-Down"-Ansatz zur Qualitätssicherung zugrunde liegt, entwickelt sich nun die Schulevaluation zunehmend in Richtung einer „Bottom-Up"-Steuerung zur Produktion von Qualität. Damit einher geht ein höheres Maß an Autonomie für die Schulleitungen, welche sich auch in der Einbindung von *Selbstevaluationen* in die Gesamtkonzeption ausdrückt. Die neu institutionalisierten Systeme zur Evaluation von Schulen verbinden zumeist Schulaufsicht (als staatliche Kontrollinstanz), externe Schulevaluation (als unabhängige Fachbehörde zur Legitimierung des Schulsystems), interne Schulevaluation (zur Qualitätssicherung und Weiterentwicklung der Schulorganisation durch die Schule selbst) sowie Bildungsmonitoring (als regelmäßige Rückmeldung neuer Erkenntnisse zu den vermittelten Kompetenzen der Lernenden und den Rahmenbedingungen der schulischen Arbeit durch wissenschaftliche Forschungsarbeiten) in einem umfassenden Qualitätsmanagementkonzept.

Kritik der Zuordnung

Dies ist natürlich nur ein Beispiel, wie sich in einem bestimmten Politikfeld die Evaluation im Spannungsfeld der vier Funktionen Erkenntnis, Kontrolle, Legitimierung und Entwicklung etabliert hat. In anderen wichtigen gesellschaftliche Bereichen wie z.B. der Sozialpolitik, der Arbeitsmarktpolitik, der Umweltpolitik, der Regionalpolitik oder der Entwicklungspolitik haben sich weitgehend unabhängig voneinander (und von den Diskussionen in der Schulbildung) eigenständige Evaluationsphilosophien und -konzeptionen generiert und in anderer Form mehr oder weniger stark etabliert. Das Beispiel der Schulevaluation zeigt allerdings zweierlei: erstens sind die vier Funktionsdimensionen zur Ordnung

61 So hat sich z.B. die Bundesrepublik viele Jahre nicht an den internationalen Leistungstests beteiligt und ist erst in jüngster Zeit – dann allerdings in bemerkenswertem Umfang – aktiv geworden.

historischer Entwicklungen sehr gut geeignet und sie können dadurch zu einem besseren Verständnis der Unterschiede in den verschiedenen Evaluationskulturen in den einzelnen Politikfeldern beitragen. Zweitens belegt die Entwicklung in der Schulevaluation aber auch die These, dass die internationalen Verflechtungen innerhalb eines Politikfeldes größeren Einfluss auf die Entwicklung der Evaluationspraxis haben als die politikfeldübergreifenden nationalen Effekte.

Es sind jedoch nicht nur die Differenzierungen zwischen den unterschiedlichen Politikfeldern und Ressorts, die aufgrund abweichender Ansprüche und Funktionen zur Entstehung verschiedener Evaluationskonzepte beigetragen haben. Ein weiterer, wichtiger Einfluss ging (und geht) von der *disziplinären Herkunft* der Autoren aus, die einen ihrer Fachdisziplin entsprechenden Zugang zur Thematik haben und sich in ihrem Denken bestimmten inhaltlichen Traditionen bewusst oder unbewusst verpflichtet sehen. Durch den zunehmenden interdisziplinären Austausch innerhalb der Evaluationsforschung diffundieren diese Modelle allerdings über die Zeit in andere Fachbereiche und Politikfelder. Da mit dem Qualitätsmanagement ein Aspekte bereits angesprochen wurde, liegt es nahe, im nächsten Abschnitt auf die Entwicklung ökonomischer Konzepte zur Evaluierung und den dahinter stehenden Philosophien etwas näher einzugehen.

### 3.5.3 Fachgebietsbezogene Systematisierung

Die meisten der in diesem Kapitel vorgestellten Autoren hatten – bei allen inhaltlichen Unterschieden – eines gemeinsam: sie sind von ihrer Ausbildung Sozialwissenschaftler, zumeist Pädagogen, Psychologen und Soziologen. Innerhalb dieser Fächer sind allerdings deutliche Unterschiede hinsichtlich der Etablierung von Evaluation als eigenständiges Teilgebiet zu konstatieren (vgl. hierzu als Überblick Meyer 2003a,b). In den mittlerweile vorhandenen Evaluationsorganisationen und Evaluationszeitschriften engagiert sich nur ein Teil der Forscher, die Evaluationen durchführen, da viele ihr Augenmerk mehr auf die eingeführten Institutionen ihrer Disziplin richten. Bedingt durch die noch sehr begrenzten Möglichkeiten, Evaluation an Hochschulen zu studieren, gibt es bisher kaum Wissenschaftler mit einer einschlägigen Ausbildung. Deshalb existiert noch keine klar abgrenzbare und anerkannte Evaluationsforschung, die alle wesentlichen wissenschaftlichen Arbeiten zu ihrem Thema unter einem Dach vereint.

Fachgebietsbezogene Systematisierung

Dies führt dazu, dass es auch abseits des Hauptstroms der Evaluationsdebatte Beiträge gibt, die mehr oder weniger einflussreich und bedeutsam für die Entwicklung von Theorie und Methodik der Evaluation waren oder sind. Entsprechend den Ausführungen von Alkin und Christie (2004: 14f.) lassen sich bedeutende *Einflüsse des Rechnungswesens* auf die Entwicklung der Evaluationspraxis aufzeigen. Diese *ökonomisch* orientierten Verbindungslinien reichen von der Buchführung über Sozial- und Wirtschaftsberichterstattung sowie Projekt- und Programmplanungswerkzeuge bis zu Qualitätsmanagementinstrumenten, die einen wesentlichen Beitrag zur Integration von Monitoring und Evaluation bei der Durchführung größerer (staatlicher) Vorhaben geleistet haben. Damit soll natürlich nicht einer Dominanz der Wirtschaftswissenschaften das Wort geredet, sondern im Gegenteil darauf hingewiesen werden, dass sich die Geschichte der Eva-

Rechnungswesen und Evaluation

luation nicht aus dem Blickwinkel eines einzelnen Fachs beschreiben lässt. Gleichwohl können auch diese ökonomischen Verbindungslinien mit Hilfe des Funktionsmodells dargestellt werden (Abbildung 3.9).

Fachbezogene Systematisierung

*Abbildung 3.10:* Fachbezogene Systematik (Beispiel Ökonomie)

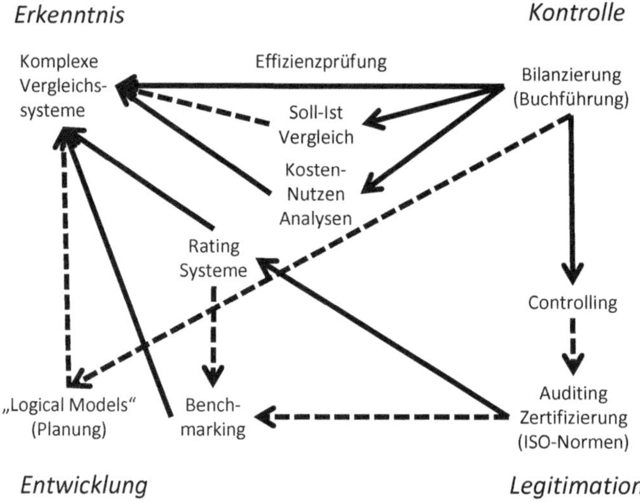


Soll-Ist Vergleich

Der aus der Buchführung stammende *Soll-Ist Vergleich* (siehe Kapitel 3.2.2; vgl. als Einführung in die ökonomischen Verfahren des Soll-Ist Vergleichs ) löste sich von seiner rein kostenorientierten, auf die Effizienzsteigerung gerichteten Sichtweise durch Ausweitung der Betrachtungsperspektive auf die Ergebnisse (bzw. den Nutzen) von Maßnahmen (z.B. im Rahmen von Kosten-Nutzen-Analysen, vgl. z.B. als Einführung Brent 2008; Drummond u.a. 2007; Florio 2007; Lewin u. McEwan 2007; Mishan u. Quah 2007). Dadurch konnten bewährte ökonomische Verfahren zur Prüfung der Zielerreichung eingesetzt werden. Dies geschieht durch die Betrachtung der zu Beginn eines Zeitraums für das Ende festgelegten Sollwerte („Zielwerte") mit den tatsächlich am Ende des Zeitraums erreichten Istwerten („Ergebnisse"). Solche Soll-Ist-Vergleiche stellten schon sehr früh in vielen Politikfeldern, insbesondere im Rahmen der Projekt- und Programmplanung, ein wesentliches *Prüfelement* und damit den Ausgangspunkt auch der Evaluationspraxis dar. Innerhalb der Evaluationsforschung wurde diese Vorgehensweise vor allem von Ralph W. Tyler bekannt gemacht (vgl. Kapitel 3.2.2).

Bei Soll-Ist-Vergleichen dominiert – genauso wie in der Buchführung insgesamt – der *Kontrollgedanke*: mit Hilfe solcher Vergleiche soll geprüft werden, ob bestimmte Ziele erreicht wurden oder nicht. Ein direkter Beitrag zur Erklärung der Gründe für das beobachtete Ergebnis oder zu dessen Verbesserung wird nicht geleistet. Auch zur Legitimation trägt die Prüfung der Zielerreichung nur indirekt bei (deshalb die Zuordnung rechts oben in Abbildung 3.9).

Allerdings ist das Spektrum des *Vergleichens*, welches sich aus dieser ökonomischen Tradition und dem Planungsbereich entwickelt hat, mit der Zeit wesentlich breiter und vielseitiger geworden. Damit Zielwerte mit Ergebnissen verglichen werden, sind generell die Festlegung von Indikatoren und der Einsatz von Messverfahren notwendig, die zu zwei verschiedenen Zeitpunkten reliable Messungen erlauben (siehe hierzu ausführlich Meyer 2007c; vgl. auch Kapitel 5.3). Ist diese Schwierigkeit bei einer reinen Kostenperspektive (wie in der Buchhaltung) meistens aufgrund der gemeinsamen monetären Berechnungsgrundlage noch recht einfach zu überwinden, so stellt die Nutzenbetrachtung insbesondere im Rahmen eines „*Performance-Measurements*" höchste Anforderungen an die standardisierte Beschreibung des zu untersuchenden Gegenstands, welche sowohl einen Vergleich zwischen verschiedenen Untersuchungseinheiten (z.B. zwischen zwei Schulen) und zwischen verschiedenen Zeitpunkten (Beginn und Ende eines Planungszeitraums) zulässt. Zugleich ist eine einfache Übertragung der standardisierten Beschreibungen, Klassifikationen, Indikatoren und Messinstrumente auf andere Anwendungsbereiche nicht ohne weiteres möglich, weshalb unterschiedliche konzeptionelle Lösungen zur Durchführung des Vergleichs zwischen Zielen und Ergebnissen erarbeitet wurden.

Performance-Measurements

Im Fokus dieser Betrachtungen steht nicht mehr die (Finanz-)kontrolle, sondern zunehmend der *Erkenntnisgewinn* hinsichtlich der Effizienz und Effektivität von Maßnahmen, welcher sich aus umfassenden *Berichtssystemen* (vor allem die volkswirtschaftliche Gesamtrechnung) mit kontinuierlich und vergleichbar erfassten komplexen Indizes, Vergleichszahlen, Zeitreihen u.Ä. ergibt. Wiederum handelt es sich hier weniger um ein Evaluations- denn ein (gesellschaftliches) Monitoringsystem, welches mittlerweile in verschiedenen Formen regelmäßig vorgelegt wird (z.B. als Sozialberichterstattung im alle zwei Jahre erscheinenden Datenreport, als Umweltberichterstattung des Umweltbundesamtes alle vier Jahre, als Familienberichterstattung des Bundesfamilienministeriums usw.). Trotz aller Unterschiede ist diesen Berichtssystemen gemeinsam, dass sie primär Daten und Maßzahlen zu bestimmten gesellschaftlichen Aspekten in vergleichbarer Weise der Öffentlichkeit zur Verfügung stellen. Diese komplexen Vergleichssysteme wurden dementsprechend in Abbildung 3.9 dem „Erkenntnis"-Pol zugeordnet.

Berichtssysteme

Der ökonomischen Tradition folgend gibt es außerdem Versuche, Evaluation in das organisationsinterne *Controlling* zu integrieren oder Controllinginstrumente für Evaluationen (oder im Bereich des Monitoring) nutzbar zu machen. U.a. wurden – um im Bereich der Schulevaluation zu bleiben – Ansätze zur Entwicklung eines Bildungscontrollings vorgelegt[62]. Die aus dieser Entwicklungsrichtung resultierenden Audit- und Zertifizierungsverfahren (z.B. gemäß ISO-Normen) betonen im Unterschied zur Bilanzierung (und auch zur Akkreditierung) mehr den *Legitimationscharakter*: durch die freiwillige Beteiligung an einem Prüfverfahren, welches die Implementierung bestimmter Managementpraktiken vorschreibt, demonstrieren Organisationen nach außen ihre Bereitschaft

Controlling

62 Vgl. allgemein zu dem Personalwirtschaftlich begründeten Ansatzes des Bildungscontrollings z.B. Brauwer und Rumpel 2008.

und Fähigkeit, Qualität zu sichern.[63] Auditing und Zertifizierungsverfahren bilden deshalb den „Legitimationspol" in Abbildung 3.9.

Benchmarking

Auch die *Lern- und Entwicklungsperspektive* ist schließlich in dieser ökonomischen Denktradition zunehmend bedeutsam geworden. Dies betrifft zum einen *Benchmarking-Ansätze*, die einen Vergleich mit dem „Best-practice" Unternehmen möglich machen und dadurch zu einer kontinuierlichen Qualitätssteigerung führen sollen. Für die Evaluation von besonderer Bedeutung war aber die Entwicklung moderner Planverfahren, die eine Integration von Monitoring- und Evaluationssysteme zur Überwachung des Projektfortschritts im Rahmen „logischer Modelle" vorsehen. Dabei stand der (Weiter-)Entwicklungsaspekt bei der Generierung innovativer und sehr anspruchsvoller Programme und Projekte (vorrangig in der Entwicklungszusammenarbeit) deutlich im Zentrum der Bemühungen.

Logische Modelle

*„Logische Modelle"* gibt es in verschiedenen Varianten, die sich nicht unbedingt auf einen gemeinsamen Ursprung zurückführen lassen. Anwendung finden sie in so unterschiedlichen Bereichen wie der betrieblichen Ablauforganisation oder der Informatik. Zumeist sind sie Element des *Projektplanungsmanagements* und geben Aufschluss darüber, wie die einzelnen Elemente (Maßnahmen, Investitionen, Ressourcen etc.) theoretisch zur Zielerreichung beitragen sollen. Sie dienen insbesondere in komplexen Programmen oder Projekten der Systematisierung des Ressourceneinsatzes und der Zwischenschritte bzw. Teilergebnisse, die während der Durchführung erreicht werden sollen.[64] Da bei „logischen Modellen" die Entwicklungsperspektive dominiert, wurden sie in Abbildung 3.9 dieser Dimension zugeordnet.

Log-Frame-Ansatz

Im Rahmen eines *„Log-Frame"-Modells* wie es zur Planung von Entwicklungsprojekten von der Weltbank seit 1997 (und in einer Variation als „Zielorientierte Projektplanung" von der Deutschen Gesellschaft für Technische Zusammenarbeit bis vor wenigen Jahren) eingesetzt wird, stellen beispielsweise Monitoring und Evaluation ein zentrales Element dar (Abbildung 3.11).

Log-Frame-Modell der Weltbank

*Abbildung 3.11:* Log-Frame Modell der Weltbank

| Cause and Effect (Causal Logic) | Performance Indicators | Monitoring and Evaluation | Assumptions |
|---|---|---|---|
| Program Goal | Measurement System of Performance Indicators | Monitoring and Evaluation System (Supervision) | Program to Development Goal |
| Project Impacts | | | Project Impact to Program Goal |
| Project Output (Deliverables) | | | Project Output to Project Impacts |
| Project Input (Activities) | Required Ressources | | Project Input to Project Output |

Quelle: World Bank (o.J.: 15; leicht modifiziert)

63 Vgl. ausführlich zum Unterschied von Auditing, Akkreditierung, Zertifizierung, Qualitätsmanagement und Evaluation Stockmann 2006; 2002.

64 Vgl. zu den hier als Beispiel gewählten Verfahren zur Planung in der Entwicklungspolitik AUSAID 2005; World Bank o.J.; GTZ 1997.

Im Log-Frame Modell wird die systematische Überwachung der geplanten Projektentwicklung mit gedacht. Mittels eines Messsystems aus *„Performance Indicators"* soll die Einhaltung des vorgesehenen Projektfortschritts beobachtet und mit einem *Monitoring und Evaluationssystem* gemessen werden. Den Unterschied zwischen Monitoring und Evaluation bringt die Weltbank mit einer simplen Variation der zentralen Fragestellung auf den Punkt: während das Monitoring der kontrollorientierten Frage nachgehen soll *„Are we doing the project right"* geht es bei der Evaluation um die Sinnfrage *„Are we doing the right project"* (World Bank o.J.: 49). Dementsprechend wird der Evaluation die zentrale *Entwicklungsaufgabe* zu geschrieben, die aufgrund der gewonnenen Erfahrungswerte während des Projektverlaufs zu Modifikationen der in der Planung entwickelten Grundannahmen und damit auch zu Veränderungen hinsichtlich der benötigten Ressourcen, Aktivitäten und Ergebnissen für die Zielerreichung führen kann.

Performance Indicators

Damit sind sicher nicht alle ökonomischen Verfahren aufgezählt, die einen Einfluss auf die Entwicklung von Evaluation hatten. Und selbstverständlich haben auch Konzepte aus anderen Fachbereichen Bedeutung erlangt, was durch die Konzentration auf die ökonomische Entwicklung nicht aus den Augen verloren werden soll.

### 3.5.4 Zusammenfassung und Bewertung

Zusammenfassende Bewertung der Systematisierungen

Zusammenfassend lässt sich zunächst festhalten, dass eine Systematisierung von Evaluationsansätzen sich im Unterschied zur Grundlagenforschung nicht ausschließlich auf die Darstellung von Theorien innerhalb einer einzigen Fachdisziplin beschränken darf, sondern vielmehr die verschiedenen Entwicklungsstränge innerhalb verschiedener Wissenschaftsbereiche und die interne Dynamiken einzelner Politikfelder im Blick haben muss. Auch hier zeigt sich wieder die besondere Verknüpfung von Politik *und* Wissenschaft mit Evaluation, die sich selbst auf die Darstellung der Konzeptionen auswirkt.

Ferner ist es notwendig, ein Ordnungsprinzip zu finden, welches sich universell für diese verschiedenen Bereiche einsetzen lässt und sich dabei an eindeutig voneinander abgrenzbaren Kriterien orientiert. Der eigene Systematisierungsentwurf stellt den ersten Versuch in diese Richtung dar. Alle anderen hier angesprochenen Klassifikationen beschränken sich weitgehend auf die Zuordnung von Autoren und theoretischen Konzepten, also auf die wissenschaftliche Perspektive. Die Systematiken sind zudem hinsichtlich ihrer Sortierungskriterien nicht stringent und suggerieren teilweise durch die Darstellungsformen (und die damit verbundenen Metaphern) eine bestimmte Entwicklungsrichtung. Im Generationenmodell wird eine stetige Verbesserung der Ansätze unterstellt, wobei diese Annahme allerdings einer Prüfung an der Realität nicht standhält: die „alten" Ansätze wurden nicht von den „jüngeren" integriert und weiterentwickelt, sondern stellen im Gegenteil eher neue, unabhängige Stränge dar. Dieses Bild entspricht den impliziten Annahmen des Baummodells, welches von einer zunehmenden Differenzierung der Evaluationsansätze ausgeht. Aber auch dieses Ordnungsmodell hat zwei klare Schwächen, indem es zum einen den Gegenprozess – nämlich den Versuch vor allem jüngerer Autoren zur Integration der unterschiedlichen Ansprüche und Konzepte – unterschlägt und zum anderen einen gemeinsamen „Stamm“ als Ausgangspunkt postuliert.

Hier wird eher von einer gegenteiligen Annahme ausgegangen, nämlich dass die Evaluation im Zuge des Professionalisierungsprozesses erst zusammenwächst und sich dadurch sehr unterschiedliche Traditionen der Evaluation (differenziert nach Fachdisziplinen und Politikfeldern) sich allmählich annähern. Mit integrierten Konzepten wird versucht, die z.T. sich diametral gegenüberstehenden Ansprüche an Evaluationen zu verbinden und dabei Brücken nicht nur zwischen einzelnen wissenschaftstheoretischen Denkrichtungen (siehe hierzu Kapitel 2.2.6), disziplinären Denktraditionen und methodischen Grundsatzpositionen (siehe hierzu Kapitel 5.2) sondern auch zwischen unterschiedlichen partizipatorischen Ansprüchen (z.B. bezüglich der Verbindung von „Top-down“- und „Bottom-Up“-Steuerung), Verwertungsansprüchen und Nutzungsmöglichkeiten zu schlagen.

Mittlerweile überwiegen insbesondere in der Vorgehensweise und im Methodeneinsatz – von einigen radikalen Positionen abgesehen – die Gemeinsamkeiten zwischen den Evaluationsansätzen. Sowohl die Orientierung an Programmtheorien als auch die Einbindung der Stakeholder in den Evaluationsprozess sowie die Orientierung der Evaluation an ihrem Verwertungszusammenhang werden kaum noch grundsätzlich in Frage gestellt. Die Diskussionen gehen mehr in Richtung der Gewichtung dieser Faktoren und der Fragen, wieviel Wissenschaft möglich und notwendig ist, wie sehr Politik Einfluss erhalten darf und vor allem für wen in welchem Umfang Evaluation Leistungen erbringen muss. Das Spannungsfeld zwischen Wissenschaft und Politik wird zwar in den neueren Evaluationsansätzen nicht aufgelöst, aber es gibt zumindest Ansätze, dieses designtechnisch auszutarieren und dabei möglichst alle Ansprüche soweit es geht zu bedienen.

In besonderem Masse gilt der Trend der Vereinheitlichung für den Ablauf der Evaluationen, die sich mehr und mehr aufgrund der gewonnen Erfahrungswerte standardisieren und dank des zunehmenden Austauschs in Evaluationsgemeinschaften gegenseitig annähern. Diese Aussagen sollen in den beiden folgenden Kapiteln zum allgemeinen Ablauf von Evaluationen und zur Vorgehensweise bei der Informationssammlung und -bewertung verdeutlicht werden.

# 4. Evaluationsprozess

## 4.1 Einleitung

Die Gestaltung des Planungs- und Durchführungsprozesses von Evaluationen hängt in erster Linie von der Art der Evaluation und nicht so sehr vom Evaluationsobjekt oder gar von Auftraggebern oder -nehmern ab. Wie schon in Kapitel 2 dargestellt, muss sich jede Evaluation mit den Grundfragen *„wer soll was wozu anhand welcher Kriterien wie evaluieren"* auseinandersetzen. Entscheidend ist, dass von Anfang an der Evaluationsgegenstand eingegrenzt, die Ziele der Evaluation klar definiert und der Kreis der Beteiligten festgelegt werden. Von zentraler Bedeutung ist dabei, welchem Zweck die Evaluation dienen soll, auf welche Phase des Programmprozesses sie sich bezieht und welche Analyseperspektive dementsprechend eingenommen wird. Ist Klarheit darüber geschaffen, sind Untersuchungsfragen und Bewertungskriterien festzulegen und die Frage zu beantworten, von wem die Evaluation wie, d.h. unter Anwendung welchen Untersuchungsdesigns, durchgeführt werden soll.

Sind die Planungsfragen geklärt, kann mit der Datenerhebung und Auswertung begonnen werden, an die sich die Bewertung der Ergebnisse und ggf. auch die Ableitung von Handlungsempfehlungen anschließt. Da das oberste Ziel jeder Evaluation darin besteht, einen wie auch immer gearteten Nutzen zu stiften, sollten auch die Verwertung sowie die Umsetzung der Ergebnisse im Evaluationsablauf berücksichtigt und der Gesamtprozess so organisiert werden, dass hierfür gute Voraussetzungen vorliegen.

Idealtypisch lassen sich Evaluationen (wie andere Forschungsprojekte auch) in drei Ablaufphasen einteilen, die logisch aufeinander folgen und kausal miteinander verknüpft sind: Ablaufphasen

(1) Planungsphase,
(2) Durchführungsphase,
(3) Verwertungsphase.

Allerdings ist zu berücksichtigen, dass Planung und Durchführung jeder Evaluation an ihren jeweils spezifischen Kontext gebunden sind und zwischen den einzelnen Phasen erhebliche Überschneidungen auftreten können. Dies ist insbesondere dann der Fall, wenn es sich um formative Evaluationen handelt, bei denen Planung, Durchführung und Verwertung in iterativen Schleifen aufgebaut sind, so dass die einzelnen Phasen ineinander übergehen und sich jeweils gegenseitig bedingen. In Abbildung 4.1 ist der idealtypische Evaluationsablauf dargestellt, welcher im Folgenden als Grundlage für die Erläuterung der drei Evaluationsphasen und der einzelnen Evaluationsschritte dienen soll.

Idealtypischer Verlauf einer Evaluation

*Abbildung 4.1:* Evaluationsablauf

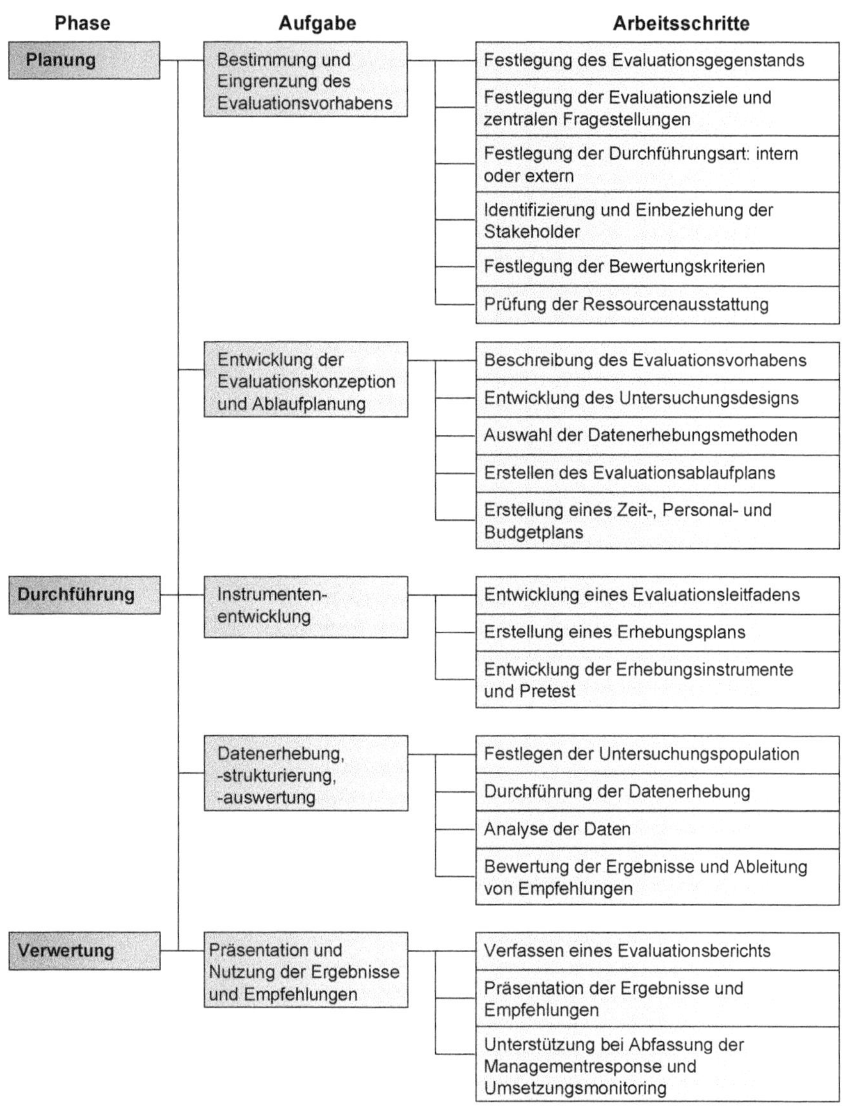

## 4.2 Planungsphase

### 4.2.1 Bestimmung und Eingrenzung des Evaluationsvorhabens

Fragestellung

Jede Evaluation beginnt mit einer Fragestellung. Geldgeber, Auftragsverantwortliche, Wissenschaftler oder andere Akteure wollen das Instrument der Evaluation verwenden, um einen Evaluationsgegenstand zu analysieren und zu bewerten. Deshalb ist zu Beginn einer jeden Evaluation zu klären, wie dieses Evaluationsobjekt definiert ist und zu welchem Zweck es untersucht werden soll. Beide Fragen sind eng miteinander verknüpft.

Zielsetzung der Evaluation und Auswahl des Gegenstandes

Wie bereits in Kapitel 2 ausgeführt, gibt es bei der *Auswahl des Evaluationsgegenstands* kaum Einschränkungen. Häufig handelt es sich jedoch um Projekte, Programme oder andere Maßnahmen. In solchen Fällen ist zunächst zu fragen, welche Aspekte, Phasen und situative Bedingungen eines Programms durch die Evaluation erfasst werden sollen. Dies hängt natürlich unmittelbar mit der *Zielsetzung der Evaluation* zusammen. Sollen Informationen über die Effizienz, Effektivität, Wirksamkeit, Nachhaltigkeit sowie gesellschaftspolitische Relevanz eines Programms beschafft werden, ist der Gegenstand weiter zu fassen, als wenn die Evaluationsfragestellung nur die Ablaufprozesse in einem Programm oder nur die Kosten-Nutzen-Relation umfasst.

Die Auswahl des Evaluationsgegenstandes und die damit verknüpften Untersuchungsfragen ergeben sich aus dem Nutzen, den die Evaluationsverantwortlichen von den Ergebnissen über den Gegenstand der Evaluation erwarten. Entsprechend der vier Funktionen einer Evaluation kann dieser Nutzen darin bestehen, (1) Erkenntnisse über Strukturen, Prozesse und Veränderungen sowie über deren Zusammenhänge zu gewinnen, (2) Lernprozesse zu initiieren, die für die Weiterentwicklung des Untersuchungsbereichs (z.B. Programme) genutzt werden, (3) Kontrolle auszuüben, um z.B. festzustellen, ob die in der Planung festgelegten Ziele erreicht wurden und alle Beteiligten ihre eingegangenen Verpflichtungen erfüllt haben und (4) die geleistete Arbeit zu legitimieren, indem z.B. nachgewiesen wird, dass die aufgewendeten Finanzmittel effektiv, effizient und wirkungsvoll eingesetzt wurden.

Festlegung der Durchführungsart

Zu Beginn einer jeden Evaluation müssen die Initiatoren prüfen, ob die Evaluation intern oder extern durchgeführt werden soll. Je nachdem welchem Zweck eine Evaluation dienen soll, sind die (in Kapitel 2.2.5) aufgeführten Vor- und Nachteile dieser beiden Vorgehensweisen unterschiedlich zu gewichten: Steht die Lernorientierung im Vordergrund, dann können die Vorteile einer internen Evaluation, nämlich dass die durchgeführten Programme und die damit verbundenen Ziele, Probleme und situativen Bedingungen gut bekannt sind und dass Evaluationsempfehlungen unmittelbar von den Verantwortlichen umgesetzt werden können, die Nachteile überwiegen. Wird eine Evaluation allerdings eher zu Kontroll- und Legitimationszwecken durchgeführt, dürfte sich aufgrund der Nachteile einer internen Evaluation eher ein externes Vorgehen empfehlen. Dadurch entgeht man dem potenziellen Risiko, dass interne Evaluatoren aufgrund der Nähe zu den handelnden Personen und der organisatorischen Strukturen, in die sie eingebunden sind, ihre Distanz zum Untersuchungsgegenstand verlieren, für alternative Erklärungen, Modelle und Vorgehensweisen nicht offen genug sind, kritische Äußerungen fürchten (um nicht ihrer Karriere zu schaden) und zu wenig die Interessen der Stakeholder berücksichtigen etc.

Die ersten Arbeitsschritte in der Planungsphase einer Evaluation – die Festlegung des Evaluationsgegenstands, der Ziele und zentralen Fragestellungen sowie der Durchführungsform (intern oder extern) – können hoch formalisiert ablaufen, oder auch sehr offen gestaltet werden.

Formalisiertes Verfahren

Im *formalisierten Verfahren* entscheiden die Auftraggeber einer Evaluation die oben genannten Fragen. Im Falle einer externen Evaluation wird in der Regel eine Ausschreibung vorgenommen, die entweder öffentlich (also prinzipiell für jeden zugänglich) oder auf einen gewissen Bewerberkreis beschränkt erfolgen kann. Ein wesentliches Element jeder Ausschreibung sind die u.a. als „Terms of References" (TOR) bezeichneten konkreten Aufgaben, die im Rahmen einer Evaluation geleistet werden sollen. Sie beschreiben die Erwartungen des Auftraggebers, benennen Ziele und Fragestellungen und enthalten manchmal sogar Hinweise zum methodischen Vorgehen und zur Art der Ergebnisrückkopplung und Kommunikation. Zudem werden in Ausschreibungen häufig Vorstellungen darüber vermittelt, bis wann Ergebnisse erwartet werden, seltener, welcher Finanzrahmen zur Verfügung steht (vgl. im Detail Silvestrini 2007: 118ff.).

Offenes Verfahren (partizipatives Vorgehen)

Evaluation kann jedoch auch – insbesondere bei formativen Evaluationen – in weniger streng formalisierten Bahnen erfolgen, nämlich in *offenen Prozessen*, bei denen die wichtigsten Parameter der Evaluation sukzessive unter Einbeziehung möglichst vieler Betroffener und Beteiligter, sogenannter Stakeholder, bestimmt werden.

Eine *partizipative Vorgehensweise* – entweder schon vor der Ausschreibung, um eine den verschiedenen Stakeholderinteressen angemessene Fragestellung zu entwickeln oder nach der Auftragsvergabe – kann wesentlich dazu beitragen, den Wert und den Nutzen einer Evaluation zu steigern. Wenn die verschiedenen Stakeholder an der Formulierung der Ziele und Untersuchungsfragen für die Evaluation und später an der Auswahl der Bewertungskriterien etc. beteiligt sind, dann steigt die Chance, dass die Stakeholder die Evaluation aktiv unterstützen werden und dass sie nach Vorlage der Ergebnisse und Empfehlungen eher bereit sind, diese zu akzeptieren und umzusetzen. Darüber hinaus wird sichergestellt, dass wertvolle Wissensbestände der unterschiedlichen Akteure genutzt werden können. Wie ein solches partizipatives Modell aussehen kann, wird in Kapitel 4 dargestellt.

Stakeholderanalyse

Bevor sich festlegen lässt, wer neben dem direkten Auftraggeber in die Planung einer Evaluation miteinbezogen werden soll, ist eine *Stakeholderanalyse* vorzunehmen. Diese kann – wenn es sich um eine interne Evaluation handelt oder wenn dieser Arbeitsschritt vor einer Ausschreibung getätigt wird – von der programmdurchführenden Stelle selbst vorgenommen werden, oder aber auch als Aufgabe der externen Evaluation definiert werden.

Unabhängig davon ist anhand einer Analyse des zu evaluierenden Programms zu eruieren, wer an dem Programm beteiligt oder davon (auch indirekt) betroffen ist. Dabei kann schnell ein großer Personenkreis zusammen kommen.

Programmverantwortliche

Rasch identifizieren lassen sich die *Programmverantwortlichen*, also die Personen, die das Programm steuern und Entscheidungen treffen (z.B. Manager,

Vorstände, Beiratsmitglieder etc.) und die Programmmitarbeiter, die die geplanten Aktivitäten umsetzen. Meist bilden diese Personen eine Subeinheit in einer größeren Organisation, die als (Programm-)Träger, Durchführungs- oder Implementationsorganisation bezeichnet wird (vgl. Abb. 2.14 in Kapitel 2.3). Andere Abteilungen, die nicht direkt mit dem Programm zu tun haben, aber davon betroffen sein können, sind schon schwieriger zu identifizieren. Dennoch dürfen sie nicht vernachlässigt werden, denn es besteht die Gefahr, dass sie sowohl die erfolgreiche Umsetzung eines Programms als auch dessen Evaluation beeinträchtigen, wenn sie ihre Interessen nicht ausreichend berücksichtigt sehen.

Die Durchführungsverantwortlichen und die Durchführungsorganisation arbeiten nicht isoliert, sondern im Kontext anderer Organisationen, so dass zu prüfen ist, welche davon mit einzubeziehen sind, entweder weil von ihnen wichtige Beiträge erwartet werden, oder auch nur, um sie zu informieren, damit sie ein Evaluationsvorhaben nicht torpedieren.

Nicht zuletzt sind natürlich die sogenannten *Zielgruppen* zu berücksichtigen, also die Personen, denen die Programmaktivitäten unmittelbar zugute kommen sollen. Aber auch hier kann es sehr wichtig sein, Personengruppen einzubinden, die indirekte Folgen der Programmaktivitäten zu tragen haben, insbesondere wenn diese sich negativ auswirken könnten. Zielgruppe

Wer von den Stakeholdern aktiv einbezogen wird, hängt nicht nur von deren Bedeutsamkeit für die Programmentwicklung und den Evaluationsprozess ab, sondern auch von ganz praktischen Überlegungen wie z.B.

- zeitlicher Verfügbarkeit,
- Interesse, an der Evaluation mitzuwirken und sich einzubringen,
- dem Vertretungsrecht (Repräsentanz), für eine Stakeholdergruppe zu sprechen,
- der personellen Größe des Planungsgremiums und
- der Zustimmung des Auftraggebers, bestimmte Stakeholder einzubinden.

Ist geklärt, wer an der Ziel- und Auftragsklärung beteiligt wird, ist festzulegen, welche *Funktion* dieses *‚Gremium'* haben soll. Es kann nur einmalig zu einem ‚Klärungsworkshop' zusammentreten oder als kontinuierlich zu beteiligender *‚Beirat'* konstituiert werden, der vor wichtigen Evaluationsentscheidungen zu konsultieren ist. Planungsgremien

Eine zentrale Aufgabe eines ersten Zusammentreffens besteht vor allem darin, die unterschiedlichen Interessen, die mit der Evaluation verbunden sind, offen zu legen und zu diskutieren. Dabei wird sich zeigen, ob die einzelnen Erwartungen miteinander kompatibel sind. Häufig herrschen bei den Beteiligten und Betroffenen diffuse und nicht immer im Rahmen einer begrenzten Evaluation einlösbare Vorstellungen vor. Nicht selten gilt es auch, unbegründete Befürchtungen und Ängste gegenüber der geplanten Evaluation auszuräumen. Um erst gar keine Enttäuschungen aufkommen zu lassen, ist es wichtig, die Ansprüche der Auftraggeber und/oder der anderen Stakeholder an das unter den gegebenen Zeit- und Finanzrestriktionen Machbare anzupassen. Auftaktworkshop

Dies ist umso wichtiger, als in manchen Politikfeldern recht unrealistische *Erwartungen über die Möglichkeiten von Evaluationen* vorherrschen. So z.B. wenn erwartet wird, dass Evaluation „flächendeckend, fundiert und ohne zeitli- Auftragsklärung chen Verzug Auskunft über den Erfolg eines bestimmten Programms, einer Maßnahme oder gar einer Politik geben könnte“ (Widmer 2001: 9f.). Als wesentlichen Indikator dafür nennt Widmer (2001: 10) die Ausschreibungstexte für Evaluationen, die häufig ein viel zu umfangreiches Pflichtenheft formulierten, das mit den zur Verfügung gestellten Mitteln gar nicht seriös bearbeitet werden könne. Auch die Zeiträume, die für die Ausführung vorgesehen seien, würden oft viel zu knapp bemessen. Zudem fänden sich zuweilen in Ausschreibungen „Vorgaben zur methodischen Umsetzung der Evaluation [...], die nach der Methodenlehre als absurd zu bezeichnen sind“ (ebd.).

Diese Beobachtungen decken sich mit Ergebnissen einer auf europäischer Ebene durchgeführten Befragung von Auftragnehmern. Diese berichteten einerseits über unrealistische Erwartungshaltungen und Vorstellungen von Auftraggebern, andererseits räumen sie aber auch ein, dass sie selbst Versprechungen machten, die sie vor dem Hintergrund der zur Verfügung stehenden Ressourcen gar nicht einzulösen in der Lage sind (Leeuw u.a. 1999: 493; vgl. auch Leeuw 2004: 65-69). *Unangemessene Evaluationsvereinbarungen* führen jedoch unweigerlich zu Qualitätsproblemen und im schlimmsten Fall zu erheblichen Konflikten bei der Durchführung der Evaluation und der Abnahme des Werkes durch den Auftraggeber (vgl. Widmer 2002: 11; Summa u. Toulemonde 2002: 422).

Unangemessene Evaluationsvereinbarungen

Eingrenzung der Fragestellung

Als besonders schwierig erweist sich häufig die *Eingrenzung der Fragestellungen*: „It is quite common for clients such as a steering committee, a school council or a middle-level manager to put forward a long list of issues which they would like addressed. The evaluator may need to work with the client to reduce this list“ (Owen u. Rogers 1999: 69). Hierfür sind die für die Evaluation zentralen Fragestellungen von den weniger wichtigen zu trennen. Vor dem Hintergrund der Ziel- und Aufgabenstellung der Evaluation sowie der Informationsbedarfe des Auftraggebers und anderer Stakeholder kann die Frage: *„Wer will etwas wozu wissen?“* dazu beitragen, die Selektion zu erleichtern.

Werden wichtige Fragen fälschlicherweise aussortiert, kann dadurch der Nutzen einer Evaluation erheblich geschmälert werden. Umgekehrt stellt eine Vielzahl ‚unwichtiger‘ Fragestellungen eine ungebührliche Belastung der in der Regel knapp bemessenen Zeit- und Finanzressourcen dar. In beiden Fällen kann die Glaubwürdigkeit der Evaluationsergebnisse (und damit auch die des Evaluators) Schaden nehmen. Im schlimmsten Fall führt die Evaluation dann zu irreführenden Ergebnissen.

Die Festlegung der Evaluationsfragestellungen wird dann zu einem besonders schwierigen Unterfangen, wenn die am Planungsprozess beteiligten Stakeholdergruppen aufgrund divergierender Interessen sich nicht einigen können oder wenn sich Geld- und/oder Auftraggeber weigern, Interessen anderer Stakeholder zu berücksichtigen, die ihren eigenen zuwiderlaufen. In diesen Fällen wird die Evaluation zumeist ausschließlich aus der Perspektive der Geld- bzw. Auftraggeber durchgeführt, was die Evaluatoren insbesondere am Anfang vor das Problem stellt, genügend Akzeptanz für die Evaluation bei den anderen Stakeholdern zu schaffen.

Klärungsworkshops

Aufgrund dieser vielfältigen Fragen zu Beginn einer Evaluation bietet sich die Durchführung eines *„Klärungsworkshops“* an. Bei diesem sollen zum einen die Erwartungsstrukturen der verschiedenen Stakeholder diskutiert und die zentralen Fragestellungen für die Evaluation erarbeitet werden. Darüber hinaus ist ein Einvernehmen über die zu verwendenden Bewertungskriterien, die methodischen Ansätze, die Ressourcenfrage und die Zeitabläufe anzustreben. Auch die Aufgaben des Auftraggebers (z.B. bei der Aufklärung über die Ziele der Evaluation bei den Betroffenen, Unterstützung bei der Logistik), der einzelnen Stakeholder (z.B. bei der Informationsbeschaffung) und der Evaluatoren lässt sich in solchen Workshops festlegen. Häufig können all diese Fragen jedoch nicht in einem einzigen Workshop geklärt werden, sondern es sind im Verlauf des Evaluationsprojekts weitere Treffen oder Abstimmungsgespräche, z.B. im Rahmen der Designentwicklung, notwendig.

Ressourcenklärung

Unmittelbar zu Beginn eines Evaluationsprozesses ist es allerdings zwingend erforderlich, sich Klarheit über die zur Verfügung stehenden *Ressourcen* zu verschaffen. Wesentliche dabei zu beachtende Aspekte sind: der Umfang der für die Evaluation vorgesehenen Finanzmittel, der eingeräumte Zeitrahmen, Verfügbarkeit von Personal und Vorhandensein von Datenmaterial (z.B. Dokumente, Statistiken, Monitoringdaten etc.), das für die Evaluation genutzt werden kann.

Es ist die Aufgabe des Evaluators, die zur Verfügung stehenden Ressourcen in Relation zu den Zielen und Fragestellungen der Evaluation zu setzen, um beurteilen zu können, ob bzw. inwieweit sie in welchem Umfang durchführbar ist.

Gerade bei wenig erfahrenen Auftraggebern herrschen oft keine klaren Vorstellungen darüber vor, welche Ressourcen für die Bearbeitung bestimmter Fragestellungen notwendig sind. Manchmal ist den Auftraggebern und/oder den beteiligten Stakeholdern auch nicht klar, welches Leistungspotential eine Evaluation realistischerweise umfasst. Deshalb ist es die Aufgabe der Evaluatoren, Auftraggeber und/oder Stakeholder zu beraten und über alternative Vorgehensweisen und Untersuchungsansätze aufzuklären. Haben Auftraggeber und/oder Stakeholder einmal schlechte Erfahrungen mit Evaluationen gemacht, dann werden sie nur schwer eines Besseren zu belehren sein. Deshalb ist es umso wichtiger, dass Evaluationen gut durchdacht geplant und professionell unter Einhaltung fachlicher Standards durchgeführt werden.

Häufig findet die Evaluationsplanung jedoch nicht in einem derart offenen und partizipativen Kontext statt, sondern die Auftraggeber geben die zur Verfügung stehenden finanziellen Ressourcen, die zeitlichen Rahmenbedingungen, die generellen Ziele und die Aufgabenstellung der Evaluation sehr restriktiv vor. Manchmal sind sogar schon komplette Fragenkataloge vorbereitet, Art und Umfang der Beteiligung der Stakeholder sowie einzusetzende Erhebungsmethoden festgelegt. In solchen Fällen können die oben skizzierten Planungsfragen natürlich nur noch sehr eingeschränkt zwischen dem Geld-/Auftraggeber, den anderen Stakeholdern und den Evaluatoren ausgehandelt werden.

Doch auch in diesen Fällen ist es ratsam, zu Beginn einen gemeinsamen Evaluationsworkshop durchzuführen, um alle Beteiligten für die Evaluation zu sensibilisieren, um ihnen die Ziel- und Aufgabenstellung zu erläutern, um für Akzeptanz und aktive Beteiligung zu werben und um die noch vorhandenen Mitwirkungsspielräume auszuschöpfen.

Ergebnisse der Auftragsklärung

Die Ergebnisse der *Auftragsklärung*, die entweder im Dialog mit dem Auftraggeber oder in einem partizipativ angelegten Workshop mit allen wichtigen Stakeholdern ausgehandelt werden, sind in jedem Fall schriftlich niederzulegen, denn sie stellen nicht nur die Planungsgrundlage für die Evaluation dar, sondern sie sichern die Evaluatoren auch gegenüber möglicherweise später auftretenden „neuen" Erwartungen ab.

Im Rahmen der Auftragsklärung haben die Evaluatoren nicht nur zu prüfen, ob die Evaluation unter Beachtung professioneller Standards (vgl. Kapitel 4.4.3) und im Rahmen der vom Auftraggeber veranschlagten Zeit- und Finanzressourcen sowie den gegebenen situativen Bedingungen überhaupt durchführbar ist.

Gründe für die Ablehung einer Evaluationsdurchführung

Die *Durchführung einer Evaluation* wäre dann *unangebracht, wenn*

- die Evaluation voraussichtlich nur triviale Informationen hervorbringen würde, z.B. weil gerade eine Evaluation stattgefunden hat und keine neuen Ergebnisse zu erwarten sind,
- vorherzusehen ist, dass die Ergebnisse nicht genutzt werden, z.B. weil die Entscheidungsträger die Evaluation ablehnen,
- die zur Verfügung gestellten finanziellen Ressourcen und/oder der eingeräumte Zeitrahmen für die Durchführung mit den Anforderungen und Erwartungen der Auftraggeber nicht in Einklang zu bringen sind, z.B. weil umfassende Analysen verlangt werden, aber nicht die dafür erforderlichen finanziellen und zeitlichen Ressourcen bereitgestellt werden,
- keine validen und nützlichen Ergebnisse zu erwarten sind, z.B. weil sich die situativen Bedingungen derart verändert haben (z.B. durch Naturkatastrophen oder Kriege), dass keine Programmwirkungen mehr festgestellt werden könnten, oder ein Programm eine bestimmte Entwicklungsphase, die eigentlich evaluiert werden soll, wegen Zeitverzögerungen noch gar nicht erreicht hat,
- der vom Auftraggeber geforderte Evaluationsansatz im Hinblick auf das Programm oder gemessen an professionellen Standards ungeeignet ist, z.B. wenn im Rahmen einer Wirkungsevaluation verlangt wird, die Zielgruppe ihre eigenen Daten sammeln zu lassen, oder andere professionelle Regeln verletzt werden,
- die Durchführung allein durch politische Überlegungen bestimmt wird (taktische Evaluation), so dass eine sachgerechte Durchführung und anschließende adäquate Nutzung der Ergebnisse nicht zu erwarten ist, z.B. wenn die Entscheidung über die Weiterführung oder Beendigung eines Programms bereits gefallen ist und nur noch nachträglich mit Hilfe einer Evaluation legitimiert werden soll.

In solchen Fällen ist es besser, von einer Evaluation ganz abzusehen, weil entweder die Erwartungen des Auftraggebers enttäuscht oder professionelle Standards nicht eingehalten werden können.

Zusammenfassung zur Planung

Zusammenfassend lässt sich festhalten, dass im Rahmen der Planungsphase zunächst der Evaluationsgegenstand fixiert und die Ziele und zentralen Fragestellungen der Evaluation festgelegt werden. Dies ist sowohl bei internen als auch bei externen Evaluationen notwendig. Dieser Prozess kann partizipativ erfolgen, in dem die wichtigsten Stakeholder zunächst identifiziert und ausreichend daran beteiligt werden. Er kann aber auch direktiv erfolgen, in dem der Auftraggeber allein bestimmt. Bei externen Evaluationen können die Evaluatoren an diesem Prozess beteiligt sein oder aber, wenn z.B. zum Zwecke einer

Ausschreibung die Entscheidungen über Evaluationsgegenstand und Evaluationsziele bereits vorher getroffen wurden, auch nicht. Auf jeden Fall ist es Aufgabe des Evaluators, zu beurteilen, ob eine Evaluation unter den vorgegebenen zeitlichen, finanziellen und situativen Bedingungen durchführbar ist. Damit eine Evaluation möglichst großen Nutzen entwickeln kann, ist es notwendig, dass die zur Verfügung stehenden Ressourcen für die Bearbeitung der Aufgabenstellung ausreichen.

### 4.2.2 Evaluationskonzeption und -ablaufplanung

Sind die Vorgaben für eine Evaluation abgeklärt und in einem schriftlichen Dokument fixiert, kann mit der Ausarbeitung der Evaluationskonzeption und des Evaluationsdesigns begonnen werden. Darüber hinaus ist ein *Durchführungsplan* für die Evaluation zu entwickeln, der den zeitlichen Ablauf, den Personaleinsatz und die Kostenkalkulation enthält.

Ausarbeitung der Evaluationskonzeption

Die *Evaluationskonzeption* stellt die Umsetzung der Ziele und der zentralen Fragestellungen der Evaluation dar. Sie behandelt im Einzelnen:

- eine Beschreibung des Evaluationsgegenstands,
- die Formulierung der Zielsetzung und Aufgabenstellung der Evaluation,
- die Festlegung der Durchführungsart (intern oder extern oder Kombination aus beidem),
- die Benennung der zentralen zu berücksichtigenden Stakeholder,
- die Festlegung der Adressaten der Ergebnisse,
- die Konkretisierung der einzelnen Evaluationsfragestellungen (und der Bewertungskriterien),
- ein Untersuchungsdesign, aus dem deutlich wird, wie die Fragestellungen empirisch bearbeitet werden,
- eine Auswahl der Methoden, mit denen die erforderlichen Daten erhoben werden und
- eine Beschreibung, wie der Evaluationsprozess organisiert wird (direktive vs. partizipative Vorgehensweise).

Sie wird ergänzt durch einen Zeit-, Personal- und Budgetplan.

Untersuchungsdesign und Festlegung des Evaluationsprozesses

Ausgehend von den bereits im ersten Planungsschritt erarbeiteten Grundlagen geht es jetzt darum, ein *Untersuchungsdesign* zu entwickeln, mit dem die identifizierten Fragestellungen empirisch bearbeitet werden können, sowie die *Datenerhebungsmethoden* auszuwählen, mit denen sich die erforderlichen Informationen erheben lassen (vgl. hierzu ausführlich Kapitel 5.2).

Im Evaluationsablaufplan ist zu berücksichtigen, wie der *Evaluationsprozess* gestaltet werden soll: eher partizipativ (d.h. unter Einbeziehung möglichst aller wichtigen Stakeholder) oder direktiv (d.h. in der Regel auftraggeberbestimmt). Im Fall einer partizipativen Durchführung ist darauf zu achten, dass für die Information und Beteiligung der Stakeholder entsprechende Maßnahmen getroffen werden. Diese können z.B. bestehen: (1.) in der Gründung eines Evaluationsbeirats, der sich in regelmäßigen Abständen trifft, (2.) in der Durchführung von Workshops zur Beteiligung der Stakeholder in entscheidenden Phasen einer Evaluation (z.B. Auftaktworkshops, Workshops zur Klärung der Evaluationskonzeption und des -designs, Zwischenworkshops zur Vorstellung erster Ergebnisse, Abschlussworkshop zur Bewertung der Ergebnisse und Ableitung von Handlungsempfehlungen), (3.) in der Einrichtung einer Evaluationswebsite, auf der alle wichtigen Planungsdokumente, Vereinbarungen, Erhebungsinstrumente, Ergebnisse etc. abgelegt sind sowie über aktuelle Ereignisse und anstehende Termine informiert wird.

Zeit-, Personal- und Budgetplan

Ergänzt wird die Evaluationskonzeption durch einen *Zeit-, Personal- und Budgetplan*, um deutlich zu machen, welche Leistungen durch wen bis wann erbracht werden sollen und wie viele Finanzmittel dafür eingeplant sind.

Die *zeitliche Ablaufplanung* lässt sich leicht mit Hilfe von Balkendiagrammen oder dem Einsatz von Netzplantechniken darstellen (vgl. Wottawa u. Thierau 2003: 114ff.). Schwieriger ist die realistische Einschätzung, wie viel Zeit bestimmte Arbeitsschritte in Anspruch nehmen. Oft sind verschiedene Aktivitäten parallel zueinander zu organisieren. Dabei ist darauf zu achten, dass diese ineinander greifen und miteinander vereinbar sind. So können z.B. in der Zeit, in der ein standardisierter schriftlicher Fragebogen im Feld ist, also auf dessen Rücklauf gewartet wird, mündliche leitfadengestützte Interviews stattfinden. Bei postalischen, E-Mail oder Online-Befragungen sind zwei bis drei ‚Nachfasswellen', in denen an die Befragung nochmals erinnert wird, einzuplanen. Insgesamt besteht die Herausforderung darin, einerseits einen Ablaufplan zu entwickeln, der den zumeist restriktiven zeitlichen Anforderungen der Auftraggeber, also bis wann erste Ergebnisse, Zwischen- und Endbericht vorzulegen sind, gerecht wird und andererseits so viel zeitliche Spielräume (‚Puffer') einzubauen, dass unerwartet auftretende Probleme noch im Rahmen der vereinbarten Zeitvorgaben gemeistert werden können.

Bei der *Personalplanung* ist festzulegen, welche Personen welche Aufgaben erfüllen sollen. Die Personalplanung umfasst zwar in erster Linie die Aufgabenverteilung zwischen den Evaluatoren, sollte jedoch auch berücksichtigen, wann und in welchem Umfang personelle Inputs vom Auftraggeber (z.B. für Besprechungen und Workshops), vom Programmträger, den Zielgruppen und anderen Stakeholdern (z.B. für die Zusammenstellung von Material und Daten, für die Beschaffung von Adressen für Befragungen, für die logistische Unterstützung bei der Durchführung von Interviews, für die Beantwortung von Fragen etc.) notwendig sind.

Für die Erstellung des *Evaluationsbudgets* bedarf es ebenfalls einer genauen Erfassung der verschiedenen Kostenarten sowie einer möglichst treffenden Einschätzung der Höhe der anfallenden Kosten. Folgende Kostenarten sind zu berücksichtigen (vgl. Sanders 1983, zitiert nach Fitzpatrick u.a. 2004: 282ff.):

- Personalkosten für das Evaluationsteam,
- Kosten für eventuell hinzuzuziehende Berater (z.B. Experten, Spezialisten für bestimmte Themen),
- Kosten für die Durchführung quantitativer Befragungen (z.B. Telefonkosten, Computerspezialisten, Methodenlabor),
- Reise- und Unterbringungskosten,
- Kosten für Kommunikationsmedien (Porto, Telefon, EDV etc.),
- Druckkosten (z.B. für Berichte, schriftliche Befragungen),

- Kosten für notwendige Materialanschaffungen (technische Ausstattung, Literatur, EDV-Geräte etc.),
- Kosten für eventuelle Subkontrakte (z.B. für die Durchführung von Interviews, Fallstudien, Beschaffung von Material) und
- Overhead (Bürokosten etc.).

Zusammenfassend kann festgehalten werden, dass die Evaluationskonzeption die Ziel- und Aufgabenstellung des Evaluationsvorhabens sowie die Darlegung der methodischen Umsetzung und die konkrete Abfolge der einzelnen Handlungsschritte umfasst. Soll für das durchzuführende Evaluationsvorhaben ein Auftrag erteilt werden, stellt die Evaluationskonzeption gleichsam das Angebot dar, das die Grundlage für die Vergabe bildet (vgl. zur Angebotserstellung im Einzelnen Silvestrini 2007: 118ff.). Zusammenfassung zur Konzeption

## 4.3 Durchführungsphase

Instrumentenentwicklung

Bevor mit der Durchführung einer Evaluation begonnen werden kann, sind zunächst die Instrumente zu entwickeln, mit denen sich das Untersuchungsdesign umsetzen lässt (vgl. Abb. 4.1 in Kapitel 4.1). Zunächst ist es ratsam, die einzelnen Fragestellungen der Evaluation zu strukturieren. Hierfür kann der, in Kapitel 2.3 unter zuhilfenahme verschiedener Theorien entwickelte, *Leitfaden* für die Evaluation von Programmen genutzt werden. Weiterhin ist ein *Erhebungsplan* zu erstellen, welcher die Vorgehensweise dokumentiert, wie mit welchem Erhebungsinstrument die Informationen für welche Fragestellungen beschafft werden sollen (vgl. Kapitel 5.2). Bevor die Daten schließlich erhoben und ausgewertet werden können, sind die *Instrumente* zu entwickeln und zu testen sowie die *Untersuchungspopulation* festzulegen.

Analyseleitfaden

Der Analyseleitfaden dient nicht nur dazu, vorab die einzelnen Evaluationsfragen nach systematischen Gesichtspunkten zu sortieren, sondern auch dazu, die mit Hilfe der verschiedenen Erhebungsmethoden gesammelten Daten zu strukturieren. Anhand des in Kapitel 2.3 vorgestellten wie auch andere Leitfäden lassen sich die vorgefundenen Programmstrukturen und Kontextbedingungen sowie die Veränderungen im Förderverlauf danach differenziert erfassen und bewerten. Hierfür werden neben dem Programm und seiner Umwelt sowie dem Interventionsprozess selbst (insbesondere Planung und Durchführung), der Programm-Träger und die externen Wirkungsfelder untersucht. Dabei wird zwischen Wirkungen unterschieden, die durch die Programminterventionen, geplant oder ungeplant, bei der Trägerorganisation ausgelöst wurden (interne Wirkungen) und Wirkungen, die über die Trägerorganisation hinausgehen (externe Wirkungen). Handelt es sich um eine ex-post Evaluation, kann zusätzlich noch die Nachhaltigkeit bestimmt werden.

Die Beschreibung und Analyse eines Programms sowie der durch ein Programm verursachten positiven wie negativen, intendierten wie nicht-intendierten Effekte unter bestimmten situativen Bedingungen stellt eine Evaluation vor große Herausforderungen.

Hypothesengeleitete Evaluation

Wird dabei von den Zielen eines Programms ausgegangen, sieht man sich – wie in Kapitel 3.4.1 dargestellt – mit einer Reihe von Problemen konfrontiert, die manche Evaluationsforscher (vgl. Cronbach u.a. 1981: 5; Scriven 1991: 180) dazu veranlassten, für zielfreie Evaluationen zu plädieren. Da diese zumindest im Kontext der Auftragsforschung von den meisten Evaluatoren für „eine äußerst naive Angelegenheit“ (Weiss 1974: 22; Owen u. Rogers 1999: 269) gehalten werden und kaum praktikabel sein dürften, bietet sich als Alternative eine hypothesengeleitete Evaluation an, die möglichst viele intendierte wie nicht-intendierte Wirkungen empirisch zu erfassen sucht, um erst danach das Ursache-Wirkungsverhältnis zu klären.

Programmtheorie

Hierfür ist es notwendig, die implizite oder explizite *Programmtheorie* zu rekonstruieren, also die Hypothesen, die dem Wirkungsgefüge zugrunde liegen[65]. Um bestimmte Ziele zu erreichen, z.B. um die Kindersterblichkeit zu senken, die Arbeitslosigkeit zu reduzieren oder die Menschen eines Dorfes mit sauberem Trinkwasser zu versorgen, werden verschiedene Maßnahmen ergriffen, z.B. ein Impfprogramm durchgeführt, ein Beschäftigungsprogramm aufgelegt oder Brunnen gebohrt. All diesen verschiedenen Maßnahmen liegt die Annahme zugrunde, dass ihre fachgerechte Durchführung zu den erwünschten Wirkungen führt, also dass ein Zusammenhang zwischen Ziel und Mittel existiert. In der Regel handelt es sich nicht nur um eine einfache Ursache-Wirkungsbeziehung, sondern um eine *Wirkungskette*. Diese könnte in einem Bildungsprogramm, welches das Ziel hat, das Wissen bei den Schülern zu steigern, folgendermaßen aussehen:

Wirkungskette

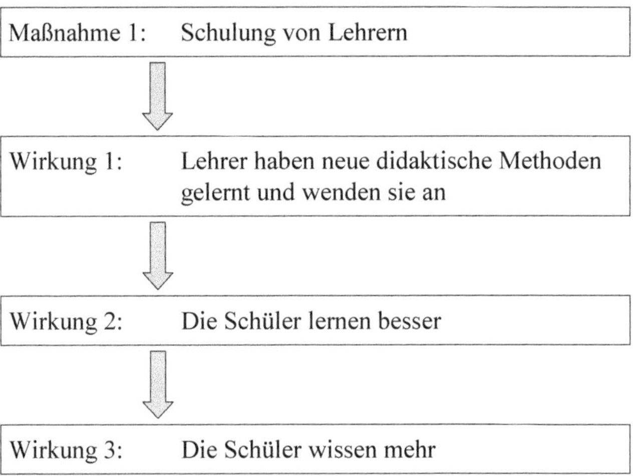


D.h. die hinter dieser Wirkungskette stehenden *Hypothesen* könnten folgendermaßen lauten:

Hypothesen

(1) Wenn Lehrer methodisch-didaktisch geschult werden,
⇒ dann ändern sie ihren Unterricht.

(2) Wenn sich der Unterricht ändert,
⇒ dann lernen die Schüler besser.

65 Für die Strukturierung der Programmziele (der intendierten Wirkungen) und der für ihre Erreichung eingesetzten Maßnahmen (Interventionen) kann der Logical Framework Ansatz verwendet werden (vgl. hierzu Kapitel 3.5.3).

(3) Wenn die Schüler besser lernen,
⇒ dann wissen sie mehr.

Diese Abfolge von wenn-dann Beziehungen beschreibt die programmtheoretischen Vorstellungen, die zur Zielerreichung führen sollen. Eine weitere Komponente des Bildungsprogramms könnte darin bestehen, dass den am „Modellvorhaben“ teilnehmenden Lehrern attraktivere Arbeitsbedingungen (z.B. kleinere Klassen, Weiterbildungsmöglichkeiten etc.) geboten werden. Dann könnte die Hypothesenkette lauten:

(1) Wenn den Lehrern bessere Arbeitsbedingungen geboten werden,
⇒ dann sind sie stärker motiviert.
(2) Wenn sie stärker motiviert sind,
⇒ dann werden sie einen besseren Unterricht abhalten.
(3) Wenn der Unterricht sich verbessert,
⇒ dann lernen die Schüler mehr.
(4) Wenn die Schüler mehr lernen,
⇒ dann wissen sie auch mehr.

Darüber hinaus lassen sich auch Wirkungsketten für nicht-intendierte Interventionsfolgen ableiten. Hierfür ist eine umfassende Kenntnis des Programmkontextes, z.B. aus anderen Studien oder Evaluationen, notwendig. Bezogen auf das Bildungsprogramm, das aufgrund von Mittelknappheit nur in einer Region angeboten wird, könnte Folgendes passieren:

(1) Wenn das Programm Lehrern attraktivere Arbeitsbedingungen bietet,
⇒ dann werden Lehrer aus anderen Regionen abwandern.
(2) Wenn Lehrer aus anderen Regionen abwandern,
⇒ dann ist dort die Bildungsversorgung nicht mehr gewährleistet.
(3) Wenn die Bildungsversorgung abnimmt,
⇒ dann wird dort die Unterrichtsqualität abnehmen.
(4) Wenn die Unterrichtsqualität abnimmt,
⇒ dann werden die Schüler dort weniger wissen.

Eine solche hypothesengeleitete Suche nach Wirkungen kann mit Hilfe des in Kapitel 2.3 dargestellten Leitfadens gesteuert werden. Darüber hinaus eignen sich die dort für die einzelnen Untersuchungsfelder verwendeten Leitfragen für die Ableitung von Bewertungskriterien. Ein solches Bewertungstableau ist beispielhaft in Abbildung 4.3 dargestellt.

Es reicht nicht aus, nur Bewertungskriterien, wie z.B. „Zielakzeptanz bei den Zielgruppen“ oder „Qualifikation des Personals bei der Durchführung“ zu bestimmen, sondern es müssen auch *Indikatoren* entwickelt werden, wie die Kriterien gemessen werden sollen. Indikatoren sind dann notwendig, wenn der zu erfassende Sachverhalt nicht unmittelbar beobachtet werden kann. So benötigt man in der Regel keinen Indikator für die „Messung“ des Einkommens, des Alters, des Geschlechts etc. einer Person. Doch für die oben genannten Beispiele sind Indikatoren zwingend erforderlich. So kann die Akzeptanz des Programmziels bei den Zielgruppen z.B. dadurch erfasst werden, indem festgestellt wird, wie sich die einzelnen Personen der Zielgruppe über das Programm äußern,

Indikatoren

inwieweit sie bereit sind, aktiv für die Ziele einzutreten, in welchem Umfang sie eigene Beiträge leisten etc. (vgl. ausführlich zu Indikatoren Meyer 2007c).

Bewertungskriterien

*Abbildung 4.2:* Bewertungskriterien

| 1. | Programm und Umwelt |
|---|---|
| 1.1 | Logik der Programmkonzeption |
| 1.2 | Angepasstheit der Programminnovation |
| 1.3 | Verfügbarkeit von Ressourcen |
| 1.4 | Situative Kontextbedingungen für Programmdurchführung |
| 1.5 | Zielgruppenrelevanz des Programms |
| 2. | Programmverlauf |
| 2.1 | Qualität der Programmvorbereitung/-planung |
| 2.2 | Qualität der Programmsteuerung |
| 2.3 | Qualität der Vorbereitung des Förderendes |
| 2.4 | Qualität der Nachbetreuung |
| 3. | Interne Wirkungsfelder (Trägerorganisation) |
| 3.1 | Zielakzeptanz bei der Durchführungsorg. und ggf. bei der übergeordneten Trägerorg. |
| 3.2 | Qualifikationsniveau des Trägerpersonals |
| 3.3 | Leistungsfähigkeit der Organisationsstruktur des Trägers |
| 3.4 | Finanzielle Leistungsfähigkeit des Trägers |
| 3.5 | Technisches Niveau und Zustand der Ausstattung des Trägers |
| 3.6 | Innovationspotenzial der Trägerorganisation |
| 3.7 | Interne Wirkungsbilanz |
| 4. | Externe Wirkungsfelder (Adressaten, Politik-/Praxisfelder) |
| 4.1 | Zielakzeptanz bei den Zielgruppen |
| 4.2 | Diffusionsgrad innerhalb der Zielgruppen |
| 4.3 | Nutzen für die Zielgruppen |
| 4.4 | Zielgruppenübergreifende Diffusionswirkungen |
| 4.5 | Diffusionswirkungen innerhalb des Politikfeldes |
| 4.6 | Diffusionswirkungen in benachbarten Politikfeldern |
| 4.7 | Externe Wirkungsbilanz |
| 5. | Nachhaltigkeit |
| | Auf der Makroebene: |
| 5.1 | Effizienz |
| 5.2 | Gesellschaftspolitische Relevanz |
| 5.3 | Ökologische Verträglichkeit |
| | Auf der Programmebene: |
| 5.4 | Programm-/output-/system-/innovationsorientierte Nachhaltigkeit |

Festlegung von Schwellenwerten

Neben Indikatoren zur „Messung“ ist für die Bewertung anhand von Kriterien auch die Festlegung von *Schwellenwerten* notwendig, die auch ‚Wertbestückung‘ genannt wird. Damit ist gemeint, dass Zielgrößen angegeben werden, ab der von Zielerreichung ausgegangen oder z.B. eine positive oder negative Bewertung vorgenommen werden soll. So kann z.B. bei dem Kriterium „Vollbeschäftigung“ festgelegt werden, dass es bereits dann erreicht ist, wenn 95% und nicht 100% beschäftigt sind, da es arbeitsmarkt- und vermittlungsbedingt immer einen ‚Sockel‘ an Arbeitssuchenden geben wird.

Bei dem Kriterium „Zielakzeptanz“, gemessen auf einer zehnstufigen Skala von 0 (keine Akzeptanz) bis 10 (sehr hohe Akzeptanz), könnte definiert werden, dass eine Zielgröße von 8 schon optimal wäre, da innerhalb einer Zielgruppe nie alle Menschen restlos überzeugt werden können etc.

Wie die einzelnen Bewertungen vorgenommen und wie diese dazu genutzt werden können, Programmprofile zu entwerfen, anhand derer sich die Veränderungen über die Zeit hinweg ablesen lassen, kann hier nicht erläutert werden (vgl. statt dessen Stockmann 2006: 203ff.).

Um die im Evaluationsleitfaden dokumentierten Untersuchungsfragen und die daraus entwickelten Wirkungsketten zu untersuchen, sind je nach Untersuchungsdesign verschiedene Datenquellen und Erhebungsmethoden zu nutzen, die im Erhebungsplan aufgelistet sind.

Dokumenten- und Datensichtung

Hierfür ist zunächst zu prüfen, welche *Dokumente und Daten*, die gebraucht werden, bereits vorliegen. In der Regel existieren Projekt-/Programmakten sowie Statistiken, die im Hinblick auf die Fragestellungen auszuwerten sind. Da manche Programme zudem über ein Monitoringsystem verfügen, mit dem kontinuierlich Daten über den Programmverlauf gesammelt werden, stellen diese eine wertvolle Datenquelle für eine Evaluation dar.

Im nächsten Schritt ist zu überlegen, auf welche Weise die noch fehlenden Informationen zur Beantwortung der im Leitfaden gebündelten Analysefragen beschafft werden können. Dabei ist zu prüfen, bei wem solche Daten vorliegen, bzw. wer zu diesen Fragen kompetent Auskunft geben kann. Danach ist zu entscheiden, welche Datenerhebungsmethoden bei welcher Untersuchungsgruppe einzusetzen sind.

Festlegung von Untersuchungspopulationen

Ist eine Auswahl getroffen, sind die jeweiligen *Untersuchungspopulationen* festzulegen, also inwieweit die jeweilige Grundgesamtheit als Ganzes erhoben oder eine Stichprobe aus ihr gezogen werden soll. Entscheidet man sich für eine Stichprobe, ist das Auswahlverfahren und der Grad an gewünschter Repräsentativität zu bestimmen (z.B. Zufallsauswahl, bewusste oder willkürliche Auswahl etc.).

Abschließend ist zu klären, wer wann unter welchen Rahmenbedingungen welche Daten erhebt. Die auftretenden Schwierigkeiten und Risiken (z.B. Erreichbarkeit der Befragten, Teilnahmebereitschaft etc.) sind möglichst frühzeitig zu antizipieren (vgl. zu den Problemen bei der Datenerhebung Kapitel 5.3).

Pretests

Bevor die eigentliche Feldarbeit beginnen kann, sind jetzt noch die ausgewählten *Instrumente* (z.B. Fragebögen, Leitfäden, Beobachtungsschemata etc.) zu entwickeln und im Rahmen eines *Pretests* auszuprobieren. Dem partizipativen Modell folgend, empfiehlt es sich, auftretende Schwierigkeiten bei der Datenerhebung (wie z.B. logistische Probleme, die Erreichbarkeit von Interviewpartnern, die Bereitschaft, sich an der Evaluation zu beteiligen) mit dem Auftraggeber und ggf. auch einzelnen Stakeholdern zu besprechen, um Lösungswege oder Alternativen auszumachen.

Im Unterschied zu Forschungsarbeiten in der grundlagenorientierten Wissenschaft schließt sich an die Analyse und Auswertung der erhobenen Daten im Hinblick auf die untersuchten Fragestellungen eine *Bewertung* der Ergebnisse anhand der ausgewählten und zugrundegelegten Bewertungskriterien an (vgl. zur Dateninterpretation Kapitel 5.5).

Zusammenfassung zur Durchführung

Zusammenfassend lässt sich festhalten, dass in der Durchführungsphase der Evaluation vor allem die Instrumentenentwicklung und die Informationsbeschaffung und -auswertung im Vordergrund steht. Diese Phase nimmt im Rahmen von Evaluationen häufig die meiste Zeit in Anspruch (vgl. hierzu ausführlich Kapitel 5). Für die Strukturierung der Daten im Hinblick auf die Evaluationsfragen eignet sich die Entwicklung eines Leitfadens, der auch zur Ableitung von Bewertungskriterien genutzt werden kann.

## 4.4 Verwertungsphase

### 4.4.1 Darstellung und Verwertung der Ergebnisse

Bericht und Präsentation

Ob und wie die Ergebnisse einer Evaluation von den verschiedenen Stakeholdern genutzt werden, hängt in hohem Umfang davon ab, ob es den Evaluatoren gelingt, diese im Rahmen eines Kommunikationsprozesses überzeugend zu vermitteln. Die wichtigsten Medien dieses Prozesses sind der *Evaluationsbericht* und die *Präsentation* der Ergebnisse. Deshalb muss der Abfassung des Evaluationsberichts große Aufmerksamkeit gewidmet werden. Er sollte so aufgebaut sein, dass ihm ein ‚Executive Summary' vorangestellt ist, der die wichtigsten Erkenntnisse und Empfehlungen enthält. Der Hauptteil kann sich in seinem Aufbau an der Gliederung des Evaluationsleitfadens orientieren (vgl. Abbildung 2.18 in Kapitel 2.3) und beinhaltet alle wichtigen Befunde, Interpretationen und Bewertungen. Der Bericht kann durch Graphiken und Tabellen, in den Text eingebaute oder auch in kleinen ‚Kästen' herausgehobene Zitate sowie kurze Zwischenzusammenfassungen interessanter und leichter lesbar gestaltet werden. Er schließt in der Regel mit konkreten Handlungsempfehlungen zur Weiterentwicklung eines Programms.

Gestaltung der Darstellung

Die Ergebnisse und die Daten, auf denen sie beruhen, sind klar und unmissverständlich darzustellen. Die darauf aufbauenden Bewertungen sollten intersubjektiv nachvollziehbar sein und die ausgesprochenen Empfehlungen sich ‚logisch' aus der Analyse und Interpretation der Ergebnisse ergeben. Die Wahl des Sprachstils und der Ausdrucksweise sind an die Adressaten anzupassen. Deshalb sollte man sich spätestens vor Abfassung des Evaluationsberichts noch einmal bewusst machen, wer damit angesprochen werden soll. Dabei hängt die Adressatengruppe in der Regel eng mit den Evaluationszielen zusammen: Geht es primär um Erkenntnisgewinn, dann könnten z.B. Wissenschaftler, die neue Zusammenhänge aufdecken wollen, oder Geldgeber, die nach neuen, erfolgreichen Strategien suchen, um ihre politischen Vorstellungen umzusetzen, die Hauptadressaten sein. Stehen der Kontroll- oder Legitimationsaspekt im Vordergrund, dann dürften die Ergebnisse sich vor allem an den Geld- und/oder Auftraggeber richten oder an eine breitere Öffentlichkeit. Zielt die Evaluation hingegen auf die Verbesserung von Programmaktivitäten ab, dann können sowohl der Auftraggeber, die programmdurchführende Organisation, die Zielgruppen oder andere Stakeholder Adressaten der Ergebnisse sein (vgl. Rossi u.a. 1999: 48; Rossi, Lipsey u. Freeman 2004: 42; Fitzpatrick u.a. 2004: 201).

Mündliche Vermittlung

Dennoch stellt ein gut geschriebener Evaluationsbericht noch keine Garantie dafür dar, dass die Ergebnisse von den Auftraggebern und Stakeholdern auch genutzt werden: „In the past decade, evaluators have realized that it isn't enough to draft a good evaluation report. Indeed, evaluators have become increasingly aware that one can work hard to maximize the quality of their report and still find that the impact and influence it has on its stakeholders, programs, or policies is at best negligible and at worst, zero" (Fitzpatrick u.a. 2004: 375). Deshalb sollte sich die Vermittlung der Evaluationsergebnisse nicht nur auf eine schriftliche Form beschränken, sondern auf jeden Fall eine *mündliche Präsentation* mit einschließen. Präsentationen offerieren die Möglichkeit, die Hauptergebnisse und Empfehlungen in komprimierter Form darzustellen und nochmals wichtige Aussagen hervorzuheben. Zudem sollte die Gelegenheit genutzt werden, die Ergebnisse ausführlich zu diskutieren und zu erläutern. Dabei ist allerdings darauf zu achten, dass sich die Diskussion nicht nur um Nebensächlichkeiten (wie Kommasetzung, Rechtschreibung etc.), um kleinere sachliche ‚Fehler' oder Missverständnisse dreht – diese können auf schriftlichem Wege angemerkt werden – sondern um die substanziellen Fragen und Ergebnisse der Evaluation sowie die daraus abgeleiteten Empfehlungen.

Abschlussworkshop

Am wirkungsvollsten ist ein solcher *‚Abschlussworkshop'* wenn der Evaluationsbericht vorher verteilt und allen Beteiligten die Ergebnisse bekannt sind, so dass rasch in die Diskussion eingestiegen werden kann. Es empfiehlt sich, die Diskussion nach Themengebieten zu strukturieren und einen Zeitplan aufzustellen. Es sollte dafür gesorgt werden, dass ein offenes Kommunikationsklima herrscht und alle Beteiligten ihr Kommentare und Meinungen frei äußern können. Dies ist nicht immer einfach, z.B. wenn der Auftraggeber oder Geldgeber einschneidende Sanktionsrechte hat, also Mittel kürzen oder aufstocken kann, oder einzelne Stakeholder(gruppen) von dem Geld- bzw. Auftraggeber ökonomisch abhängig sind. In diesen Fällen kann die Durchführung getrennter Workshops (mit den Geld- und Auftraggebern einerseits und den übrigen Stakeholdern andererseits) nützlich sein.

Generell ist zu beobachten, dass Abschlussworkshops, an denen die wichtigsten Stakeholder teilnehmen, eine größere Akzeptanz der Evaluationsergebnisse und -empfehlungen hervorrufen und damit eine (vermutlich) höhere Umsetzungschance haben, als solche, in denen die Stakeholder ausgeschlossen sind (vgl. den im nächsten Kapitel entwickelten „Partizipativen Evaluationsansatz des CEval").

Da es zum Aufgabenbereich von Evaluationen gehört, Defizite und Fehlentwicklungen aufzudecken und transparent zu machen, auch wenn dadurch Strategien und politische Positionen der Stakeholder, insbesondere der Auftraggeber in Zweifel gezogen werden, kann auch bei optimaler Einbindung aller Stakeholder nicht davon ausgegangen werden, dass immer alle von den *Evaluationsergebnissen* begeistert sein werden:

Ergebnisdiskussion

„This means that sponsors of evaluation and other stakeholders may turn on the evaluator and harshly criticise the evaluation if the results contradict the policies and perspectives they advocate. Thus, even those evaluators who do a superb job of working with stakeholders and incorporating their views and concerns in the evaluation plan should not expect to be acclaimed as heroes when the results are in. The multiplicity of stakeholder perspectives makes it likely that no matter how the results come out, someone will be unhappy." (Rossi, Lipsey u.

Freeman. 2004: 43) Deshalb kommt es vor, dass Stakeholder abweisend auf Ergebnisse reagieren, die ihren eigenen Positionen und Erwartungen widersprechen. Evaluatoren sollten deshalb nicht besonders überrascht sein, wenn ihre Studie oder sie selbst ins Kreuzfeuer der *Kritik* geraten. Aus der langjährigen Evaluationspraxis lassen sich folgende *typische Kritikmuster* identifizieren:

Typische Kritikmuster

Alles bekannt

*(1) Alles bekannt!*

Manchmal kommt es vor, dass die Auftraggeber der Evaluation, die Evaluierten oder andere Stakeholder behaupten, dass die Ergebnisse der Evaluation bereits schon vor der Evaluation allseits bekannt gewesen seien und deshalb niemanden überraschen. Häufig trifft es in der Tat zu, dass die Betroffenen Defizite und Probleme kennen oder zumindest ein Gefühl dafür entwickelt haben. Die Aufgabe der Evaluation ist jedoch darüber hinaus, empirisch fundierte Belege und belastbare Befunde zu liefern. Unabhängig davon ist in einem solchen Fall klärungsbedürftig, wieso trotz Kenntnis der vorhandenen Probleme die verantwortlichen Personen nicht gehandelt haben und die ‚bekannten' Mängel nicht bereits vor der Evaluation abgestellt wurden.

Im Übrigen ist in der Evaluationsforschung wie in der gesamten Sozialwissenschaft zu beobachten, dass Ergebnisse, die kontra-intuitiv sind, also nicht der allgemeinen Erwartung entsprechen, die größte Aufmerksamkeit erregen. Dennoch sind empirisch abgesicherte Erkenntnisse, die mit dem Mainstream der impliziten oder expliziten Vermutungen und Annahmen in Einklang stehen, nicht weniger bedeutsam.

*(2) Methodische Defizite*

Methodenmängel

Eine besonders beliebte Möglichkeit die Ergebnisse einer Evaluation in Zweifel zu ziehen, besteht darin, das Untersuchungsdesign und die eingesetzten Methoden zu kritisieren. Dabei ist immer wieder erstaunlich, wie viele selbsternannte (vermeintliche) ‚Methodenexperten' es gibt! Da in der Tat viele unterschiedliche Herangehensweisen an ein Untersuchungsproblem möglich sind, schützt nur die Wahl eines angemessenen Untersuchungsdesigns und praktikabler Methoden vor ungerechtfertigter Kritik. Deshalb muss ein Evaluator überzeugend darlegen, dass sein methodisches Vorgehen dem ‚state of the art' entspricht.

Ein Problem kann dann entstehen, wenn der Auftraggeber gar nicht die nötigen Finanzmittel bereitstellt, um ein der Aufgabenstellung eigentlich angemessenes Untersuchungsdesign zu finanzieren. Häufig besteht die Kunst der Evaluation ja gerade darin, mit einem Minimum an Mitteln ein Optimum an belastbaren Informationen zu erzielen. Häufig müssen ‚Second-best'-Ansätze akzeptiert werden, da die Evaluation aufgrund mangelnder Finanz- oder auch Zeitressourcen nicht anders durchführbar ist. Dennoch gibt es Auftraggeber, die zwar nur geringe Finanzmittel für eine Evaluation bereitstellen und eine ‚Second-best'-Lösung großzügig akzeptieren, am Ende der Studie aber deren methodische Mängel kritisieren. Um belegen zu können, dass bei der Vorbereitung einer Evaluation auf die methodischen Schwierigkeiten sowie auf die damit verbundenen Konsequenzen für die Qualität der Evaluation, hingewiesen wurde, empfiehlt es sich, alle Vorgehensschritte zu dokumentieren und angefertigte Protokolle gemeinsam zu verabschieden.

Letztlich liegt jedoch die Verantwortung für die Qualität einer Evaluation bei den Evaluatoren. Sie sollten deshalb dann, wenn sie erkennen, dass die Voraussetzungen für eine der Aufgabenstellung angemessene Durchführung einer Evaluation nicht gegeben sind und sich die Standards für Evaluation nicht einhalten lassen, diese nicht übernehmen. Die Bewertung zur Machbarkeit von Evaluationen liegt allein in der Kompetenz professioneller Evaluatoren und sollte von diesen sorgfältig vorgenommen werden (zu den Bewertungskriterien siehe vor allem Kapitel 4.2).

Die methodische Qualität von Evaluationen wird zudem durch die verwendeten Auswahlverfahren (vgl. Kapitel 5.2) beeinflusst. Deshalb sollte die Auswahl der Interviewpartner mit größter Umsicht geschehen. Da repräsentative (Zufalls-)Auswahlen häufig nicht möglich sind, ist gezielt vorzugehen. Dabei ist darauf zu achten, dass möglichst alle relevanten Perspektiven und Interessen vertreten sind. Zusätzlich empfiehlt es sich, die Auswahl mit den Stakeholdern (zumindest mit dem Auftraggeber) abzustimmen. Ansonsten kann der Vorwurf drohen, man habe die ‚falschen' Personen befragt und komme deshalb zu ‚falschen' oder verzerrten Ergebnissen. Hätte man hingegen die ‚Richtigen' befragt, wäre die Beurteilung ganz anders, nämlich positiver ausgefallen.

*(3) Es kann nicht sein, was nicht sein darf.*

Unglaubwürdige Befunde

Mitunter kommt es vor, dass Befunde schlicht geleugnet werden. Handelt es sich dabei um Fakten und Sachverhalte, die sich mit Daten einwandfrei belegen lassen, kann der Sachverhalt rasch geklärt werden. Handelt es sich um Meinungsäußerungen (z.B. Zufriedenheit mit verschiedenen Aspekten eines Programms), ist der Beleg über eine statistisch ausreichende Zahl von Befragten zu führen. Die Daten sprechen dann ‚für sich'. Handelt es sich um Interpretationen des Evaluators, ist strikt auf eine logische Argumentationskette zu achten. Je mehr Aussagen vermieden werden, die nicht ausreichend durch vorhandene Daten belegt werden können, umso weniger Angriffsfläche bietet eine Evaluation. Auf Spekulationen sollte sich keine Evaluation einlassen.

Insbesondere bei sehr komplexen Evaluationsgegenständen lässt sich trotz größter Sorgfalt häufig nicht ganz ausschließen, dass sachliche Fehler auftreten. Werden diese durch die Programmverantwortlichen oder Betroffenen, die in der Regel über ein weit umfassenderes Situationswissen verfügen als die Evaluatoren, moniert, sind sie nach eingehender Prüfung selbstverständlich zu korrigieren. Anders verhält es sich mit begründeten Bewertungen. Evaluatoren haben nicht nur das Recht, sondern die professionelle Pflicht, an mit Fakten ausreichend belegten Beurteilungen festzuhalten und allen möglichen Beeinflussungsversuchen zu widerstehen.

*(4) Akribische Fehlersuche*

Fehler im Detail

Bei Präsentationen der im Evaluationsbericht zusammengefassten Ergebnisse ist manchmal zu beobachten, dass sich die Kritik des Auftraggebers oder der Evaluierten in zahllosen Details erschöpft. Aufgrund des überlegenen konkreten Situationswissens ist es fast immer möglich, Unkorrektheiten in der Darstellung zu entdecken, mögen diese auch nur marginal sein. Selbst grammatikalische Fehler oder falsche Kommasetzung im Abschlussbericht können zu Debatten Anlass bieten. In diesen Fällen ist darauf zu achten, dass die zentralen Aussagen und Erkenntnisse einer Studie nicht in den Hintergrund gedrängt werden. Hinter einem solchen Vorgehen kann sich durchaus Methode verbergen, nämlich der Versuch, sich mit unbequemen Aussagen der Studie möglichst gar nicht auseinandersetzen zu müssen.

*(5) Durchführungsmängel*

Mangelhafte Durchfürhung

Nicht alle Evaluationen laufen so ab wie geplant. Tritt der Fall ein, dass der Auftraggeber nicht die zugesagte Unterstützung gewährt, z.B. nicht die für eine Befragung erforderlichen Adressdaten liefert, festgelegte Interviewpartner nicht anzutreffen sind, Prozesse und Entscheidungen verschleppt werden etc., sind diese Probleme von Seiten des Evaluators genau zu dokumentieren. Nur so kann er sich gegen spätere Vorwürfe verteidigen, z.B. dass die Zahl der Befragten zu gering oder der Bericht nicht in der festgelegten Frist fertig gestellt worden sei. Es ist eigentlich überflüssig zu erwähnen, dass der Evaluator vorher den Auftraggeber auf solche Probleme aufmerksam zu machen hat und ihn – sofern ihm das möglich ist – bei der Problemlösung unterstützt. Selbstverständlich gilt auch der Umkehrschluss und eventuell muss zur Vermeidung von Diskussionen am Ende der Evaluation die Unterstützung der Auftraggeber (oder bestimmter Stakeholdergruppen) während der Durchführung von den Evaluatoren aktiv eingefordert werden.

Berechtigte Kritik

Diese Auflistung soll auf keinen Fall den Eindruck erwecken, dass Kritik an Evaluationsstudien oder Evaluatoren immer unbegründet sei und die Fehler nur bei Versäumnissen oder der Kritikunfähigkeit und Lernunwilligkeit der Auftraggeber, der Evaluierten oder anderer Stakeholder zu suchen seien. *Mitnichten! Natürlich bieten Studien und Evaluatoren nicht selten Anlass zu berechtigter Kritik!* Zudem sollte keineswegs der Eindruck vermittelt werden, dass Evaluationen grundsätzlich derart konfliktbeladen sind. Im Gegenteil, in den meisten Evaluationen dürften Auftraggeber und Evaluatoren konstruktiv zusammenarbeiten und die Auftraggeber und Evaluierten den Evaluationsergebnissen aufgeschlossen gegenüberstehen. Zudem zeigt die Erfahrung, dass in Organisationen, in denen generell ein konstruktiver Umgang mit Kritik praktiziert wird, in denen Qualitätsdiskussionen offen geführt werden und eine ‚Evaluationskultur' existiert, Evaluationsergebnisse und Empfehlungen (eine fundierte Evaluation vorausgesetzt) eher akzeptiert werden und eine Chance auf Umsetzung haben, als in Organisationen, in denen das nicht der Fall ist.

Schutz gegen ungerechtfertigte Kritik

Am besten geschützt vor ungerechtfertigter Kritik sind Evaluatoren dann, wenn

- sie wissenschaftlich genau gearbeitet haben, so dass die Ergebnisse einer methodischen Kritik standhalten,
- die professionellen Standards berücksichtigt wurden,
- optimalerweise die Stakeholder bereits in die Planung und wenn möglich auch Durchführung der Evaluation aktiv integriert wurden und
- die verschiedenen Interessen der Stakeholder bei der Datenerhebung, Analyse und Ergebnisinterpretation ausreichend miteinbezogen wurden.

Risiken der Stakeholder-einbindung

Die umfangreiche *Einbindung der Stakeholder* in alle Phasen des Evaluationsprozesses birgt allerdings auch *Risiken.* Nicht immer ist von der Lernbereitschaft einer Organisation oder einzelner Stakeholder auszugehen. Wenn eine Evaluation nur geringe Akzeptanz findet, z.B. weil sie den Beteiligten oktruiert wurde, kann der hier favorisierte partizipative Ansatz zu massiven Konflikten führen, die die Planung und Umsetzung der Evaluation erheblich behindern können. Werden die wichtigsten Stakeholder schon in die Designphase der Evaluation eingebunden und sind diese an einer konstruktiven Zusammenarbeit nicht interessiert, wird es schwer werden, gemeinsame Evaluationsziele und Bewertungskriterien zu formulieren oder über die Vorgehensweise und den Einsatz ausgewählter Methoden einen Konsens zu finden. Nicht selten gilt es, bei den Evaluierten Ängste zu überwinden, insbesondere dann, wenn die Schließung einer Einrichtung oder eines Programms befürchtet wird. In diesen Fällen müssen die Evaluatoren eine besondere Empathie für die Betroffenen entwickeln und ein hohes Maß an Verhandlungsgeschick und Überzeugungskraft entfalten. Bei allem Verständnis für die Betroffenen und Beteiligten sollte allerdings nie vergessen werden, dass die *Evaluatoren die Verantwortung für die professionelle Durchführung einer Evaluation tragen.* Die Evaluatoren haben sowohl den Anforderungen der Auftraggeber als auch den Bedürfnissen der Betroffenen (z.B. den Evaluierten) gerecht zu werden und sollen wissenschaftliche Standards einhalten. Ein mitunter schwieriges Unterfangen.

Ergebnisumsetzung

Nicht mehr in der unmittelbaren Verantwortung der Evaluatoren liegt die Umsetzung der Evaluationsergebnisse. Deshalb sind sie bei der Abfassung eines *„management response"* in der Regel nicht beteiligt. In einem solchen Dokument legen der Auftraggeber und ggf. auch zentrale Stakeholder fest, welche der Evaluationsempfehlungen sie in welchen Zeiträumen umsetzen wollen und wer dafür verantwortlich ist. Einige Organisationen haben dafür sogar ein eigenständiges *Umsetzungsmonitoring* etabliert, das die Nachfolgeaktivitäten überprüft. Bei Folgeevaluationen ist es üblich, auch zu untersuchen, inwieweit Evaluationsempfehlungen umgesetzt wurden und wie sie das Programmgeschehen beeinflusst haben.

### 4.4.2 Nutzen von Evaluationen

Nützlichkeit der Evaluation

Wie schon eingangs dargelegt, wird der Wert einer Evaluation dadurch bestimmt, wie nützlich sie ist: „In the end, the worth of evaluations must be judged by their utility" (Rossi, Lipsey u. Freemann 2004: 411). Nach Beywl (2001: 160) erweist sich die Nützlichkeit einer Evaluation darin, dass Erkenntnisse, Informationen und Schlussfolgerungen genutzt und auf das Handeln der Adressaten in ihrer Praxis einwirken. In den Nützlichkeitsstandards der Gesellschaft für Evaluation (2002) wird davon ausgegangen, dass Ergebnisse nur dann genutzt werden, wenn „die Evaluation sich an den geklärten Evaluationszwecken sowie am Informationsbedarf der vorgesehenen Nutzer und Nutzerinnen ausrichtet". Deshalb ist in der Planung und Durchführung einer Evaluation bereits darauf zu achten, dass gute Voraussetzungen für eine möglichst optimale Nutzung der Ergebnisse geschaffen werden. Dies soll nicht zuletzt durch das in Kapitel 4.5 vorgestellte Partizipationsmodell gewährleistet werden.

Inwieweit Evaluationen tatsächlich Nutzen stiften, ist umstritten. Vor allem Studien, die in den 70er und 80er Jahren durchgeführt wurden, kommen zu dem

Ergebnis, dass Evaluationsbefunde und -empfehlungen nicht ausreichend beachtet würden. Spätere Untersuchungen (vgl. Fitzpatrick u.a. 2004: 421; Stamm 2003: 183ff.) zeigen jedoch, dass sich dieses Ergebnis nur bedingt bestätigen lässt.

Es gibt nicht nur einen gravierenden Mangel an solchen Studien, so dass kaum für alle Politikfelder repräsentative Aussagen gemacht werden können, sondern es fehlt zumeist auch an einer differenzierten Operationalisierung von Nutzen. Hierfür ist es sinnvoll, zumindest drei Typen von Nutzen zu unterscheiden:

Nutzentypen

*(1) Direkter (instrumenteller) Nutzen*
Damit ist die unmittelbare Nutzung von Evaluationsergebnissen durch das Management des Auftraggebers sowie durch andere Stakeholder gemeint. Dies ist z.B. dann der Fall, wenn Ergebnisse für die Entscheidungsfindung genutzt werden, wenn Programme entsprechend den Evaluationsempfehlungen umgestaltet, Strategien, Kommunikationsbeziehungen etc. verändert werden.

*(2) Konzeptioneller Nutzen*
Dieser entsteht, wenn Evaluationsergebnisse das generelle Denken über Problemstellungen beeinflussen. Dies ist z.B. dann der Fall, wenn gezeigt werden kann, dass nur mit Hilfe von ex-post Evaluationen die Nachhaltigkeit von Programmen messbar ist und diese Erkenntnis dazu führt, dass eine Organisation ex-post Evaluationen zukünftig als zusätzliches Verfahren einsetzt.

*(3) ‚Überzeugungs'-Nutzen (persuasive use)*
Dieser stellt sich ein, wenn Evaluationsergebnisse zur Untermauerung oder Widerlegung ‚politischer' Positionen dienen. Dies ist z.B. dann der Fall, wenn die Ergebnisse von Evaluationen fest verankerte, nicht mehr hinterfragte Positionen widerlegen können. So zeigt sich z.B. bei der Evaluation der Nachhaltigkeit von Entwicklungsprojekten, dass die Partizipation der Zielgruppen in der Planungsphase nicht – wie oft behauptet – eine entscheidende Variable für den Projekterfolg ist, sondern dass andere Variablen (wie z.B. Zielakzeptanz, Leistungsfähigkeit der Trägerorganisation etc.) weitaus bedeutsamer sind (vgl. Stockmann 1992 u. 1996).

Auf der Basis einer solchen Differenzierung wird deutlich, dass sich die starke Fokussierung auf direkte Auswirkungen von Evaluationsergebnissen in den ersten Nutzerstudien als zu eng erwies. Wird der Nutzenbegriff weiter gefasst, zeigt sich, dass Evaluationen oftmals indirekte Wirkungen auf weitergehende Entscheidungsprozesse haben, indem Lernprozesse gefördert werden (konzeptioneller Nutzen) oder sich langfristig – nach dem Motto „Steter Tropfen höhlt den Stein" – auch grundsätzliche Einstellungen und Überzeugungen ändern.

Determinanten der Nutzung

Folgende *Faktoren* wurden in Nutzungsstudien als ausschlaggebend *für eine praktische Umsetzung von Evaluationsergebnissen* identifiziert (vgl. Fitzpatrick u.a. 2004: 405; Rossi, Lipsey u. Freeman 2004: 414):

- die Relevanz der Evaluation für die Entscheidungsträger und/oder andere Stakeholder,
- die Einbeziehung von Stakeholdern in die Planungs- und Berichtsphasen der Evaluation,

- die Reputation oder Glaubwürdigkeit des Evaluators,
- die Qualität der Kommunikation der Ergebnisse (Zeitnähe, Häufigkeit, Methodik) und
- die Entwicklung von unterstützenden Prozeduren zur Nutzung der Ergebnisse oder die Bereitstellung von Handlungsempfehlungen.

Institutionalisierung von Nutzung

Manche Organisationen versuchen, die Nutzung von Evaluationsergebnissen zu institutionalisieren. Die großen deutschen Durchführungsorganisationen in der Entwicklungszusammenarbeit (wie z.B. die Gesellschaft für Technische Zusammenarbeit – GTZ –, oder die Kreditanstalt für Wiederaufbau – KfW –) haben hierfür ausgeklügelte Wissensmanagementsysteme entwickelt, um sowohl den direkten als auch den konzeptionellen Nutzen aus Evaluationen sicherzustellen (vgl. Borrmann u. Stockmann 2009). Der instrumentelle Nutzen soll insbesondere dadurch gewährleistet werden, dass die oben genannten Faktoren eingehalten werden.

Um einen über das einzelne Programm oder Projekt hinausgehenden Nutzen zu erzielen, werden die Ergebnisse von Evaluationen in Wissensmanagementsysteme eingestellt und systematisiert. Dadurch werden die Voraussetzungen für ein programmübergreifendes, institutionelles Lernen gelegt, das sich auf bestimmte Programmtypen, Sektoren oder Regionen beziehen kann. Um dies sicher zu stellen gehen manche Organisationen sogar so weit, dass bei der Planung neuer Programme belegt werden muss, welche Evaluationsergebnisse dabei berücksichtigt wurden.

Prozessnutzen

Darüber hinaus ist festzustellen, dass viele Evaluationen allein dadurch, dass sie stattfinden, einen Nutzen generieren. Ein solcher, sogenannter *Prozessnutzen* entsteht dadurch, dass sich die Programmverantwortlichen und anderen Stakeholder mit dem Programm beschäftigen. So ist z.B. zu beobachten, dass Workshops, bei denen es eigentlich um die Klärung der Evaluationsziele sowie um die Auswahl von Indikatoren gehen soll, mit denen diese gemessen werden können, nicht selten zu einer Diskussion um die generellen Programmziele (!) mutieren.

Auf diese Weise kann Evaluation schon während der Planung und Durchführung zu neuen Einsichten, Perspektiven und Programmkorrekturen führen. Diese Form der Nutzengewinnung wird in den meisten Studien darüber vollkommen vernachlässigt, da sie vornehmlich nur den Ergebnisnutzen im Blick haben, der mit den Befunden und Empfehlungen einer Evaluation einher geht.

### 4.4.3 Qualität der Evaluation

Qualitätssicherung

Die Nützlichkeit einer Evaluation hängt in hohem Umfang von ihrer Qualität ab. Um diese sicherzustellen, gibt es – wie in anderen Berufs- und Arbeitsfeldern – *Standards* und *ethische Richtlinien*, die eine Bewertungs- und Orientierungsgrundlage für professionelles Verhalten und Arbeiten darstellen. Dabei definieren Standards nicht nur grundlegende Qualitätsansprüche, die die ‚Experten' des jeweiligen Berufs- oder Arbeitsfeldes einlösen sollen, sondern zielen auch darauf ab, Kunden und die Öffentlichkeit vor schädlichen Praktiken und inkompetentem Vorgehen zu schützen.

Darüber hinaus bieten Standards eine Kontroll- und Beurteilungsbasis für Anbieter und deren Leistungen, sie können als Entscheidungsgrundlage bei potenziellen Streitfragen zwischen Kunden und Anbietern herangezogen werden und sie fördern eine Orientierung an den jeweils anerkannten ‚Best Practices' in einem Tätigkeitsfeld (vgl. u.a. DeGEval 2002; Owen u. Rogers 1999; Stufflebeam 2000a; Rossi, Lipsey u. Freeman 2004).

Evaluationsstandards

Die *Professionalisierung der Evaluationsforschung* führte in den 80er Jahren in den USA zu den ersten Versuchen, Evaluationsstandards zu entwickeln. 1981 publizierte das ‚Joint Committee on Standards for Educational Evaluation' (JCS 2006) Standards für den erziehungswissenschaftlichen Bereich, die dann im Laufe der Jahre in immer mehr Themenfeldern Anwendung fanden (vgl. Widmer 2004). Im Jahre 1994 präsentierte das inzwischen um nicht nur im Bildungsbereich tätige Organisationen ergänzte, so genannte ‚Joint Committee' eine überarbeitete Fassung mit dem Titel „The Programm Evaluation Standards" (vgl. Beywl u. Widmer 2000: 250). Im deutschen Sprachraum blieben die Standards lange Zeit wenig beachtet.[66] Erst nachdem sich 1997 die *Deutsche Gesellschaft für Evaluation (DeGEval)* gegründet hatte, wurden ‚eigene' Standards entwickelt und 2001 publiziert.

Funktion der Standards

Diese Standards beanspruchen „Gültigkeit für verschiedene Ansätze der Evaluation, für unterschiedliche Evaluationszwecke sowie eine Vielzahl von Evaluationsfeldern" (DeGEval 2002: 6). Sie richten sich an „Evaluatoren und Evaluatorinnen als auch an Personen und Einrichtungen, die Evaluationen in Auftrag geben, sowie an Beteiligte und Betroffene im Bereich des Evaluationsgegenstandes" (DeGEval 2002: 12). Die *Funktion der Standards* wird von der DeGEval (2002) darin gesehen, dass sie

- die Qualität von Evaluationen sichern und entwickeln helfen,
- als Dialoginstrument und fachlicher Bezugspunkt für einen Austausch über die Qualität von professionellen Evaluationen dienen,
- Orientierung bei der Planung und Durchführung von Evaluationen geben,
- Anknüpfungspunkte für die Aus- und Weiterbildung in Evaluationen geben,
- einen Bezugsrahmen für die Evaluation von Evaluationen (Meta-Evaluation) liefern sowie
- Transparenz über Evaluationen als professionelle Praxis einer breiteren Öffentlichkeit gegenüber schaffen.

Grundlegende Eigenschaften von Evaluation

Nach Auffassung der DeGEval sollen ‚gute' Evaluationen vier grundlegende Eigenschaften aufweisen: Nützlichkeit, Durchführbarkeit, Fairness und Genauigkeit (Wissenschaftlichkeit). Im Einzelnen sollen

- die *Nützlichkeitsstandards* sicherstellen, dass die Evaluation sich an den geklärten Evaluationszwecken sowie am Informationsbedarf der vorgesehenen Nutzerinnen und Nutzer richtet,
- die *Durchführbarkeitsstandards* gewährleisten, dass eine Evaluation realistisch, gut durchdacht, diplomatisch und kostenbewusst geplant und ausgeführt wird,
- die *Fairnessstandards* regeln, dass in einer Evaluation respektvoll und fair mit den betroffenen Personen und Gruppen umgegangen wird und

66 Eine frühe Ausnahme stellt Beywl (1988: 112ff.) dar.

- die *Genauigkeitsstandards* dafür sorgen, dass eine Evaluation gültige Informationen und Ergebnisse zu dem jeweiligen Evaluationsgegenstand und den Evaluationsfragestellungen hervorbringt und vermittelt.

Um diese vier eher abstrakten Konzepte anschaulicher zu machen, wurden insgesamt 25 Einzelstandards formuliert, welche den vier übergeordneten ‚Leitstandards' zugeordnet sind, und in Abbildung 4.4 im Überblick dargestellt (siehe im Detail www.degeval.de).

*Abbildung 4.3:* DeGEval-Standards

DeGEval-Standards

| Nützlichkeit | |
|---|---|
| N1 | Identifizierung der Beteiligten und Betroffenen |
| N2 | Klärung der Evaluationszwecke |
| N3 | Glaubwürdigkeit und Kompetenz des Evaluators / der Evaluatorin |
| N4 | Auswahl und Umfang der Informationen |
| N5 | Transparenz von Werten |
| N6 | Vollständigkeit und Klarheit der Berichterstattung |
| N7 | Rechtzeitigkeit der Evaluation |
| N8 | Nutzung und Nutzen der Evaluation |
| **Durchführbarkeit** | |
| D1 | Angemessene Verfahren |
| D2 | Diplomatisches Vorgehen |
| D3 | Effizienz von Evaluation |
| **Fairness** | |
| F1 | Formale Vereinbarungen |
| F2 | Schutz individueller Rechte |
| F3 | Vollständige und faire Überprüfung |
| F4 | Unparteiische Durchführung und Berichterstattung |
| F5 | Offenlegung der Ergebnisse |
| **Genauigkeit** | |
| G1 | Beschreibung des Evaluationsgegenstandes |
| G2 | Kontextanalyse |
| G3 | Beschreibung von Zwecken und Vorgehen |
| G4 | Angabe von Informationsquellen |
| G5 | Valide und reliable Informationen |
| G6 | Systematische Fehlerprüfung |
| G7 | Analyse qualitativer und quantitativer Informationen |
| G8 | Begründete Schlussfolgerungen |
| G9 | Meta-Evaluation |

Die DeGEval-Standards stellen weitgehend eine Übersetzung der amerikanischen Standards dar (vgl. DeGEval 2002: 42). Im Hinblick auf ihre praktische Anwendbarkeit ist zu bemerken, dass sie keinen zwingend verbindlichen Charakter besitzen. Sie bilden vielmehr einen grundlegenden Orientierungsrahmen zur Bestimmung von Qualitätsaspekten bei der Planung und Durchführung von Evaluationen, indem sie *Maximalansprüche* formulieren. Zwischen den vier Standardgruppen und den jeweiligen Einzelstandards besteht keine unterschiedliche Gewichtung bzw. Prioritätensetzung. Statt dessen stehen die verschiedenen grundlegenden Standards als auch die Einzelstandards zueinander in Konkurrenz. So kann z.B. der wissenschaftliche Anspruch, der in den Genauigkeitsstandards zum Ausdruck kommt, rasch mit der Forderung nützliche Ergebnisse

(Nützlichkeitsstandards) unter zumeist erheblichen Zeit- und Finanzrestriktionen zu produzieren (Durchführbarkeitsstandards), in Konflikt geraten. Auf der Ebene der Einzelstandards stehen z.B. die Standards (F2) ‚Schutz individueller Rechte' und (F4) ‚Offenlegung der Ergebnisse' zueinander im Widerspruch, wenn die Publikation der Evaluationsergebnisse die Respektierung individueller Rechte gefährdet (vgl. Widmer 2004). Jeder Evaluator muss deshalb in dem jeweiligen situativen Kontext einer Evaluation aufs Neue die Frage beantworten und ggf. auch dokumentieren, welchen Standards er Priorität einräumt. Die Relevanz und Bedeutung eines Standards lässt sich nur im konkreten Einzelfall festlegen.

Guiding Principles for Evaluators

Neben diesen Standards, die die Qualität von Evaluationen insgesamt sicherstellen sollen, gibt es Leitlinien, die sich direkt auf das Verhalten von Evaluatoren beziehen. So hat z.B. die American Evaluation Association (AEA) 1994 sogenannte *„Guiding Principles for Evaluators"* herausgegeben, die gewissermaßen einen Verhaltenskodex für Evaluatoren darstellen und fünf Leitprinzipien umfassen (Beywl u. Widmer 2000: 282f.):

- *Systematische Untersuchung:* Evaluatoren führen systematische, auf Daten gestützte Untersuchungen über das jeweilige Evaluationsobjekt durch.
- *Kompetenz:* Evaluatoren stellen den Beteiligten und Betroffenen professionelle Leistungen zur Verfügung.
- *Integrität/Aufrichtigkeit:* Evaluatoren garantieren Aufrichtigkeit und Integrität während des gesamten Evaluationsprozesses.
- *Achtung gegenüber den Menschen:* Evaluatoren respektieren die Sicherheit, die Würde und das Selbstwertgefühl der Antwortenden, Programmteilnehmenden, Auftraggebern und anderer Beteiligter und Betroffener, mit denen sie in Interaktion treten.
- *Verantwortung für das allgemeine und öffentliche Wohl:* Evaluatoren artikulieren die vielfältigen Interessen und Werte, die möglicherweise in Beziehung zum allgemeinen und öffentlichen Wohl stehen, und berücksichtigen diese in ihren Überlegungen.

DAC-Principles

Darüber hinaus existieren auch Standards, die sich auf bestimmte Politikfelder beziehen. So z.B. die „DAC-Principles for Evaluation of Development Assistance" der OECD (1998), die im Bereich der Entwicklungszusammenarbeit eine hohe Bedeutung gewonnen haben (vgl. http://www.oecd.org/dataoecd/63/50/2065863.pdf Stand: 09.01.14). Diese Standards wurden von der 1988 gegründeten ‚expert group on aid evaluation' des ‚Development Assistance Committee' der ‚Organization for Economic Cooperation and Development' (OECD) erarbeitet und erstmals 1991 veröffentlicht. Die DAC-Principles machen auf acht Kernpunkte aufmerksam:

- Impartiality and Independence,
- Credibility,
- Usefulness,
- Participation of Donors and Recipients,
- Donor Co-operation,
- Evaluation Programming,
- Design and Implementation of Evaluations,
- Reporting, Dissemination and Feedback.

Alle DAC-Mitgliedsländer haben sich zur Einhaltung dieser Prinzipien verpflichtet, die 1998 einem Review-Prozess unterzogen wurden (vgl. OECD 1998).[67]

Verbindlichkeit von Standards

Dass die Existenz von Standards allenfalls eine notwendige, jedoch keinesfalls hinreichende Bedingung für die Sicherstellung von Evaluationsqualität darstellt ist offensichtlich. Hierfür wäre es nicht nur notwendig, dass die Standards allen Akteuren (zumindest Auftraggebern und -nehmern) bekannt sind und Evaluationen danach ausgerichtet und bewertet werden, sondern dass die Standards überhaupt einen verpflichtenden Charakter aufweisen. Diese Voraussetzungen sind im deutschsprachigen Raum bisher jedoch kaum gegeben. Eine aktuelle Untersuchung zum Professionalisierungsstandard der Evaluation in Deutschland kommt diesbezüglich zu dem Ergebnis, dass die Standards im deutschsprachigen Raum einen eher gering einzuschätzenden Nutzungsgrad aufweisen (vgl. Brandt 2008: 120). Zudem verweist die DeGEval (2004: 12) ausdrücklich darauf, dass die von ihr herausgegebenen Standards „keine verbindliche Grundlage für Akkreditierung oder Zertifizierung von Personen oder Einrichtungen, die Evaluationen anbieten oder durchführen, oder auch von Evaluationsfortbildungen" darstellen.

Im Unterschied zu den deutschen Standards weisen die Standards des JCS (2006) einen weitaus höheren Verbindlichkeitsgrad auf. Dies ist nicht zuletzt dadurch zu erklären, dass die US-amerikanischen Standards als Resultat eines langen, von einer breiten Basis institutioneller Akteure getragenen Entwicklungsprozesses entstanden, während die DeGEval-Standards das Ergebnis einer Arbeitsgruppe innerhalb der DeGEval sind, das sich letztlich weitgehend in der Übersetzung der amerikanischen Standards erschöpfte.[68]

Meta-Evaluationen

Ebenfalls im Unterschied zur US-amerikanischen Evaluationsszene liegen im deutschsprachigen Raum kaum empirische Informationen in Form von Meta-Evaluationen oder sonstigen Studien vor, anhand derer fundierte Aussagen über die Qualität von Evaluationen getroffen werden können (vgl. Brandt 2008: 89). Abgesehen von der Pionierarbeit zum Thema Meta-Evaluation von Thomas Widmer (1996) wurden bisher erst wenige Praxisfelder untersucht (vgl. z.B. Stockmann u. Caspari 1998 für den Bereich Entwicklungszusammenarbeit sowie Becher u. Kuhlmann 1995 für das Feld Forschungs- und Technologiepolitik).

Demnach kann festgehalten werden, dass die Nützlichkeit von Evaluationen in hohem Maße von ihrer Qualität abhängt. Umso erstaunlicher ist es, dass es bisher im deutschsprachigen Raum erst wenige Meta-Evaluationen gibt, die dies

---

67 Ein weiteres Regelwerk hat z.B. die United Nations Evaluation Group (UNEG) aufgestellt. Die ‚Standards for Evaluation in the UN System' (2005) sind in vier Oberkategorien aufgeteilt: (1.) Institutional Framework and Management of the Evaluation Function, (2.) Competencies and Ethics', (3.) Conducting Evaluations, (4.) Evaluation Reports.
Auf europäischer Ebene hat die EU im Bereich der Strukturpolitik Standards gesetzt. Vgl. European Commission, DG Budget, Communication for the Commission from the President and Mrs Schreyer, „Evaluation Standards and Good Practice", C/2002/5267, 23.12. 2002.
Interessant ist auch ein Vergleich mit den „Standards zur Qualitätssicherung in der Markt- und Sozialforschung" (www.adm-ev.de).

68 Ein Vergleich der Transformationstabelle in der DeGEval-Standards Broschüre (2004: 42) macht dies eindrücklich deutlich.

untersuchen. Der Versuch, Qualität von Evaluation über Standards zu definieren und zu entwickeln, steckt im deutschsprachigen Raum erst in den Kinderschuhen. Die von der Gesellschaft für Evaluation (DeGEval) verabschiedeten Standards weisen weder eine hohe Verbindlichkeit noch einen großen Verbreitungsgrad auf (vgl. Brandt 2009: 172).

## 4.5 Der Partizipative Evaluationsansatz des CEval

Um die Qualität, Nützlichkeit und Durchführbarkeit von Evaluationen zu steigern und auch um einen fairen Verfahrensablauf sicherzustellen (vgl. die DeGEval Standards in Abbildung 4.4), bietet eine partizipative Vorgehensweise zahlreiche Vorteile. Dies soll beispielhaft anhand des partizipativen Evaluationsansatzes des CEval demonstriert werden, der sich in den letzten 15 Jahren systematisch weiterentwickelt und sich in Dutzenden von Studien bewährt hat.

Partizipative Evaluation

Der Ansatz geht von der Prämisse aus, dass die Einbeziehung der verschiedenen Stakeholder bereits in die Planungsphase zu einer erhöhten Akzeptanz und Unterstützung führt. Dadurch wird nicht nur sichergestellt, dass unterschiedliche Perspektiven und Sichtweisen in die Konzipierung der Evaluation einfließen, sondern auch, dass wertvolle Wissensbestände der unterschiedlichen Akteure genutzt werden können, so z.B. Hinweise auf zu befragende Akteure, Möglichkeiten Kontrollgruppen zu bilden, die Verfügbarkeit von Adressen und Daten etc. (vgl. Abbildung 4.5).

Interaktiver Prozess

Wird Evaluation als ein *interaktiver Prozess* organisiert, der zu einem intensiven *Dialog* zwischen den Evaluatoren und den an der Evaluation beteiligten Personen und Institutionen führt, dann lassen sich nicht nur die verschiedenen Interessenlagen, Werte und Bedürfnisse der Stakeholder ermitteln und deren Wissen und Erfahrungen für die Designentwicklung nutzen, sondern es kann auch die Akzeptanz für die Durchführung der Evaluation gesteigert werden, indem ein ‚Klima des Vertrauens‘ entsteht. Dadurch steigt zudem die Chance, dass die Evaluationsbefunde anschließend in Entwicklungsprozesse eingespeist werden, da die Stakeholder die Evaluatoren nicht als externe ‚Kontrolleure‘, sondern als Partner mit komplementären Aufgaben wahrnehmen. Während die Evaluatoren ihr *Expertenwissen* einbringen, stellen die Stakeholder ihr *fachliches und konkretes Situationswissen* zur Verfügung.

Da eine valide Bewertung von Maßnahmen und Ereignissen durch die Evaluatoren oft nur auf der Grundlage der freiwilligen und proaktiven Kooperation aller Beteiligten möglich ist, lässt sich die Validität von Evaluationsergebnissen durch eine partizipative Gestaltung verbessern.

Der hier präsentierte *partizipative Evaluationsansatz des CEval* orientiert sich an dem in Kapitel 2 behandelten kritisch-rationalen Forschungsmodell und folgt dem in Abbildung 4.1 vorgestellten Ablaufschema. Allerdings ist zu beachten, dass die sogenannten „Forschungsphasen“ (vgl. Abbildung 4.5) nicht mit den Ablaufphasen einer Evaluation identisch ist.

Bestimmung des Evaluationsgegenstands

Der *(I.) Entdeckungszusammenhang* umfasst die Bestimmung des Evaluationsgegenstands (Was soll evaluiert werden?), die Festlegung der Evaluationsziele (Wozu soll evaluiert werden?) und der Bewertungskriterien sowie die Entscheidung, wer (intern oder extern) evaluiert. Dieser Prozess wird in der Regel maßgeblich durch den Auftraggeber bestimmt. Bei einer partizipativen Vorgehensweise werden jedoch nicht nur die Evaluatoren aktiv eingebunden, sondern auch die Evaluierten und die verschiedenen anderen Stakeholder (Zielgruppen, Beteiligte etc.). Im Rahmen eines solchen Interaktionsprozesses werden nicht nur diese Fragen gemeinsam geklärt, sondern es kann auch sichergestellt werden, dass die Sichtweisen benachteiligter Stakeholdergruppen nicht zu kurz kommen.

Entdeckungs-zusammenhang

Forschungs-zusammenhangs

Die Ausarbeitung der Untersuchungshypothesen, des Untersuchungsdesigns und der Erhebungsmethoden ist Teil des Forschungszusammenhangs (II.) und primär eine Aufgabe der Evaluatoren. Dennoch ist es wichtig, das Situationswissen der Evaluierten und anderer Stakeholder aktiv mit einzubeziehen, um Instrumente zu entwickeln, die dem situativen Kontext angemessen sind. Dies gilt insbesondere dann, wenn Evaluationen in anderen sozio-kulturellen Kontexten durchgeführt werden. Ein solches mit den Stakeholdern abgestimmtes Vorgehen ist zudem offen für kontinuierliche Anpassungen der eingesetzten Evaluationsinstrumente, so dass auch auf sich ändernde Kontextbedingungen im Evaluationsprozess flexibel reagiert werden kann.

Wenn Evaluatoren und Stakeholder eng zusammenarbeiten, dann erhöht sich die Chance, dass für die Erklärung der „Realität“ angemessene Hypothesen und für die empirische Erfassung der „Realität“ ein möglichst optimales Design und adäquate Erhebungsmethoden entwickelt werden. Die Verantwortung dafür trägt aber letztlich der Evaluator, der mit der Durchführung der Evaluation beauftragt wurde.

Datenerhebung und -analyse

Bei der *Datenerhebung und -analyse* sind die Evaluierten vor allem als Informationsträger wichtig, die unterschiedliche Perspektiven und Sichtweisen vertreten, die es in einer Evaluation zusammenzutragen gilt, um ein möglichst „objektives“ Bild von den Prozessen, Strukturen und Wirkungen zu erhalten. Hierfür wird ein möglichst breiter Methodenmix für die Datenerfassung und für die Datenanalyse das in der Sozialforschung bekannte Spektrum von Verfahren eingesetzt (vgl. hierzu ausführlich Kapitel 5.3 und 5.4). Durch die kontinuierliche Informationsvermittlung über den Fortgang der Evaluation und durch „Zwischen-“Workshops kann die Einbindung der Betroffenen und Beteiligten sichergestellt werden. Doch die Durchführung der Datenerhebung und -analyse ist die Aufgabe der Evaluatoren, die hierfür mit dem nötigen Expertenwissen ausgestattet sind. Die Abfassung des Evaluationsberichts sowie die Präsentation der Ergebnisse obliegt ebenfalls den professionellen Experten.

Verwertungs-zusammenhang

Allerdings kann der Übergang *zum Verwertungskontext* (III.) der Evaluation auch anders gestaltet werden, indem die Bewertung der Ergebnisse sowie die Erarbeitung von Empfehlungen gemeinsam von den Stakeholdern geleistet wird, je nachdem, welcher Grad an Partizipation gewünscht ist. In diesem Fall werden die Befunde, Schlussfolgerungen und die Empfehlungen, die daraus abgeleitet werden, nicht nur in einem Workshop dem Auftraggeber und ggf. anderen Stakeholdern präsentiert, sondern erst gemeinsam erarbeitet. In diesem Fall beschränkt sich der Evaluator auf eine Moderatorenrolle, er präsentiert nur die Befunde der Evaluation, überlässt jedoch den Auftraggebern und/oder Stakeholdern die Bewertung.

In jedem Fall obliegt die *Entscheidung* darüber, welche Empfehlungen umgesetzt werden letztlich dem Auftraggeber, der wiederum – je nach Partizipationsgrad – die Betroffenen dabei einbinden kann oder nicht. Für die *Umsetzung* sind in der Regel das Management und die davon Betroffenen verantwortlich. Die Evaluatoren spielen im *Verwertungszusammenhang* nur noch eine untergeordnete Rolle. An Entscheidungen und deren Umsetzungen sind sie in der Regel nicht beteiligt. Allenfalls kann ihnen die Aufgabe zufallen, durch die Etablierung eines Monitoring- und Evaluationssystems den Umsetzungsfortschritt zu beobachten und die gewonnenen Informationen, Bewertungen und Empfehlungen an das Management für neuerliche Steuerungsentscheidungen weiterzuleiten.

Schwerpunkte der Beteiligung

In dem hier entwickelten Ansatz konzentriert sich die *partizipative Mitwirkung* an einer Evaluation vor allem auf den *Entdeckungs- und Verwertungszusammenhang*. Die Ziele einer Evaluation, die Bewertungskriterien und bis zu einem gewissen Grad (solange die Wissenschaftlichkeit des Designs nicht beeinträchtigt wird) auch die Vorgehensweise können partizipativ ermittelt werden und stellen die Vorgaben für die Evaluation dar. Informationssammlung und -analyse ist hingegen in einem empirisch-wissenschaftlichen Verfahren allein Aufgabe der Evaluatoren. Die *Bewertung* der Ergebnisse lässt sich – je nach gewünschtem Partizipationsgrad – gemeinsam mit den Auftraggebern und den diversen Stakeholdern vornehmen. Die *Verwertung* der durch Evaluationen vorgelegten Befunde und ihre Umsetzung in Aktivitäten liegt bei externen Evaluationen ausschließlich in der Verantwortung der Auftraggeber bzw. der übrigen Stakeholder. Anders als bei Qualitätsmanagementsystemen, ist der Evaluator, insbesondere wenn er extern rekrutiert wird, nicht Teil des Umsetzungsprozesses.

Einschränkend muss betont werden, dass es bei einem Evaluationsvorhaben kaum gelingen wird, alle jeweils denkbaren Interessenperspektiven zu berücksichtigten oder alle Stakeholder in den Prozess mit einzubeziehen. Vor allem *nichtorganisierte Interessen*, wie dies häufig bei benachteiligten Bevölkerungsgruppen der Fall ist, laufen Gefahr, nicht ausreichend vertreten zu sein. Zudem stellt sich das Problem der Repräsentation: Wer ist dazu legitimiert, die Interessen bestimmter Gruppen zu vertreten oder zumindest dazu berechtigt, die Mehrheitsmeinung der Betroffenen zu artikulieren? Nicht immer werden sich solche Repräsentanten finden. In diesem Fall hilft auch der aus der ‚Empowerment'- und ‚Emancipatory-Evaluation' kommende Vorschlag kaum weiter, dass der Evaluator die Interessen der Benachteiligten selbst vertreten solle. Ein solches Vorgehen würde voraussetzen, dass der Evaluator die tatsächlichen Bedürfnisse und Bedarfe der nicht vertretenen benachteiligten Bevölkerungsgruppen kennt (vgl. Mertens 2004: 45ff.; Lee 2004: 135ff.).

Zielsetzung des partizipativen Modells

Zusammenfassend kann festgehalten werden, dass das hier entwickelte *partizipative Modell* dazu beitragen soll,

- die Interessen und Perspektiven der verschiedenen Stakeholder bei der Festlegung der Evaluationsziele und Bewertungskriterien zu berücksichtigen,
- ihr Situations-Wissen und ihre Erfahrungen für die Entwicklung des Evaluationsdesigns und die Auswahl der Erhebungsmethoden zu nutzen, um ein möglichst kontextgerechtes Instrumentarium zu entwickeln,

- die Akzeptanz für die Evaluation und deren Ergebnisse bei den verschiedenen Stakeholdern zu erhöhen und
- die Nützlichkeit der Evaluation dadurch zu gewährleisten, dass die aus den gewonnenen Erkenntnissen abgeleiteten Empfehlungen von den Betroffenen in Handlungen umgesetzt werden.

*Abbildung 4.4:* Partizipativer Evaluationsansatz des CEval

CEval-Partizipationsansatz

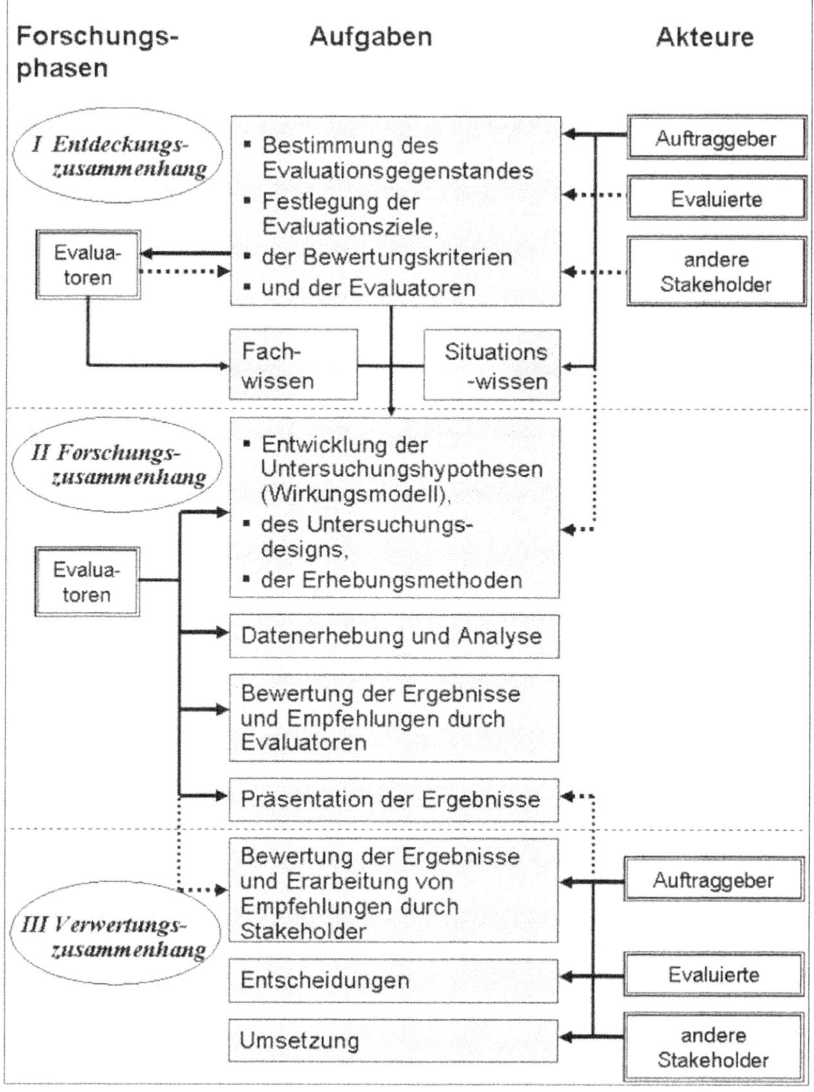

# 5. Informationssammlung und -bewertung

## 5.1 Einleitung

Bedeutung von Informationen für Evaluationen

Die Qualität einer Evaluation ist sehr weitgehend von der Bereitstellung exakter und für die Beantwortung der Evaluationsfrage adäquater Informationen abhängig. Mehr als ein Drittel der DeGEval-Standards bezieht sich auf die Genauigkeit und fordert dabei die Einhaltung allgemeiner wissenschaftlicher Anforderungen an empirische Datenerhebungen und Auswertungen ein.[69]

Dies unterstreicht, dass der wissenschaftliche Anspruch an Evaluationen bei der Sammlung und Bewertung von Informationen am deutlichsten zu Tage tritt. Wie bereits in Kapitel 2 ausgeführt, sind es primär die eingesetzten Erhebungs- und Auswertungsmethoden, die eine wissenschaftliche Evaluation von Alltagsbewertungen unterscheidet.

Zunächst ist festzuhalten, dass wissenschaftlich durchgeführte Evaluationen bezüglich der eingesetzten Designs und Verfahren zur Beschaffung und Auswertung von Informationen weitgehend der sozialwissenschaftlichen Grundlagenforschung gleichen und als angewandte Sozialforschung auf die dort anerkannten Verfahren sowie die bei ihrer Anwendung gewonnenen methodischen Erkenntnisse zurückgreifen.

Aus den Besonderheiten der Evaluationsforschung ergeben sich jedoch Einschränkungen. Im Folgenden wird versucht, den Unterschied zwischen Grundlagenforschung und Evaluation bei der Informationssammlung und -bewertung herauszuarbeiten.

Prozess der Informationsgewinnung

Dies geschieht in vier chronologischen Schritten, die den Prozess der Informationsgewinnung und -bewertung allgemein nachvollziehen und in Kapitel 4 bereits angesprochen worden sind (vgl. dazu auch die Beiträge in Stockmann 2007). In der *Vorbereitungsphase (Kapitel 5.2)* werden auf der Grundlage von Feldexplorationen das Untersuchungsdesign und das für eine qualitativ hochwertige Informationsgewinnung jeweils notwendige Erhebungsdesign festgelegt. Hier werden im Vorfeld der Evaluation Verfahrensweisen, einzusetzende Instrumentarien, Auswertungsverfahren sowie die notwendigen Schritte zur Kommunikation der Ergebnisse ausgewählt. Im Unterschied zu rein wissenschaftlichen Untersuchungsdesigns muss die Evaluation sich dabei in viel stärkerem Umfang mit den gegebenen Rahmenbedingungen arrangieren und die Wünsche ihrer Auftraggeber bei der Konzeption berücksichtigen. Häufig ist deshalb bereits hier eine Absprache mit dem Auftraggeber notwendig.

---

69 Insbesondere die DeGEval-Standards G4 – Angabe von Informationsquellen, G5 – Valide und reliable Informationen und G6 – Systematische Fehlerprüfung.

Die eigentliche *Phase der Datenerhebung (Kapitel 5.3)* dagegen gleicht weitgehend dem Vorgehen bei der sozialwissenschaftlichen Grundlagenforschung und kann auf deren Erfahrungswerte und bewährten Instrumentarien zurückgreifen. Dabei sind die mit den jeweiligen Erhebungsverfahren verbundenen Störfaktoren zu berücksichtigen und mittels geeigneter Maßnahmen zu kontrollieren. Die Besonderheiten der Evaluation bei der Instrumentenentwicklung und der Datenerhebung sind eher in den Anforderungen an die Flexibilität bezüglich Designanpassung und Methodeneinsatz zu sehen.

Auswertungsphase

Die *Analyse der erhobenen Daten (Kapitel 5.4)* ist sehr wesentlich von den eingesetzten Messinstrumenten und vor allem von deren Standardisierungsgrad abhängig. Ziel ist es, durch Komprimierung und Standardisierung vergleichende Analysen insbesondere zu den kausalen Wirkungen von Interventionen durchzuführen und aus den untersuchten Einzelfällen verallgemeinernde Schlussfolgerungen zu ziehen. Soweit es weniger um Fragen der Evaluation sondern des Monitorings von Projektverläufen geht, rückt auch die regelmäßige Untersuchung von Veränderungsprozessen in den Fokus der Datenanalyse.

Die reine Darstellung empirischer Ergebnisse führt allein nicht zum Erkenntnisgewinn, sondern wird erst durch die *Dateninterpretation (Kapitel 5.5)* für Dritte nützlich. Auch wenn sich hier Grundlagen- und Evaluationsforschung durch die Zielgruppen der Dateninterpretation stark unterscheiden, so ist ein Abwägen der Befunde, eine kritische Reflektion der eigenen Vorgehensweise, eine Vorwegnahme möglicher Einwände und ein Abwägen der Vor- und Nachteile der eigenen Vorgehensweise bezüglich ihrer Auswirkungen auf die Ergebnisqualität in beiden Fällen notwendig. Darüber hinaus geht es bei Evaluationen um Bewertungen, d.h. es muss anhand nachvollziehbarer Kriterien und durch strikte Befolgung von Verfahrensregeln eine möglichst von subjektiven Einstellungen des Evaluators, der Auftraggeber oder der Stakeholder unabhängige Einschätzung der Qualität des Evaluationsobjektes vorgenommen werden. Hier können Interpretationstechniken der qualitativen Sozialforschung oder statistische Prüfverfahren wertvolle Hilfestellungen geben und die Abwägung von Handlungsalternativen hinsichtlich ihrer Wirkungen und Wirkungspotentiale zumindest unterstützen. Durch diese wissenschaftliche Fundierung von Entscheidungen entfaltet – wie bereits schon mehrfach ausgeführt – die Evaluation letztlich ihren Nutzwert.

## 5.2 Vorbereitung der Datenerhebung – vom Evaluations- zum Erhebungsdesign

Evaluationsdesign

Das *Design einer Evaluation* entspricht sehr weitgehend dem allgemeinen *Design eines Forschungsprojektes* und beschreibt den Untersuchungsgegenstand, formuliert die Zielsetzungen und Aufgabenstellungen, legt die Art und Weise der Durchführung fest, benennt die zu beteiligenden Personen und Interessengruppen und bestimmt die Adressaten der Ergebnispräsentation (vgl. Kapitel 4.2.2). Die Besonderheiten der Evaluation ergeben sich aus der Anwendungsorientierung des Evaluationsprozesses und dabei insbesondere aus dem Tatbestand, dass Evaluationen in der Regel im Auftrag Dritter durchgeführt werden. Hierdurch wird die Entscheidungs- und Handlungsfreiheit der Forscher mehr oder weniger stark beschnitten und bei den wesentlichen Planungsschritten haben die Auftraggeber zumindest ein Mitspracherecht. Zudem müssen bereits im Evaluationsdesign die Kommunikation mit dem Auftraggeber sowie zusätzlich der Informationsaustausch mit den „Stakeholdern" organisiert werden.

Untersuchungsdesign

Zentrales Element der Vorbereitungsphase einer Evaluation ist die Erstellung des *Untersuchungsdesigns* (vgl. auch Kapitel 4.2.2). Dessen Ziel ist die Planung der empirischen Vorgehensweise zur Beantwortung der identifizierten Evaluationsfragestellung. Bei Wirkungsevaluationen geht es dabei insbesondere um die Einlösung des in Kapitel 2.2.2 vorgestellten Anspruchs, von den beobachteten „Bruttowirkungen" die Effekte anderer Faktoren (inklusive der Störfaktoren, Designeffekte und Messfehler) zu entfernen und dadurch die tatsächlich durch Interventionen ausgelösten „Nettowirkungen" zu extrahieren (vgl. Abbildung 2.5).

Geregelt werden im Untersuchungsdesign die notwendigen Schritte der Datenerhebung, -aufbereitung, -auswertung und -interpretation, der Einsatz von Erhebungs- und Auswertungsinstrumenten, die Auswahlkriterien und Modi der Stichprobenziehung, die Definition von Kontroll- und/oder Vergleichsgruppen, die Gestaltung von Rahmenbedingungen bei der Informationsgewinnung und -auswertung, die Kommunikation der Befunde durch die Evaluatoren an die Auftraggeber, Zielgruppen, Beteiligten und sonstigen Interessengruppen sowie der Ressourceneinsatz im gesamten Verlauf der empirischen Erhebungen.

Erhebungsdesign

Ein solches Untersuchungsdesign schließt für jeden während der Evaluation durchzuführenden Prozess der Informationsgewinnung ein eigenes *Erhebungsdesign* ein. Dieses Design der Datenerhebung ist abhängig von den gewählten Erhebungsmethoden und -instrumenten, den mit diesen Verfahren und Instrumenten unmittelbar verbundenen Methodenproblemen sowie verschiedenen situativen Faktoren, die sich aus der Zusammensetzung der Informationsträger, deren Verhältnis zu den Auftraggebern der Evaluation und zu den Evaluatoren, ihrer Erreichbarkeit, dem Durchführungsort und anderer, den Erhebungsprozess beeinflussender Rahmenbedingungen ergeben.

Verknüpfung der Designarten im Erhebungsprozess

Evaluations- und Untersuchungsdesign sowie die verschiedenen Vorgehensweisen bei der Datenerhebung sind *in einem Evaluationsprozess eng miteinander verknüpft* (siehe Abbildung 5.1; vgl. auch Meyer 2007a). Durch das Erhebungsdesign wird die Qualität der Einzelbefunde sicher gestellt, die dann in einem Untersuchungsdesign zusammengeführt werden, um die Schwachstellen einzelner Methoden und Instrumente auszugleichen, den Evaluationsgegenstand von verschiedenen Seiten zu beleuchten und die Evaluationsfragestellungen möglichst präzise zu beantworten. Das Evaluationsdesign schließlich bindet diesen empirischen Prozess in den Gesamtkontext ein und regelt zusätzlich die Kommunikation mit dem Auftraggeber, den Ressourceneinsatz für die verschiedenen Aufgaben der Evaluation, die zeitliche Abfolge der Evaluationsmaßnahmen, das Qualitätsmanagement der Evaluierung, die Schritte zur Verbreitung und Nutzung der Evaluationsbefunde sowie alle weiteren, nicht unmittelbar mit der Informationsgewinnung verknüpften Aufgaben der Evaluation (vgl. hierzu ausführlich Kapitel 4).

*Abbildung 5.1:* Verknüpfung verschiedener Designformen

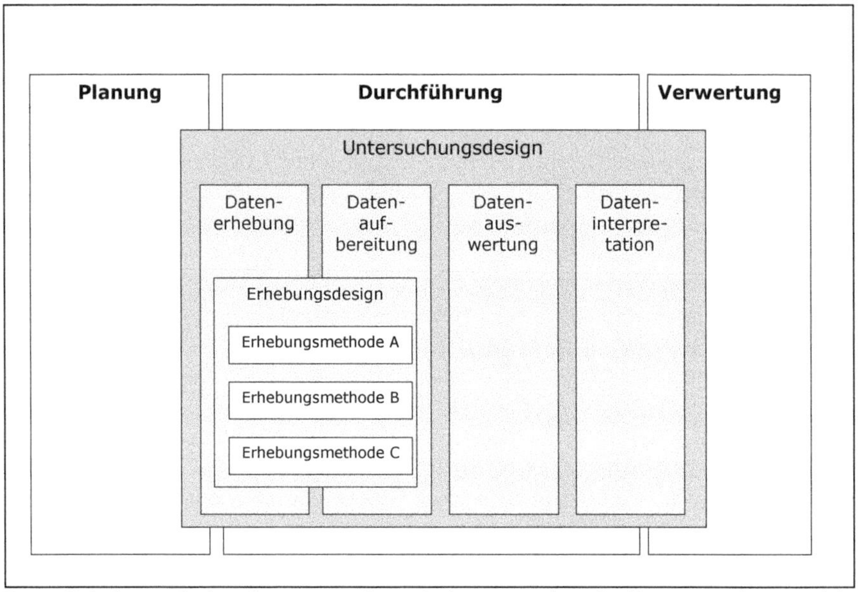

Exaktheit (Validität)

Dem Erhebungsdesign kommt aufgrund des zentralen Stellenwerts der empirischen Befunde innerhalb einer Evaluation besondere Bedeutung zu. Mit Hilfe der Evaluationsergebnisse sollen rationale Entscheidungen über die Mittelvergabe, die Schwerpunktsetzung oder allgemein die Programmsteuerung getroffen werden. Eine wichtige Voraussetzung ist somit die *Exaktheit der Ergebnisse (Validität)*, die von individuellen Meinungen der Beteiligten oder der Evaluatoren möglichst unabhängig sein sollen und auch nicht durch besondere Rahmenbedingungen verfälscht werden dürfen. Dies gilt speziell für *Wirkungsevaluationen*, die sich mit der Frage nach den Effekten einer sozialen Intervention beschäftigen (zum Begriff der Wirkungsevaluation siehe z.B. Caspari u. Barbu 2008; CDG 2006; World Bank 2006; Stockmann 2000; siehe auch Kapitel 2.2.2).

Kontrolle von Störvariablen

Die Evaluationsforschung kann dabei auf eine Reihe verschiedener Alternativen zur Gestaltung des Erhebungsprozesses zurückgreifen, die sich in der Anwendung durch die Grundlagenforschung bewährt haben. Gemeinsam ist diesen *Forschungsdesigns* der Versuch, mittels technischer Verfahren Störvariablen, also bewusste oder unbewusste Manipulationen sowie Einflüsse der Rahmenbedingungen, zu eliminieren bzw. entsprechende Effekte zumindest zu kontrollieren. An dieser Stelle soll auf eine systematische Aufzählung aller Alternativen verzichtet werden (vgl. hierzu den Überblick in Stockmann 2006: 229), sondern nur auf drei zentrale Vorgehensweisen bei Wirkungsuntersuchungen und deren Anwendbarkeit in der Evaluationsforschung näher eingegangen werden.[70]

70 Verzichtet wird hier u.a. auf die Vorstellung von Längsschnittverfahren, die durch retrospektive oder regelmäßig wiederholte Erhebungen einen Aufschluss über Entwicklungsprozesse gewinnen möchten.

In der öffentlichen Wahrnehmung ist sicherlich am stärksten die Vorgehensweise der experimentellen Interventionsforschung mit den Vorstellungen eines wissenschaftlichen Forschungsdesigns verbunden. Es handelt sich dabei vor allem um *Laborexperimente*, die von den Naturwissenschaften, aber auch der Sozialpsychologie und anderen sozialwissenschaftlichen Teildisziplinen entwickelt wurden und in diesen Bereichen immer noch die Forschungspraxis dominieren (zur experimentellen Forschung in den Sozialwissenschaften siehe z.B. Huber 2005; Diamond 2001; Graßhoff u.a. 2000). Die Grundlagen der für Evaluationsforschung relevanteren *Feldexperimente*, welche statt der künstlich geschaffenen Laborumgebung reale Handlungssituationen nutzen, sollen am Beispiel des anspruchvollsten experimentellen Design erläutert und hinsichtlich ihrer Nutzung im Rahmen von Evaluationen kritisch hinterfragt werden (Kapitel 5.2.1).

Labor vs. Feldexperimente

Aus der Kritik an der experimentellen Vorgehensweise sind die beiden weiteren Forschungsdesigns entstanden, die pragmatische Umsetzung in „quasi-experimentellen Designs“ (Kapitel 5.2.2) sowie die einer anderen Forschungslogik folgenden „qualitativen Designs“ (Kapitel 5.2.3).

### 5.2.1 Experimentelle Vorgehensweise

Überprüfung von Kausalzusammenhängen

Generell steht beim Experiment die Überprüfung eines *Kausalzusammenhangs* im Vordergrund und entsprechend bedarf es einer *Wirkungshypothese*, also einer Annahme über die Verknüpfung einer oder mehrerer Ursachen mit einer Wirkung, die im Rahmen des Experiments getestet werden soll (vgl. zum Konzept des Tests von Kausalhypothesen im Experiment vor allem Graßhoff u.a. 2000: 71ff.). Mittels mehrfacher vergleichender Messungen an unterschiedlichen Untersuchungsgruppen sollen die Effekte von Störfaktoren kontrolliert werden (vgl. zur Beschreibung der Vorgehensweise bei Experimenten z.B. Meyer 2007a: 144ff.; Bortz u. Döring 2002: 539f.; Schnell u.a. 2008: 224ff.). Die interessierende Ursachen-Wirkung-Verknüpfung wird hierdurch isoliert und kann hinsichtlich ihrer Stärke beurteilt werden. Die während der Durchführung eines Experiments gewonnenen Informationen dienen ausschließlich dieser Bestimmung, d.h. die Datenerhebungen (und damit das Erhebungsdesign) ordnen sich dem Forschungsziel der Überprüfung eines Kausalzusammenhangs unter (siehe als Beispiel für den Aufbau eines Experiments Abbildung 5.2).[71]

71 Der an dieser Stelle dargestellte „Solomon Vier-Gruppenplan“ stellt die umfassendste Form eines Experiments dar. Durch die Bildung von vier Gruppen werden sowohl die Interventionseffekte isoliert (durch Bildung von Experimental- und Kontrollgruppen) als auch die zeitlichen Veränderungen während der Messung (durch Vorher- und Nachhermessungen) kontrolliert. Aus diesem Grund stellt diese Vorgehensweise die optimale Form des Experimentes dar und wird deshalb trotz des hohen Aufwands in der experimentellen Forschung häufig eingesetzt. Auf andere Formen wird hier nicht weiter eingegangen (siehe z.B. Meyer 2007a).

Solomons Vier-Gruppenplan

*Abbildung 5.2:* Experimentelle Vorgehensweise (Solomon Vier-Gruppenplan)

| | Zeitpunkt t1 | Zeitpunkt t2 | Zeitpunkt t3 |
|---|---|---|---|
| **Gruppe 1** | Vorhermessung | Intervention | Nachhermessung |
| **Gruppe 2** | Vorhermessung | | Nachhermessung |
| **Gruppe 3** | | Intervention | Nachhermessung |
| **Gruppe 4** | | | Nachhermessung |

Experimentalgruppen: Gruppe 1 und 3; Kontrollgruppe: Gruppe 2 und 4

Quelle: Meyer (2007a: 146).

Kontrolle der Situation

Randomisierung

Weiteres Kennzeichen der experimentellen Vorgehensweise ist die *Kontrolle der Erhebungssituation* durch den Forscher, der über Zufallsprinzipien („*Randomisierung*") Experimentalgruppen erstellt und über gezielte Intervention (bzw. Nicht-Intervention) in diesen Gruppen Stimuli erzeugt, welche gemäß der Wirkungshypothese messbare Effekte auslösen sollen. Wesentliches Element des Experiments ist somit die *Zufallsauswahl* der Probanden. Dabei ist es wichtig, dass jede Person eine angebbare (und damit berechenbare) Wahrscheinlichkeit besitzt, für die definierten Untersuchungsgruppen ausgewählt zu werden.

Repräsentativität

Stichprobenziehung

Einen weitergehenden, z.B. bei sozialpsychologischen Experimenten normalerweise nicht geforderten Anspruch stellt die *Repräsentativität* dar, d.h. die ausgewählten Personen sollen eine Grundgesamtheit von Menschen abbilden und dadurch die Übertragung der Ergebnisse auf diese sicherstellen (siehe auch Kapitel 5.4.3). Wiederum kommt die Zufallsauswahl als zentrales Element zum Tragen, wobei es jetzt allerdings nicht um die Zuweisung zu Untersuchungsgruppen sondern um die *Stichprobenziehung* geht. Speziell bei großen Repräsentativsurveys werden mehrschichtige Auswahlverfahren eingesetzt, die nicht nur den Ziehungsprozess vereinfachen sondern auch eine zufallsbedingte Übergewichtung bestimmter Teilaspekte (z.B. der regionalen Verteilung) verhindern sollen (siehe zur Praxis der Meinungsforschungsinstitute ADM und AGMA 1999, Althoff 1993). Selbstverständlich können die beiden Ansprüche – zufällige Gruppenzuweisung und Repräsentativauswahl aus einer Grundgesamtheit – auch kombiniert werden (vgl. als Übersicht zu Auswahlverfahren und Stichprobenziehungen Gabler u. Häder 2006; Merkens 2003.

Experiment und Evaluation

Die hohen Anforderungen eines experimentellen Designs lassen sich im Rahmen von Evaluationen aus methodischen und ethischen Gründen bestenfalls in Ansätzen erfüllen, da Evaluationen als Feldstudien zu gesellschaftspolitischen Interventionen nur über begrenzte Manipulationsmöglichkeiten verfügen (vgl. zu den Problemen der Umsetzung von experimentellen Designs bei Evaluationen Lipsey u. Cordrey 2000). Eine erste Einschränkung ergibt sich zumeist bereits durch die *zeitlich begrenzte Einbindung des Evaluationsteams*: während in der Grundlagenforschung die Beteiligung des Forscherteams am gesamten Untersuchungsprozess quasi in der Natur der Sache liegt, gilt dies für Evaluationen nur vergleichsweise selten (z.B. im Rahmen einer Begleitforschung bzw. „on-going" Evaluationen). Zumeist werden die Interventionen von Dritten ohne Beteiligung der Evaluatoren (und häufig ohne deren Interessen auch nur potentiell zu berücksichtigen) geplant, entwickelt und implementiert. Evaluationen stehen bei der Konzeption des Erhebungsdesigns vor dem Problem, sich mit den gegebenen Rahmenbedingungen arrangieren zu müssen, nur innerhalb eines (knappen) Zeitraums Informationen sammeln zu können und bestenfalls über schwer vergleichbare Ausgangsdaten zu verfügen.

Vorher-Nachher-Messungen

Die zeitliche Limitierung von Evaluationen verhindert die Durchführung vergleichbarer *Vorher-Nachher-Messungen*, die für ein experimentelles Design und damit für die Überprüfung von Ursache-Wirkungszusammenhängen von zentraler Bedeutung sind. Wenn auch die Replikation einer im Rahmen von Projektprüfungen, Machbarkeitsstudien oder ex-ante Evaluationen durchgeführten Baselinestudie (Vorhermessung) mangels Vorhandensein oder aus methodischen Gründen unmöglich ist, so kann als ein Ausweg auf Matching-Verfahren[72] zurückgegriffen werden. Beim „Propensity Score Matching“ wird z.B. ein Ähnlichkeitsindex im Rahmen eines Zuweisungsmodells erstellt, welcher die bedingte Wahrscheinlichkeit einer Person, den Wirkungen eines kausalen Effektes ausgesetzt zu sein, wiedergibt (vgl. Rosenbaum u. Rubin 1983, 1985). Beispiele für den Einsatz des Propensity Score Matching in Evaluationen lassen sich vor allem bei ökonometrischen Studien größerer internationaler Träger der Entwicklungspolitik (z.B. Augsburg 2006; Shapiro u. Trevino 2004; Chen u. Ravallion 2003) und in der Arbeitsmarktforschung (z.B. Pessoa e Costa 2007; Bryson u.a. 2002; Jaenichen 2002; Lechner 2002; Heckman u.a. 1997) finden.

Matching-Verfahren

ethische Grenzen

Selbst wenn dem Evaluatorenteam umfangreiche Gestaltungsspielräume zugestanden werden, ergeben sich häufig viel früher als in der Grundlagenforschung *ethische Grenzen* (zu den generellen Problemen der Durchführung von Experimenten in den Sozialwissenschaften siehe z.B. Manski 1995; für ethische Fragen in der Evaluationsforschung siehe z.B. Fitzpatrick und Morris 1999). So verfügen in manchen Fällen z.B. die Zielgruppen über einen Rechtsanspruch auf Leistungen eines Interventionsprogramms und eine zufallsorientierte Bildung von Experimental- und Kontrollgruppen ist aus diesem Grund nicht möglich. In der klinischen Pharmaforschung kann bei der Evaluation von Wirkungen neuer Medikamente die Zuweisung zu Experimental- oder Kontrollgruppe sogar eine Frage auf Leben und Tod sein, wodurch extrem strenge Auflagen und Kontrollen für Untersuchungs- und Erhebungsdesigns notwendig sind und diese eventuell zu einem frühzeitigen Abbruch der Studie führen können (vgl. zu diesen Auflagen die ICH-Guidelines, speziell ICH 1997).

Randomisierung und sozio-politische Restriktionen

Generell ist in diesen Fällen die *Randomisierung* der Untersuchungsgruppen das Problem, d.h. selbst wenn eine zufällige Zuweisung zu Experimental-

72 Beim Matchingverfahren wird versucht, Personen, die sich in bestimmten Merkmalsausprägungen gleichen („statistische Zwillinge“), einmal der Kontrollgruppe und einmal der Untersuchungsgruppe zuzuweisen. Erfolgt dies im Nachhinein, so werden anhand der Merkmalskombinationen der Mitglieder einer Untersuchungsgruppe Personen mit identischen Merkmalen für die Kontrollgruppe ausgewählt. Meistens werden soziodemographische Merkmale (Alter, Geschlecht, Bildungsabschluss usw.) für eine solche Auswahl benutzt, womit gleichzeitig die Annahme verbunden ist, dass diese Attribute eventuell einen (störenden) Einfluss auf die zu untersuchenden Zusammenhänge haben könnten. Die Nachteile des Verfahrens ähneln der Diskussion zur Bildung von Vergleichsgruppen beim Quasi-experimentellen Design (Kapitel 5.2.2).

und Kontrollgruppe technisch prinzipiell (noch) möglich wäre, so ist dies aufgrund sozialer und politischer Restriktionen nicht machbar. Matchingverfahren helfen hier nur bedingt weiter, da die Auswahl in der Regel systematisch erfolgt oder eventuell sogar alle Mitglieder der Zielgruppe ihr Recht auf Teilnahme in Anspruch genommen haben (zu den Effekten des „propensity score matching" auf einen solchen „selection bias" siehe Titus 2007; Agodini u. Dynarski 2004; Heckman u.a. 1996). Die Evaluatoren haben nur äußerst selten Einfluss auf die innerhalb des Projekt- oder Programmverlaufs getroffene Entscheidung, wer an einer Maßnahme teilnehmen darf und wer nicht. Zufällige Variationen sind meistens durch die Konzeption der Interventionen ausgeschlossen. Bestenfalls können in Computersimulationen oder durch Rollenspiele unter Zugrundelegung bestimmter Randannahmen die Wirkungen einer Intervention innerhalb der Experimentalgruppe mit zufällig ausgewählten und ihr Verhalten simulierenden Kontrollgruppe verglichen werden (als Beispiele siehe De Zeeuw 2008; Sun u. Williamson 2005; De Zeeuw u. van der Ploeg 1991; Rohrbach u.a. 1987).

Damit sind nur eine Reihe der Probleme bei der Umsetzung experimenteller Designs angesprochen, die zumeist aus pragmatischen Gründen zu reduzierten Formen (z.B. als Pretest-Posttest Untersuchungen) führen können. Als ein Ergebnis haben sich „Quasi-experimentelle" Designs als eigenständige Verfahrensgruppe neben dem Experiment etablieren können. Sie verzichten auf einige der strengen methodischen Ansprüche des Experiments, orientieren sich aber prinzipiell an dessen Durchführungsregeln und stellen keine grundsätzlich andere Vorgehensweise dar.

### 5.2.2 Quasi-Experimentelle Vorgehensweise

Kontroll vs. Vergleichsgruppe

Die Grenzen zum „quasi-experimentellen Design" sind spätestens dann überschritten, wenn statt einer randomisierten Zuordnung zu Kontrollgruppen die Zuweisung von Probanten anhand ausgewählter Merkmale bewusst durch die Forscher vorgenommen wird (zum Unterschied von experimentellen und quasiexperimentellen Designs siehe Greenstone u. Gayer 2007; Shadish u.a. 2002; Porter u. Chibucos 1975; Campbell u. Stanley 1963). In diesen Fällen wird von „*Vergleichsgruppen*" statt von „Kontrollgruppen" gesprochen (vgl. Caspari u. Barbu 2008). Die Konstruktion von Vergleichsgruppen erfordert Auswahlkriterien, die eine eindeutige Zuordnung der zu untersuchenden Personen ermöglichen und Selbstselektionseffekte[73] vermeiden (als Beispiele für quasiexperimentelle Designs in Evaluationen siehe Koeber 2005, Spermann u. Strotmann 2005, Agha 2002).

Auswahlkriterien

Idealtypischerweise wird bei der Konstruktion von Vergleichsgruppen eine perfekte Zuweisung anhand eines einzigen festgelegten dichotomen Merkmals

73 Der Begriff „Selbstselektion" bezeichnet eine bewusste Auswahlentscheidung der Untersuchungspersonen, zu welcher der Gruppen sie sich gerne zuordnen wollen. Als „Selbstselektionseffekt" werden die durch eine selbstbestimmte Zuordnung entstehenden Verzerrungen von Untersuchungsergebnissen bezeichnet.

bei sonst gleichen und möglichst zufälligen Verteilungsbedingungen angestrebt. Wenn z.B. die Gruppe der Männer mit der Gruppe der Frauen verglichen wird, verbirgt sich dahinter implizit die Vermutung, dass die Variable Geschlecht zu einer Differenzierung der Effekte beiträgt und alle anderen, eventuell relevanten Merkmale (z.B. der Bildungsstand) in beiden Gruppen annähernd gleich verteilt sind. Nur wenn dies zutrifft und das Gruppierungsmerkmal (hier das Geschlecht) nicht von anderen Effekten korrelierender Variablen überlagert wird, ergibt der Gruppenvergleich Aufschluss über die Kausalbeziehung zu den gemessenen Wirkungen.[74] Entsprechend der Wirkungshypothesen ist es allerdings möglich, beliebig viele Unterscheidungsmerkmale zur Gruppierung (und auch zur weiteren Differenzierung der Gruppen) zu verwenden und auf diesen Weg über Kreuztabellenanalysen Hypothesentests vorzunehmen. Hierdurch vergrößert sich jedoch die benötigte Fallzahl an Probanden erheblich.

Surveymethode

Diese Vorgehensweise gleicht der (Sekundär-)Analyse von Querschnittsdaten, die z.B. über (Repräsentativ-)surveys gewonnen werden (zur *Surveymethode* und deren Probleme siehe u.a. de Vaus 2005; Groves u.a. 2002; Peyrot 1996; Biemer u.a. 1991; Belson 1986). Wenn statt gruppierter Daten metrische Kontrollvariablen in ein multivariates (Regressions-)Modell eingeführt werden können, so lassen sich bei der Auswertung zusätzlich Informationen zur Stärke der Effekte gewinnen (siehe hierzu Kapitel 5.4). Zu den notwendigen statistischen Voraussetzungen, die ein solches Modell erfüllen muss, gehört allerdings eine ausreichende, mit der Variablenzahl stark ansteigende Menge an Untersuchungspersonen. Trotz dieser Einschränkungen hat sich jedoch die Konstruktion von Kausalmodellen auf der Basis von Surveydaten als „Königsweg" der sozialwissenschaftlichen Forschung durchgesetzt und zumindest in der Soziologie und den Politikwissenschaften das Experiment bei der Untersuchung von Wirkungen abgelöst.

Surveys und Evaluation

Auch bei Evaluationen kommen Repräsentativsurveys zum Einsatz, allerdings stellt dabei nur selten die Gesamtbevölkerung die Grundgesamtheit dar. Häufiger ist die Beschränkung auf bestimmte *Zielgruppen*, die von den Projekt- oder Programminterventionen profitieren sollen. Diese Intervention sollen bestimmte erwartete Wirkungen im Rahmen der Wirkungshypothese bei den Zielgruppen auslösen. Ein Vergleich zwischen den Programmteilnehmern und Nichtteilnehmern soll über die Richtigkeit dieser Annahme Aufschluss geben, wobei Repräsentativsurveys bei Großgruppen zum Einsatz kommen. So werden z.B. in einem Survey Absolventen eines Studiengangs befragt und in den Analysen Vergleiche zwischen Stipendiaten eines Förderprogramms und den nicht geförderten Absolventen vorgenommen.

Risikopopulation

Schwierigkeiten ergeben sich häufig bei der Bestimmung der „*Risikopopulation*", d.h. denjenigen Personen, die potentiell den Wirkungen eines Projekts oder Programms seit Beginn ausgesetzt gewesen sein könnten oder die Chance ei-

74 Ähnliches gilt auch für Matchingverfahren: durch die Auswahl von Merkmalen werden implizite Wirkungshypothesen zu den verzerrenden Faktoren aufgestellt und andere, nicht berücksichtigte Merkmale als nicht relevant eingestuft. Ob danach die Zuweisung per Wahrscheinlichkeitswert oder absolut erfolgt, ändert an dieser Tatsache nichts (zum Matchingverfahren siehe auch Kapitel 5.2.1).

ner Teilnahme überhaupt hatten. Nur wenn die Risikowahrscheinlichkeiten bekannt sind (oder z.B. über das propensity score matching geschätzt werden können), lässt sich durch statistische Auswertungsverfahren ein Test der Intergruppenunterschiede in vergleichbarer Form zum experimentellen Design vornehmen. Ist die Bestimmung der Risikopopulation und/oder der Wahrscheinlichkeitswerte nicht möglich, muss auf andere Gruppierungskriterien zur Bestimmung von Vergleichsgruppen ausgewichen werden. Eine Alternative ist z.B. die Bildung von *Extremgruppen*, d.h. die bei den Teilnehmern eines Programms erhobenen Ergebnisse werden mit den Befunden von Personen verglichen, die sicher nicht an dem Programm teilnehmen konnten.

Extremgruppen

Aufgrund der fehlenden Randomisierung lässt sich allerdings wie bereits erwähnt nicht ausschließen, dass andere systematische Faktoren als die Programmteilnahme die gemessenen Effekte (oder Nicht-Effekte) der Intervention erklären können. Methodisch bedarf es nun einer „*Fehlertheorie*", d.h. der Erstellung und Prüfung alternativer Wirkungshypothesen, die als Ursache NICHT die Intervention sondern andere, in den Untersuchungsgruppen ungleich verteilter Merkmale annimmt. Auch diese Annahmen benötigen eine theoretische Fundierung und müssen zumindest den behaupteten alternativen Kausalzusammenhang plausibel belegen. Während bei einer Zufallsauswahl unter Zugrundelegung der zentralen Axiome der Teststatistik Auswahlfehler mathematisch kontrollierbar sind (vgl. Cuddeback u.a. 2004), bedarf es bei einer bewussten Auswahl zusätzlicher Annahmen über den „*Selektionsfehler*". Eine Möglichkeit zur Kontrolle dieser Effekte ist die parallele Verwendung mehrerer, mit unterschiedlichen Kriterien und unabhängig voneinander konstruierter Vergleichsgruppen in einem *quasi-experimentellen Mehrgruppendesign* (vgl. Abbildung 5.3).

Fehlertheorie

Quasi-experimentelles Mehrgruppen-erhebungsdesign

*Abbildung 5.3:* Quasi-experimentelles Mehrgruppenerhebung

| | |
|---|---|
| Experimentalgruppe | Schüler mit überdurchschnittlicher Schulleistung |
| Vergleichsgruppe 1 | Andere Schüler der selben Klasse |
| Vergleichsgruppe 2 | Schüler mit überdurchschnittlicher Schulleistung einer Parallelklasse |
| Vergleichsgruppe 3 | Schüler mit überdurchschnittlicher Schulleistung einer anderen Schule |

Quelle: Meyer (2007a): 149.

Beispiel

Die Abbildung zeigt ein Beispiel mit mehreren potentiellen Vergleichsgruppen zu einer Experimentalgruppe. Fördermaßnahmen zielten auf besondere Unterstützung von Eliteschülern, wodurch nicht alle Schüler dieser Klasse von diesen Maßnahmen profitieren konnten. In der Experimentalgruppe befindet sich somit ein Teil einer Schulklasse, wobei deren Leistungen nun mit den Leistungen der restlichen Klasse verglichen werden kann (Vergleichsgruppe 1). Das Problem eines solchen Leistungsvergleichs besteht darin, dass die beiden Gruppen sich bereits vor der Intervention hinsichtlich des Vergleichsmerkmals der Schulleistung unterschieden haben und es gute Gründe für die Annahme gibt, dass die jetzt beobachteten weiteren Leistungsveränderungen durch die Vorleistungen stark mit beeinflusst worden sind. Aus diesem Grund bietet sich ein weiterer Vergleich mit Eliteschülern einer anderen Klasse an, die ähnlich wie die Experimentalgruppe überdurchschnittliche Leistungen vor Beginn der Interventionen erbrachte, aber nicht von den Projektmaßnahmen profitiert haben (Vergleichsgruppe 2). Eine Reduktion auf den Vergleich dieser Gruppe mit der Experimentalgruppe ist allerdings problematisch, da beide Gruppen unterschiedliche Schulklassen mit abweichendem Lehrpersonal besucht haben und sich hierdurch wiederum Unterschiede in der Leistungsentwicklung ergeben haben könnten. Durch die Kombination aller drei Gruppen lässt sich dieser Klasseneffekt ebenso wie der Vorleistungseffekt kontrollieren. Wenn allerdings zusätzlich noch ein Ausstrahlungseffekt auf die ganze Schule durch die Maßnahmendurchführung vermutet wird, bedarf es einer weiteren Vergleichsgruppe aus Schülern einer anderen Schule (Vergleichsgruppe 3).

Im Abbildungsbeispiel können so sowohl die Vorleistungseffekte als auch die Schul- und Klasseneffekte kontrolliert und als eigenständige Erklärung für Wirkungen ausgeschlossen werden. Mit steigender Gruppenzahl sinkt die Wahrscheinlichkeit einer gleichmäßigen Verzerrung der Ergebnisse in allen gebildeten Gruppen, auf der anderen Seite steigt aber auch der zu betreibende Erhebungsaufwand (im Beispiel müssen zusätzliche Daten in anderen Klassen und Schulen erhoben werden). Prinzipiell ist diese Vorgehensweise und damit die Zahl der Gruppen beliebig erweiterbar – und erforderlich, wenn es entsprechende Annahmen über zusätzliche zu kontrollierende Störfaktoren gibt.

### 5.2.3 Qualitative Vorgehensweise

Die bisher vorgestellten Vorgehensweisen bei der Erhebung basieren alle auf der Grundphilosophie der „quantitativen" Sozialforschung, die sich wiederum auf die wissenschaftstheoretischen Grundlagen des kritischen Rationalismus (vgl. vgl. Popper 2005; Albert u. Topitsch 1990) und den aus den Naturwissenschaften abgeleiteten Methodologien (vgl. Hempel 1974) stützt (vgl. hierzu auch Kapitel 2.2.6). Dem steht allerdings schon seit vielen Jahren ein alternatives Wissenschaftsverständnis entgegen, welches stärker den Einzelfall und das „*Verstehen*" von Zusammenhängen als deren „Erklärung" in den Mittelpunkt rückt. Zum Teil in heftiger Kritik am „quantitativen" Mainstream der sozialwissenschaftlichen Forschung hat sich eine „qualitative" Methodologie entwickelt welche mittlerweile ein ebenso breites Spektrum an Verfahren und Vorgehensweisen umfasst (als Übersicht zur qualitativen Sozialforschung siehe Flick 2005).

Verstehen vs. Erklären

Die *qualitative Sozialforschung* sieht das Experiment nicht als den anzustrebenden Idealfall eines Erhebungsdesigns an, sondern lehnt im Gegenteil dieses aufgrund seiner Künstlichkeit und Entfremdung von der realen sozialen Situation ab. Der Forschungsprozess wird als Lernschleife generiert und soll über verschiedene vertiefende Einzelfallanalysen die realen gesellschaftlichen Vorgänge in ihrem natürlichen Umfeld verstehen helfen (vgl. Abbildung 5.4). Idealtypischerweise orientiert sich dadurch in der qualitativen Sozialforschung die Vorgehensweise bei der Erhebung sehr stark an den vorgefundenen Gegebenheiten

Qualitative Sozialforschung und Experiment

des Einzelfalles und versucht die Eingriffe durch den Forschungsvorgang zu minimieren. Nicht die Kontrolle von Störfaktoren sondern das Bewahren der „Natürlichkeit" steht im Vordergrund der methodischen Qualitätssicherung (vgl. zu den methodischen Anforderungen der qualitativen Sozialforschung u.a. Miles and Huberman 2007; Helffrich 2005; Seale u.a. 2000; zu den qualitativen Forschungsdesigns siehe insbesondere Geschwend u. Schimmelfennig 2007; Creswell 2006; Marshall u. Rossman 2006; Maxwell 2005; King u.a. 1994).

Qualitatives Untersuchungsdesign

*Abbildung 5.4:* Prozessmodell des qualitativen Untersuchungsdesigns

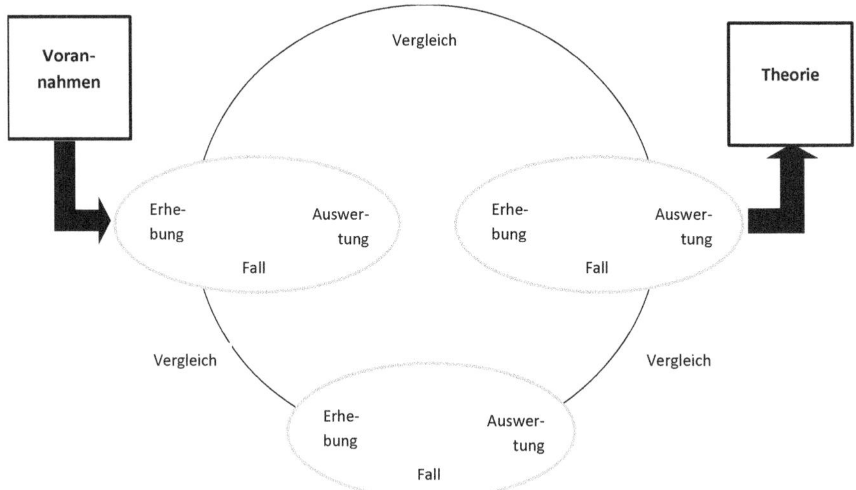


Quelle: Flick (2002: 73), leicht modifiziert.

Zirkularität des Erkenntnisprozesses

Flick (2002: 68ff.) hebt insbesondere die „Zirkularität" des Erkenntnisprozesses[75] in der qualitativen Sozialforschung bei einem *Vergleich mit dem Vorgehen der klassischen quantifizierenden Sozialforschung* hervor. Aufgrund ihrer Einzelfallorientierung ist allerdings die Replikation von Befunden der qualitativen Sozialforschung nur schwer möglich. Während die quantitative Sozialforschung auf diesem Weg den vorhandenen Wissensbestand durch gescheiterte Widerlegungsversuche absichern möchte, geht es der qualitativen Sozialforschung um eine Verbreiterung der Perspektive durch Einbeziehung möglichst vieler Einzelbefunde und unterschiedlicher Interpretationen, die sich am Ende zu einem verallgemeinerbaren theoretischen Konzept verdichten lassen.

Verknüpfung beider Perspektiven in der Evaluation

Die Evaluationsforschung zeichnet sich im besonderen Maße durch den Bedarf nach einer *Verknüpfung beider Perspektiven* aus. Einerseits möchten die

75 Dies gilt sicherlich, wenn der Blick allein auf das Forschungsdesign gerichtet und der Austausch innerhalb der „scientific community" vernachlässigt wird. Die „Lernschleifen" der quantitativen Sozialforschung befinden sich außerhalb des singulären Forschungsprozesses und die Verteidigung der methodischen Vorgehensweise, die Nachvollziehbarkeit der vorgestellten Ergebnisse und vor allem das Potential, dieselben Ergebnisse unter Verwendung eines ähnlichen Designs zu erhalten, stellen wichtige Merkmale zur Qualitätssicherung des quantitativen Forschungsprozesses dar.

Auftraggeber von Evaluationen natürlich möglichst „harte" Fakten und Belege für die Wirkungsweise der von ihnen eingeführten Interventionen erhalten. Andererseits handelt es sich dabei in den meisten Fällen um Innovationen, über deren Wirkungsweise zumindest in dem konkreten Kontext der Durchführung wenig bekannt ist. Nur selten gibt es klar formulierte und überprüfbare „Programmtheorien", die mittels Evaluation empirisch getestet werden können (vgl. Kapitel 3.3.1 und 4.3). Zumeist ist es im Gegenteil eine Aufgabe der Evaluation, die verschiedenen potentiellen Wirkungsfaktoren mittels Exploration zu identifizieren und dann erst in einem zweiten Schritt deren Relevanz über Prüfverfahren zu belegen.

Mixed-Methods-Approaches

Konsequenterweise dominieren bei Evaluationen *Mixed-Methods-Approaches* die Untersuchungsdesigns, d.h. es wird versucht, die Ansprüche der qualitativen Sozialforschung mit denen der quantitativen zu vereinen. Dies hat nicht nur den bereits erwähnten Vorteil, unterschiedliche Ansprüche der Auftraggeber bedienen zu können, sondern auch den methodisch wichtigen Vorzug, die Schwächen einzelner Erhebungsverfahren ausgleichen zu können.[76]

Feldexploration

„Real-World"-Ansatz

Die Untersuchungsdesigns von Evaluationen zeichnen sich allerdings nicht nur durch die Verknüpfung unterschiedlicher Erhebungsmethoden und entsprechender Vorgehensweisen aus, sondern weisen zusätzlich Besonderheiten auf, die primär einer *Feldexploration* dienen. Designtechnisch wurden die sich daraus ergebenden Ansprüche bisher am konsequentesten von Bamberger u.a. (2006) umgesetzt. Der „Real World"-Ansatz von Bamberger u.a. versteht Evaluation als partizipativen Prozess, wobei der von Experten eingebrachte methodische Beitrag vorrangig im Vorfeld der eigentlichen Datenerhebung angesiedelt wird. Das Evaluationsdesign sieht die Exploration von vier zentralen Restriktionen der Informationsgewinnung vor (vgl. Abbildung 5.5). Die eigentliche Datenerhebung soll dann von den Partnern vor Ort selbständig erfolgen, d.h. der „Real-World"-Ansatz ist mehr eine (Evaluations-) Methodenberatung für interne Evaluationen als eine Verfahrensweise für eine eigenständig und unabhängig durchgeführte externe Evaluation.

76 Vgl. als Überblick zu integrativen Methodenansätzen Plano-Clark u. Creswell 2008; Creswell u. Plano-Clark 2007; Greene 2007; Kelle 2007, Seipel u. Rieker 2003; Tashakkori u. Teddlie 2003; speziell bezüglich der Anwendung in Evaluationen siehe z.B. Stockmann 2006; Datta 1997; Droitcour 1997; Greene u. Caracelli 1997.

Real World-Evaluation"-Ansatz

*Abbildung 5.5:* Evaluationsdesign des „RealWorld-Evaluation"-Ansatz

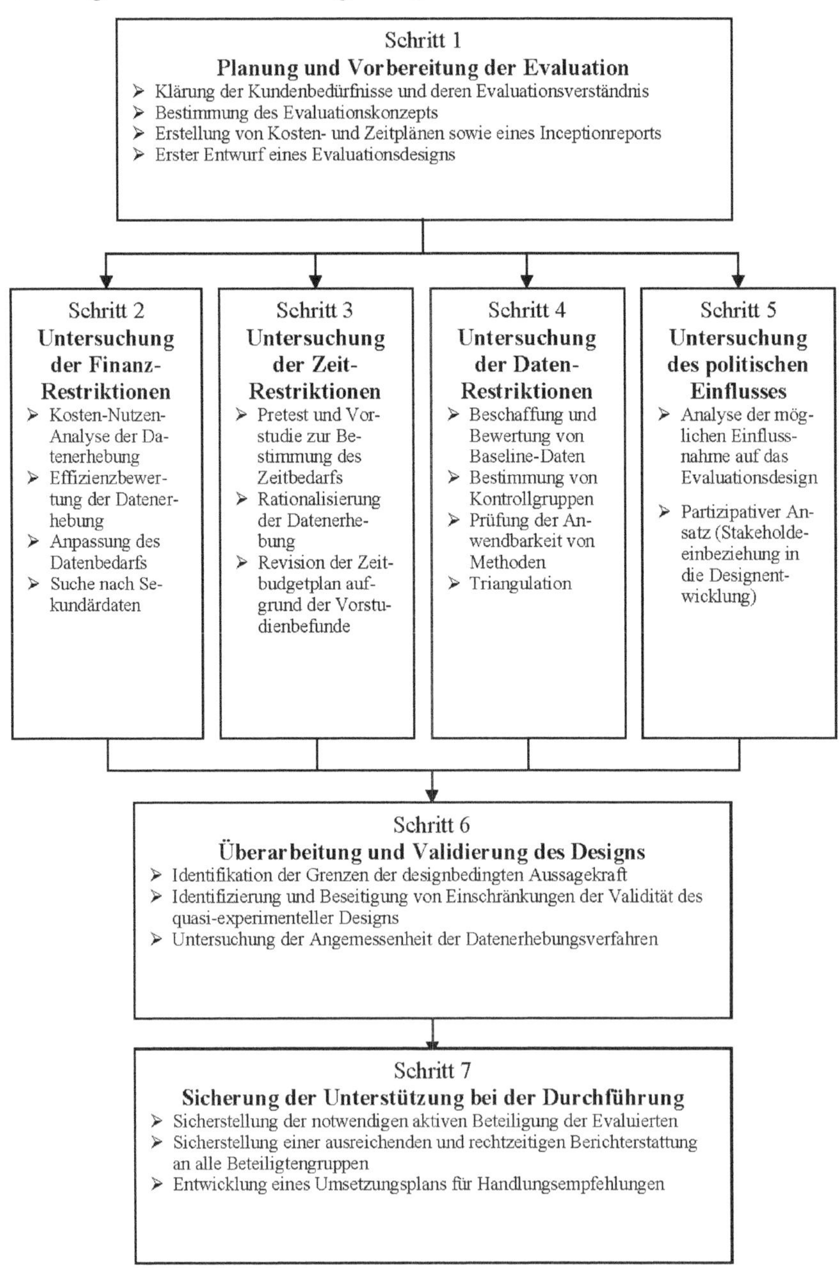


Quelle: Bamberger u.a. 2006: 21, modifiziert und übersetzt

Finanzielle Rahmenbedingungen

Die erste der zu prüfenden Restriktionen betrifft die *finanziellen Rahmenbedingungen* mit dem Ziel, eine möglichst effiziente Informationsgewinnung zu gewährleisten und den für eine adäquate Bewertung mindestens notwendigen Erhebungsbedarf präzise zu bestimmen. Mit den Finanzen eng verbunden ist zumeist das *verfügbare Zeitbudget*, welches einerseits von der Disponibilität der Experten, Interviewpartner und der für die Durchführung der Erhebung notwendigen Hilfskräfte abhängig ist, andererseits aber durch externe Faktoren wie z.B. Termine wichtiger Projektentscheidungen vorstrukturiert wird. Erst unter Berücksichtigung der Zeit- und Finanzressourcen ist es möglich, eine konkrete Datenerhebungsplanung zu beginnen. Diese muss zunächst die vorhandene *Datenlage* und die für die Umsetzung einzelner Erhebungsverfahren restriktiven Feldbedingungen in den Blick nehmen. Das Ergebnis dieses Schritts ist eine Rohfassung des Untersuchungsdesigns, welches verschiedene Informationsquellen benennt und die Vorgehensweise bei deren Erschließung unter Berücksichtigung der gegebenen Finanz- und Zeitressourcen beschreibt. Der letzte Schritt schließlich versucht die *möglichen Kommunikationsstörungen* vorweg zu nehmen und insbesondere die potentiellen Manipulationsmöglichkeiten durch einzelne Stakeholdergruppen auszuschließen. Neben der methodischen Absicherung der Datenerhebung ist dabei die rechtzeitige und gleichberechtigte partizipative Einbindung aller Stakeholdergruppen in den Informationsgewinnungsprozess zentral (siehe dazu Kapitel 6.4).

Zeitbudget

Datenlage

Kommunikation

Konsequenzen für Evaluationen

Zusammenfassend lässt sich an dieser Stelle festhalten, dass in der sozialwissenschaftlichen Forschung eine Vielzahl unterschiedlicher Untersuchungsdesigns und Vorgehensweisen bei der Datenerhebung entwickelt wurden, für die meisten auch Erfahrungen zu den Fehlerquellen und Störfaktoren vorliegen.[77] Die Möglichkeit ihrer Anwendung im Rahmen von Evaluationsstudien hängt von einer Reihe verschiedener Faktoren ab, die sich in noch stärkerem Maße als in der Grundlagenforschung dem Einfluss der Forschenden entziehen. Typischerweise ergeben sich besondere Restriktionen hinsichtlich der zur Verfügung stehenden Zeit, den bereits vorliegenden Informationen und Daten, den Manipulationsversuchen und Rechenschaftspflichten gegenüber Dritten insbesondere bezüglich der Informationsgewinnung und des Verwertungszusammenhangs sowie den für den Forschungsprozess zur Verfügung gestellten finanziellen Ressourcen. Die Untersuchungsdesigns der Evaluationsforschung zeichnet deshalb zum einen ein deutlich höherer Aufwand im Vorfeld von Datenerhebungen zur Feldexploration und zum anderen eine konsequentere Umsetzung von Multimethodenansätzen zur Ausgleichung methodischer Schwächen einzelner Verfahren aus.

Aus diesem Grund gleicht die Vorgehensweise der Informationsgewinnung bei Evaluationen vielfach der Arbeit von Detektiven, die sich einer möglichsten breiten Informationsbasis bedienen müssen und – teilweise sogar gegen den entschlossenen Widerstand der Evaluierten – der Gewinnung eines objektiven Gesamtbildes verpflichtet sind. In manchen Fällen ist es notwendig, schwache Indi-

77 Die hier erläuterten Beispiele des Experiments, des Quasi-Experiments und der Qualitativen Vorgehensweise können keinen Anspruch auf Vollständigkeit erheben. So fehlen z.B. Panel- und Zeitreihendesigns, Retrospektive Untersuchungen oder Gutachtermodelle (Peer-Review- oder Delphi-Verfahren). Eine Übersicht findet sich in Stockmann (2006: 229), ausführlichere Beschreibungen von Evaluationsdesigns in Meyer (2007a).

zien mehrfach abzusichern, um nicht auf der Ebene spekulativer Aussagen und Vermutungen stehen zu bleiben. Dies bedeutet, dass Evaluationen (genauso wenig wie kriminalistische Ermittlungen) den Boden der Wissenschaftlichkeit keinesfalls verlassen dürfen. Im Unterschied zur Grundlagenforschung sind aber schwache Belege und Vermutungen bis zu einem gewissen Grad durchaus für die praktische Verwertung der Ergebnisse nützlich, auch wenn ein mit Fakten unterfütterter Beweis sicher jeder noch so schlüssigen aber kaum belegbaren Indizienkette vorzuziehen ist.

## 5.3 Durchführung der Datenerhebung – von der Planung des Methodeneinsatzes zur Qualitätskontrolle

Feldforschung und Durchführungsflexibilität

Selbst wenn es hinsichtlich der Vorgehensweise bei der Informationsgewinnung die eine oder andere Parallele zur Detektivarbeit geben mag, so bedeutet dies sicher nicht, dass Evaluationen wie die Ermittlung vieler Fernsehdetektive planlos und rein intuitiv erfolgen. Im Gegenteil erfordert die Durchführung der Datenerhebung nicht nur im Vorfeld der eigenen Erhebungsphase, sondern auch bezüglich des Einsatzes der verschiedenen Methoden eine sorgfältigen Planung sowie eine – im Vergleich zur Grundlagenforschung – deutlich höhere Flexibilität während der Durchführungsphase. Angesichts der Besonderheiten einer Feldforschung, die nicht ohne weiteres ihren Erhebungskontext selbst bestimmen oder nach Belieben wechseln kann, ist sicherlich leicht verständlich, dass häufiger ein Methodenwechsel, eine kurzfristige Designänderung oder zumindest ein ergänzender, zunächst nicht geplanter Methodeneinsatz notwendig werden kann. Dementsprechend ist die Durchführungsplanung und die Auswahl der einzusetzenden Verfahren häufig nicht wie in der Grundlagenforschung bereits im Vorfeld abgeschlossen, sondern muss sich während der Durchführung den sich manchmal stark verändernden Gegebenheiten anpassen. Dies gilt in besonderem Maße für die Informationsgewinnung im Rahmen von formativen Evaluationen, die in der Regel in einem dialogischen Prozess mit der Projekt- oder Programmleitung stehen und somit durch ihre eigenen Ergebnisse den Programmverlauf – und damit die Rahmenbedingungen der Evaluierung – permanent beeinflussen.

### 5.3.1 Klassifikation der Datenerhebungsverfahren

Datenerhebungsverfahren

Ähnlich wie bei den Designs – und naturgemäß in starker Abhängigkeit davon – kann die Evaluation bei der Datenerhebung auf eine breite *Variation unterschiedlicher Verfahren* zurückgreifen, muss dabei allerdings die erhebungstechnischen Spezifika sowie die damit verbundenen methodischen Probleme respektieren und durch geeignete Qualitätssicherungsmaßnahmen soweit möglich zu kontrollieren versuchen. Abbildung 5.6 zeigt eine Systematik dieser verschiedenen Erhebungsmethoden, die vor allem die Einflussmöglichkeiten auf die Datenerhebung von Seiten des Informanten und des an Informationen interessierten Evaluators zur Ordnung verwendet.

*Abbildung 5.6:* Überblick zu Datenerhebungsmethoden

Klassifikation der Erhebungsmethoden

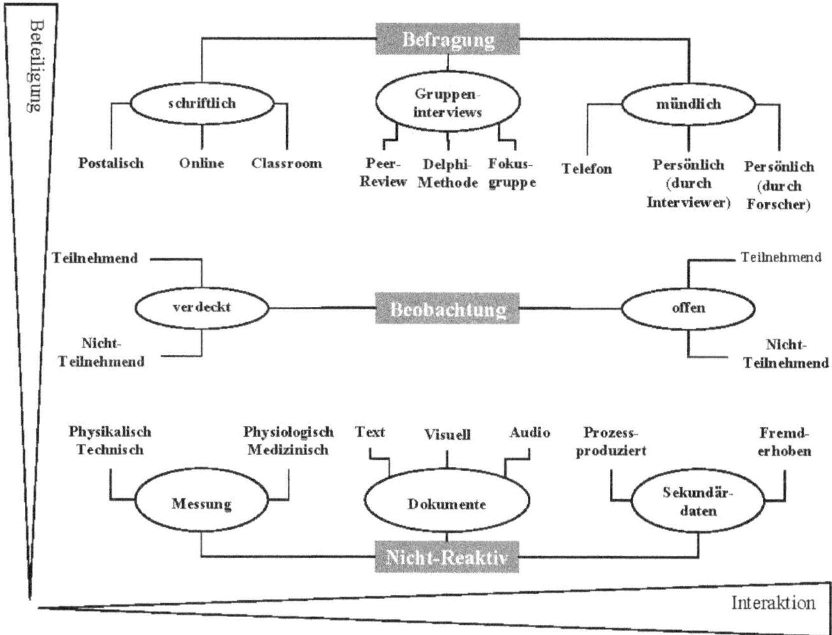


Quelle: Meyer (2007b: 226)

Auswahl von Erhebungsinstrumenten

Während einer Evaluation geht es darum, mittels einer geeigneten Wahl von Erhebungsinstrumente selektiv genau jene Informationen zu gewinnen, welche für die Beantwortung der mit dem Auftraggeber vereinbarten handlungsleitenden Fragestellungen notwendig sind (vgl. Meyer 2007b: 224). Insbesondere unter dem Gesichtspunkt der Effizienz dieser Informationsgewinnung sind der kompetente Umgang mit den einzelnen Verfahren und ihr gezielter Einsatz sowie die Bereitstellung der dafür notwendigen finanziellen Mittel unabdingbar notwendig. Auf der anderen Seite führt zu geringe Kompetenz (oder ein zu geringes Budget für die Datenerhebung) unweigerlich zu Informationsverlusten oder gar Verfälschungen, welche den gesamten Informationszugewinn durch eine Evaluation entwerten und diese somit scheitern lassen können. Sparen an der Qualität der Datenerhebung heißt deshalb an der falschen Stelle sparen.

Qualität der Datenerhebung

Informationstransfer als sozialer Prozess

Die *Qualität der Datenerhebung* ist untrennbar mit den Stärken und Schwächen der eingesetzten Erhebungsverfahren verbunden und es gibt grundsätzlich keine Methode, die eine fehlerfreie Informationsgewinnung per Verfahren garantieren kann. Der soziale Prozess eines Informationstransfers von einem Informationsbesitzer an einen Informationsempfänger wird durch einen komplexen Wahrnehmungs- und Interpretationsvorgang auf beiden Seiten „gefiltert" und bewusst oder unbewusst in eine oder mehrere verschiedene Richtungen „verzerrt" (vgl. zu den verschiedenen soziologischen Kommunikationstheorien Schützeichel 2004; mit Bezug auf die Massenkommunikation auch Meyer 2000). Dabei ist es unerheblich, ob diese *Kommunikation* weitgehend offen, an der Realität des Alltagslebens des Informationsträgers orientiert „qualitativ" erfolgt oder

„quantitativ" über mehr oder weniger gut geeichte Skalen im Rahmen (quasi-) experimenteller und möglichst optimal vom Informationsempfänger kontrollierten Designs. Fehler entstehen bereits durch die bewusste Teilnahme beider Parteien an einem Kommunikationsprozess und die hierdurch bedingten Manipulationsmöglichkeiten.

Kommunikationsstörungen

Wohl gemerkt muss dies nicht offen und in eine bestimmte Richtung steuernd erfolgen, sondern kann auch von beiden Seiten unbemerkt durch *Kommunikationsstörungen* wie z.B. persönliche Sympathien oder Antipathien, vorgefertigte kognitive Stereotypen oder Vorurteile, unterschiedliche Sprachkompetenzen oder Ausdrucksformen, situative Einflüsse oder ablenkende Umwelteinflüsse entstehen. Diese Effekte können bei einem oder beiden Kommunikationspartnern auftreten, können die Ergebnisse in dieselbe oder in unterschiedliche Richtungen verzerren und einzelne Störgrößen können sich auch gegenseitig aufheben oder überlagern.

Beteiligung und Interaktion als Störfaktoren

Generell gilt: je aktiver beide Kommunikationspartner in den Kommunikationsprozess zur Datengewinnung eingebunden sind und je stärker das Ausmaß ihre Interaktion zur Übertragung der Informationen, umso größer ist die Gefahr, dass solche Kommunikationsstörungen auftreten und der Informationstransfer fehlerhaft erfolgt. Dies lässt sich am besten an einem Beispiel nachvollziehen. Wenn weder der Forscher noch der Proband von ihrer Teilnahme an einem Experiment wissen würden, könnten sie beide dieses nicht bewusst in eine ihnen genehme Richtung beeinflussen. Die spezifische Eigenart des Experiments ist es jedoch, dass der Forscher den Ablauf des Experiments steuert und die Experimentalbedingungen manipuliert. Fehler des Forschers beim Aufbau oder der Durchführung eines Experiments führen deshalb zu verzerrten Ergebnissen und können diese im schlimmsten Fall völlig entwerten. Dies gilt auch bei Experimenten an nicht-lebenden Gegenständen und ist somit vollkommen unabhängig vom Ausmaß der Interaktionen zwischen den beiden Informationspartnern: die Geschichte der naturwissenschaftlichen Forschung ist bedingt durch Forscherfehler teilweise eine Geschichte misslungener Experimente – wobei diese in einigen Fällen durchaus zu wichtigen Erkenntnisgewinnen führten.

Beispiel

Die an einem Experiment teilnehmenden Probanden erlangen erst dann einen Einfluss auf den Verlauf des Experiments, wenn sie sich dieser Tatsache ebenfalls bewusst werden und eventuell sogar den Zweck des Experiments erraten haben. Nur im letzteren Fall können sie durch Verhaltensänderungen aktiv das Experiment in eine bestimmte Richtung manipulieren und dadurch die Ergebnisse beeinflussen. Auch hierfür ist nicht unbedingt eine direkte Interaktion mit dem Forscher (oder irgendeiner anderen Person) notwendig. Das *Bewusstsein* eines oder beider Partner eines Informationsaustauschs an einem solchen beteiligt zu sein stellt also bereits eine bedeutsame Fehlerquelle dar.

Instrumenten- vs. Kommunikationsfehler

Je intensiver zwei Personen für den Austausch von Informationen direkt miteinander kommunizieren müssen, desto höher ist das Risiko von Missverständnissen oder Fehlinterpretationen, die durch diese *Interaktion* – unabhängig vom Erhebungsdesign – ausgelöst werden können. Soweit die Informationsgewinnung ohne Interaktionen auskommt (z.B. bei der Messung der Körpertemperatur), reduziert sich die Fehlerquelle bei der Erhebung auf die Qualität des Messinstruments und seiner Funktionalität („*Instrumentenfehler*"). Wenn es allerdings – wie in einem Intensivinterview – zu einem umfangreichen persönlichen Austausch kommt, sind die mit diesem Prozess der Informationsgewinnung verknüpften Fehler („*Kommunikationsfehler*") bedeutsam und meist wesentlich einflussreicher als die (immer noch vorhandenen) Instrumentenfehler. Erst an dieser Stelle kommen die oben skizzierten Kommunikationsstörungen als Störfaktoren der Messung zum Tragen.[78]

Drei Klassen von Erhebungsverfahren

Die *drei wesentlichen Klassen sozialwissenschaftlicher Erhebungsverfahren* (Befragung, Beobachtung und Nicht-reaktive Verfahren) unterscheiden sich zunächst durch das *Ausmaß der aktiven Beteiligung von Informationsträger und Informationsempfänger am Datenerhebungsprozess*. (vgl. nochmals Abbildung 5.6). Vereinfacht ausgedrückt sind an der Befragung quasi bereits per Definition beide Parteien aktiv beteiligt, da eine Beantwortung von Fragen sowohl den bewussten Prozess der Frageformulierung beim Informationsempfänger als auch den der Antwortformulierung beim Informationsträger zwingend voraussetzt. Dies gilt bei der Beobachtung nicht, da hier nur die (beobachtenden) Informationsempfänger den Erhebungsprozess anleiten und sich die Informationsträger möglichst „normal" – also wie in einer unbeobachteten Situation und damit passiv bezüglich des Erhebungsprozesses – verhalten sollen. Nicht-reaktive Verfahren zeichnen sich schließlich durch eine weitgehend personenunabhängige Informationsgewinnung aus. Die Messung erfolgt durch Instrumenteneinsatz, der sich zum Zeitpunkt der Informationsgewinnung nicht nur dem Einfluss des Informationsträgers, sondern auch des Informationsempfängers entziehen soll und damit „objektiv" Ergebnisse im Rahmen der Messmöglichkeiten des Instrumentes liefert.

Beteiligungsgrad

Interaktion: Offen vs. Verdeckt

Eine zweite Dimension der Differenzierung ergibt sich bezüglich des *Ausmaßes der Interaktion zwischen den beiden Informationspartnern* und somit dem Kommunikationscharakter des Erhebungsprozesses. In einer *verdeckten* Erhebungsform erfolgt der Informationstransfer weitgehend unabhängig und anonym. So notiert z.B. in einer verdeckten Beobachtung die mit der Datenerhebung beauftragte Person ausschließlich jene Merkmale, die einer bestimmten Regel entsprechen und kommuniziert in keinster Weise mit den Informationsträgern (diese wissen ggf. gar nicht, dass sie beobachtet werden). Ähnliches gilt für physikalische oder physiologische Messungen, die mittels komplexer Hilfsgeräte ohne aktive Beteiligung des Informationsträgers oder -empfängers erfolgen (z.B. bei einer Computertomographie). Selbst bei Befragungen kann der aktive Austausch auf die Nutzung eines Instruments reduziert sein, wenn etwa in postalischen Befragungen lediglich Fragebögen zugeschickt werden und die Beantwortung „verdeckt" (also ohne Interaktion mit den Informationsempfängern) erfolgt.

Am anderen Ende der Skala sind z.B. narrative Interviews zu verorten, die sich gerade durch die „*Offenheit*" der Kommunikationssituation auszeichnen und denen deshalb ein intensiver Interaktionsprozess zwischen Informationsträger

78 Selbstverständlich gibt es noch andere Störfaktoren wie z.B. die Motive der Beteiligten zur Manipulation, die Komplexität des Messverfahrens (und damit auch der Erhebungsdesigns), die methodische Kompetenz des Erhebungspersonals oder die Qualität der eingesetzten Messinstrumente, die allerdings im Folgenden zur Einordnung der Verfahren unberücksichtigt bleiben sollen (vgl. als Überblick zu den Störfaktoren z.B. Schnell u.a. 2008: 217ff.).

und Informationsempfänger zugrunde liegt. Selbst wenn diese Interaktion nicht unmittelbar zwischen dem Forscher (bzw. dem Evaluator) und den Probanden (bzw. den Evaluierten) stattfindet (wie z.B. bei der Sekundäranalyse von Umfragedaten, die von anderen Forschern in persönlichen Gesprächen erhoben wurden) stellt die Intensität der Interaktion ein großes Fehlerpotential dar welches näher betrachtet werden muss.

Auch wenn die qualitative Sozialforschung aufgrund ihrer Philosophie tendenziell eher auf Interaktionen, die quantitative Sozialforschung eher auf personenunabhängige Messungen setzt, bedeutet dies nicht zwangsweise, dass die qualitative Vorgehensweise stärker als die quantitative von der Interaktionsproblematik betroffen ist (zu den spezifischen Vorzügen qualitativer Verfahren siehe z.B. Cropley 2005; Flick 2006, 2005; Kvale 2001; Wiedemann 1986). So kann z.B. ein extrem umfangreicher standardisierter Fragebogen bei einem persönlichen Interview durchaus zu ähnlichen Selektions- und Lernprozessen wie bei einem offen geführten narrativen Gespräch führen. Die Künstlichkeit der Interaktion mag sogar stärker störanfällig sein (wenn z.B. die Befragten früher das Interesse an diesem als einseitig empfundenen Informationsaustausch verlieren). Die methodische Problematik der Interaktion als Fehlerquelle ist *unabhängig vom Standardisierungsgrad* der Erhebungsinstrumente.

Vorzüge von Beteiligung und Interaktion

Die methodischen Nachteile der Manipulationsfähigkeit durch aktive Beteiligung und intensive Kommunikation zwischen Informationsträgern und -empfängern werden gerade in Evaluationen durch die Vorteile des zusätzlichen Informationsgewinns, des höheren „commitments“ der Informationsträger (und damit auch die gestiegene Akzeptanz des Erhebungsprozesses) sowie den beschleunigten Lernprozess bei den Informationsempfängern (und einer hierdurch verbesserten Bewertungsgrundlage) kompensiert. Indem mehrere unterschiedliche Erhebungsverfahren abwechselnd und sich gegenseitig ergänzend eingesetzt werden („Triangulation“), besteht die Möglichkeit, innerhalb des Untersuchungsdesigns die verschiedenen Stärken und Schwächen der Erhebungsmethoden auszutarieren (vgl. z.B. Flick 2008; Stockmann 2006, 1996). Dies befreit allerdings nicht von einer entsprechenden Sorgfalt bei der Nutzung jedes einzelnen Verfahrens und dem Entwurf einer die Störfaktoren minimierenden Vorgehensweise.

### 5.3.2 Störfaktoren und Erhebungsfehler

Störquellen

Die mit einzelnen Erhebungsverfahren verbundenen Störfaktoren können hier natürlich nur am Rande angesprochen werden (vgl. als weitergehenden Überblick Meyer 2007b; eine sehr gelungene Zusammenfassung bietet Bryman 2008). Mit Blick auf die Methodenliteratur lässt sich feststellen, dass insbesondere zur Surveymethode und den verschiedenen Problemen und Störquellen der Befragungstechnik mittlerweile umfangreiche Untersuchungen vorliegen (vgl. z.B. Nardi 2006; Presser u.a. 2004; Groves u.a. 2002; Schnell 1997; Lessler u. Karlsbeek 1992; Groves 1989; Dijkstra u. van der Zoouwen 1982). Deutlich stärker eingeschränkt gilt dies für Beobachtungen und nicht-reaktive Verfahren, wobei auch hier die quantitativen Verfahren auffällig häufig im Fokus stehen (vgl. hierzu Habermehl 1992: 195ff.). Einige neuere Arbeiten nähern sich der

Methodenproblematik allerdings spezifisch aus dem Blick der qualitativen Sozialforschung, so dass sich der allgemein beklagte Rückstand dieses Zweigs der Methodenforschung in letzter Zeit deutlich verringert hat (vgl. Helffrich 2005; Steinke 2003, 1999).

Die folgenden Ausführungen beschränken sich auf einen kurzen Überblick zentraler Erhebungsverfahren und verweisen hinsichtlich der Durchführung sowie der damit verbundenen Praxisprobleme auf weiterführende Literaturtitel (vgl. Abbildung 5.7).

*Abbildung 5.7:* Übersicht zu zentralen Datenerhebungsverfahren

Übersicht der Erhebungsverfahren

| Verfahren | Beschreibung | Literatur |
|---|---|---|
| *Befragungen* | | |
| Experteninterviews („Leitfadeninterviews") | Leitfadengestützte persönliche Gespräche mit überwiegend offenen Fragen. | Bogner et al. 2005; Gläser & Laudel 2004 |
| Survey („Face-to-Face Interview") | Mündliche Befragung durch Interviewer mit Hilfe eines standardisierten Fragebogens (überwiegend geschlossene Fragen). | Nardi 2006; De Vaus 2005; Mayer 2004; Konrad 2001; Aldrige u. Levine 2001 |
| Computer gestützte Telefoninterviews („CATI") | Telefonische Befragung durch Interviewer mit Hilfe computergestützten Befragungssystems (überwiegend geschlossene Fragen) | Groves u.a. 2001; Hüfken 2000; Gabler et al. 1998 |
| Online-Befragungen | Befragung über das Internet (zumeist WWW, überwiegend geschlossene Fragen) ohne Interviewer. | Das et al. 2010; Couper & Coutts 2006; Welker et al. 2005; Johns et al. 2004; Theobald 2000; Batinic & Bosnjak 1997 |
| Postalische Befragung | Befragung über den Postweg ohne Interviewer (überwiegend geschlossene Fragen). | Mayer 2004; Bourque & Fielder 2003; Konrad 2001 |
| „Classroom"-Interviews | Standardisierte Befragung einer in einem Raum anwesenden Gruppe mit Unterstützung durch einen Interviewer (überwiegend geschlossene Fragen). | Gronlund 1959 |
| Gruppendiskussionen („Fokus-Gruppen") | Offene aber moderierte Diskussion vorgegebener Fragestellungen (Interviewer ist eher Moderator, überwiegend offene Fragen). | Loos & Schäffer 2006; Lamnek 2005; Stewart & William 2005; Puchta & Potter 2004; Krüger & Casey 2003; Bohnsack 2003; Morgan 2002, 1993, 1988; Bloor 2002 |
| Mehrstufige Gruppenbefragungen („Peer-Review", „Delphi"-Befragung) | Mischung aus standardisierter und offener Gruppenbefragung mit Feedbackschleifen (mit und ohne Interviewer). | Shatz 2004; Häder 2002; Häder & Häder 2000 |
| *Beobachtung* | | |
| Zählungen | Quantitative Auszählung bestimmter anhand eines standardisierten Instruments durch nicht-teilnehmende Beobachtung erfasster Merkmale (Erhebung erfolgt zumeist durch Hilfskräfte). | Stucke 1985; Reuber & Pfaffenbach 2005: 60ff. |
| Begehungen („Sozialraumanalyse") | Besichtigung eines Ortes und nicht-standardisierte Erfassung anhand qualitativer Merkmale (zumeist durch Experten, z.T. gemeinsam mit Zielpersonen). | Boettner 2007; Kessl & Reutlinger 2007; Kirsch 2006, 1999; Urban & Weiser 2006; Riege & Schubert 2005; Orthmann 1999, 1996 |

| Verfahren | Beschreibung | Literatur |
|---|---|---|
| Teilnehmende Beobachtung | Beobachtung von Verhaltensweisen in Gruppen durch einen Teilnehmer (zumeist durch Forscher). | Faßnacht 2006; Joergensen 2000; Greve & Wentura 1997; Friedrich & Lüdtke 1977 |
| Verdeckte Ermittlung („Observation") | Unbemerkte und den beobachteten Personen nicht mitgeteilte Beobachtung von Verhaltensweisen (zumeist durch teilnehmende Hilfskraft oder technische Überwachungsgeräte wie z.B. Kameras) | Haw & Hadfield 2010; Kozinets 2009; Ackermann et al. 2007; Ludwig 2007; Röwer 2007; Martin & Wawrinowski 2006; Glitza 2005; Ellenbogen 2004; Wallraff 1992, 1977, 1970; Hutt & Hutt 1978 |
| *Nicht-reaktive Verfahren* | | |
| Konversations- und Diskursanalyse | Qualitative Analyse von Gesprächen, ihres Verlaufs, ihrer Funktionen und ihrer sprachlichen Details auf Grundlage von Transkriptionen (häufig im Verlauf von Beobachtungen erstellt) | Hutchby & Wooffitt 2008; Ten Have 2007; Richards & Seedhouse 2006; Wooffitt 2006; Schiffrin 2005; Przyborski 2004; Fairclough 2003; Phillips & Hardy 2002; Wetherell et al. 2001; Dijk 1992; Psathas 1995 |
| Dokumentenanalyse und Qualitative Inhaltsanalyse | Qualitative Analyse von Textmaterialien anhand nicht-standardisierter Merkmale zur Erfassung des Sinns (zumeist durch Forscher) | Franzosi 2007; Früh 2007; Krippendorf 2007; Mayring 2007; Mayring & Gläser-Zikuda 2005; Rössler 2005; Gläser & Laudel 2004; Lissmann 2001; Merten 1995 |
| Computergestützte Inhaltsanalyse | Quantitative Analyse von Textmaterialen anhand standardisierter Merkmale durch Computer | Kuckartz et al. 2007; Kuckartz 2007; Rössler 2005; Krippendorff 2004; Lissmann 2001; West 2001a,b; Bos & Tarnai 1998 |
| Sekundäranalysen | Zumeist quantitative Auswertung bereits vorliegender Datenmaterialien (häufig Surveys oder statistische Daten) | Bulmer et al. 2009 ; Dale et al. 1988; Kiecolt & Nathan 1985 |
| Prozessproduzierte Daten | Automatische Erfassung von Daten während des Ablaufs (z.B. Speicherung von Besucherdaten auf Webseiten). | Schröder 2006; Swart & Ihle 2005; Bergmann & Meier 2003; Schmähl & Fachinger 1990; Schmähl 1984; Clubb & Scheuch 1980 |
| Technische Messungen | Automatische Erfassung von Daten durch technische Messinstrumente | Ice & James 2006; Palm 1991; Finsterbusch et al. 1983; Laszlo & Sudlow 1983 |

Methodenprobleme der Befragung: Frage und Antwort

Allgemein lässt sich feststellen, dass sich die Spezifika der Methodenprobleme einzelner Erhebungsverfahren aus dem *Weg des Informationstransfers* und den hierauf wirkenden Einflussfaktoren ergeben. Bei der *Befragung* stehen dementsprechend *Frage und Antwort* im Fokus und die meisten methodischen Arbeiten beziehen sich auf die Problematik der Frageformulierung[79], welche in mehr oder weniger starkem Umfang Antworttendenzen provozieren kann. Quantitative und Qualitative Befragungsformen unterscheiden sich primär durch die Vorstrukturierung der Antwortmöglichkeiten, die sowohl das Antwortverhalten der Informationsträger als auch die Auswertung durch die Informationsempfänger erleichtern sollen, hierdurch aber künstliche Befragungssituationen[80] und möglicher-

---

79 Vgl. zur Formulierung von Fragen und zur Konstruktion von Fragebögen z.B. ; Gillham 2005; Gubrium u. Holstein 2004; Foddy 2001; Peterson 2000.

80 Vgl. zum Antwortverhalten und zu den Reaktionen auf die Interviewsituation z.B. Tourangeau u.a. 2005; Linden u. Hambleton 1997; Schräpler 1997; Scholl 1993; Dijkstra u. Zouwen 1983; Sudman u. Bradburn 1974.

weise Manipulationen der Beantwortung verursachen. Das Ideal der Befragung ist eine Frage, die von allen Befragten perfekt im Sinne des Fragenden verstanden und korrekt beantwortet wird. Wie schwierig dieser Anspruch einzulösen ist, lässt sich nicht nur bei Datenerhebungen sondern auch im Alltag leicht nachvollziehen.

Methodenprobleme der Beobachtung: Selektion

Der Schwerpunkt methodischer Probleme bei *Beobachtungen* ist etwas anders gelagert. Hier ist das entscheidende Problem die exakte *Selektion* der zu beobachtenden Aspekte sowohl in theoretischer Hinsicht (d.h. als Instruktion des Informationsempfängers an die datenerhebenden Personen) als auch in praktischer Hinsicht (d.h. als Entscheidungsproblem des Datenerhebenden bei der Beobachtung realer Objekte und deren Zuordnung zu vorgegebenen Kategorien). Aufgrund der unendlichen – und damit auch unüberschaubaren – Menge an Informationen, die visuell während des Beobachtungsprozesses wahrgenommen werden könnten, sind präzise Vorgaben und ein hohes Maß an Konzentration bei den Beobachtern für eine exakte Erfassung unabdingbar (vgl. als Überblick zu Selektionsfehlern bei Beobachtungen und deren Behandlung Bostrom 2002). Die Selektivität der Wahrnehmung führt z.B. zu Erhebungsfehlern durch falsche Zuordnung oder Interpretation der Situation – wiederum gibt es keinen grundsätzlichen Unterschied zwischen qualitativen und quantitativen Beobachtungsformen.

methodischer vs. ethischer Anspruch

Bedeutsamer ist allerdings die Differenzierung zwischen verdeckter und offener Beobachtung, bei der *methodische Aspekte mit ethischen in Widerspruch* geraten können. So verhindert eine verdeckte Beobachtung die Beeinflussung der Ergebnisse durch den Informationsträger und durch den Beobachtungsvorgang selbst (vgl. als Beispiel für eine Verhaltensbeeinflussung durch Beobachtung die klassische Studie in den Hawthorne Werken von Elton Mayo 1951; allgemein zu den Methodenproblemen von Beobachtungen z.B. Habermehl 1992: 195ff.), sie verletzt aber gleichzeitig die datenschutzrechtlich verbrieften Rechte des persönlichen Informationsbesitzes. Indem Manipulationsmöglichkeiten ausgeschlossen und dadurch die Validität der Befunde gestärkt werden, verlieren die beobachteten Personen somit ihr Recht auf Freiwilligkeit einer „Teilnahme“ an der Untersuchung und können sich deshalb hintergangen fühlen. Dies ist insbesondere im Kontext von Evaluationen ein großes Problem, da hierdurch der Kontrollaspekt einseitig betont, die Akzeptanz des Evaluationsprozesses beeinträchtigt und die Lernprozesse aus den Ergebnissen behindert werden (vgl. z.B. Morris 2008: 80ff.).

Methodenprobleme nicht-reaktiver Verfahren: Messinstrumente

Solche ethischen Probleme können natürlich auch auftreten, wenn eine verdeckte Beobachtung mittels technischer Hilfsmittel (z.B. Überwachungskameras) erfolgt. Als besonderes Kennzeichen *nicht-reaktiver Verfahren* sind jedoch weniger die mit ihrem Einsatz verbundenen ethischen Probleme als die mit den *Messinstrumenten* verknüpften methodischen Aspekte hervorzuheben. Wenn die Messung selbständig durch technische Hilfsmittel und ohne Eingriff eines Menschen erfolgt, wird die Qualität der Messung ausschließlich durch die Qualität der verwendeten Instrumente bestimmt. Diese ist von der instrumentenbezogenen Präzision der Messung und von äußeren Umständen während des Messvorgangs abhängig.

Eichung und Kalibrierung

Von nicht-ingenieurwissenschaftlich ausgebildeten Personen wird häufig der Aufwand für die *Eichung und Kalibrierung* von Messinstrumenten unterschätzt (vgl. zu dieser Problematik aus technischer Sicht z.B. Bosch u. Wloka 2006; Martens u. Næs 2001). Kein Messinstrument kann hundertprozentig exakt messen und je präziser die Messung sein soll, desto höher ist der Aufwand der zur Einstellung der Messinstrumente und zum Messen betrieben werden muss. Auf der anderen Seite ist eine bis auf die Nachkommastellen genaue Messung in vielen Fällen nicht notwendig und der zusätzliche Informationsgewinn durch eine Verbesserung der Messgenauigkeit ist häufig gering. Ähnlich wie bei der statistischen Auswertung von Daten (siehe dazu ausführlich Kapitel 5.4) kommt es mehr darauf an, die Fehlerquellen zu kennen und eine gewisse Fehlertoleranz bewusst in Kauf zu nehmen (siehe zu dieser Problematik auch Meyer 2007c: 206ff.).

Rahmenbedingungen des Messens

Die Fehlerquellen werden auch beim Einsatz technischer Hilfsmittel vielfach durch die *Rahmenbedingungen des Messens* wesentlich mitbestimmt. Wenn z.B. ein Thermometer in der Sonne statt im Schatten aufgehängt wird, beeinflusst dies die Messergebnisse und – bei kurz hintereinander erfolgenden Messungen – auch den Kurvenverlauf der Messwerte. Vielfach sind die Fehler- und Störquellen für technische Messungen nicht so trivial und leicht erkennbar, weshalb den Messbedingungen auf der Basis kompetenten Wissens über die Wirkungsweise der Instrumente Aufmerksamkeit gewidmet werden müssen (vgl. zu dieser Problematik z.B. Kletz 2001). Hier unterscheiden sich technische Messverfahren nicht von sozialwissenschaftlichen: bei einer schriftlichen Befragung z.B. kommt nicht nur der Formulierung des Fragebogens sondern auch den – bei postalischer Versendung kaum kontrollierbaren – Umweltbedingungen des Beantwortens dieses Fragebogens große Bedeutung zu.

Messqualität und Verfahrensart

Wie bereits mehrfach angesprochen ist die Messgenauigkeit keine Frage von *„quantitativ versus qualitativ“*, sondern allein abhängig von der gelungenen Vermeidung von Ergebnisverzerrungen durch Störfaktoren. Die unbestreitbaren Vorteile „qualitativer“ Verfahren hinsichtlich der Realitätsnähe und des Umfangs der gewonnen Informationen werden letztlich methodisch „erkauft“ durch höhere Risiken der Ergebnisverzerrung, die sich u.a. aus der Informationsselektion durch den Forscher und die größere Anzahl unbekannter Störfaktoren ergibt. Auf der anderen Seite wird durch die experimentelle Situation (aber auch schon durch die Verwendung standarisierter Erhebungsinstrumente) bei „quantitativen“ Verfahren eine künstliche Situation erzeugt, die bestimmte Informationen bewusst oder unbewusst ausblendet und zugunsten der Kontrolle von Störgrößen auf einen Alltagsbezug verzichtet (vgl. zu den verschiedenen Bedrohungen der Validität von Ergebnissen bei Evaluationsstudien und zur Diskussion der Vor- und Nachteile qualitativer und quantitativer Verfahrensweisen Droitcour u. Kovar 2008).

interne vs. externe Validität

Neben diesem Konflikt zwischen „interner“ und „externer“ Validität ist zusätzlich zu berücksichtigen, dass *nicht-standardisierte Erhebungsinstrumente* keineswegs allein aufgrund der geringeren Vorgaben besser messen als standardisierte (und vice vera). Die Tatsache, dass etwa ein Sachverhalt „offen“ abgefragt wurde und damit den Befragten ein breites Interpretationsspektrum gelassen wird, führt nicht unbedingt zu besseren Ergebnissen als der Einsatz „geschlossener“ Fragen, welche den Interviewten in bestimmte Antwortvorgaben „pressen“. Es kann gerade der „Anker“ der Antwortvorgaben sein, der hilft die

Fragen richtig zu verstehen und die gewünschten Antwortalternativen vollständig zu berücksichtigen.

Letztlich unterscheiden sich qualitative und quantitative Verfahren primär durch die *unterschiedliche Gewichtung der Störfaktoren* in den einzelnen Phasen des Prozesses der Informationsgewinnung. Im obigen Beispiel verschiebt sich z.B. die Problematik der Antizipation des Antwortverhaltens der Befragten vom Zeitpunkt vor der Datenerhebung (standardisierte Befragung) auf die Auswertungsphase nach der Erhebung (bei der nicht-standardisierten Befragung). Während bei der standarisierten Befragung das verwendete Instrument eine erheblich größere Fehlerquelle als bei nicht-standardisierten Erhebungen darstellt, ist das offene Interview im Gegenzug stärker von der Performance des Interviewers und seiner Fragetechnik abhängig (vgl. zur Bedeutung der Interviewerschulung und zu den damit verbundenen Fehlerquellen Maindok 2003). Gleichzeitig wird durch die Einordnung in Kategorien bei der Vorlage festgelegter Skalen von den Befragten ein höheres Maß an abstraktem Denken gefordert als bei einer gering strukturierten Gesprächsführung, dafür steigt aber der Interpretationsspielraum der Personen, welche die Auswertung vornehmen und es entsteht an dieser Stelle eine zusätzliche Fehlerquelle.

Gewichtung der Störfaktoren im Erhebungsprozess

Zusammenfassend ist festzuhaltend, dass allgemein *vier verschiedene Störquellen bei der Datenerhebung* zu beachten sind, die in unterschiedlichem Umfang und in Abhängigkeit von den konkreten Durchführungsbedingungen bei der Verwendung von Erhebungsmethoden auftreten können:

Vier Störquellen bei der Datenerhebung

1. Die *Messinstrumente*: die Informationsgewinnung erfordert den Einsatz von Instrumenten, die für den Informationsbedarf ausreichend präzise die angestrebten Gegenstände, Verhaltensweisen, Einstellungen usw. erfassen („*Validität*“) und bei wiederholten Messungen unter gleichen Bedingungen immer wieder zu weitgehend deckungsgleichen Ergebnissen („*Reliabilität*“) führen.

   Messinstrumente

2. Die *Rahmenbedingungen der Messung*: der Prozess der Informationsgewinnung muss einerseits möglichst realitätsnahe sein, d.h. den „natürlichen“ Rahmenbedingungen der beobachteten Objekte oder Personen gleichen und dadurch die Übertragbarkeit der Befunde auf Alltagssituationen ermöglichen („*externe Validität*“). Andererseits soll die Messung ohne situative Beeinflussung stattfinden und nicht durch Umweltfaktoren verzerrt werden („*interne Validität*“).

   Rahmenbedingungen

3. Die *Interessen des Informationsempfängers*: durch die Informationsgewinnung sollen die Informationsinteressen des Empfängers (also des Evaluators rsp. des Auftraggebers) möglichst exakt befriedigt werden („*Effizienz und Effektivität der Informationsgewinnung*“). Auf der anderen Seite sollen durch die Aktivitäten der Informationsempfänger zur Umsetzung dieses Anspruchs im Rahmen des Erhebungsprozesses die Ergebnisse nicht bewusst oder unbewusst verfälscht („*Präzision der Informationsgewinnung*“) und dadurch wiederum die Informationsinteressen verletzt werden.

   Interessen der Erhebenden

4. Die *Interessen der Informationsträger*: Personen, die bestimmte Informationen besitzen, sollen möglichst genau und wahrheitsgemäß Auskunft erteilen, damit die Evaluation zu exakten Bewertungen kommen kann. Insofern die

   Interessen der Informationsträger

Informationsträger zugleich Nutznießer von Leistungen durch die Auftraggeber der Evaluation gewesen sind, besteht hierzu zumindest eine moralische Verpflichtung, denn die Evaluation dient ja der Verbesserung dieser Leistungen („*Partizipationspflicht*"). Auf der anderen Seite verfügen die Informationsträger aber auch über einen Anspruch auf Personenschutz sowie die Freiheit, Informationen in der ihnen genehmen Form oder nur selektiv (z.B. zur Vermeidung von Missbrauch oder zur Bewahrung eigener Interessen) weiterzugeben („*Verweigerungsrecht*"). Im Interesse der Informationsträger kann sowohl das Verschweigen für ihn negativer Sachverhalte (z.B. Missbrauch von Leistungen) als auch die übertriebene Darstellung positiver Aspekte (z.B. Wirkungen durch Leistungen) sein. Selbst ohne Unterstellung boshafter Manipulationen kann durch bewusste oder unbewusste Selektionen die Qualität des Informationstransfers leiden.

## 5.4 Datenanalyse – von der Aufbereitung zur Auswertung

Sowohl bei den Titelfiguren klassischer Kriminalromane als auch bei den modernen amerikanischen Fernsehserien steht der rechtskräftige Beweis im Vordergrund der Aufklärungsarbeit. Ein solcher Beweis wird mit (natur-) wissenschaftlichen Methoden erbracht, die einen eindeutigen kausalen Zusammenhang gesichert belegen und alternative Erklärungsmöglichkeiten konsequent und ohne jeden Zweifel ausschließen. Das klassische Beispiel ist der Fingerabdruck, welcher aufgrund seiner erwiesenen Einmaligkeit – keine zwei Menschen verfügen über vollständig identische Fingerabdrücke – die zweifellose kausale Zuordnung zwischen dem am Tatort hinterlassenen Abbild und dessen Verursachern möglich macht.

Auswertungsprozesse

Was in den Kriminalromanen und Fernsehserien freilich selten gezeigt wird, sind die in manchen Fällen äußerst mühseligen *Auswertungsprozesse* des wissenschaftlichen Fachpersonals, welche die am Tatort gefundenen Abdrücke mit den bei anderen Gelegenheiten erhobenen, systematisch erfassten und für Vergleiche aufbereiteten Einträge in Verbrecherkarteien und Verdächtigendatenbanken abgleichen müssen. Wichtige Arbeitsschritte bei der Überführung von Tätern wie z.B. die *Aufbereitung der Informationen zu Daten*, der systematische Abgleich von Gemeinsamkeiten und Unterschieden (also der eigentliche Prozess der „*Analyse*") oder die kritischen Überprüfungen standhaltende *Interpretation* der gewonnenen Befunde werden aus dramaturgischen Gründen übergangen. Ferner beschränkt sich die Rolle der Wissenschaft in der Fiktion auf die Feststellung *unwiderlegbarer Beweise* – die Berechnung von Irrtumswahrscheinlichkeiten bezüglich eines festgestellten Kausalzusammenhangs ist in der Regel nicht notwendig.

Informationsaufbereitung

Vielleicht liegt es an diesen massenhaft verbreiteten Simplifizierungen wissenschaftlicher Arbeit dass viele Menschen den *Aufwand* für diese Phase der Informationssammlung und -gewinnung unterschätzen. Bereits in der kriminalistischen Realität sind z.B. die von Polizeibeamten sichergestellten Fingerabdrücke häufig verwischt und müssen deshalb rekonstruiert werden, wobei die dadurch erzielte geringere „Datenqualität“ manchmal die Zuordnung zu einer bestimmten Person nur mit einer bestimmten Wahrscheinlichkeit zulässt – wenn der Täter überhaupt so leichtfertig ist und solche eindeutig zuordenbare Spuren zurücklässt. Selbst wenn die bei der „Erhebung“ sichergestellten Abdrücke von guter Qualität sind, ist eine *Aufbereitung* für den Vergleich mit gespeicherten Daten notwendig und dieses Vorgehen ist nur dann erfolgreich, wenn in den entsprechenden Datenbanken die notwendigen Vergleichsdaten in ausreichender Qualität erfasst worden sind. Der Abgleich von Fingerabdrücken (und damit die eigentliche „Analyse“) ist notwendigerweise abhängig von diesen Vorarbeiten, welche die am Tatort erfassten Spuren analysefähig macht.

Codierung

Auch die sozialwissenschaftliche Forschung muss nach der Erfassung von Informationen durch die eingesetzten Erhebungsverfahren zumeist einen nicht zu unterschätzenden Aufwand betreiben, um die vorliegenden Informationen in auswertbare Daten zu transformieren. Soweit die Informationen nicht direkt elektronisch erfasst wurden, ist eine *Codierung* notwendig, damit statistische Auswertungsverfahren überhaupt zum Einsatz gebracht werden können. Durch die Codierung werden den erhobenen Kategorien Zahlenwerte zugewiesen und entsprechend der verwendeten Auswertungsprogramme (z.B. SAS, SPSS, STATA) in von diesen verarbeitbare Formate übertragen. Je nach Erhebungsverfahren variieren der hierfür benötigte Aufwand und die Fehleranfälligkeit dieses Schrittes. Bei qualitativen Verfahren sind die bei der Erhebung erstellten *Transkriptionen* ebenfalls entsprechend des Analyseverfahrens aufzubereiten, wobei allerdings meistens nicht Zahlen sondern Texte die Grundlage der Auswertungen bilden. Eine sinnvolle Interpretation ist nicht möglich ohne diesen Zwischenschritt der Aufbereitung zur quantitativen Auswertung (auch in Form einer „Quantifizierung qualitativer Daten“, z.B. im Rahmen einer computergestützten Inhaltsanalyse) oder auch einer nicht auf Zahlen gestützten Systematisierung und Ordnung der Befunde zur Vorbereitung des Einsatzes hermeneutischer Auswertungsmethoden (vgl. zur Codierung Dankmeier 2006; zum Handling qualitativer Daten Richards 2006; Dittmar 2004; Auerbach u. Silverstein 2003).

Transkriptionen

Stochastik

In den Sozialwissenschaften ist eine sichere „Beweisführung“ nicht zu erwarten und z.B. bei den auf Umfragen basierenden Erfassungen von Einstellungen und Meinungen ist die *Stochastik* ein unvermeidbarer (dabei allerdings äußerst nützlicher) Begleiter. Auch die Evaluationsforschung kann sich nur in Ausnahmefällen auf gesicherte Erkenntnisse stützen, insbesondere wenn es um die Verknüpfung von Ursachen mit Wirkungen geht – also die Frage, ob eine bestimmte Intervention die von den Programmbeteiligten erwünschten Effekte erzielen konnte ohne dabei zu viele unerwünschte und den Zielsetzungen widersprechenden Ergebnisse zu erzielen (vgl. Kapitel 2.2.2). Die Aufgabe der Datenauswertung, dem Kern der Informationsgewinnung bei einer empirischen Vorgehensweise, ist es, belastbare Belege für Vermutungen und Indizien zu liefern.

### 5.4.1 Prozess der Datenauswertung

Bereits an dem Beispiel der Täterermittlung lassen sich die wesentlichen *Funktionen der Datenauswertung* erkennen. Verallgemeinert ist dies als Ablaufdiagramm des Auswertungsprozesses darstellbar, der sowohl bei quantitativ-statistischen als auch bei qualitativ-interpretativen Analysen unabhängig von den konkret eingesetzten Verfahren in ähnlicher Form vorzufinden ist (vgl. Abbildung 5.8). Im Folgenden wird dieser Ablauf am Beispiel der statistischen Auswertung dargestellt, auf die Besonderheiten einer interpretativen Vorgehensweise geht der nächste Abschnitt (Kapitel 5.5.1) näher ein.

Idealtypischer Ablauf der Datenauswertung

*Abbildung 5.8:* Allgemeiner Prozess der Datenauswertung

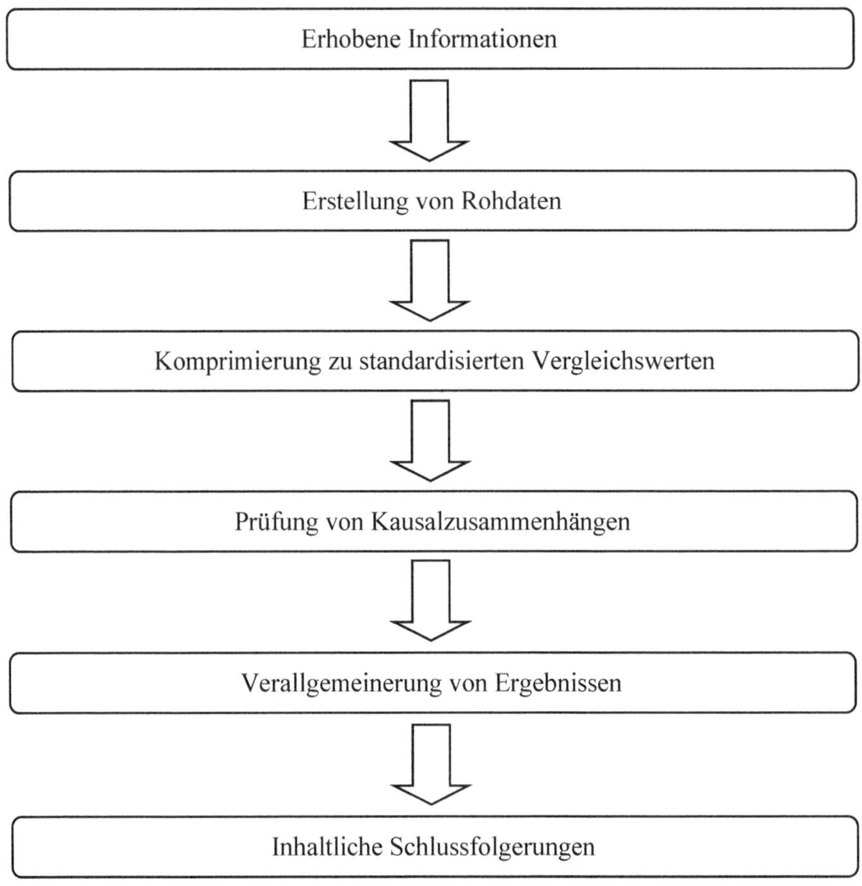


Vergleichbaren Kenngrößen

In einem vorbereitenden Schritt geht es um die Verarbeitung der Informationen zu „Rohdaten", die dann unter zur Hilfenahme von statistischen Prozeduren oder hermeneutischen Verfahren zu *vergleichbaren Kenngrößen oder Typen* verdichtet werden können („Codierung"). Ziel dieses ersten Auswertungsschrittes ist es also, aus der prinzipiell unendlichen Informationsmenge einen möglichst universellen und aussagekräftigen Wert oder Sinngehalt zu extrahieren. Klassisches Beispiel der deskriptiven Statistik ist der Mittelwert, d.h. eine berechnete Größe, die eine beliebig umfangreiche Verteilung von Werten am besten repräsentiert.

Wenn sich allerdings die Darstellung einer Wertegruppe auf den Mittelwert beschränkt, gehen wichtige Informationen verloren. Zumindest zwei *weitere Kenngrößen* sind allgemein gebräuchlich, die Standardabweichung (bzw. die Varianz) als Maße für die Streuung der Werte um den Mittelwert sowie die Schiefe einer Verteilung, die Häufungen rechts bzw. links vom Mittelwert anzeigt. Jede dieser Maßzahlen bietet Informationen, die von den Anderen nicht erfasst werden. Selbstverständlich ist damit die Liste der statistischen Werte[81] zur Beschreibung von Verteilungen bei weitem nicht abgeschlossen. Mittelwert, Varianz und Schiefe

Neben der reinen Komprimierung von Informationen auf einen einzigen aussagekräftigen Wert ist auch dessen *Standardisierung* zur Herstellung von Vergleichbarkeit in der Statistik von größter Bedeutung. Wiederum gibt es mit der Berechnung von Prozentwerten eine „alltagstaugliche" Rechenoperation: in dem die Anteilswerte bezogen auf einen Maximalwert berechnet und auf eine 100er Skala standardisiert werden, ist es möglich, verschiedene Mengen gegeneinander abzuwägen und ins Verhältnis zu setzen. Für weiterführende statistische Rechenoperationen wie z.B. die multivariate Regressionsanalyse ist die z-Transformation hilfreich, bei der Mittelwert und Standardabweichung zur Gewichtung der Verteilung verwendet werden. Das Ergebnis ist eine Skala mit dem Mittelwert als natürlichem Nullpunkt und der Standardabweichung als Skalenwerte (der Wert +1 entspricht einer positiven Abweichung eines Wertes vom Mittelwert um den Wert der Standardabweichung). Wiederum ist mit diesen Beispielen keineswegs die Liste der standardisierten statistischen Kennzahlen vollständig, es lassen sich vielmehr eine Vielzahl mehr oder weniger gebräuchliche Größen in den einschlägigen Statistikbüchern finden (vgl. als praxisorientierte Einführung in statistische Transformationsverfahren Föllinger 2007). Standardisierung Prozentwerte z-Transformation

Standardisierte Maßzahlen sind auch ein wesentliches Element des zweiten Schritts, bei dem die Relationen von zwei oder mehreren Verteilungen („Variablen") zueinander untersucht werden. Ziel ist dabei die Identifizierung von überzufälligen *Zusammenhängen*, d.h. unter Zugrundelegung theoretischer Annahmen („Hypothesen") werden Erwartungen über die Relation von (mindestens) einer Ursache mit (mindestens) einer Wirkung formuliert und in statistischen Tests mit einer „Nullhypothese", also der Annahme, dass kein Zusammenhang existiert, verglichen. Klassisches Beispiel ist hier der Pearsonsche Korrelationskoeffizient („r"), ein Zusammenhangsmaß welches die empirische Relation zweier Variablen gegenüber einer Zufallsverteilung abwägt und unter Zugrundelegung der t-Verteilung auf Signifikanz testet. Zusammenhangsmaße Pearsons' r

Wie die meisten Zusammenhangsmaße gibt der Pearsonsche Korrelationskoeffizient nicht nur über die Existenz eines Zusammenhangs, sondern auch über dessen *Stärke* und *Richtung* Auskunft. Durch Standardisierung kann der Pearsonsche Korrelationskoeffizient lediglich Werte zwischen -1 und +1 annehmen, wobei +1 einen perfekt positiven, -1 einen perfekt negativen und 0 keinen Zusammenhang zwischen den beiden betrachteten Variablen wiedergibt. Seine besondere Attraktivität erlangt der Pearsonsche Korrelationskoeffizient durch seine *einfache und nachvollziehbare Interpretation*: durch Quadrierung entspricht der Stärke und Richtung

81 Vgl. als Überblick diverse Einführungsbücher zur deskriptiven Statistik wie z.B. Eckey u.a. 2005.

Wert dem prozentualen Anteil der durch die unabhängige Variablen erklärten Varianz der abhängigen Variable.

Nur wenige Zusammenhangsmaße sind vergleichbar komfortabel hinsichtlich der Berechnung, des Informationsumfangs und der Interpretierbarkeit. Dies ist u.a. durch das *Skalenniveau* der für eine Zusammenhangsanalyse verwendeten Variablen bedingt: der Pearsonsche Korrelationskoeffizient setzt eine metrische Skala bei beiden Variablen voraus, wobei im strengen Sinn diese Voraussetzung in den Sozialwissenschaften nur bei sehr wenigen zu untersuchenden Aspekten (z.B. bei der offen abgefragten Einkommensfrage oder beim Alter der Befragten) gegeben ist. Bereits bei der Verwendung von Skalen zur Einstellungsmessung, die lediglich die stufenweise Angabe von Werten zulassen („nicht-stetige Verteilung"), ist die Annahme metrischen Skalenniveaus strenggenommen verletzt und schon die Berechnung des arithmetischen Mittels (und damit auch des Pearsonschen Korrelationskoeffizienten) nicht möglich.

Skalenniveau

### 5.4.2 Statistische Analyseverfahren

bi- und multivariate Analyse

Der Pearsonsche Korrelationskoeffizient bildet auch die Grundlage der *Regressionsanalyse*, dem wichtigsten und gebräuchlichsten bi- und multivariaten *statistischen Analyseverfahren* (vgl. als Überblick Abbildung 5.9). Während bei der bivariaten Analyse wie bisher beschrieben der Zusammenhang zweier Variablen im Fokus steht, wird in multivariaten Kausalanalysen die Effekte einer beliebigen Anzahl von unabhängigen Variablen auf eine einzelne abhängige Variable untersucht. Hierdurch können die Effektstärken verschiedener Ursachen einer gemeinsamen Wirkung verglichen und bezüglich ihrer Bedeutung für ein Gesamterklärungsmodell bewertet werden. Mit der *Pfadanalyse* lassen sich schließlich auch umfangreiche Wirkungsketten und Feedbackprozesse modellieren und untersuchen. Komplexere Verfahren wie z.B. *Mehrebenen- oder Strukturgleichungsmodelle* basieren ebenfalls in ihrer Grundform auf der Regression. Selbst *Logit- und Probitmodelle, Längsschnittmodellierungen* (wie z.B. Ereignisdaten-, Survival- und Zeitreihenanalysen) sowie *Faktoren- und Clusteranalysen* sind nichts weiter als Ableitungen der Regression und können auf ein gemeinsames, allgemeines lineares Modell zurückgeführt werden (vgl. z.B. Holm 1979).

allgemeines lineares Modell

Übersicht der Auswertungsverfahren

*Abbildung 5.9:* Gängige lineare Auswertungsverfahren

| Verfahren | UV | | AV | | Beschreibung | Literatur |
|---|---|---|---|---|---|---|
| | Skala | Zahl | Skala | Zahl | | |
| ***Regressionsverfahren*** | | | | | | |
| Lineare Regression | m,d | bel | m | 1 | Linearer Zusammenhang zwischen mehreren metrischen unabhängigen und einer metrischen abhängigen Variablen | Gordon 2010, Urban 2008, Pedhazur 2006, Weisberg 2005, Groß 2003, Cohen u.a. 2002, Aiken u. West 1998; Berry u. Feldmann 1985 |

| Verfahren | UV | | AV | | Beschreibung | Literatur |
|---|---|---|---|---|---|---|
| | Skala | Zahl | Skala | Zahl | | |
| Varianz Analyse („ANOVA, MCA") | n | bel | m | 1 | Linearer Zusammenhang zwischen mehreren nicht-metrischen unabhängigen und einer metrischen abhängigen Variablen | Doncaster & Davey 2007, Bray & Maxwell 2003, Iversen & Norpoth 2002, Moosbrugger 2002, Girden 1998, Pokropp 1994 |
| Pfadanalyse | m | bel | m | bel | Linearer Zusammenhang zwischen mehreren metrischen unabhängigen und abhängigen Variablen | Li 1986; Hermann 1984; Holm 1977; Opp & Schmidt 1976 |
| ***Klassifikationsverfahren*** | | | | | | |
| Faktorenanalyse | m | bel | - | - | Extrahierung von Faktoren aus einer Menge von Korrelationen zwischen metrischen Variablen | Brown 2006; Bartholomew & Knott 1999; Kim & Mueller 1994; Geider et al. 1982; Holm 1976; Ritsert et al. 1976 |
| Clusteranalyse | m | bel | - | - | Zuordnung einer Menge von Objekten in homogene Gruppen (Auffinden empirischer Klassifikationen und Typologien) | Byrne & Uprichard 2012; Schendera 2008; Abonyi & Feil 2007; Aldenderfer & Blashfield 2006; Hoberg 2003; Bacher 1996 |
| Korrespondenzanalyse | n | bel | - | - | Verfahren zur Ordnung nicht-metrischer Objekte mit geringen Fallzahlen | LeRoux & Rouanet 2010; Greenacre 2007; Weller & Romney 2005; Blasius 2001; Greenacre & Blasius 1999 |
| Netzwerkanalyse | n | bel | - | - | Verfahren zur Analyse von Strukturelementen eines sozialen Netzwerks | Scott 2012; Prell 2011; Scott & Carrington 2011; Stegbauer 2008; Jansen 2006; Trappmann et al. 2005; Carrington et al. 2005; Schnegg & Lang 2002 |
| ***Logarithmierte Verfahren*** | | | | | | |
| Logit- und Probit Modelle („Logistische Regression") | m,d | bel | n,d | 1 | Einfluss mehrerer metrischer unabhängiger Variablen auf eine diskrete oder eine dichotome (0-1 codierte) abhängige Variable | Menard 2010 ; Langer 2008; Pampel 2005; Booroah 2003; De Maris 2003 ; Aldrich & Nelson 2002 ; Hosmer & Lemeshow 2000 |
| Survivalanalyse („Sterbetafel") | n | 1 | d | 1 | Vergleich des Statuswechsels der Ausprägungen einer nominalskalierten Variablen im Zeitverlauf | Cleves u.a. 2008; Hosmer u.a. 2008; Andersen u. Keiding 2006; Martinussen u. Scheike 2006 |
| Ereignisanalyse („Cox-Reggression", „non-parametische Ereignisdatenanalyse") | m,d | bel | d | 1 | Einfluss der Zeit und mehrerer metrischer Kovariate auf einen Zustandswechsel unter Berücksichtigung zensierter Daten | Wu 2011; Blossfeld et al. 2007; Blossfeld & Rohwer 2002; Diekmann & Mitter 1984 |

| Verfahren | UV | | AV | | Beschreibung | Literatur |
|---|---|---|---|---|---|---|
| | Skala | Zahl | Skala | Zahl | | |
| Zeitreihenanalysen („Einzelfallanalysen"; „Verlaufsuntersuchung", „Panelanalyse") | n | 1 | - | - | (Trend-)Analyse zeitlicher Veränderungen diskreter Daten, wobei eine Abhängigkeit des Ergebnisses zu einem späteren Zeitpunkt von dem Ergebnis des früheren Zeitpunkts postuliert wird. | Newson et al. 2011; Kirchgässer & Wolters 2006; Baur 2005; Jianging & Qiwei 2003; Thome 2005; Janacek 2001; Schlittgen & Streitberg 2001; Engel & Reinecke 1994; |
| ***Kombinationsverfahren*** | | | | | | |
| Mehrebenen-modelle | m | bel | m | bel | Hierarchisches Regressionsmodell zur Schätzung des Einflusses von Individualdaten auf der Aggregatebene | Snijders & Boskers 2011; Hox 2010; Skrondal & Rabe-Hesketh 2009; Langer 2004; Engel 1998, 1997; Huinink 1989 |
| Strukturgleichungsmodelle („LISREL") | m | bel | m | bel | Einfluss mehrerer metrischer Variablen auf eine abhängige Variable unter Verwendung latenter, nicht beobachteter Variablen (Faktorvariablen) | Kline 2010; Kaplan 2009; Blunch 2008; ; Jaccard & Wan 1996 |

UV = Unabhängige Variable; AV = Abhängige Variable; m= metrisch; n= nominal; d=dichotom; bel=beliebig; MCA = Multiple Classification Analysis

In der sozialwissenschaftlichen *Grundlagenforschung* gehören die vorgestellten Auswertungsmethoden schon seit geraumer Zeit zum Standardrepertoire und damit auch zum wissenschaftlichen Ausbildungskanon. Allerdings lassen sich aufgrund der disziplinären Schwerpunktsetzungen deutliche Unterschiede hinsichtlich der Häufigkeit des Einsatzes erkennen: während z.B. in der Soziologie lineare und logistische Regressionsverfahren dominieren, sind es in der Makroökonomie zeitreihenanalytische bzw. in der Mikroökonomie mittlerweile ereignisdatenanalytische Methoden. Die Psychologie beschäftigt sich dagegen besonders häufig mit der Erhebung latenter Konstrukte wie „Glück" oder „Zufriedenheit", weshalb hier faktoranalytische Verfahren einen hohen Stellenwert haben und besonders oft der Einsatz von Strukturgleichungsmodellen zu konstatieren ist.

Statistische Auswertung und Evaluation

Für die *Evaluationsforschung* als angewandte Sozialforschung ergibt sich aus dieser disziplinären Strukturierung die Konsequenz, dass der kompetente Einsatz statistischer Verfahren stärker vom Ausbildungshintergrund der Evaluatoren als von den Sachproblemen abhängig ist und sich viele Evaluationsstudien ähnlich wie die Grundlagenforschung auf Verfahren beschränken, die den Forschern bekannt und vertraut sind. So dominieren beispielsweise in der Arbeitsmarktforschung mikroökonomische Modellierungen mit Hilfe von Ereignisdaten zu den Wirkungen von Interventionen auf das individuelle Arbeitslosigkeitsrisiko bzw. die Wiederbeschäftigungschance eines Nichterwerbstätigen (vgl. z.B. Heise u. Meyer 2004; Meyer 1997). Qualitativ orientierte Analysen, welche die am Arbeitsmarkt ablaufenden Selektionsprozesse und die Wirkungsweise der Instrumente aktiver Arbeitsmarktpolitik verstehend nachvollziehen wollen, sind dagegen beispielsweise ausgesprochen selten (als Beispiel für eine Ausnahme siehe etwa Ezzy 2000).

Die Präferenz für bestimmte Methoden spricht nicht grundsätzlich gegen diese oder ihren Einsatz in diesem bestimmten Anwendungsfeld – eher im Gegenteil: Datenerhebungsverfahren und Auswertungsroutinen können sich vor allen Dingen dann durchsetzen, wenn sie zumindest in der Vergangenheit wertvolle Erkenntnisse geliefert haben. Dies gilt sicher für die Längsschnittdaten der Arbeitsmarktforschung und die Ereignisanalyse, welche eine Vielzahl interessanter Befunde erst möglich gemacht haben. Ihr Erfolg bedeutet allerdings auch nicht, dass diese Verfahren universal in allen Politikfeldern gegenüber anderen Methoden überlegen sind und diese ersetzen sollten. Letztlich sollte sich der Methodeneinsatz ausschließlich an den Untersuchungsproblemen orientieren und dem Untersuchungsgegenstand und der Forschungsfrage angemessen sein. Dies ist in der Evaluationsforschung noch stärker als in der Grundlagenforschung der Fall.[82]

### 5.4.3 Signifikanztest und Repräsentativität

Test des Gesamtmodells auf Signifikanz

Festlegung des Signifikanzniveaus Die Gemeinsamkeit der beschriebenen statistischen Auswertungsverfahren besteht nicht nur in der Verwendung einer Ableitung des allgemeinen linearen Modells, sondern ebenso im *Test des Gesamtmodells* und der Bewertung aller in das Modell aufgenommenen Einzelfaktoren auf *Signifikanz*. Es interessiert also zum einen die Frage nach der Erklärungskraft des Gesamtmodells als auch zum anderen die Gewichtung des Beitrags der einzelnen Faktoren zur Erklärung der abhängigen Variablen. Im Zentrum steht dabei die Überprüfung, inwieweit diese Befunde „überzufällig" sind, d.h. mit geringer Wahrscheinlichkeit nicht aufgrund eines systematischen Zusammenhangs entstanden sind. Durch Festlegung eines *Signifikanzniveaus* als Entscheidungsregel wird das gerade noch tolerierbare Risiko eines solchen „Zufallsbefunds" bestimmt und nur jene Ergebnisse als relevant akzeptiert, die dieses Niveau bewirkt haben.

Der Vorteil des Einsatzes quantitativer Auswertungsverfahren besteht also darin, dass die Ergebnisse – zumindest in technischer Hinsicht – einfach und nach klaren Entscheidungsregeln zu interpretieren sind. Prinzipiell sind die Interpretationen Anderer nachvollziehbar (wenn die statistischen Entscheidungsregeln offengelegt werden) und mit den eigenen leicht vergleichbar. Auf der anderen Seite bedeutet aber „Signifikant" nicht gleich „relevant" oder gar „richtig" und „inhaltlich gut". Die *technische Interpretation* der vorliegenden statistischen Maßzahlen befreit nicht von einer inhaltlichen Interpretation durch den Forscher.

technische vs. inhaltliche Interpretation

82 Zur Anwendung quantitativer Auswertungsverfahren in Evaluationsstudien siehe als Auswahl aus verschiedenen Politikfeldern z.B. PISA-Konsortium Deutschland 2007, 2004; Jacoby u.a. 2005; Descy u. Tessaring 2004; Stockmann u.a. 2001, 2000; Duffy u.a. 2001; Bamberg u.a. 2000.

Ein Aspekt der *inhaltlichen Interpretation* betrifft die Übertragbarkeit der am Einzelfall geprüften Befunde auf andere Einzelfälle oder eine Menge von Fällen, welche den untersuchten Fall mit einschließt. Auch bei diesem Schritt kann die Statistik unter bestimmten Voraussetzungen wertvolle Unterstützung leisten. Der Schluss von einem Einzelfall bzw. von einer Menge von Einzelfällen auf eine Gesamtheit ist dann unter Berücksichtigung der Regeln der Stochastik möglich, wenn die Auswahl der untersuchten Fälle zufällig erfolgt ist. Die *Zufallsauswahl* unterscheidet sich von einer willkürlichen Selektion durch die Festlegung von Auswahlregeln, welche die Wahrscheinlichkeit des Einzelfalls bestimmen, in eine Stichprobe aufgenommen zu werden. Soweit jedes Element der Grundgesamtheit eine von Null verschiedene und berechenbare *Auswahlwahrscheinlichkeit* besitzt, kann diese zur Rückrechnung der Wahrscheinlichkeit eines Übertrags der Einzelbefunde auf diese Grundgesamtheit verwendet werden. Der Einzelfall repräsentiert in diesem Fall alle anderen Elemente der Grundgesamtheit, weshalb der Schluss vom Einzelfall auf die Menge auch *Repräsentationsschluss* genannt wird.

Auswahlwahrscheinlichkeit und Repräsentationsschluss

statistische vs. inhaltliche Repräsentativität

Allerdings bedeutet *statistische Repräsentativität* nicht gleichzeitig auch inhaltliche Repräsentativität, d.h. die Auswahl anhand von Wahrscheinlichkeiten sagt nichts über die Relevanz des zufällig gezogenen Einzelfalls zur Beantwortung der Forschungsfragen aus. Durch mathematische Verfahren lässt sich zwar die *Irrtumswahrscheinlichkeit* bei der Übertragung der Ergebnisse berechnen (und diese verringert sich mit der Menge der Fälle in der Stichprobe), dies impliziert allerdings, dass alle Fälle bezüglich der Klärung der Forschungsfragen gleichgewichtet sind und zufälligerweise in der Stichprobe nicht nur weniger relevante Elemente enthalten sind. Wenn z.B. in einer Firma aus allen Mitarbeitern eine Stichprobe mit gleicher Auswahlwahrscheinlichkeit gezogen würde, wäre es sehr unwahrscheinlich, dass der Betriebsleiter in der Stichprobe enthalten ist, während auf der anderen Seite vermutlich eine Reihe von Aushilfskräften aufgenommen würden. Soweit ein Gesamtbild des Betriebs angestrebt wird, ist dies sicherlich problemlos, wenn es aber um betriebliche Entscheidungen ginge, so führt das Fehlen der Betriebsleitung unweigerlich zu einer Ergebnisverzerrung. Es ist somit zwischen der statistischen und einer *inhaltlichen Repräsentativität* ausgewählter Fälle zu unterscheiden (vgl. zu dieser Problematik Quatember 2005). Von einer inhaltlichen Repräsentativität kann dann gesprochen werden, wenn die ausgewählten Fälle bezüglich der interessierenden Informationen genau die Eigenschaften, Meinungen, Aussagen etc. der Grundgesamtheit abbilden.

Typus

Es ist das Ziel qualitativer Verfahren, den *typischen Fall* anhand inhaltlicher Kriterien auszuwählen und an diesem Einzelfall (oder den Einzelfällen) exemplarisch die üblicherweise in der Grundgesamtheit ablaufenden Entscheidungsprozesse, Verhaltensmuster, Denkschemata etc. abzubilden, nachzuvollziehen und inhaltlich zu verstehen. Dabei wird auf die Unterstützung durch statistische Verfahren verzichtet, die insbesondere bei der Ergebnisinterpretation wie gezeigt wichtige Hilfestellungen leisten können. Dementsprechend müssen sich qualitative Verfahren auf andere Interpretationsmuster stützen, die im Fokus des nächsten Abschnitts stehen.

## 5.5 Dateninterpretation – vom Material zur Bewertung

Deutung des Sinngehalts

Beim Einsatz qualitativer Verfahren vermischen sich die beiden hier getrennt dargestellten Schritte der Datenauswertung und -interpretation. Während die statistische Analyse entsprechend nachvollziehbarer mathematischer Kriterien klare *technisch interpretierbare Ergebnisse* liefert, die dann allerdings nochmals inhaltlich bewertet werden müssen, stützt sich die qualitative Sozialforschung allein auf die Deutung des Sinngehalts der vorliegenden Informationen. Trotz der unterschiedlichen Verfahrensweisen zur Durchführung qualitativer Auswertungen können diese Vorgehensweisen keine eindeutig intersubjektiv verwertbaren Entscheidungsregeln bezüglich der Relevanz, der Stärke und der Richtung von Einflüssen bereitstellen. Im Gegenteil: bei der qualitativen Auswertung besteht immer die Gefahr, im Einzelfall vorgefundene oder durch Einzelpersonen beschriebene Zusammenhänge hinsichtlich ihrer Relevanz für die Gesamtheit der interessierenden Fälle zu überschätzen. Darüber hinaus kann der Forscher durch seine eigenen Forschungsarbeiten und -interessen „geblendet" werden und sich im Sinne einer „self-fulfilling prophecy" auf einen falschen Weg (selbst) verleiten lassen.

Diesen unbestreitbaren Nachteilen der qualitativen Forschung stehen aber ebenso eindeutige Vorteile gegenüber, die sich vor allem auf die tiefer gehende und weiter in die Untersuchungsmaterie eindringende Interpretation beziehen. Während in der quantitativen Sozialforschung manchmal zu mechanisch Signifikanzen getestet und Korrelationen ad hoc oder zumindest vorschnell inhaltlich interpretiert werden, widmet die qualitative Sozialforschung diesem Schritt des *Verstehens von Zusammenhängen und ihrer Sinndeutung* unter Anwendung geisteswissenschaftlicher Methoden und deren wissenschaftstheoretischen Grundlagen (vgl. hierzu vor allem Seiffert 2006) wesentlich mehr Aufmerksamkeit. Dies kann insbesondere mit Blick auf die Bewertung der Handlungsweisen einzelner Akteursgruppen und den daraus abzuleitenden Empfehlungen für eine Verbesserung dieser Interaktionen von Nutzen für Evaluationen sein.

Verstehen von Zusammenhängen

Gerade für eine rationale Bewertung ist ein solches nachvollziehendes Verstehen der vorgefundenen Handlungsabläufe unabdingbar notwendig, weil nur hierdurch eine *realitätsnahe Prozessbewertung* unter Berücksichtigung subjektiv wahrgenommener Handlungszwänge und -beschränkungen möglich ist. In dieser Hinsicht ist die interpretative Vorgehensweise bei begleitenden und ex-post Evaluationen gegenüber den in der Ökonomie favorisierten Bewertungsverfahren (wie z.B. der Multi-Criteria-Analysis) vorzuziehen, da sie nicht auf dem künstlichen Modell der rationalen Entscheidung basiert und abstrakte Quantifizierungen einzelner Entscheidungsalternativen vornimmt, sondern sich strikt am tatsächlichen Verlauf der Entscheidungsprozesse orientiert und irrationale Einflussfaktoren sowie Wahrnehmungsfehler bewusst bei der Rekonstruktion des Entscheidungsverhaltens berücksichtigt.

Realitätsnahe Prozessbewertung

Aus diesem Grund liegt in diesem Abschnitt das Augenmerk auf der inhaltlichen Interpretation vorliegender Daten und es werden verschiedene Techniken sowie die ihnen entsprechenden Regeln zur Durchführung einer solchen wissenschaftlich fundierten Interpretation vorgestellt. Gemeinsam ist – trotz aller Unterschiede im Detail – diesen Techniken vor allem der Ausgangspunkt des Prozesses. Ähnlich wie die „Zahlen“ bei der quantitativen Auswertung stellen *„Worte“ die Grundlage der Interpretation* dar: unabhängig vom gewählten Verfahren werden durch *Transkription* die erhobenen Informationen in einen *Text* übertragen, der dann mittels des Einsatzes bestimmter Techniken interpretiert wird.

Transkription in einen Text

## 5.5.1 Dateninterpretation als qualitativer Prozess

Die einzelnen Schritte bei der Dateninterpretation und die aus den Ergebnissen zu ziehenden Schlussfolgerungen sind allerdings zwischen den verschiedenen Autoren ebenso umstritten wie die Objekte einer Interpretation sowie deren Zielsetzung. Es gibt eine Reihe *unterschiedlicher theoretischer Ansätze* zur Grundlegung des interpretativen Schritts, die sich teilweise im Widerspruch oder zumindest im Wettstreit miteinander befinden. Wichtiger Streitpunkt ist dabei der „richtige“ Weg zur Interpretation, der intersubjektiv vergleichbare und qualitativ hochwertige Resultate liefern soll.

Theorien der Interpretation

Ähnlich wie „signifikant“ in der quantitativen Sozialforschung nicht unbedingt „richtig“ heißt, folgt aus der Einhaltung bestimmter Verfahrensweisen ebenfalls nicht unbedingt eine logisch korrekte Ableitung und Verknüpfung von beobachteten Ergebnissen mit einem dahinter stehenden, subjektiv von den Perspektiven der Betrachter beeinflussten „Sinn“. Wiederum muss primär durch die eingesetzte Methodik und die Einhaltung der ihr zugrundeliegenden allgemeingültigen Regeln die Qualität der Ergebnisse sichergestellt werden. Alfred Schütz nennt die bei einer wissenschaftlichen Analyse erforderlichen Interpretationsschritte „*Konstruktionen von Konstruktionen*“ (Schütz 1971: 68), welche ähnlich fehleranfällig sind wie die als Gegenstand sozialwissenschaftlicher Untersuchungen dienenden Interpretationen der Handelnden Personen in ihrem sozialen Umfeld selbst („Konstruktionen erster Ordnung“). Nur durch den gewissenhaften Einsatz von Interpretationstechniken hebt sich die wissenschaftliche Vorgehensweise von diesen Alltagsinterpretationen ab.

Alfred Schütz

Die meisten qualitativen Sozialforscher bezweifeln, dass es einen *„wahren Sinn“* einer Handlung oder einer Situation geben kann. Sie gehen davon aus, dass die Wirklichkeit letztlich nur in den verschiedenen Interpretationen der Beteiligten rekonstruiert werden kann. Die (soziale) Wirklichkeit ist das Produkt gesellschaftlicher Konstruktionen und das hierüber erworbene Wissen beeinflusst die Verhaltensweisen aller Gesellschaftsmitglieder in Alltagssituationen (vgl. hierzu vor allem Berger u. Luckmann 1999). Ein Objekt wird also z.B. erst dadurch zu einem „Tisch“, wenn sowohl der Produzent als auch der Verkäufer und die Nutzer eine bestimmte gesellschaftlich tradierte Vorstellung über die Bedeutung und den Nutzwert von „Tischen“ erworben haben und diese gemeinsam einem bestimmten Objekt zuschreiben. Einem Mitglied anderer Kulturen kann dagegen das Konzept „Tisch“ gänzlich unbekannt sein oder es kann mit dem spezifischen Objekt andere Konzepte (z.B. den „Stuhl“) in Verbindung bringen.

Interpretative Wirklichkeit

Hier setzt nun die *konstruktivistische Wissenschaftstheorie* an, die eine vollständig anders lautende Erkenntnislogik als die klassische, am naturwissen-

konstruktivistische Wissenschaftstheorie

schaftlichen Erkenntnisprozess orientierte „positivistische" Perspektive postuliert (vgl. als Überblick und Einführung z.B. Zielke 2007; Hibberd 2005; Gergen 2002). Wissen ist keine möglichst exakte Annährung an einen (imaginär vorhandenen) „wahren Wert" und es geht dementsprechend nicht darum, diese „tatsächliche", „objektive" und „stabile" Realität zu erkennen. Im Konstruktivismus ist die (soziale) Wirklichkeit kein statischer Zustand, sondern ein durch das interaktive Handeln der Menschen sowie deren interpretatives Wissen (re-)produzierter Prozess. Die Aufgabe der Wissenschaft ist es, diesen Prozess möglichst präzise nachzuvollziehen, seine Muster zu erkennen und entsprechende Schlussfolgerungen abzuleiten. Es bedarf also einer interpretativen Auswertungsmethodik, die nicht die Wahrheit des Ergebnisses sondern die Nachvollziehbarkeit des Interpretationsprozesses in den Vordergrund stellt.

Kriterien zur Auswahl von Interpretationsverfahren

Welche Anforderungen sind aus dieser Perspektive an eine solche *Interpretationsmethodik* zu stellen? Uwe Flick (2005: 313) hat in Form einer „Checkliste" zur Auswahl eines Interpretationsverfahrens neun Kriterien zusammengestellt:

| | |
|---|---|
| 1. Fragestellung | Kann das Interpretationsverfahren und seine Anwendung die wesentlichen Aspekte der Fragestellung erfassen? |
| 2. Interpretationsverfahren | Kann das Interpretationsverfahren entsprechend der methodischen Vorgaben und Zielsetzungen angewendet werden? |
| 3. Interpret | Kann der Interpret die Interpretationsform anwenden? |
| 4. Texte | Ist die Interpretationsform für die zu interpretierenden Texte geeignet? |
| 5. Erhebungsform | Entspricht die Interpretationsform dem erhobenen Material und der Methode der Erhebung? |
| 6. Spielraum für den Fall | Ist für den Fall und seine Besonderheit im Rahmen der Interpretation Raum gegeben? |
| 7. Interpretationsverlauf | Hat der Interpret die Interpretationsform realisiert? Hat er dem Material genügend Spielraum gelassen? Ist er mit seiner Rolle klargekommen? War der Umgang mit dem Text klar definiert? |
| 8. Auswertungsziel | Sollten klar umgrenzte Aussagen in ihrer Häufigkeitsverteilung oder komplexe, vielschichtige Muster und Kontexte untersucht werden? Wurde eine Theorieentwicklung oder eine Verteilung von Sichtweisen in sozialen Gruppen angestrebt? |
| 9. Anspruch auf Verallgemeinerung | Auf welcher Ebene sollten Aussagen gemacht werden: Über den Einzelfall, Gruppenbezogen oder allgemein gültige Aussagen? |

Quelle: Flick (2005: 313; leicht modifiziert und gekürzt)

Interpretationsverfahren und Evaluation

Mit Bezug auf die *Durchführung von Evaluationsstudien* lassen sich hinsichtlich dieser Kriterien leicht große Variationsmöglichkeiten und eine dementsprechende Bandbreite der Anforderungen an den Einsatz von Interpretationsverfahren erkennen. So differenzieren sich beispielsweise die *Fragestellungen* einer Evaluation schon allein aufgrund der zeitlichen Ausrichtung als ex-ante, on-going oder ex-post Evaluierung. Bei Interpretationen wird dabei eher der Schwerpunkt auf den potentiell von Experten erwarteten Risiken, den gegenwärtigen Konflikten der Beteiligten oder den in der Vergangenheit tatsächlich bewältigten Schwierigkeiten liegen und sich die einzusetzenden Techniken eher offen mit den emotional vorgetragenen Ängsten und Befürchtungen der Akteure oder mehr systematisch strukturierend mit den von Experten sachlich wiedergegebenen Problemfällen beschäftigen müssen. Ähnliches gilt auch für die Frage nach den *Interpreten*, die bei einer strikt partizipativ ausgerichteten Evaluierung vorrangig aus Laien hinsichtlich der einzusetzenden Interpretationstechniken bestehen werden, während eine wissenschaftlich orientierte Evaluation vermutlich auf methodisch versierte Experten hinsichtlich des Umgangs und Einsatzes der verwendeten Interpretationstechniken zurückgreifen kann – mit entsprechenden Implikationen für das Vorgehen bei der Interpretation und der Qualitätskontrolle sowie für die Handhabbarkeit der Techniken selbst.

Auswahl der Interpretationsverfahren

Es lässt sich also unschwer erkennen, dass es eine optimale und für alle Evaluationen geeignete Interpretationstechnik nicht geben kann und die in der Grundlagenforschung entwickelten Verfahren im Einzelfall mehr oder weniger geeignet sein können. Die *Entscheidung für eine bestimmte Vorgehensweise* ist deshalb bei Evaluationen im Vergleich zur sozialwissenschaftlichen Grundlagenforschung weniger von der theoretischen Position des Forschers und deutlich stärker von den kontextuellen Bedingungen des Forschungsprozesses (und dabei speziell den Vorgaben der Auftraggeber) abhängig. Im Unterschied zu quantitativen Verfahren, die sich unabhängig von den eingesetzten Erhebungs- und Auswertungsverfahren bezüglich der Ergebnisbewertung (zunächst) auf statistische Kriterien berufen können, stehen bei der qualitativen Vorgehensweise mit dem eingeschlagenen Interpretationsweg zumeist auch die Strategien zur Datenerhebung und -auswertung mit auf dem Prüfstand.

### 5.5.2 Arten von Interpretationsverfahren

Drei Arten von Interpretationsverfahren

Prinzipiell lassen sich drei grundsätzlich unterschiedliche *Arten von Interpretationsverfahren* bezüglich ihrer theoretischen Fundierung differenzieren (vgl. Abbildung 5.10). Im einfachsten Fall werden – vergleichbar den statistischen Klassifizierungsverfahren (insbesondere der Clusteranalyse) – einzelne Elemente aufgrund ihrer Ähnlichkeit Gruppen zugeordnet, die deutlich voneinander abweichen. Klassifizierungsziel ist die Bildung möglichst homogener Gruppen, deren typische Eigenschaften einzelne Elemente perfekt voneinander trennen sollen. Anders als bei einer an statistischen Distanzmaßen[83] orientierten Klassifikation erfolgt nun allerdings die Zuordnung nach inhaltlichen Merkmalen, die im Rahmen der Interpretation erst erschlossen werden müssen. Die *Kategorisierung* ist somit nicht das Ergebnis mathematischer Berechnungen, sondern einer inhaltlichen, an bestimmten erst noch zu explorierenden Kriterien orientierten Interpretation.

Kategorisierung

83 Zur Messung der Unterschiedlichkeit verschiedener Objekte werden Distanz- bzw. Ähnlichkeitsmaßzahlen berechnet. Die auf (zumeist) metrischen Skalen abgebildeten Abstände der Werte im mehrdimensionalen Raum werden in eine Distanzfunktion überführt (euklidische Abstände), die es bei der Klassifikation zu minimieren gilt. Die genaue Vorgehensweise ist abhängig von den verwendeten statistischen Verfahren. Bei Cluster- und Faktoranalysen kommt z.B. die Ward-Statistik zum Einsatz.

*Abbildung 5.10:* Übersicht Interpretative Methoden (Flick S. 311)

Übersicht der Interpretationsverfahren

| Verfahren | Beschreibung | Literatur |
|---|---|---|
| ***Kategorisierende Interpretationen*** | | |
| Kodierungen („Theoretisches Kodieren", „Thematisches Kodieren") | Systematische Textinterpretation durch Sinnverstehen und Ableitung der verwendeten Codes und des Kategoriensystems. | Böhm 2003; Hildenbrand 2003; Brüsemeister 2000: 189ff.; Strauss & Corbin 1996; Flick 1996 |
| Typologisierungen („Empirische begründete Typenbildung", „Globalauswertung") | Entwicklung von Kategorien und Typen anhand des vorliegenden Materials durch Identifizierung von Gemeinsamkeiten und Unterschieden (exploratives Vorgehen) | Ecarius & Schäffer 2008; Kluge 1999; Haas & Scheibelhofer 1998; Legewie 1994 |
| Gattungsanalyse („Konversationsanalyse", „Konsensanalyse") | Vergleichende Deutung kommunikativer Gattungen (typischer Muster, die sich im interaktiven Austausch gesellschaftlich verfestigt haben) | Hutchby & Wooffitt 2008; Ten Have 2007; Keppler-Seel 2006; Top 2006; Knoblauch & Luckmann 2003; Bergmann 2003 |
| ***Sprachwissenschaftliche Interpretationen*** | | |
| Narravistik („Narrative Analyse", „Oral history", „Action Research") | Theoretische fundierte Interpretation von Erzählsituationen (mit dem Ziel der Typologisierung) | Kohler-Riessman 2007; Reason & Bradbury 2007; Herman & Vervaeck 2005; Riley & Hawe 2005; Clandinin & Connelly 2004; Harrison 2002; Josselson & Lieblich 1993 |
| Semiotik („Funktionale Linguistik", „Diskursanalyse", „Exegese") | Ein Text wird als Zusammenhänge von Zeichen verstanden und Ziel der Analyse ist es herauszufinden, was die Zeichen für einen Textsinn wiedergeben. Mehrere Interpretationsmöglichkeiten sind theoretisch möglich. | Jacobsen 2008; Danesi 2007; Eco 2007, 2002; Schmauks 2007; Royce & Bowcher 2007; Young & Fitzgerald 2006; Parker 2003; Glucksberg 2001; Keller et al. 2001; Adam et al. 2000 |
| ***Hermeneutische Interpretationen*** | | |
| Hermeneutische Zirkel („symbolische Hermeneutik", „philosophische Hermeneutik") | Wiederholte Interpretation eines Textes als fortschreitende Annäherung an dessen Sinn (der Sinn ist ein Produkt des Autors). | Bauman 2010; Joisten 2008; Umlauf 2007; Gadamer 2007; Wiehl 2003 |
| Tiefenhermeneutik („psychoanalytische Kulturanalyse") | Szenische Interpretation der in Texten oder Bildern transportierten Lebensentwürfe (der Sinn ist ein Produkt des Rezipienten) | ~~König 2003, 1997~~ |
| Objektive Hermeneutik („analytische Hermeneutik", „sozialwissenschaftliche Hermeneutik") | Rekonstruktion des „latenten Sinns", d.h. des intersubjektiv geteilten Verständnis eines Textes. Entschlüsselung des „Strukturkerns" durch Untersuchung jeder einzelnen Sequenz (der Sinn ist Produkt der Gesellschaft bzw. der Interaktion) | Rittelmeyer & Parmentier 2007; Wernet 2006; Ronald 2004; Reichertz 2003; Soeffner 2003; Hitzler 1997; Oevermann et al. 1979 |
| Visuelle Analyse | Bildinterpretationen von Photographien, Videos, Filmen und anderer visueller Materialien zur Deutung von Bedeutung, Situation, Interaktion, Kommunikationsprozessen usw. unter Nutzung unterschiedlicher wissenschaftlicher Konzepte. | Reavey 2011 |

Empirisch begründete Typenbildung

Bei der *empirisch begründeten Typenbildung* (vgl. Kluge 1999) wird beispielsweise zunächst das vorhandene Material gesichtet und nach einer gemeinsamen Vergleichsdimension gesucht (Stufe 1). Im nächsten Schritt (Stufe 2) werden die

Einzelfälle anhand von Merkmalsähnlichkeiten auf dieser Vergleichsdimension gruppiert, wobei möglichst klar zu trennende Gruppen zu bilden sind. Beim dritten Schritt (Stufe 3) werden diese neu gebildeten Gruppen inhaltlich interpretiert, d.h. es wird nach dem Sinnzusammenhang der gemeinsam gruppierten Elemente gesucht, welcher diese von anderen Gruppen unterscheidet. Ziel der interpretativen Analyse ist es, im letzten Schritt (Stufe 4) zu einer Charakterisierung der einzelnen Gruppen als Typen mit spezifischen, klar zu identifizierenden gemeinsamen und von anderen Typen zu unterscheidenden Eigenschaften auf einer bestimmten Dimension (oder einer klar benannten Menge von Dimensionen) zu überführen (ein Anwendungsbeispiel, welches auch sehr anschaulich die Unterschiede im Erkenntnisgewinn zur Clusteranalyse deutlich macht, bieten Meyer u.a. 2002: 73ff. und 183ff.).

Sprachwissenschaftliche Interpretation

Den *sprachwissenschaftlich fundierten Interpretationen* ist gemeinsam, dass sie sich auf den Text sowie die mit diesem verbundenen sprachlichen Regeln und Strukturen beziehen und die Erkenntnisse der Linguistik zur Interpretation verwenden. Es geht weniger um die vergleichende Einordnung der Elemente als um die Zuordnung zu den sprachlich prägenden Merkmalen eines Textes. Dabei stehen nicht unbedingt der Sinn eines Textes im Vordergrund, sondern mehr seine symbolische Struktur und die zur Kommunikation verwendeten sprachlichen Hilfsmittel (Zeichen, Phonemen, Morphemen, Syntax, Semantik und Pragmatik, Wortschatz und Wortgebrauch, Euphemismen und Phrasen, Dialekte und Artikulationen etc). Dementsprechend ist bei der Transkription auf eine möglichst exakte Erfassung aller sprachlichen Feinheiten zu achten, was in der Regel nur durch den Einsatz von Aufnahmetechniken möglich ist (soweit es sich nicht um eine Analyse fertig verfasster Texte handelt).

Narrative Analyse

Insbesondere die *narrative Analyse* betont die Bedeutung auch der unbewusst eingesetzten sprachlichen Mittel für die Kommunikation und versucht deshalb, Sprechakte (und vor allem Erzählsituationen) möglichst präzise zu erfassen, detailliert zu analysieren und hinsichtlich sprachwissenschaftlicher Kriterien zu interpretieren (zum narrativen Erklärungsmodell siehe Abell 2004). Erkenntnisgewinne sollen sich dabei zum einen durch die Erfassung der kommunikativen Kompetenz (und den daraus eventuell resultierenden Kommunikationsstörungen) und zum anderen durch die Möglichkeiten einer Bewertung des interaktiven Austauschs zwischen verschiedenen Personen ergeben[84].

Hermeneutik

Im Unterschied zu den sprachwissenschaftlich orientierten Interpretationsverfahren hat sich die an der Erschließung des Sinnes interessierte *Hermeneutik* als Deutungslehre aus der Philosophie – und in Form der Bibelexegese aus den Religionswissenschaften – entwickelt und stellt bezüglich diesen Ursprungs vermutlich die älteste der hier beschriebenen Formen von Interpretationstechniken dar. Unterschiede zwischen den Ansätzen ergeben sich hier primär durch die Zuordnung der Quelle bei der Sinnproduktion. In der „klassischen", eher philosophisch und geisteswissenschaftlich ausgerichteten Hermeneutik ist der Verfasser einer Schrift (oder der Schöpfer eines Objektes) gleichzeitig auch

84 Zum Einsatz der narrativen Methode bei Evaluationen siehe z.B. Pottie u.a. 2008; Riley u. Hawe 2005; Mc Clintock 2004; Rhodes 1996; Mishler 1995; St. John 1985; speziell zur damit verbundenen ethischen Problematik Carson 2001.

der Produzent des Sinnes seines Produktes. Die Aufgabe der Wissenschaft ist es, den mehr oder weniger offen gelegten Sinn gemäß den Intentionen des Autors zu rekonstruieren und zu deuten. Der wissenschaftliche Diskurs entzündet sich dabei an den logischen Begründungen einer solchen Auslegung.

Tiefenhermeneutik

Die Perspektive der *Tiefenhermeneutik*, die aus der Psychoanalyse abgeleitet und z.B. in der Kunstwissenschaft Anwendung gefunden hat, dreht diese Sichtweise um und fragt nach den sinnstiftenden Wirkungen bei den Interpreten eines Textes oder Objektes. Es geht also um die Wahrnehmung und die damit verbundenen Assoziationen eines oder mehrerer Betrachter, Leser, Hörer etc. und um die Analyse der Gemeinsamkeiten oder Unterschiede in der Rezeption des Objektes.

Objektive Hermeneutik

Die sozialwissenschaftlich orientierte *„objektive Hermeneutik"* geht noch einen Schritt weiter und versteht den Sinn als Ergebnis der Kommunikation zwischen Produzent und Rezipient. Damit eine Verständigung überhaupt möglich wird, müssen gemeinsame Codes, Zeichen, Symbole etc. verwendet werden, die wiederum durch Gesellschaft und Kultur vermittelt worden sind. „Sinn" ist also Produkt der Gesellschaft und nicht des Autors oder des Rezipienten. Beide sind hinsichtlich ihrer Intentionen und Wahrnehmungen geprägt und abhängig von den sozialen Grundlagen ihrer gemeinsamen Sprache oder Perspektive bei der Betrachtung von Gegenständen. Diese Gemeinsamkeiten gilt es im Rahmen der „objektiven Hermeneutik" zu ergründen, wobei ein klar geregelter Ablaufplan eingehalten werden soll (Abbildung 5.11). Dabei wird stärker als in anderen Verfahren die Verknüpfung von Forschungsdesign, Erhebungsmethode, Auswertungstechnik und Interpretation deutlich.

Vorgehensweise der objektiven Hermeneutik

*Abbildung 5.11:* Vorgehensweise der objektiven Hermeneutik

1. Schritt: *Festlegung der Fragestellung* (Bestimmung der Analyseziele)
2. Schritt: *Grobanalyse der Rahmenbedingungen* (Feststellung der situativen Bedingungen und Handlungsprobleme)
3. Schritt: *Sequentielle Feinanalyse* (Zerlegung in einzelne, aufeinander bezogene konkrete Handlungen und separate, schrittweise Analyse der einzelnen Sequenzen)
4. Schritt: Herausarbeitung der *allgemeinen Struktur* (Gedankenexperimentelle Konstruktion aller denkbaren Handlungskontexte für eine konkrete Handlungssequenz und Schlussfolgerungen über die allgemeinen Struktureigenschaften des Kontextes)
5. Schritt: *Vergleich mit konkreten Kontextbedingungen* (Vergleich zwischen den allgemeinen Struktureigenschaften und den konkreten Kontextbedingungen)
6. Schritt: *Analyse der potentiellen Konsequenzen* (Ableitung möglicher Konsequenzen aus einer Handlungssequenz für die nächste)
7. Schritt: *Vergleich mit tatsächlichen Konsequenzen* (Vergleich des hypothetischen mit dem realen Handlungsablauf)
8. Schritt: *Strukturgeneralisierung* (Zusammenführung von Einzelergebnissen und Ableitung von allgemeinen, generelle Gültigkeit beanspruchenden Strukturhypothesen)

Quelle: Stockmann und Meyer 2006: 95.

Allerdings ist festzuhalten, dass keines der beschriebenen hermeneutischen Verfahren bisher innerhalb der Evaluationsforschung eine besondere Rolle gespielt hat. Hauptgrund hierfür ist der hohe Aufwand solcher Verfahren. Außerdem ist die hermeneutische Interpretation zumeist sehr subjektiv und deshalb vergleichsweise wenig verlässlich. Eine entsprechende interpersonelle Absicherung der Befunde ist schwierig und die hierfür notwendigen Maßnahmen werden offensichtlich selbst von vorrangig qualitativ arbeitenden Evaluatoren nicht verwendet.

### 5.5.3 Die analytische Bewertung

Analytische vs. Normative Bewertung

Generell gilt, dass mit der Interpretation eines Textes unabhängig von der hierzu verwendeten Methode zumindest implizit eine *Bewertung* verbunden ist. Jeder Leser eines Textes beurteilt dessen Inhalt, Sinn, Sprachstil, Form, Gestaltung usw. und bildet sich eine Meinung, ob ihm dieser Text gefallen hat oder nicht – dies gilt für das vorliegende Buch genauso wie für einen Kriminalroman und erfolgt auch unabhängig davon, ob es sich beim Leser um einen Laien, einen Studenten des Masterstudiengangs Evaluation oder um einen langjährigen Mitarbeiter einer Evaluationsabteilung handelt. Diese *normative Bewertung* eines Objektes ist eine „Geschmackfrage" des Lesers und kein Ergebnis wissenschaftlicher Methoden oder gar einer empirisch fundierten Evaluation.

Vier Eigenschaften analytischer Bewertung

Von normativen Einschätzungen unterscheidet sich eine *analytische Bewertung* grundsätzlich und auch unabhängig davon, ob qualitativen oder quantitativen Forschungslogiken gefolgt, standardisierte oder nicht-standardisierte Messinstrumente bei der Erhebung eingesetzt und schließlich Zahlen oder Texte analysiert und interpretiert werden (vgl. zur Differenzierung zwischen analytischer und normativer Bewertung Kapitel 2). Dem analytischen Bewertungsschritt einer empirischen Forschungsarbeit sind vier grundlegende Eigenschaften gemein (vgl. Meyer 2007c: 218ff.):

- Ein gemeinsames *Bewertungskriterium*, dem ausschließlich zufolgen ist, wurde zu Beginn des Bewertungsprozesses eindeutig definiert.
- Vor der Bewertung wurden *Objektmerkmale* (Schwellenwerte) bestimmt, die eine Zuordnung zu positiv bzw. negativ bewerteten Kategorien eindeutig regeln.
- Mit Hilfe eines nicht durch den Forscher oder Dritte manipulierbaren, klar geregelten *Verfahrens* erfolgt die Bewertung des Objektes.
- Diese Bewertung ist ausschließlich ein *Vergleich* zwischen den am Objekt mittels Verfahrens festgestellten Merkmalen (Messwerten) und den zuvor theoretisch bestimmten Objektmerkmalen (Schwellenwerten), welche die Zuweisung zu normativ bewerteten Kategorien unabhängig vom Einfluss des Forschers oder anderer Personen ausschließlich durch das verwendete Verfahren regeln.

Bewertungskriterien und Kategoriemerkmale

Die Interpretation von Daten mündet also dann in eine Bewertung, wenn vorab Bewertungskriterien und Kategoriemerkmale theoretisch festgelegt wurden, mit denen die empirisch festgestellten Merkmale im Rahmen eines streng geregelten Analyseverfahrens verglichen werden können. Ob etwas „gut" oder „schlecht" ist ergibt sich nicht durch das Bewertungsverfahren an sich oder gar die subjektive Betrachtung des Bewertenden, sondern durch die a priori erfolgte normative Bestimmung theoretischer Zuordnungskriterien (vgl. dazu die kritischen Anmerkungen von Kromrey 2007 zu einer solchen „wertneutralen" Vorgehensweise bei Evaluationen; allgemein zur Wertproblematik siehe House and Howe 1999).

Entscheidungstheoretisch fundierten Verfahren

Die „Kundenorientierung" der Evaluation darf deshalb auch nicht soweit gehen, dass die Evaluatoren den persönlichen Vorlieben der Auftraggeber oder der

Stakeholder folgen und die Bewertungskriterien entsprechend den (antizipierten) Einstellungen, Erwartungen und Hoffnungen gemäß willkürlich im Nachhinein verändert und angepasst werden. Die Aufgabe der Evaluation ist es, *Entscheidungen über Handlungsalternativen vorzubereiten*, nicht jedoch diese zu determinieren oder bereits getroffene Entscheidungen nachträglich zu legitimieren. Es gibt allerdings Unterschiede bezüglich der Umsetzung dieses Auftrags der Entscheidungsvorbereitung. Das Spektrum reicht von der einfachen Erarbeitung von Empfehlungen bis zu aufwendigen, *entscheidungstheoretisch fundierten Verfahren*[85] zur Auswahl von Handlungsalternativen. Einige dieser Verfahren sind sogar geeignet, den kompletten Prozess zur Bewertung mehrdimensionaler Entscheidungsprobleme in einer Mischung von qualitativen und quantitativen Verfahren zu steuern und im Rahmen einer *Multikriterienanalyse* die Wahl einer Handlungsalternative empirisch nahe zulegen.

Entscheidungen und Evaluation

Abgesehen von bestimmten, bereits angesprochenen methodischen Problemen, die mit diesen Verfahren verknüpft sind, ist allerdings festzuhalten, dass Auftraggeber sich nur sehr selten die Aufgabe des Entscheidens über ihre eigenen Maßnahmen, Projekte und Programme von Evaluatoren so weitgehend abnehmen lassen wollen. Die Evaluation sollte sich allein aufgrund ihrer wissenschaftlichen Basis auch nicht anmaßen, die Entscheidungsträger zu Vollziehungsgehilfen empirischer Befunde zu degradieren, die lediglich den festgestellten „richtigen" Weg zu folgen haben. Auf der anderen Seite darf sie sich aber auch nicht zum Sklaven der persönlichen Vorlieben und Einstellungen einzelner Interessengruppen machen und lediglich deren vorgefasste Meinungen unabhängig von den eigenen Resultaten als „richtig" bestätigen. Der Nutzwert einer Evaluation besteht gerade in dem ausgewogenen Verhältnis zu den Möglichkeiten und Grenzen der eigenen wissenschaftlichen Vorgehensweise und den damit verbundenen Interpretationen von Befunden. Diese müssen zwar einerseits genügend Spielraum für eine kritische Methodendiskussion geben, dürfen aber auch nicht zulassen, dass dieser als „Totschlagargument" gegen die Evaluation verwendet wird. Die gemeinsame Einbeziehung von Auftraggebern und Stakeholdern in die Bestimmung und Festlegung von Bewertungskriterien ist demnach nicht nur ein zentrales partizipatives Element sondern ebenso eine wichtige methodische Grundlage für die Akzeptanz des Bewertungsprozesses und der daraus resultierenden Handlungsempfehlungen (vgl. Kapitel 4.4). Spätestens hier wird deutlich, dass die Durchführung von Evaluationen mehr ist als eine möglichst präzise Umsetzung von Forschungsmethoden.

## 5.6 Zusammenfassung

Zusammenfassung der Vorgehensweise bei der Informationsgewinnung

Der Ausgangspunkt einer jeden Evaluation ist die Planung der Vorgehensweise und der Durchführung bis zur Abgabe des Endberichts. Zumeist wird ein solches *Evaluationsdesign* schon bei Ausschreibungen von den Auftraggebern eingefordert

85 Vgl. zur Entscheidungstheorie Holler u. Illing 2000; Eisenführ u. Weber 2003; speziell zur Multikriterienanalyse Munda 2004; Stagl 2004; Jansen u. Munda 1999.

und stellt die generelle Leitlinie der Zusammenarbeit dar. Wichtige Elemente dieses Evaluationsdesigns sind die Festlegung der Vorgehensweisen zur Gewinnung von Daten und Fakten zum Untersuchungsgegenstand und zur Beantwortung der Evaluationsfragen in einem *Untersuchungsdesign.* Im Unterschied zur Grundlagenforschung müssen bei der Entwicklung dieses Untersuchungsdesigns und der Bestimmung des Einsatzes von Forschungsmethoden zur Datenerhebung in Evaluationsstudien spezifische Restriktionen beachtet werden, nämlich die zur Verfügung stehende *Zeit*, die vorhandenen Daten und *Informationsbestände*, die Interessen und das *Handeln Dritter* bezüglich des Informationsgewinnungsprozesses sowie die *finanziellen Rahmenbedingungen* des Evaluationsauftrags.

Hinzu kommen allgemeine, auch die Grundlagenforschung betreffende Probleme und Störquellen, welche die Qualität der gewonnenen Informationen beeinflussen können und die adäquat kontrolliert werden müssen. Sie umfassen die mit dem Einsatz eines spezifischen Erhebungsverfahren untrennbar verbundenen Effekte der verwendeten *Messinstrumente*, der *Rahmenbedingungen der Messung* sowie der bei der Messung tangierten *Interessen des Informationsempfängers* und der *Informationsträger.* Durch den Einsatz verschiedener Erhebungsverfahren können die jeweiligen methodischen Schwächen im Untersuchungsdesign ausgeglichen werden.

Zusammenfassung der Vorgehensweise bei der Informationsbewertung

Schließlich ist mit der Gewinnung von Informationen der empirische Teil der Evaluationsdurchführung noch nicht abgeschlossen. Es muss zunächst eine Übertragung in auswertbare Zahlen oder Texte („*Codierung*") erfolgen, mit der eine *Komprimierung von Informationen* in Richtung verbunden ist. Das Ergebnis sind *standardisierte Codes* – z.B. in Form von statistischen Maßzahlen – welche dann zur *Identifizierung von Zusammenhängen* im Rahmen von Kausalanalysen genutzt werden können. Ein weiterer Schritt ist die *Verallgemeinerung* dieser am Einzelfall gewonnenen Ergebnisse, welche deren Nutzung für zukünftige Entscheidungen erst möglich macht. Analog zur Codierung muss dafür allerdings noch eine „Übersetzung" der Daten von der „Modelllogik" in die „Alltagspraxis" erfolgen, also eine *Interpretation der Ergebnisse* vor dem Hintergrund der interessierten Fragestellungen und dem konkreten Anwendungsfall. Die von einer Evaluation geforderte *Bewertung der Qualität* einer Intervention ist nur dann unabhängig von normativen Einflüssen unter analytischen Gesichtspunkten möglich, wenn vorab eine *Verständigung über Bewertungskriterien* erfolgt ist und deren *Schwellenwerte festgelegt* wurden sowie während der Durchführung die *Verfahrenslogik zur Datenerhebung, Zuordnung und Interpretation* streng und korrekt befolgt worden ist (vgl. Kapitel 4.3).

Die Berücksichtigung des *sozialen Prozesses der Evaluation* gehört ebenfalls zu den Elementen des Evaluationsdesigns. Dabei stellt das soziale Umfeld einer Evaluation zum einen eine wichtige Störgröße dar – wenn z.B. Manipulationsversuche auftreten – zum anderen aber auch eine wichtige Informationsbasis. Neben diesen eher technischen, die Informationsgewinnung beeinflussenden Faktoren gibt es aber auch noch andere wichtige Effekte der sozialen Umwelt, welche den Verlauf von Evaluationen prägen und letztlich die Erfüllung ihres Zwecks behindern oder fördern können. Auf einige der zentralen Akteure, die einen besonderen Einfluss auf die zu Beginn des Buchs geschilderten Zwecke der Evaluation ausüben, soll nun im letzten Kapitel des Buches exemplarisch eingegangen werden.

# 6. Evaluationsumfeld

## 6.1 Einleitung

Normative Einflüsse aus dem Umfeld einer Evaluation auf den Prozess der Informationsgewinnung sind – wie im vorangegangenen Kapitel gezeigt wurde – nicht vollständig zu vermeiden. Dies gilt selbstverständlich auch für den gesamten Evaluationsprozess. Auf eine Reihe von Effekten, die sich hieraus ergeben, wurde bereits an verschiedener Stelle eingegangen. Der gesellschaftliche Diskurs kann dabei, wie gezeigt, sowohl förderlich als auch hinderlich für die Durchführung von Evaluationen sein und er beeinflusst in erheblichem Maße die Chancen, inwieweit Evaluationen ihre Zwecke erfüllen können. In Diktaturen fehlen beispielsweise die Voraussetzungen, die eine rationale Steuerung von Gesellschaft überhaupt erst möglich machen: Ohne z.B. eine gewisse Kritikfähigkeit der Gesellschaft können Defizite nicht schonungslos aufgedeckt und Lösungsvorschläge bezüglich ihrer Wirksamkeit diskutiert werden.

Drei Zwecke der Evaluation

Eingangs wurde darauf hingewiesen, dass Evaluationen in modernen Gesellschaften primär drei Zwecken dienen: erstens sollen sie im Dienste der *gesellschaftlichen Aufklärung* zur Bewertung des Lösungsbeitrags politischer Programme und Projekte für gesellschaftliche Probleme beitragen, zweitens besteht ihre Aufgabe darin, als wesentliches Element *demokratischer Regierungsführung* zur Optimierung eben gerade dieser Problemlösung aktiv beizutragen, die schließlich drittens über eine durch Evaluationen *erhöhte Steuerungsfähigkeit* einzelner Maßnahme realisiert werden soll. Sie wird diese Zwecke nur dann erfüllen, wenn sie sich der Instrumentalisierung von Interessengruppen entziehen und auf Basis einer eigenen wissenschaftlichen Rationalität konstruktive Lösungsbeiträge erarbeiten kann.

Politische Institutionen

Damit Evaluation diese unabhängige Rolle im Rahmen moderner Demokratien erfüllt, sind *gesellschaftliche Institutionen* notwendig, die dauerhaft eine professionelle Untersuchung von Wirkungen politischer Programme und Strategien zur Sicherstellung einer politikunabhängigen Aufklärung gewährleisten. Von zentraler Bedeutung sind dabei zunächst die politischen Institutionen der Demokratie, welche über das Prinzip der Gewaltenteilung Missbrauch verhindern und einen den Intentionen der Bevölkerungsmehrheit entsprechenden Mitteleinsatz gewährleisten sollen. So überwacht beispielsweise das Parlament mittels seiner Kontrollausschüsse und in den Plenarsitzungen die Entscheidungen der Regierung, wobei der Opposition eine besondere Aufsichtsrolle zukommt. Darüber hinaus gewährleisten die eigenständigen Entscheidungslogiken des Rechtssystems und des Verwaltungsapparats sowie deren Unabhängigkeit von den Organen der Legislative eine weitgehende Absicherung des politischen Handelns in Demokratien. Organisationen wie beispielsweise der Bundesrechnungshof kontrollieren entsprechend festgelegter Vorgaben die Umsetzung parlamentarischer Entscheidungen und melden Unregelmäßigkeiten an die Aufsichtsgremien und parlamentarischen Kontrollausschüsse. Evaluationen, die zumeist von Ministerien oder anderen Akteuren innerhalb des politischen Systems in Auftrag gegeben und von unabhängigen wissenschaftlichen Organisationen durchgeführt werden, erfüllen mittlerweile eine wichtige Funktion im Gefüge dieser auf Umsetzung des Bürgerwillens, Interessensausgleich und rationaler Steuerung ausgerichteten Institutionen des politischen Systems.

Aus diesen Gründen standen bisher die staatlichen Organe im Fokus der Darstellung. An dieser Stelle soll nun ergänzend der Blick über das politische System hinaus gerichtet und das *Verhältnis anderer, nicht-staatlicher Akteure zu den zumeist von staatlichen Einrichtungen in Auftrag gegebenen Evaluationen* beleuchtet werden. Die wachsende Komplexität moderner Gesellschaften führt zu einem Rückgang der staatlichen Steuerungskompetenz und macht zunehmend die Einbindung von Privatorganisationen und Interessenvertretungen in den Prozess der politischen Steuerung notwendig. Heutzutage werden durch Entscheidungen innerhalb des politischen Systems primär Rahmenbedingungen festgelegt, wobei das Handeln der gesellschaftlichen Akteure über Anreize und Förderprogramme zu beeinflussen versucht wird. Immer öfter werden dabei zivilgesellschaftliche Organisationen als Vermittler mit eingebunden und dementsprechend bedeutet die Evaluation der Wirkungen solcher Maßnahmen zugleich auch eine Überprüfung der Unterstützungsleistung durch die zivilgesellschaftlichen Akteure.

Verhältnis staatlich beauftragter Evaluationen zu nicht-staatlichen Akteuren

Die Zivilgesellschaft versteht sich jedoch andererseits als kritischer Begleiter staatlichen Handelns, welcher sich von den bestehenden staatlichen Aktivitäten und Organen mehr oder weniger stark distanziert und die über moderne Massenmedien geschaffene *Öffentlichkeit* als ihre zentrale Plattform zur Darstellung eigener Positionen nutzt. Wie bereits erwähnt ist diese Öffentlichkeit keineswegs ein unproblematischer Verbündeter der Evaluation und Ähnliches gilt auch für die zivilgesellschaftlichen Akteure. Die Ausführungen von Kapitel 6.2 beschäftigen sich speziell mit dem Verhältnis von Evaluation zu den verschiedenen Akteuren, die Öffentlichkeit reproduzieren und zum Austausch über die politische Steuerung sowie deren Wirkungen nutzen.

Öffentlichkeit

Damit Evaluationen einen Beitrag zur *demokratischen Regierungsführung* leisten können, ist nicht nur deren Einbindung in die bestehenden gesellschaftlichen Institutionen, sondern auch innerhalb der diese Institutionen tragenden Organisationen notwendig. Dies gilt zum einen speziell für die Ministerien und ihre nachgeordneten Behörden, die mit der Umsetzung politischer Programme und Projekte betraut sind und damit unmittelbar die Steuerungsverantwortung zu übernehmen haben. Angesichts der Erweiterung dieser Steuerungsverantwortung in „good governance“ Konzepten sind hierzu aber immer mehr auch weitere, zumeist gemeinnützige, Organisationen und im Zuge des „public private partnerships“ sogar Privatunternehmen zu zählen. Dementsprechend betrifft die Durchführung von Evaluationen eine immer größere Bandbreite von Akteuren mit unterschiedlichen Interessenkonstellationen. Dieser Aspekt lässt sich aus

Governance: Differenzierung der Steuerungsverantwortung

zwei unterschiedlichen Perspektiven beleuchten, nämlich dem Innen- oder dem Außenverhältnis von Organisationen.

Moderne Gesellschaften sind primär Organisationsgesellschaften und die an demokratischer Regierungsführung und deren Evaluation beteiligten Akteure sind nur in sehr seltenen Ausnahmefällen Einzelpersonen. Dementsprechend betrifft die Durchführung einer Evaluation immer auch Organisationen und hat *Auswirkungen auf innerorganisatorische Aktivitäten und Abläufe*. Kapitel 6.3 stellt allgemein die Einbindung von Evaluationen innerhalb von Organisationen in den Vordergrund und hebt dabei drei potentielle Konfliktfelder hervor. Zu einem geht es um die Unterstützung der Evaluation durch die an einer Organisation beteiligten Personen, wobei die unterschiedlichen Formen der Einbindung der Individuen durch *Mitgliedschaftsverhältnisse* einen direkten oder indirekten Einfluss auf Verlauf und Nutzung der Evaluation gewinnen können. Neben diesem eher informellen und in manchen Fällen emotional aufgeladenen Aspekt spielen die innerhalb einer Organisation implementierten *Kommunikationsstrukturen* zwischen den verschiedenen Hierarchieebenen eine besondere Rolle. Sie können für eine Evaluation sowohl Barrieren als auch Brücken darstellen, worauf in der gebotenen Kürze eingegangen werden soll. Während die Informationsvermittlung für die Generierung und Weitergabe von Wissen von zentraler Bedeutung ist und damit die Qualität einer Evaluation sowie die Nutzung ihrer Ergebnisse wesentlich beeinflusst, hebt die Frage der formellen Anordnung von Evaluationseinheiten innerhalb einer Organisation die Frage der Unabhängigkeit und Durchsetzungsfähigkeit von Evaluationsinteressen hervor. Hier geht es vor allem darum, ob innerhalb einer Organisation die Interessen der Evaluation gegenüber anderen Partikularinteressen durchgesetzt werden können oder die Evaluation sich strategischen Überlegungen Dritter innerhalb der Organisation beugen muss.

Auswirkungen auf die inner-organisatorischen Abläufe

drei Konfliktfelder

Schließlich soll noch auf vielfältigen Akteurskonstellationen im Außenverhältnis von Organisationen eingegangen werden. Insbesondere in Programmen und Projekten, die angesichts der zunehmenden Arbeitsteilung zwischen staatlichen und nicht-staatlichen Organisationen in der Durchführungsverantwortung immer komplexere Akteurskonstellationen umfassen, wird die Sicherstellung von Qualität in der Evaluation zunehmend schwieriger. Aufgrund des wesentlichen Einflusses dieser Stakeholder, also der an einem Programm oder Projekt beteiligten oder von dessen Wirkungen betroffenen Akteure, auf die Durchführung von Evaluationen soll dieser Begriff und die damit verbundenen unterschiedlichen Interessenlagen der an einem Programm oder Projekt beteiligten Personen und Organisationen in seiner Breite etwas näher beleuchtet werden. Hierauf liegt der Fokus von Kapitel 6.4, der somit den partizipativen Aspekt von Evaluation in den Vordergrund stellt.

Auswirkungen auf Akteurs-konstellationen (Stakeholder)

## 6.2 Evaluation und Öffentlichkeit

Wie bereits in Kapitel 1 ausgeführt sind Evaluationen ein wichtiges Element der Moderne und ein notwendiger Beitrag zur Gewährleistung der Rationalität politischer Steuerung. Auf der *Akteursebene* sind moderne Gesellschaften im Wesent-

Pluralität als Kennzeichen der Moderne

lichen gekennzeichnet durch ihre *Pluralität*, d.h. die Vielfalt unterschiedlicher Lebensstile welche in einer offenen Gesellschaft friedlich nebeneinander gelebt werden können (vgl. Beck 1986; Popper 1992). Dementsprechend ist für moderne Gesellschaften vor allem der Austausch verschiedener Standpunkte mit dem Ziel eines Interessensausgleichs charakterisierend. Zentrale Institution hierbei ist die *„Öffentlichkeit"*, welche sozusagen die Bühne der gesellschaftlichen Kommunikation darstellt.

Bürgerbeteiligung als Steuerungselement

Mit Blick auf die *politische Steuerung* wird vor allem das Element der *Bürgerbeteiligung* in den Vordergrund gehoben, die weit über die reine Wahlbeteiligung hinausgeht und die aktive Mitgestaltung moderner Gesellschaft durch deren Mitglieder betont (vgl. Holtkamp 2006). Neben dem Staat, der als politisch auf Zeit legitimierter Vertreter der Bürger primär die Steuerungsaufgabe zu bewältigen hat, kennzeichnen moderne Gesellschaften somit zusätzliche Institutionen zur partizipativen Einbindung der Bürger in diesen gesellschaftlichen Gestaltungsprozess. Dies sind zunächst die politischen Parteien, deren wichtigste Aufgabe die Mobilisierung innerhalb des politischen Systems ist. Im Unterschied zu den Parteien geht es der *„Zivilgesellschaft"* nicht um die legale Übernahme der Verantwortung für staatliches Handeln, sondern um eine vom Staat unabhängige Organisation von Bürgerinteressen zur gesellschaftlichen Steuerung.

Öffentlichkeit und Zivilgesellschaft

„Öffentlichkeit" und „Zivilgesellschaft" sind die zentralen Adressaten von Evaluation wenn es um die Frage der *gesellschaftlichen Aufklärung* und damit die Überwachung der Wirksamkeit staatlichen Handelns geht.[86] Wie in Kapitel 1.1.1 dargelegt, steht bei der gesellschaftlichen Aufklärung die Herstellung von Transparenz der Steuerung durch staatliche Einrichtungen im Vordergrund. Einerseits soll der öffentliche Diskurs über Werte und Zielsetzungen befördert, andererseits aber auch die Einbindung zivilgesellschaftlicher Aktivitäten zur Verbesserung der Problemlösungskompetenz bei den dringendsten gesellschaftlichen Fragen ermöglicht werden.

Während *Zivilgesellschaft* auf die *aktive und selbst bestimmte Beteiligung von Individuen*[87] abhebt und hier Evaluation als Teil der gesellschaftlichen Aufklärung die Planung und Vorbereitung konkreter Maßnahmen unterstützt, bezieht sich *„Öffentlichkeit"*[88] auf einen *Raum*, in dem *politische Kommunikation* statt-

86 Dies bedeutet natürlich nicht, dass die eingangs geschilderten Institutionen des politischen Systems kein Interesse an (Wirkungs-)Evaluationen haben oder diese ausschließlich als Legitimierungsinstanz verstehen. Im Gegenteil sind die staatlichen Organe – insbesondere die Ministerien und deren Behörden – die häufigsten Auftraggeber von Evaluationen und die Wirkungsdiskussion wird sehr wesentlich durch sie geprägt.

87 Die Zivilgesellschaft stellt somit denjenigen Teil einer Gesellschaft dar, der sich aktiv und selbst bestimmt an deren Steuerung außerhalb des politischen Systems beteiligt. Personen, die diesen Beitrag nicht oder nur dank staatlicher Zwangsmaßnahmen erbringen, sind demzufolge nicht zur Zivilgesellschaft zu zählen. Entsprechend dieser sehr allgemeinen Definition ist Zivilgesellschaft keine stabile und dauerhaft abgrenzbare Teilmenge einer Gesellschaft sondern zeichnet sich im Gegenteil durch ein hohes Maß von Mobilität und Veränderung der Beteiligungsbereitschaft sowie der Beteiligungsformen aus (vgl. z.B. White 2004; Cohen u. Arato 1992; Seligman 1992; Wood 1990; Gramsci 1976).

88 Vgl. zum Öffentlichkeitsbegriff besonders Neidhardt 1994: 7; andere Begriffsbestimmungen und konzeptionelle Fassungen der Institution „Öffentlichkeit" finden sich beispiels-

finden soll und für den Evaluationen lediglich zusätzliche Informationen als Diskussionsgrundlage bereitstellen kann.

Massenmedien

In den modernen Gesellschaften dominieren mittlerweile (Massen-)Medien diesen Kommunikationsraum und im Rahmen eines *gesteuerten Vermittlungsprozesses* fungieren Journalisten, Redakteure, Reporter, Editoren, Lektoren usw. als spezialisierte „Makler" von Informationen und Meinungen, die sie über spezifische *Medien* (z.B. Fernsehen, Rundfunk, Presse, Fachzeitschriften, Konferenzen usw.) einer möglichst großen Zahl von Menschen übermitteln (vgl. Meyer 2000). Die von diesen *„Informationsmaklern"* verbreiteten Informationen werden in der Regel wiederum von professionellen Pressebüros oder sonstigen Medienspezialisten innerhalb von Organisationen bereitgestellt bzw. erfasst und mediengerecht aufbereitet. Die Produzenten von Informationen bedienen sich also selbst wieder Spezialisten, denen die besonderen „Spielregeln" der *Öffentlichkeitsarbeit* bekannt sind.

Suche nach dem Besonderen

Diese „Spielregeln" ergeben sich allerdings zum großen Teil auch durch das Informationsinteresse der Rezipienten. Den Massenmedien wird häufig vorgeworfen, bewusst Dinge zu skandalisieren und zu überspitzen, ja sogar selbst Sensationen, Gerüchte oder boshafte Unterstellungen zur *„Meinungsmache"* zu erfinden. In der Tat führt der Wettbewerb um die „Gunst des Publikums", also die einseitige Orientierung an Einschaltquoten und Auflagezahlen, zur Suche nach der besonders interessanten Nachricht, die keiner der Konkurrenten anbieten kann (zum Einfluss der Medien auf Politik und Zivilgesellschaft siehe Beyme 1994; vgl. auch Kepplinger 2006).

Skandalisierung von Evaluationsergebnissen

Soweit Evaluationen solch „Sensationelles" bieten, d.h. nicht erwartete Befunde von hohem öffentlichem Interesse, werden sie auch in Massenmedien rezipiert. Die regelmäßige Bereitstellung von sachlich verfassten und fachlich gut belegten Berichten findet dagegen kaum Aufmerksamkeit bei den öffentlichen Informationsmaklern (siehe hierzu Kapitel 1.3). Erst wenn diese z.B. den Skandal einer „Mittelverschwendung" wittern oder gar ein Korruptionsverdacht vorliegt, werden die Medienvertreter auf Evaluationsergebnisse aufmerksam und von sich aus aktiv. Letztlich sind aber weniger die Makler als die Abnehmer der Information für dieses Verhalten verantwortlich zu machen: die große Mehrheit der Menschen ist eher bereit, für „sensationelle" Informationen als für sachlich und fachlich gute Beiträge ihr Geld zu investieren.

Wer also die breite Öffentlichkeit über Massenmedien erreichen möchte, der hat bessere Chancen, wenn er seinen Informationen zumindest den Anschein des Sensationellen geben kann oder gar selbst bestimmte Dinge skandalisiert. Evaluationen haben hiermit gleich mehrere Probleme:

Probleme der medialen Vermarktung von Evaluation

(1) So fordern die Fairnessstandards einen *respektvollen Umgang* mit den Informationsquellen (insbesondere die strikte Einhaltung des Datenschutzes) sowie eine neutrale, sachlich abwägende Darstellung von Informationen ein (vgl. Kapitel 4.4.3) – also genau das Gegenteil von dem, was für Informationsmakler besonders interessant ist.

---

weise bei Imhof 2006; Jarren u. Donges 2006, 2004; Habermas 2001; Goffman 1999; Sennett 1998; Peters 1994.

(2) Die Informationsmakler möchten häufig genau diejenigen Informationen bekommen, die auf der anderen Seite die Auftraggeber (oder andere Stakeholdergruppen) nicht veröffentlicht sehen wollen. Evaluatoren geraten dann in einen *Interessenskonflikt*, der sicherlich in aller Regel zugunsten des Auftraggebers entschieden werden wird. Genau dieses wird aber von Vertretern der Massenmedien antizipiert und Evaluatoren können so schnell der bewussten „Schönfärberei" ihrer Befunde bezichtigt werden.

(3) Der *Nutzwert* von Veröffentlichungen (zumindest im Rahmen von Massenpublikationen) wird häufig stark überschätzt. Zwar lassen sich über Massenmedien in kurzer Zeit sehr viele Leute erreichen, die Nachhaltigkeit eines solchen Informationstransfers ist – wieder in Abhängigkeit vom Sensationscharakter der Nachricht – allerdings eher gering. Für Evaluationen bedeutet dies, dass selbst wenn die Massenmedien erreicht werden, die Botschaft häufig in der Wahrnehmung der Empfänger für eine Speicherung nicht wichtig genug ist. Ob über Massenmedien mit Hilfe eines nüchternen Fachgebiets wie der Evaluation eine breite Aufklärung möglich ist, kann zumindest in Zweifel gezogen werden. Wenn, dann gelingt dies vermutlich am ehesten in einem politisch brisanten oder hoch aktuellen Bereich (wie z.B. bei der PISA-Studie, vgl. hierzu Kapitel 1.3).

Zusammenarbeit mit Massenmedien

Wenn Evaluation zur gesellschaftlichen Aufklärung beitragen soll, kommt sie ohne *Zusammenarbeit mit den Medien* kaum aus. Eine Voraussetzung für eine Zusammenarbeit besteht natürlich darin, dass die *Auftraggeber* von Evaluationen überhaupt damit einverstanden sind, Evaluationsergebnisse einer fachlichen oder breiten Öffentlichkeit bekannt zu machen. Häufig werden in Evaluationskontrakten Klauseln eingebaut, die eine Weitergabe der Ergebnisse verbieten oder zumindest reglementieren. In manchen Fällen geschieht dies, weil sich die Auftraggeber das Recht vorbehalten möchten, die Ergebnisse der von ihnen finanzierten Evaluationsstudien selbst medienwirksam zu verbreiten. Viele größere Organisationen (und natürlich die Ministerien und nachgeordneten Behörden) verfügen über eigene Pressestellen, die in der Lage sind diese so zu platzieren, dass sie unter den aufgezeigten Rahmenbedingungen der Massenmedien eine möglichst hohe Aufmerksamkeit erzielen.

Positiv- vs. Negativauswahl

Doch auch in diesem Fall werden Evaluationsergebnisse gefiltert und können so aufbereitet werden, dass in der Öffentlichkeit ein besonders positives Bild entsteht. Auf diese in der „Verwertungsphase" einer Evaluation laufenden Prozesse können die Evaluatoren kaum mehr Einfluss nehmen. Wenn Evaluationsberichte nicht in Gänze veröffentlicht, sondern nur als Steinbruch für eine *Positivauswahl* für Pressemeldungen oder Selbstdarstellungen in Hochglanzbroschüren dienen, dann ist damit der gesellschaftlichen Aufklärung genauso wenig gedient wie mit einer *Negativauswahl* durch die Medien, die sich von einem Skandalbericht mehr Aufmerksamkeit versprechen als von einer differenzierten aber langweiligen „Sowohl-als-auch-Meldung".

Neben diesen direkten Effekten, die sich aus der Interaktion zwischen Massenmedien und Evaluation ergeben, sind noch eine Reihe indirekter, über die *Zivilgesellschaft* weitergeleitete Wirkungen anzunehmen. Viele zivilgesellschaftliche Organisationen verstehen sich als *kritische Beobachter des Staates* und sei-

Verhältnis Staat und Zivilgesellschaft

ner Aktivitäten. Der *Staat* als zentrale Steuerungsinstanz (und zumeist auch Auftraggeber von Evaluationen) stellt generell den Ankerpunkt und Fokus zivilgesellschaftlicher Beteiligung dar. Dabei kann von einer Art *Symbiose zwischen demokratischem Staat und Zivilgesellschaft* ausgegangen werden: „only in a democratic state will the intrinsically diverse civil society find its necessary unity. ... On the other hand, it is civil society that shapes the constitutional state governance by the rule of law, fills it with life, lends it dynamism and forces it to account for its actions" (Kocka 2002: 30).

Zivilgesellschaftliches Engagement als Kritik staatlicher Steuerung

Trotzdem sehen viele zivilgesellschaftliche Gruppierungen den Staat in erster Linie als „Feind" oder zumindest als Adressat ihrer politischen Forderungen, die beim Staat durchgesetzt werden müssen. In diesem Sinne ist die Herausbildung zivilgesellschaftlicher Strukturen als *Kritik der bestehenden Steuerungs- und Problemlösungskompetenz* zu verstehen. Aus Sicht des demokratischen politischen Systems erhält somit die Zivilgesellschaft die Funktion, auf Steuerungsdefizite hinzuweisen, durch eigene Aktivitäten alternative Lösungsvorschläge zu erarbeiten und diese im gesellschaftlichen Diskurs aktiv zu vertreten.

Sowohl die Massenmedien als auch die Evaluation und ihre Ergebnisse können von zivilgesellschaftlichen Gruppierungen für diese Kritik instrumentalisiert werden. Häufig sind es gerade die *medienwirksamen Kampagnen und Maßnahmen* zivilgesellschaftlicher Organisationen, die bestimmte Missstände skandalisieren oder sie zumindest ins Licht der Öffentlichkeit rücken. Evaluationsergebnisse können auf diesem Weg tatsächlich sinnvoll zur gesellschaftlichen Aufklärung führen, sie können aber auch missbraucht und karikiert werden. Umgekehrt müssen gerade zivilgesellschaftliche Organisationen auch fürchten, dass eine Kritik an ihren eigenen Tätigkeiten von Seiten einer Evaluation zu Imageschädigungen und einem Glaubwürdigkeitsverlust führen könnten (vgl. hierzu Kapitel 6.4).

„schweigende Mehrheit"

Neben den Akteuren der Zivilgesellschaft, des politischen Systems und der Vermittlung öffentlicher Kommunikation kommt noch einer weiteren Gruppe eine tragende Rolle zu: der *„schweigenden Mehrheit"*, d.h. den sich nicht aktiv am politischen Diskurs beteiligenden Personen. In einer Gesellschaft, die Entscheidungen entsprechend des Mehrheitsprinzips trifft, sind dies die eigentlich Mächtigen. Dementsprechend „buhlen" nicht nur Regierung und staatliche Organe, sondern auch die anderen Akteure des politischen Systems und die Zivilgesellschaft um die Zustimmung und (passive) Unterstützung dieses Personenkreises. Dies kann wiederum durch die Instrumentalisierung von Evaluationen und Evaluationsbefunden geschehen.

Evaluation als öffentliche Überwachung der Steuerungswirkungen

Zusammenfassend ist festzuhalten, dass mit wissenschaftlichen Methoden und Verfahren gewonnene Evaluationsergebnisse sowohl dem Staat als auch der Zivilgesellschaft Mittel zur *Überwachung von Steuerungswirkungen* politischer Programme an die Hand geben. Der Aufklärung dient Evaluation allerdings nur dann, wenn alle zentralen Akteure *eine Kultur des gemeinsamen Lernens über Steuerungswirkungen* anstreben und zu verwirklichen suchen (vgl. Chelimsky 2006). Fehlt eine solche Kultur bedeutet dies, dass eine oder mehrere Gruppen aus ihrer immanenten Systemlogik ausbrechen und den Mut haben müssten, den gängigen Prinzipien und Normen widersprechend zu handeln. Nur durch ein solches abweichendes Verhalten könnten dann z.B. „Schweigekartelle" aufgebrochen und illegale Praktiken aufgedeckt werden.

Barrieren für gesellschaftliches Lernen

Der Preis hierfür wäre hoch und vielfach zu hoch: So müsste etwa der *Evaluator* in vollstem Vertrauen in die Integrität und Verantwortlichkeit aller Beteiligten Informationen an die Öffentlichkeit weitergeben, die missbraucht werden könnten. Die *staatlichen Instanzen* müssten sich ungeachtet aller Folgen für die eigene Regierungsverantwortung einer schonungslosen Kritik im gleißenden Licht der Öffentlichkeit stellen. Die *Zivilgesellschaft* müsste bereit sein, entgegen den eigenen Interessen die Ergebnisse von Evaluationsstudien hinzunehmen, selbst wenn diese ihren politischen Zielsetzungen widersprächen. Die *Informationsvermittler* schließlich müssten bereit sein, selbst schwer in der Öffentlichkeit darstellbare Gegenstände aufzugreifen und entsprechend der Inhalte sachlich darzustellen. Sie müssen dabei manchmal etwas sehr schwer vermittelbares leicht verständlich weiterleiten. Diese teilweise recht utopischen Anforderungen verdeutlichen, warum die Aufklärungsfunktion im Vergleich zu den anderen Funktionen nicht nur in Deutschland weniger gut etabliert ist.

## 6.3 Evaluation und Organisationen

Organisationsgesellschaften

In den bisherigen Ausführungen zu Zivilgesellschaft und Öffentlichkeit wurde die Tatsache vernachlässigt, dass nicht der einzelne Bürger sondern Organisationen die zentralen Akteure dieser Institutionen sind. Moderne Gesellschaften sind primär „*Organisationsgesellschaften*" (vgl. als Überblick Abraham u. Büschges 2004: 29ff.; zur Theorie siehe Presthus 1979), in denen kollektive Einheiten (Parteien, Verbände, Vereine, Genossenschaften und andere Formen von Interessengemeinschaften) die Vermittlung von Individualinteressen an die Entscheidungsgremien übernehmen. Dies betrifft sowohl das politische System und seine Organe zur gesellschaftlichen Steuerung als auch die Zivilgesellschaft von den politischen Interessenvertretungen bis zu den ehrenamtlichen Unterstützungseinrichtungen sowie die Vermittlungsinstanzen der Öffentlichkeit in den Massen- und Fachmedien. Auch Evaluationen werden nicht von Einzelpersonen in Auftrag gegeben (und auch eher selten allein von Einzelpersonen durchgeführt), sondern erfolgen auf Veranlassung und im Interesse von Organisationen.

Nonprofit-Organisationen

Eine Gemeinsamkeit der staatlichen und zivilgesellschaftlichen Organisationen besteht darin, dass sie nicht nach Gewinn streben, sondern das Allgemeinwohl mehren möchten. Sie sind also *Nonprofit-Organisationen*, die sich aufgrund der fehlenden Gewinnorientierung, der mangelnden Wettbewerbsausrichtung und einem besonderen „Kunden"-Verhältnis (der „Kunde" hat bei staatlichen Einrichtungen häufig einen Rechtsanspruch auf Leistungen, Mitglieder zivilgesellschaftlicher Organisationen verpflichten sich mehr oder weniger selbst zur Beteiligung) von Privatunternehmen, aber auch von den allein am Staatsauftrag orientierten und zu entsprechenden Leistungen gegenüber dem Bürger verpflichteten Verwaltungsbehörden unterscheiden.

Organisationen als zentrale Handlungseinheit moderner Gesellschaften stellen seit Beginn in allen sozialwissenschaftlichen Disziplinen einen wichtigen Untersuchungsgegenstand dar und die Vielfalt unterschiedlicher Organisationstheorien ist nahezu unüberschaubar (vgl. z.B. Abraham u. Büschges 2004; Kieser 2002; ). Dies gilt auch für die Begriffsbestimmung, wobei die nachfolgende aufgrund ihrer Allgemeinheit vermutlich auf vergleichsweite große Akzeptanz stoßen dürfte: *„Als Organisation wird ein kollektives oder korporatives soziales System bezeichnet, das vor allem Koordinations- und Kooperationsprobleme lösen soll. Es gibt die Organisation kennzeichnende Ziele, es sind Mitglieder der Organisation vorhanden, es gibt ein Innenverhältnis, das sich durch eine Mischung aus formalisierten und informellen Handlungen und Strukturen auszeichnet, und es bestehen Außenverhältnisse zu anderen Organisationen sowie Anpassungs- und Austauschbeziehungen mit einer vielfältigen Umwelt.“* (Allmendinger u. Hinz 2002: 10f.).

Definition von Organisation

Organisationen stellen dementsprechend wichtige Objekte für Evaluationen dar, weil sie zum einen *Träger* von Programmen, Projekten, Strategien, Policies o.Ä. und damit unmittelbar für die Durchführung verantwortlich sind. Zum anderen sind sie in dieser Rolle von den Wirkungen dieser Aktivitäten unmittelbar (z.B. durch die Nutzung eigener Ressourcen oder die Verwaltung für die Projektdurchführung eingeworbener Drittmittel) und mittelbar (z.B. durch die öffentliche Wahrnehmung der Projektverantwortung oder die mit Hilfe der Förderungen erzielten Effekten bei den Zielgruppen) betroffen (zur Rolle von Organisationen in einem Modell zur Wirkungsevaluation siehe Kapitel 2.3; die ausführliche organisationstheoretisch fundierte Ableitung findet sich in Stockmann 2006: 112ff. und mit Anwendungsbezug auf Berufsbildungsorganisationen in Stockmann 1996).

Organisationen als Projektträger

Generell lassen sich *fünf Elemente zur Kennzeichnung von Organisationen* hervorheben, die zugleich Ansatzpunkt für Organisationsanalysen und Evaluationsstudien darstellen. Es handelt sich um das Zielsystem der Organisation (und damit deren Existenzberechtigung), die formale Struktur des Organisationsaufbaus zur Umsetzung von Organisationshandeln, die für die Verfolgung der Ziele verfügbaren finanziellen Ressourcen und verwendbaren Technologien sowie schließlich die Mitglieder der Organisation, welche durch ihr individuelles, aber mittels der Organisation koordiniertes Handeln zur Verwirklichung der Organisationsziele beitragen. Mit jedem dieser Aspekte sind gewisse Implikationen für Evaluationen verbunden, auf die an dieser Stelle nicht ausführlich eingegangen werden kann (siehe hierzu Stockmann 2006: 114ff.)

Kennzeichen von Organisationen

Im Folgenden sollen drei Aspekte mit ihrem Bezug zu Evaluationen hervorgehoben werden, nämlich die Formen der *Mitgliedschaft*, die Steuerung der *Kommunikation* zwischen den verschiedenen Elementen einer Organisation und die funktionale Platzierung von Evaluation innerhalb der formalen *Struktur* von Organisation. Mitgliedschaft, Kommunikation und Struktur sind zugleich wesentliche Themen einer Organisationsevaluation und stellen als solches das Handeln von Personen in den Mittelpunkt des Untersuchungsinteresses. Dabei ist zu unterscheiden zwischen den Kontakten einer Organisation zu Personen (oder anderen Organisationen), die nicht Teil ihrer selbst sind (*„externe Kommunikation“*) und den Kommunikationsprozessen zwischen einzelnen Elementen einer Organisation (*„interne Kommunikation“*). Analog sind *externe* von *internen Evaluationen* aufgrund ihrer institutionellen Unabhängigkeit von der Organisation zu trennen (vgl. hierzu auch ausführlich Kapitel 2.2.5).[89]

Mitgliedschaft
Kommunikation
Struktur

89 Die Trennschärfe des Begriffs „institutionelle Unabhängigkeit“ zwischen Auftraggeber und Auftragnehmer einer Evaluation ist allerdings in der Praxis häufig schwierig zu beur-

### 6.3.1 Organisationsmitgliedschaft und Evaluation

Mitgliedschaft als Systemgrenze

Die Differenzierung zwischen dem „Innen" und „Außen" einer Organisation ergibt sich zunächst durch formale, zumeist juristisch fixierte Definitionen, die das *Mitgliedschaftsverhältnis* und die damit verbundenen Rechte und Pflichten des Einzelnen gegenüber der Organisation (und umgekehrt) regeln (zur gesellschaftlichen Funktion dieser Inklusion bzw. Exklusion durch Organisationen siehe Nassehi 2002: 468ff.). In Organisationstheorien – und auch bei der Konzeption von Evaluationen – werden allerdings häufig die verschiedenen Formen von Beziehungen zwischen Individuum und Organisation vernachlässigt (als Ausnahme siehe Lang u. Schmidt 2007). So ist z.B. zwischen *Pflichtmitgliedschaften* (wie etwa die Mitgliedschaft von Unternehmen in der Industrie- und Handels- oder Handwerkskammer), *freiwilligen Mitgliedschaften* (etwa in einem Sportverein) oder *Beteiligungen ohne geregelte Mitgliedschaft* (beispielsweise in einer Bürgerbewegung oder als ehrenamtlicher Helfer in einer sozialen Einrichtung) zu unterscheiden.

Pflichtmitgliedschaft, geregelte Mitgliedschaft, Beteiligung ohne Mitgliedschaft

Hierbei variiert der Grad der *Abhängigkeit zwischen Individuum und Organisation* erheblich. Bei der Pflichtmitgliedschaft entfällt die Wahlfreiheit des einzelnen Mitglieds, wodurch für die Organisation zumindest formal die uneingeschränkte Unterstützung des gesamten Klientels[90] sichergestellt wird. Für die Durchführung einer Evaluation kann dies beispielsweise den positiven Effekt haben, dass eine bestimmte Zielgruppe über die interne Kommunikationsstruktur einer solchen Organisation vollständig erreicht werden kann. Handwerksunternehmen sind deshalb z.B. über die Handwerkskammern besser zu erreichen als über jedes staatliche Melderegister oder freiwillige Firmenzusammenschlüsse in Interessenverbänden.

Bindungslose Beteiligung

Eine Beteiligung an den Aktivitäten von *Organisationen ohne formale Mitgliedschaft* ist primär bei Nonprofit-Organisationen und in der Zivilgesellschaft zu finden.[91] In diesem Fall sind weder Organisation noch Individuum gegenseitig zur Erbringung von Leistungen verpflichtet. Die Unterstützung erfolgt mehr oder weniger ad hoc und muss situationsabhängig im Rahmen der „externen Kommu-

---

teilen. So kann es z.B. durch wiederholte Auftragvergabe zu Dependenzen zwischen formal getrennten Organisationen kommen. Auf der anderen Seite kann in Großorganisationen durch formale Regeln die Selbständigkeit einer Evaluierungsabteilung gewährleistet und sogar größer als bei organisationsexternen aber wirtschaftlich hochgradig vom Auftraggeber abhängigen Durchführungsorganisationen sein. In der Regel ist allerdings nur durch die formale Trennung der Mitgliedschaft die institutionelle Unabhängigkeit einer Evaluation zu gewährleisten.

90 Mit dem Begriff „Klientel" wird hier die Gesamtmenge der potentiell möglichen Mitglieder einer Organisation bezeichnet, deren Abgrenzung lediglich eine Vorgabe der Organisation selbst ist. Die Gewerkschaften möchten z.B. alle Arbeitnehmer innerhalb eines bestimmten Sektors vertreten und schließen durch formale Regeln die Mitgliedschaft von Arbeitgebern oder Arbeitnehmer anderer Sektoren aus. Bedingt durch die individuelle Entscheidungsfreiheit bezüglich einer Gewerkschaftsmitgliedschaft stellen die organisierten Arbeitnehmer aber nur eine Teilmenge dieses Klientels dar.

91 In gewissem Sinn ist auch die Beziehung eines Unternehmens zu seinen Stammkunden in diese Kategorie einzuordnen, soweit keine formalen Bindungen (wie z.B. ein Abonnement) bestehen.

nikation" immer wieder aufs Neue von der Organisation eingeworben werden. Gleichzeitig muss das Individuum die Gegenleistung der Organisation ebenfalls aktiv einfordern und in jeder Situation neu verhandeln. Beispiele für solche Beziehungen zwischen Organisationen und Individuen sind ehrenamtliche Tätigkeiten in Vereinen oder auch die freiwillige Teilnahme an Protestaktionen von Bürgerbewegungen und anderen politischen Initiativen.

Aus diesem speziellen Verhältnis zwischen einer Organisation und ihren Mitgliedern kann sich eine Reihe von Auswirkungen auf die Durchführung von Evaluationen ergeben. Bedingt durch die zumeist viel stärker emotional geprägte Bindung der Mitglieder an die Organisationen werden externe Evaluationen z.B. häufiger als eine Bedrohung wahrgenommen und Kritik am Organisationshandeln durch Evaluatoren als persönlicher Angriff empfunden. Auf der anderen Seite kann aber dadurch auch die Unterstützung für Evaluationen viel größer sein, insbesondere wenn sie intern und im Eigeninteresse der Organisation erfolgt (vgl. Kapitel 2).

Auswirkungen auf Evaluation

Das Spektrum *freiwilliger Organisationsmitgliedschaften* reicht von Privatunternehmen bis zum Sportverein mit einer entsprechenden Vielfalt von Einzelregelungen und Spezifika, die an dieser Stelle nicht vollständig aufzuführen sind (vgl. als Überblick zu verschiedenen Klassifzierungsversuchen Abraham u. Büschges 2004: 100ff.). Es soll lediglich auf eine weitere auch für Evaluationen besonders bedeutsame Form der Unterscheidung von Mitgliedschaft in Organisationen eingegangen werden. Diese bezieht sich auf die *Eigentumsverhältnisse*: Mitglieder können als Eigentümer, Investoren, Förderer, stille Teilhaber und Ähnliches in unterschiedlichem Ausmaß einen Besitzanspruch auf die Ressourcen der Organisation sowie auf die Organisationsgewinne erworben haben. Dies gilt natürlich primär für private Wirtschaftsunternehmen, deren Handeln der Kapitalmehrung ihrer Eigentümer dient. Hiervon zu unterscheiden sind *Nonprofit-Organisationen*, deren Zielsetzung der Erstellung von Kollektivgütern gilt und bei denen eine Verteilung des Nutzens gemeinsamen Handelns an die Mitglieder nicht vorgesehen ist. Allerdings können auch die Mitglieder von Nonprofit-Organisationen über Stiftungskapital oder Spendenbeiträge zur Bereitstellung der Organisationsressourcen beitragen.

Freiwilligkeit

Eigentumsverhältnisse

Die Auswirkungen einer finanziellen Bindung von Mitgliedern an ihre Organisation können ähnlich sein wie zuvor bei den ehrenamtlichen Tätigkeiten beschrieben. „*Ownership*" – hier im wahrsten Sinne des Wortes – kann die Durchführung von Evaluationen je nach ihrer Wahrnehmung durch die Mitglieder eher befördern oder behindern. Die beiden Formen der Mitgliedschaft unterscheiden sich aber hinsichtlich der Emotionalität, die mit ihr aus der Perspektive der Mitglieder verbunden ist. Häufig sind finanzielle Beziehungen zwischen Individuum und Organisation weniger affektiv aufgeladen als ehrenamtliche Tätigkeiten und dementsprechend ist auch das Verhältnis des Einzelnen zur Durchführung einer Evaluation seiner Organisation eher sachlicher. Wenn Evaluationen im Auftrag der Organisation erfolgen, so bedeutet dies zumindest, dass die Eigentümer um ihre Zustimmung gefragt und hinsichtlich der Zielsetzungen der Evaluation informiert wurden. Häufig ergibt sich hieraus auch ein „Ownership" an der Evaluation selbst, d.h. die Eigentümer einer Organisation haben ein gesteigertes Interesse daran, dass diese zu sinnvollen und verwertbaren Ergebnissen gelangt.

Ownership

Ownership und Evaluation

Dem steht aber manchmal auf der anderen Seite ein Besitzdenken entgegen, welches weniger die sachlichen Aufgaben der Organisation denn die Besitzverhältnisse (auch im Sinne der Besitzstandswahrung) in den Vordergrund der Bewertung von Evaluationen stellt. Evaluationsergebnisse können von den Eigentümern einer Organisation als Kritik an ihren persönlichen Entscheidungen und als Eingriff in ihre Entscheidungsautonomie interpretiert und dementsprechend abgelehnt werden. Insbesondere Evaluationen, die im Auftrag Dritter – z.B. einem staatlichen Geldgeber – durchgeführt werden, sind mit solchen Problemen konfrontiert.

abhängig Beschäftigte

Besonders in Privatunternehmen war und ist die „interne Kommunikation" durch den Austausch der Eigentümer mit einer anderen „Mitgliedergruppe" der Organisation geprägt, nämlich den *abhängig Beschäftigten*, die nicht Kapital sondern Arbeit in den Dienst der Organisation stellen und hierfür eine Entlohnung erhalten. Der Verteilungskonflikt zwischen „Kapital" und „Arbeit" bezüglich des gemeinsam erwirtschafteten Surplus dominiert nun schon seit mehr als zwei Jahrhunderten diese zentrale organisationsinterne Beziehung. Durch die Gründung von Parteien und Interessensorganisationen blieb dieser Konflikt auch nicht auf das einzelne Unternehmen beschränkt, sondern stellte ein wesentliches Kennzeichen moderner Gesellschaft dar.

Auswirkungen des Spannungsfelds von Kapital und Arbeit

Dieses Spannungsfeld zwischen Kapital und Arbeit hat mannigfaltige Auswirkungen auf Evaluationen sowohl auf gesellschaftlicher als auch auf organisationaler Ebene. Dabei hat die Evaluation durchaus sowohl von den Kooperationen als auch den Rivalitäten von Arbeitgebern und Arbeitnehmern sowie ihren organisierten Interessenvertretungen profitiert, da sich hieraus ein umfangreicher Informationsbedarf zu vielen Fragen der Arbeitsbeziehungen und damit Evaluationsaufträge ergeben haben. Allerdings geraten die Auftragnehmer dieser zumeist von einer Seite veranlassten Evaluationen schnell in den Verdacht der Parteilichkeit und müssen insbesondere bei der Interpretation ihrer Befunde besondere Vorsicht walten lassen, damit sie nicht in den Ruf tendenziöser Darstellungen geraten. Für die Durchführung von Evaluationen innerhalb eines Unternehmens bedeutet dies z.B., dass die Interessen sowohl der Unternehmensleitung als auch der Belegschaft sorgfältig berücksichtigt werden müssen, damit die Qualität der gewonnen Informationen und damit der Nutzwert einer Evaluation sichergestellt werden kann.

Lernende Organisationen

Für die Nutzung der Evaluationsbefunde innerhalb einer Organisation ist es notwendig, die erforderlichen Kommunikationswege auszubilden und Lernkultur innerhalb der Organisation zu generieren. Nur *lernende Organisationen* mit einem funktionierenden *Wissensmanagement* können aus den Erkenntnissen von Evaluationen ihren Nutzen ziehen (vgl. z.B. Argyris u. Schön 2002; Gairing 2002). Die beschriebenen unterschiedlichen Formen von Mitgliedschaft und ihre spezifische Kombination innerhalb einer Organisation können dabei sowohl Kommunikationsbarrieren als auch -brücken darstellen. So kann die Pflichtmitgliedschaft beispielsweise aufgrund fehlenden Interesses und Engagements einzelner Mitglieder – bedingt durch das Zwangsverhältnis – den Informationsaustausch behindern, obwohl durch die institutionell verankerte Zugehörigkeit die Erreichbarkeit des gesamten Klientels gewährleistet ist. Eine mehr informelle, situative Mitgliedschaft kann in dieser Hinsicht zwar eine höhere Motivation zum Informationsaustausch bieten, auf der anderen Seite stellt aber die fehlende Verpflichtung zur Mitarbeit auch eine Bedrohung für den Kommunikationsprozess dar, weil durch die Flüchtigkeit der Beziehungen zwischen Organisation und Mitglied die Weitergabe von Informationen unterbrochen werden kann. Wie schwierig sich der offene Informationsaustausch zwischen Eigentümern und abhängig Beschäftigten darstellt, ist weitgehend bekannt und bedarf hier keiner näheren Erläuterung.

Durch die institutionelle Verankerung von Evaluation als organisatorisches Steuerungsinstrument gerät diese in das hier skizzierte Spannungsfeld der Interessen verschiedener Mitgliedergruppen. Die zentrale Evaluationsaufgabe der Generierung von Wissen über organisatorisches Handeln und seine Wirkungen wird dabei allerdings nicht nur durch die strukturelle Komponente der Mitgliedschaftsbeziehungen, sondern mehr noch durch den Verlaufsaspekt des Kommunikationsprozesses und dessen Institutionalisierung geprägt. Hierauf soll im Folgenden näher eingegangen werden.

### 6.3.2 Organisationsinterne Kommunikation und Evaluation

Organisationsinterne Kommunikation als Voraussetzung für organisationales Lernen

Grundlage für das Konzept der lernenden Organisation und den Einsatz von Wissensmanagementsystemen ist die Existenz einer funktionierenden *organisationsinternen Kommunikation*. Die hiermit verbundenen Probleme treffen die Organisationen natürlich nicht in gleicher Art und Weise: während kleine Organisationen mit wenigen Mitgliedern und einem engen persönlichen Kontakt den Erfahrungsaustausch zumeist erfolgreich auf informellem Wege regeln können, müssen große Organisationen mit räumlich weit auseinander liegenden Abteilungen, Divisionen, Filialen etc. und einer großen, heterogen zusammengesetzten Mitgliederzahl zum Teil einen erheblichen Aufwand betreiben, um ein gemeinsames, zielgerichtetes Handeln sowie den hierfür notwendigen Informationsaustausch sicherzustellen.

Wissensmanagement

Die kontinuierliche Optimierung organisationsinterner Kommunikationsprozesse wird unter dem Stichwort *„Wissensmanagement"* in den letzten Jahren verstärkt diskutiert (vgl. Kapitel 1.1). Zentrales, gemeinsames Thema dieser Forschungsarbeiten ist die Frage, *wie das in Organisationen vorhandene (bzw. durch die Arbeitsprozesse gewonnene) individuelle Wissen in gemeinsames Wissen der Organisation aggregiert und für die Organisationsziele nutzbar gemacht werden kann* (vgl. z.B. Andrews u. Delahaye 2000). *Wissen* wird dabei als ein „fluid mix of framed experience, values, contextual information, and expert insights that provide a framework for evaluating and incorporating new experiences and information" (Davenport u. Prusak 1998: 5) verstanden, welcher nicht nur „objektive" Inhalte sondern darüber hinaus auch subjektive Interpretationen und Sinngebungen besonders hinsichtlich der praktischen Umsetzung dieser Inhalte umfasst. Innerhalb von Organisationen wird Wissen durch die Interaktion von Personen auf verschiedenen Organisationsebenen erzeugt (vgl. z.B. Nonaka u. Takeuchi 1995) und durch die Weitergabe an Steuerungsgremien im kollektiven Kontext handlungsrelevant (vgl. z.B. Patriotta 2003).

Interaktion und Verpflichtungsgrad

Bezogen auf Evaluationen kommt der organisationsinternen Kommunikation nicht nur bei der Verbreitung der Evaluationsergebnisse sondern bereits bei der

Vorbereitung einer Evaluation eine zentrale Rolle zu: sie muss die Mitglieder über die Zielsetzungen und Vorgehensweise der Evaluation informieren, um Vertrauen und Unterstützung werben sowie die Möglichkeiten einer partizipativen Mitgestaltung des Evaluationsprozesses eröffnen. Wiederum stellt der Grad der Verpflichtung des Individuums gegenüber der Organisation hierbei eine wichtige Größe dar. So kann die Organisationsführung beispielsweise ihre abhängig beschäftigten Mitarbeiter verpflichten, einer Evaluation die benötigten Informationen zu kommen zu lassen. Dies geht jedoch bei freiwilligen Helfern nicht, die gegenüber der Organisation keine weitergehenden Verpflichtungen eingegangen sind. Auch bei Eigentümern (z.B. Aktionären) lässt sich nur selten durch ein Dekret der Organisation deren Teilnahme an Evaluationen sicherstellen.

Aufgrund ihrer zentralen Bedeutung für die Entwicklung, Funktions- und Wirkungsweise von Organisationen stehen organisationsinterne Kommunikationsprozesse im Zentrum einer Vielzahl theoretischer wie empirischer Forschungsarbeiten (vgl. z.B. Theis-Berglmair 2003; Tourish u. Hargie 2003; Harris 2002, Jablin u. Putnam 2000). Generell lassen sich dabei verschiedene Kommunikationswege unterscheiden, die wiederum spezifische Eigenschaften aufweisen und unterschiedliche Akteure einbinden. Differenziert wird z.B. bezüglich der Stellung der Kommunikationspartner zueinander zwischen vertikaler, horizontaler und diagonaler Kommunikation (siehe z.B. Hein 1990: 9ff.), deren Einfluss auf Evaluationen im Folgenden kurz skizziert wird.

Vertikale Kommunikation

„Top-down" vs „Bottom-up"

Bei der *vertikalen Kommunikation*, dem Informationsaustausch zwischen „Befehlsgebern" und „Befehlsempfängern" über die Hierarchiegrenzen hinweg, ist entsprechend der Hauptrichtung des Informationstransfers zwischen *„Top-down"* und *„Bottom-up"* Kommunikation zu unterscheiden. „Top-down"-Informationstransfers von den Führungskräften zu den Mitarbeitern transportieren Handlungsanweisungen, die von den Empfängern ausgeführt werden sollen. Häufig erfolgt die „Befehlsübergabe" nicht in einem persönlichen Gespräch, sondern vermittelt über formale Regeln oder eingeübte und als selbstverständlich vorausgesetzte Handlungsroutinen, über deren Einhaltung wiederum die hierarchische Ordnung (re-)produziert wird. Sie richten sich außerdem – ausgehend von einem zumeist singulären Sender - an eine mehr oder weniger große und inhomogene Gruppe von Empfängern.

Generell stellt deshalb die Informationsweitergabe von „oben" nach „unten" ein geringes Problem für die meisten Organisationen dar. Dies gilt auch für Evaluationen: weder die Ankündigung einer Evaluation noch die Verbreitung ihrer Ergebnisse bereitet Schwierigkeiten, sobald sie in entsprechende Handlungsanweisungen transformiert und in die bestehenden „Top-down" Kommunikationsnetze eingespeist worden sind. Die Evaluation stellt dann für die Organisation einen *Routinefall* dar, der wie andere Aufgaben auch abgearbeitet werden kann. Dementsprechend haben eine Reihe von Organisationen solche Evaluationsroutinen entwickelt, d.h. sie führen in regelmäßigen Abständen auf standardisierte Art und Weise Evaluationen auf der Grundlage festgelegter Kriterien durch und vermitteln die aus den Ergebnissen gewonnenen Befunde als neue Handlungsanweisungen an die operativen Einheiten. Entsprechende Beispiele lassen sich in Hochschulen und Schulen ebenso wie in entwicklungspolitischen Organisationen finden.

Evaluation als Routinefall

Problematisch ist der umgekehrte Weg, also die Kommunikation von „Unten nach Oben", bedingt zum einen durch die große Zahl der Sender und zum anderen durch das Machtungleichgewicht gegenüber den Empfängern. Dies beeinflusst die „Bottom-up"-Informationstransfers, also die Weitergabe von Informationen durch die Mitarbeiter an ihre Vorgesetzten: „The basic problem is that downward communication is usually a one-way street; it does not provide for feedback from employees. Management assumes that if employees know what their managers know, they will assert themselves to solve the organization's problems (but it doesn't happen that way)" (Lewis 1987: 42). Bisher wird diesen „*Barrieren der Aufwärtskommunikation*" sowohl in der Praxis als auch in der wissenschaftlichen Forschung gegenwärtig noch viel zu wenig Aufmerksamkeit geschenkt (als Ausnahme siehe z.B. Green u. Knippen 1999).

Barrieren der Aufwärtskommunikation

Häufig sind sie Ausgangspunkt für organisationsinterne Evaluationen, denen es um die Sammlung von Informationen bei Beschäftigten und deren systematische Aufbereitung für die Entscheidungsträger auf der Managementebene der Organisation geht. Evaluationen sind hier ein Hilfsmittel, welches entweder fehlende „Bottom-Up" Kommunikationsstrukturen ersetzen oder durch externe (und als Nicht-Organisationsangehörige neutrale und unvoreingenommene) Sichtweisen ergänzen möchte.

Transfer von Informationen über Wirkungen

Generell ist es die rechtzeitige *Übertragung von Informationen über Wirkungen* des Organisationshandelns von der Durchführungsebene an die Entscheidungsbefugten Positionen und Gremien die zentrale Aufgabe des „Bottom-up"-Informationstransfers. Dabei liegt es in der Natur der Sache, dass Wirkungen zunächst „vor Ort" – also im unmittelbaren Umfeld des Handelnden – auftreten und von diesem als erstem wahrgenommen werden können. Die Entscheidungsebenen dagegen sind zumeist handlungsfern angesiedelt und werden häufig nicht direkt mit den Folgen ihrer Entscheidungen konfrontiert. Evaluationen, die einen Beitrag zur Ermittlung entsprechender Informationen und deren Weiterleitung an die Entscheidungsebenen leisten, sind deshalb ein wichtiges *Steuerungsinstrument*, welches häufig in den Kontext von Qualitätsmanagementsystemen eingebettet wird.

Qualitätsmanagement

Qualitätsmanagementsysteme wollen die Qualität direkt an ihrer Produktionsstelle sichern und betreiben dadurch eine Dezentralisierung von Verantwortung (vgl. zu Unterschieden und Gemeinsamkeiten von Qualitätsmanagementsystemen und Evaluation Stockmann 2006, 2002).

horizontale und diagonale Kommunikation

Bei der *horizontalen Kommunikation* handelt es sich um einen Austausch zwischen verschiedenen Fachabteilungen auf derselben Hierarchieebene. In der klassischen bürokratischen Organisationsstruktur ist diese Form nicht vorgesehen, hat aber in modernen Organisationsformen zunehmend an Bedeutung gewonnen. Noch seltener ist die *diagonale Kommunikation*, welche gleichzeitig Abteilungs- und Hierarchiegrenzen überschreitet. Beide Formen gewinnen insofern Bedeutung für Evaluationen, als sie einerseits deren Notwendigkeit aufgrund des zumeist fehlenden Austausches begründen, andererseits Blockaden der organisatorischen Leistungsfähigkeit in Form von Rivalitäten zwischen Abteilungen darstellen können. Für die Vorbereitung von Evaluationen und die Übermittlung von Evaluationsergebnissen spielen diese Kommunikationsformen dagegen selten eine bedeutende Rolle.

### 6.3.3 Strukturelle Verankerung von Evaluation in Organisationen

Implementation von Evaluation

Die *Implementation von Evaluationen* innerhalb einer Organisation hat primär das Ziel, zur Vermehrung des organisationalen Wissens beizutragen und ist insofern als Teil des Wissensmanagements zu begreifen. Indem Abläufe kontinuierlich überwacht, die Handlungsfolgen beobachtet und dokumentiert, Ursache-Wirkungszusammenhänge untersucht und Unsicherheiten über die Wirksamkeit durchgeführter Maßnahmen verringert werden, wächst die Chance effektiveren und effizienteren kollektiven Handelns. Hierzu müssen allerdings die Evaluationsergebnisse handlungs- und entscheidungsorientiert aufbereitet und dank eines geeigneten Wissensmanagementsystems rechtzeitig zum Zeitpunkt zentraler Steuerungsentscheidungen verfügbar gemacht werden. Das Wissensmanagement steuert somit die organisationsinterne Verwertung von Evaluationsbefunden über die festgestellten Wirkungen organisationalen Handelns.

Formale Struktur

Wichtigste Aufgabe ist es dabei, dass die für Entscheidungen benötigten Informationen rechtzeitig an der Stelle ankommen, welche diese Entscheidungen zu treffen haben. Dies verweist auf die *formale Struktur* einer Organisation, in der die verschiedenen Organe (Abteilungen, Bereiche, Stellen etc.) angeordnet und zueinander in Beziehung gesetzt werden. Aus dieser Anordnung entstehen formale Abhängigkeiten, bei denen bestimmte Abteilungen gegenüber anderen weisungsbefugt sind. Dies wiederum wirft die Frage auf, wo eine *Evaluationsabteilung* in einer Organisation am besten anzusiedeln ist – und inwieweit sie mit anderen Einheiten und Aufgaben verbunden werden soll.

Evaluationsabteilung

Die Antworten auf diese Fragen sind so vielfältig wie die Organisationen selbst. Während manche Organisationen ihre Evaluationsabteilung als Stabstelle direkt auf der Leitungsebene ansiedeln, gibt es andere Organisationen, die eine Einbindung in Linie und Verknüpfung mit Aufgaben wie Qualitätsmanagement, Wissensmanagement, Controlling, Rechnungswesen, Projektplanung usw. bevorzugen. Je nach Lösung ergeben sich spezifische Kommunikationsprobleme und Machtkonstellationen, welche die Planung, Durchführung und Nutzung von Evaluationen innerhalb einer Organisation erleichtern oder erschweren können. Eine generelle und allgemein gültige Antwort auf die Frage der institutionellen Verortung ist deshalb unmöglich.

Formale Unabhängigkeit

Trotzdem lassen sich aber einige prinzipielle Anforderungen aufführen, die innerhalb der formalen Struktur einer Organisation erfüllt werden müssen. Ein wichtiges Kriterium ist die formale *Unabhängigkeit* der Evaluationsabteilung von den operativen Einheiten. Nur wenn die Evaluationsabteilung ihre Entscheidungen über die Evaluation selbständig treffen kann, ist gewährleistet, dass die Durchführung sich an allgemeinen Standards und nicht an den Partikularinteressen einzelner Abteilungen orientiert. Dies ist besonders für die Verallgemeinerung der Befunde und die Transformierung der spezifischen Erfahrungen aus einem Einzelvorhaben oder von einer Einzelmaßnahme auf andere Vorhaben oder Maßnahmen innerhalb der Organisation von größter Bedeutung.

Federführung und Weisungsbefugnis

Ein weiteres Kriterium ist die *Federführung und Weisungsbefugnis* der Evaluationsabteilung in allen Fragen, welche die Durchführung einer Evaluation betrifft. Nur wenn die Evaluationsabteilung gegenüber den operativen Einheiten bezüglich der Evaluation entscheidungsbefugt ist, kann wiederum eine gleich bleibende Qualität durch diese Abteilung gewährleistet werden. Bleibt die Entscheidungsgewalt bei den operativen Einheiten und bekommt die Evaluationsabteilung noch nicht einmal ein Stimmrecht zugestanden, so werden sich die Evaluationen wiederum nicht am übergeordneten Interesse der Organisation sondern nur an den Abteilungsinteressen orientieren.

Qualitätssicherung für Evaluationen

Darüber hinaus obliegt der Evaluationsabteilung die *Qualitätssicherung* für alle Evaluationen, die von einer Organisation durchgeführt oder in Auftrag gegeben werden. Genauso wie bei anderen Organisationsaufgaben kann durch die Bildung einer Fachabteilung entsprechende Expertise eingeworben und durch Erfahrungswerte generiert werden. Diese gesammelte Fachkenntnis steht dann der gesamten Organisation zur Verfügung und ist von den operativen Abteilungen zu nutzen. Evaluationsabteilungen sind dementsprechend auch Serviceabteilungen.

Selbstevaluationen

Selbst wenn es im Wesentlichen um *Selbstevaluationen* geht, welche die operativen Einheiten bei der Umsetzung ihrer Vorhaben unterstützen sollen, ist es ratsam, sowohl die Methodenkompetenz als auch die Aufbereitungs- und Auswertungskapazitäten zentral in einer Evaluationsabteilung zu bündeln. Hierdurch können zum einen Expertisen und Erfahrungen kumuliert (und damit die Qualität von Evaluationen verbessert) werden, zum anderen lassen sich verallgemeinerbare Schlussfolgerungen ziehen, die am Ende allen Organisationsmitgliedern zu Gute kommen.

Evaluation und operativen Einheiten

Neben diesem *Spannungsfeld zwischen Evaluation und operativen Einheiten* gibt es noch weitere potentielle Konfliktlinien. So kann es zu Kompetenzstreitigkeiten zwischen den Controlling- und Evaluationsabteilungen kommen, die Qualitätsmanagementaufgaben können in Widerspruch zu den Anforderungen von Evaluationen geraten, das Wissensmanagement vernachlässigt die interne Kommunikation von Evaluationsergebnissen etc. Die Evaluation gerät mit anderen Worten in ein Spannungsfeld benachbarter *Überwachungs- und Kommunikationsaufgaben*. Schließlich kann es auch noch zu Konflikten mit der *Leitungsebene* kommen, die eventuell das eigene Kontrollbedürfnis an die Evaluationsabteilung zu delegieren versucht.

Evaluation und Projektmanagement

Eine letzte Sonderform der Konfliktlinie zu operativen Einheiten sei hier noch aufgeführt, weil sie in der Praxis sehr häufig vorkommt. Dabei werden Vorhaben und Maßnahmen nicht als Daueraufgabe sondern in Form von zeitlich befristeten Projekten realisiert, die innerhalb der Organisation temporär verortet wurden. Das Evaluationsobjekt ist dementsprechend nicht die operative Einheit der Organisation, sondern das von ihr verantwortete Projekt. Die Projekte agieren vielfach ausgesprochen selbständig und unabhängig von den operativen Abteilungen der Organisation, manchmal besteht sogar kein großes Interesse dieser Einheiten am Projektfortschritt (wenn es sich um ein weniger zentrales oder von den Abteilungsaufgaben weit abweichendes Vorhaben handelt). Dementsprechend treten Konflikte bei der Durchführung der Evaluation nicht mit der operativen Abteilung sondern mit dem Projektmanagement selbst auf. Dies führt zu einigen Besonderheiten der Stellung von Evaluation im Rahmen eines Projektes, die im nächsten Abschnitt näher zu beleuchten sind.

## 6.4 Evaluation und „Stakeholder“

Projektarbeit in Organisationen

Viele Aktivitäten innerhalb von Organisationen werden nicht als Regelaufgaben und damit im Rahmen fest institutionalisierter Abläufe sondern als *befristete Projekte mit begrenzten Ressourcen* durchgeführt. Im Unterschied zu den Regelaufgaben handelt es sich bei den Projekten um innovative Vorhaben, mit denen neue Konzepte entwickelt, praktisch erprobt und schließlich zur „Serienreife“ geführt werden sollen. Dementsprechend stehen der Organisation bei Projekten deutlich weniger Kenntnisse über die Wirkungen der einzelnen Maßnahmen und Aktivitäten zur Verfügung als bei der Abwicklung von Routineaufgaben. Das Projektmanagement stellt deshalb besondere (und z.T. deutlich höhere) Anforderungen an die Führungsebene einer Organisation, was sich unter anderem in einer umfangreichen Spezialliteratur niederschlägt (vgl. z.B. Lessel 2008; Litke 2007).

Fördermittelgeber

Insbesondere bei Nonprofit-Organisationen werden die Mittel für solche Projekte häufig nicht allein von der Organisation sondern zusätzlich von öffentlichen oder privaten *Fördermittelgebern* bereitgestellt. Die Projektkonzeption kann dabei in Form von Ausschreibungen durch die Mittelgeberorganisationen sehr weitgehend festgeschrieben worden sein und dementsprechend nur teilweise den Zielsetzungen und Vorstellungen der Durchführungsorganisation entsprechen. In einigen Fällen erfolgt die Projektdurchführung auch nicht durch eine Trägerorganisation allein sondern durch eine Gruppe von Organisationen, die sich für das Projektmanagement untereinander vernetzen. Insbesondere internationale Vorhaben in der Entwicklungspolitik oder innerhalb der Europäischen Union führen verschiedene Trägerorganisationen in solche Arten von Konsortien und Netzwerken zusammen.

Stakeholder

Sowohl das Projektmanagement als auch die Projektzielsetzungen müssen deshalb in der überwiegenden Zahl der Fälle vielfältige, z.T. höchst unterschiedliche Interessen verschiedenster Organisationen, Gruppierungen und Einzelpersonen berücksichtigen. Als zusammenfassender Oberbegriff für diese heterogene Konstellation von Beteiligten hat sich der englische Terminus *„Stakeholder“* durchgesetzt, der in Anlehnung und Abgrenzung zu dem aus der Börsensprache stammenden Begriff „Shareholder“ („Anteilseigner“) entstanden ist (vgl. auch Kapitel 1.4). Stakeholder umfasst dabei alle Personen und Personengruppen, die in irgendeiner Form direkt oder indirekt von den Aktivitäten eines Projektes betroffen, an diesen beteiligt oder an deren Ergebnisse interessiert sind. Stakeholder können z.T. Mitglieder der Durchführungsorganisation eines Projektes sein, es kann sich aber auch um externe Personen (z.B. Zielgruppen der Vorhaben) oder Organisationen (z.B. Kooperationspartner, Zulieferer, Subunternehmer u.Ä.) handeln. Eine genaue Abgrenzung und Definition der Stakeholder variiert in Abhängigkeit von der Komplexität eines Projektes und die Forderung einer partizipativen Einbindung der Stakeholder dementsprechend mehr oder weniger schwierig zu erfüllen.

Auf der anderen Seite stellt aber die rechtzeitige Berücksichtigung der unterschiedlichen „Stakeholder“-Interessen für den Erfolg des Projektes eine wichtige Komponente dar. Interessengruppen können Maßnahmen boykottieren oder den Ablauf eines Projektes erheblich verzögern wenn sie sich und ihre Interessen nicht ausreichend repräsentiert oder gar durch das Projekt bedroht fühlen. Nicht selten kann die fehlende *Akzeptanz* bei Zielgruppen, gesellschaftlichen Eliten oder mächtigen Lobby-Organisationen sogar zum Scheitern und Abbruch von Projekten führen. Die Analyse und (Dauer-)beobachtung von „Stakeholdern" und ihrer Einstellungen gegenüber dem Projekt und seinen Maßnahmen gehört deshalb zu einer zentralen Aufgabe des Projektmanagements (vgl. Kapitel 4).

Akzeptanz

Die spezifischen Formen der Evaluation sowie die damit verbundenen Komponenten des *stakeholder-involvements* verdeutlichen, dass Evaluationen in vielfältiger Art und Weise mit den Interessenkonstellationen der Beteiligten und Betroffenen verwoben sind. So stehen beispielsweise sowohl Projektträger- als auch Mittelgeberorganisationen häufig unter erheblichem Erfolgszwang und üben deshalb manchmal Druck auf Evaluatoren in Richtung einer möglichst positiven Darstellung ihrer Projekte aus.

Stakeholder-Involvements

Die Motive hierfür sind unterschiedlich und auch die Richtung der *gewünschten Darstellung des Projekterfolgs* kann variieren. Viele Nonprofit-Organisationen sind z.B. mangels institutioneller Förderung in erheblichem Umfang abhängig von der Akquise von Projektmitteln. Als Folge wird die rechtzeitige Einwerbung von Nachfolgeprojekten sowohl für die beteiligten Mitarbeiter wie auch für die Organisationen selbst zur essentiellen Notwendigkeit. Eine Evaluation welche dem Projektmanagement schwere Fehler bescheinigt, könnte fatale Folgen haben und entsprechend wird in einem solchen Fall der Druck auf die Evaluatoren in Richtung einer Schuldzuweisung an die Geberorganisationen („zu wenig Mittel für Projektmanagement"), an die Partner oder an den Kontext gehen. Dem können Interessen einer positiven öffentlichen Selbstdarstellung der Geberorganisationen entgegenstehen, die wiederum Druck auf die Gutachter bezüglich einer Schuldzuweisung an den Projektträger („mangelnde Projektmanagementkompetenz") ausüben. Je nach Schwere der von den Beteiligten wahrgenommenen Bedrohung kann es für die Evaluatoren schwierig werden, den wahren Sachverhalt zu erkennen und dessen richtige Darstellung im Dialog mit den Stakeholdern durchzusetzen.

Darstellung von Projekterfolg

Es ist keineswegs sicher, dass die Stakeholder-Interessen gegenüber den Evaluatoren offen kommuniziert und transparent gemacht werden. Im Gegenteil ist sogar zu erwarten, dass eine kritische Selbsteinschätzung des Projektes gepaart mit einer hohen Bedrohungserwartung negativer Evaluationsergebnisse zu Verschleierungen und Behinderungen des Evaluationsprozesses führen kann. Solche Abwehrmechanismen können in offene oder versteckte *Diskreditierungskampagnen* der Evaluatoren mit bewussten Fehlinformationen, rufschädigendem Verhalten oder Verweigerungen der Kooperation münden. Eine Projektevaluation kann dementsprechend zu jedem Zeitpunkt ein konflikthafter Prozess sein. Dem Aufbau eines Vertrauensverhältnisses zwischen Evaluatoren und Stakeholdern kommt eine hohe Bedeutung zu. Dies gilt insbesondere für projektexterne Gutachter, die als „Fremde" von den Stakeholdern wahrgenommen werden.

Diskreditierung

Gerade aufgrund dieser Distanz zum Projektverlauf können Evaluatoren speziell zu Beginn des Evaluationsprozesses kaum die *Folgen ihrer Bewertungen* des Projektes für die Stakeholder abschätzen. Das objektiv vorhandene und subjektiv eingeschätzte „Bedrohungspotential" der Evaluation ist ein wichtiger Ein-

Folgen der Bewertungen

flussfaktor, welcher den Erfolg einer Projektevaluation erheblich beeinflusst und deshalb frühzeitig erkannt werden muss. So sind z.B. Befürchtungen von Spendenorganisationen, dass publik gewordene Evaluationsergebnisse einen negativen Einfluss auf das Spendenaufkommen haben könnten nicht einfach nur aus der Luft gegriffen, sondern müssen ernst genommen werden.

Letztlich sind Evaluationen selbst als Projekt zu verstehen, die Stakeholder-Interessen aufzugreifen und in den Prozess einzubinden haben, damit sie erfolgreich ablaufen können. Transparenz der eigenen Vorgehensweise und Evaluationskriterien, Offenheit bezüglich der Bedenken und Wünsche der Beteiligten, Kompromissbereitschaft in Konfliktsituationen, Geduld und eine gewisse „Robustheit" bezüglich emotional vorgetragener Anschuldigungen sowie Durchsetzungsfähigkeit in der Sache bei gleichzeitiger Beachtung berechtigter Einwände gehören zur sozialen Kompetenz von Evaluatoren.

Evaluation als Projekt

Dies gilt im besonderen Maß für Projekte der internationalen Zusammenarbeit, bei der die Kooperation mit Stakeholder-Gruppen gleichzeitig auch die Überschreitung verschiedener kultureller Grenzen bedeutet. Dies beginnt bei der Zusammenarbeit mit Gutachtern aus anderen Kulturkreisen im Evaluationsteam, führt über die diplomatische Ebene der staatlichen Vertretungen und Vereinbarungen bis zu den konkret in den Projekten zusammenarbeitenden Organisationen und Personen, die nicht nur eine eigene „Organisationskultur" sondern auch noch unterschiedliche Kulturkreise vertreten. Je größer die Zahl der an einem Projekt beteiligten Personen, je heterogener deren Zusammensetzung hinsichtlich Kulturzugehörigkeit und je tiefer das Vertrauensverhältnis zwischen diesen Personen und Gruppen zur erfolgreichen Durchführung des Projektes sein muss, desto komplizierter ist auch die Evaluation und desto höher sind die Anforderungen an das Evaluationsteam.

Detailorientierung

Eine weitere Problematik entsteht durch die starke Praxis- und Detailorientierung der Stakeholder. Im Unterschied z.B. zur Evaluationsabteilung der Durchführungsorganisation sind sie mehr an Detailinformationen zur Steuerung des Einzelvorhabens denn an aggregierten, verallgemeinerbaren Informationen interessiert. Während die Evaluationsabteilung aus dem Einzelvorhaben für das Organisationshandeln allgemein gültige Schlussfolgerungen gewinnen will, interessiert genau dieses die Stakeholder nicht. Sie möchten die vorhandenen Kenntnisse und die durch Evaluationen gewonnenen Erkenntnisse nutzen, um dieses spezielle Vorhaben zu optimieren.

## 6.5 Schlussfolgerungen und Zusammenfassung

Grenzen der Umfelddarstellung

In diesem abschließenden Kapitel sind eine Reihe von Einflussfaktoren angesprochen worden, welche auf die Erfüllung des zu Beginn des Buchs dargestellten gesellschaftlichen Zwecks von Evaluation Auswirkungen haben (vgl. Kapitel 1.1). Dabei lag der Schwerpunkt auf dem Steuerungsaspekt, also der Aufgabe von Evaluation, durch ihre Tätigkeit zur Verbesserung der Wirkungen politischer Programme, Projekte und Maßnahmen beizutragen. Durch die Konzentration der Darstellung auf beteiligte oder von Evaluation betroffene (kollektive) Akteure konnten eine Reihe von Konfliktlinien und Schwierigkeiten bei Planung, Durchführung und Verwertung von Evaluationen aufgezeigt werden.

Diese Darstellung hatte dabei weder den Anspruch der Vollständigkeit noch den einer systematischen Analyse. Beides hätte den Rahmen dieses Buches bei weitem gesprengt, ganz abgesehen von der Tatsache, dass eine Auseinandersetzung mit dem Evaluationsumfeld bisher in der Literatur kaum zu finden ist. Als Folge fehlen in diesem Abschnitt zum einen einige wichtige Akteure, die für Evaluationen von besonderer Bedeutung sind. Zu nennen sind hier z.B. die politischen Parteien, Stiftungen, Verbände, wissenschaftliche Einrichtungen, Beratungsinstitute, internationale Organisationen und viele mehr.

Die Auswahl der vorgestellten Institutionen und Organisationen erfolgte allerdings nicht willkürlich, sondern mit Blick auf die drei Evaluationszwecke, welche als Grundthema dieses Buch durchziehen. In Kapitel 1.1 wurde zunächst auf den *Beitrag von Evaluation zur demokratischen Aufklärung* verwiesen, Systematisch herausgearbeitet wurde die Bedeutung der modernen Gesellschaft und ihrer politischen Institutionen für die Herausbildung einer Evaluationskultur, welche vor allem das Lernen über politisches Handeln und seine Wirkungen in den Vordergrund stellt. Als Folge sind zunächst in den siebziger Jahren in den USA, seit den neunziger Jahren verstärkt in Westeuropa und in den letzten Jahren zunehmend auch in Lateinamerika, Mittel- und Osteuropa sowie teilweise auch in Afrika und Asien Evaluationsgemeinschaften entstanden, deren Geschichte in Kapitel 1.2 skizziert wurde.

Gesellschaftliche Komplexivität und Steuerungsanforderungen

Mit der steigenden Komplexität moderner Gesellschaften erhöhen sich nicht nur die Anforderungen an die politische Steuerung, sondern auch die Zahl der gesellschaftlichen Akteure, die in diesen Prozess eingebunden werden. Moderne Gesellschaften sind nicht mehr durch staatliche Erlasse oder einsame Entscheidungen einzelner Potentaten sinnvoll zu lenken. Selbst das zur Verhinderung von Machtmissbrauch entstandene komplexe Geflecht politischer Organe in modernen Demokratien reicht hierzu nicht mehr aus und unter dem Stichwort „good governance“ wurde in den letzten Jahren zunehmend über die Art und Weise der Einbindung zivilgesellschaftlicher Kräfte in den Steuerungsprozess diskutiert. Diese *neueren Entwicklungstendenzen* sind in Kapitel 1.3 vorgestellt und die daraus resultierenden Perspektiven der Evaluation mit Blick auf ihre drei zentralen Zwecke in Kapitel 1.4 diskutiert worden.

Gesellschaftliche Organe

Auch wenn Evaluation vorrangig politikgetrieben war und weiterhin ist, so lässt sich doch die Aufgabe der gesellschaftlichen Aufklärung nicht allein durch die *Organe des politischen Systems* bewältigen. Deren zentrale Rolle für die Entstehung, Entwicklung und Zukunftsperspektive der Evaluation wurde durchgehend in diesem Buch an verschiedenen Stellen gewürdigt, während andererseits die für eine gesellschaftliche Aufklärung zentralen Institutionen der Zivilgesellschaft und der (Medien-)Öffentlichkeit aufgrund ihrer untergeordneten Bedeutung für Evaluationen eher vernachlässigt wurden. Diese Lücke ist in diesem Abschlusskapitel geschlossen worden, wobei gleichzeitig aus den Funktionsprinzipien dieser Institutionen und der daraus folgenden Handlungslogik der zentralen Akteure das bisher noch problematische Verhältnis zur Evaluation abgeleitet wurde. Während das demokratische politische System und seine Organe sich mittlerweile sehr dezidiert des Instruments der Evaluation bedienen, ist dies bei den *Institutionen der gesellschaftlichen Aufklärung* noch deutlich weniger stark der Fall. Es sind allerdings auch hier eindeutig positive Entwicklungstendenzen zu verzeichnen.

Wissenschaftssystem

Zu den gesellschaftlichen Institutionen, welche der Aufklärung verpflichtet sind, gehört ohne Zweifel die Wissenschaft und damit das komplexe, durch den internationalen Austausch sehr wesentlich geprägte *Wissenschaftssystem*. Hier sind mit Bezug auf die Entwicklung von Evaluationen vor allem zwei Aspekte in den Fokus zu nehmen: zum einen geht es um die Etablierung der Evaluation innerhalb der vorhandenen Forschungslandschaft – also um das Verhältnis von Evaluation und Wissenschaft – und zum anderen um die Nutzung des internationalen Forschungsaustauschs für die gesellschaftliche Aufklärung innerhalb eines Landes – und damit um das Verhältnis von Evaluation und Politik. Diese beiden Aspekte sind ausführlich in Kapitel 2.1 behandelt worden. Dabei wurde deutlich, dass Evaluationen gewissermaßen zwischen zwei Stühlen sitzen. Auf der einen Seite stehen die *instrumentellen Ansprüche der Politik*, denen nicht einfach nur durch eine Verlagerung auf zivilgesellschaftliche Kräfte oder eine Institutionalisierung innerhalb des politischen Systems entgangen werden kann. Diesem auch mit dem Zweck der gesellschaftlichen Aufklärung eng verbundenen Einfluss entgegen wirken die teilweise konträren *fachlichen Ansprüche der Wissenschaft*, wobei aus Sicht der Grundlagenforschung aufgrund der Bewertungs- und Verwertungsorientierung manchmal die Wissenschaftlichkeit von Evaluationen angezweifelt wird.

Legitimitätsbeschaffung

Aus dieser Dualität der Anforderungen resultiert ein Spannungsverhältnis, welches das Evaluationsumfeld wesentlich prägt. Es verweist zugleich auf den zweiten zentralen Zweck von Evaluation, nämlich *die Legitimitätsbeschaffung für die Politik*. Gegenüber den Bürgern und speziell der Zivilgesellschaft lässt sich politisches Handeln nur durch eine objektive, unabhängige und dadurch glaubwürdige Beurteilung rechtfertigen, nicht durch Gefälligkeitsgutachten mit fragwürdigen Bewertungskriterien. Erst durch ihre Wissenschaftlichkeit können dementsprechend Evaluationen diesem Ziel überhaupt dienen. Auf der anderen Seite hilft es für die Umsetzung politischer Entscheidungen in konkretes Handeln wenig, wenn diese Beurteilung zur falschen Zeit oder zu wenig praxisorientiert erfolgt. Evaluationen dienen vor allem dann der Legitimitätsbeschaffung von Politik, wenn sie unter Einhaltung wissenschaftlicher Regeln auf Basis vorab festgelegter Kriterien rechtzeitig die für eine rationale politische Steuerung sinnvollen Ergebnisse produzieren und den Entscheidern auf dieser Basis praktikable Empfehlungen für die weitere Gestaltung geben. Idealerweise wird dabei der Entstehungs- und Verwertungszusammenhang einer Evaluation vom eigentlichen Forschungszusammenhang getrennt: während für ersteres weiterhin die Politik verantwortlich bleibt, tritt sie für zweites diese vollständig an die Evaluatoren ab (siehe hierzu Kapitel 2.1.3).

Durchführung von Evaluation

Die Frage, *wie Evaluationen sinnvoll durchzuführen sind*, ist angesichts der Vielfalt an unterschiedlichen Evaluationsobjekten, Evaluationszeitpunkten, Evaluationskriterien und Evaluationsakteuren nicht einfach und abschließend für alle Fälle eindeutig beantwortbar. In Kapitel 2.2 wurde versucht, entlang der zentralen Frage, was wozu anhand welcher Kriterien von wem wie evaluiert wird einen Überblick der Evaluationsformen zu geben. Dabei wird vor allem auf die in der

Praxis häufigste Form der Programm- und Projektevaluation eingegangen. Dabei lassen sich vier zentrale Funktionen herausstellen, die Programmevaluationen leiten: die Gewinnung von Erkenntnissen, die Ausübung von Kontrolle, die Auslösung von Entwicklungs- und Lernprozessen sowie die Legitimation der durchgeführten Maßnahmen (vgl. Kapitel 2.2.3). Die unterschiedlichen Evaluationskonzeptionen dienen diesen Funktionen mehr oder weniger stark und lassen sich dementsprechend anhand dieses Schemas klassifizieren (vgl. Kapitel 3.5).

Bereits an dieser Stelle wird deutlich, dass für diese Art der Evaluation den *Trägerorganisationen* eine zentrale Bedeutung zu kommt. Als Verantwortliche für die Durchführung oder Umsetzung eines Programms oder Projekts sind sie zum einen der wichtigste Adressat der Evaluation mit Hinblick auf die Steuerungsentscheidungen, die es durch die Evaluationsergebnisse zu beeinflussen gilt. Zum anderen sind sie aber häufig auch Initiatoren oder Auftraggeber von Evaluationen, die entweder hausintern von eigenen Evaluationsabteilungen, oder extern durch unabhängige Gutachter, Consultingfirmen oder wissenschaftliche Institute vorgenommen werden. Die Vor- und Nachteile dieser beiden Formen wurden ausführlich in Kapitel 2.2.5 besprochen. In diesem Schlusskapitel sind zusätzlich die damit verbundenen Konfliktlinien zwischen den verschiedenen Akteuren innerhalb und außerhalb der Organisationen skizziert worden. Dabei sind drei primäre Aspekte von Organisation hervorgehoben worden: die Mitgliedschaft (Kapitel 6.3.1), die Kommunikation (Kapitel 6.3.2) und die formale Struktur (Kapitel 6.3.3). Jeder dieser Bereiche gewinnt für die Planung, Durchführung und Verwertung von Evaluationen unmittelbar Bedeutung. Aus den strukturell gegebenen Rahmenbedingungen innerhalb der Trägerorganisation resultieren Akteurskonstellationen, die berücksichtigt werden müssen und die Evaluation sowohl unterstützen als auch behindern können.

Trägerorganisationen

Akteurskonstellationen im Umfeld von Trägerorganisationen und Evaluationen sind letztlich verantwortlich für die *Entwicklung unterschiedlicher Evaluationskonzeptionen*, wobei die Autoren bestimmte Perspektiven in den Mittelpunkt ihres Ansatzes stellen. So begreift z.B. eine Reihe von Evaluatoren die eigene Arbeit vorrangig als angewandte Sozialforschung und sieht die Erfüllung theoretischer und methodischer Anforderungen der eigenen Fachdisziplin als wichtigste Aufgabe der Evaluation. Andere Autoren hingegen verstehen sich als Anwalt der Zielgruppen, die von den zu untersuchenden Leistungen profitieren sollen. Wieder Andere betonen den Servicecharakter von Evaluationen, die entweder den Auftraggebern oder den Programmleitern dienen müssen. Kapitel 3 hat einen Überblick zu diesen Ansätzen und einigen Systematisierungsversuchen gegeben. Festzuhalten ist die Entwicklungstendenz der Evaluationsansätze, die zunehmend versuchen, eine größere Zahl von Perspektiven der verschiedenen Beteiligtengruppen sowie der zu berücksichtigenden Fachdisziplinen zu integrieren und dementsprechend an Komplexität, aber auch bezüglich ihres Erklärungsanspruchs und Einsatzspektrums an Bedeutung zugenommen haben. Ein solcher universell verwendbarer Evaluationsansatz ist das CEval-Konzept, welches in Kapitel 2.3 ausführlich erläutert wurde.

Evaluationskonzeptionen

Evaluationen sind zwar wie beschrieben politikgetrieben, ihre konkrete Umsetzung erfolgt jedoch primär in Organisationen und tangiert dabei die Interessen sehr unterschiedlicher Akteursgruppen. Indem Politik die Verantwortung für politisches Handeln mittels Programmen und Projekten an Organisationen delegiert, steigert sie zum einen die Legitimität und die Beteiligungschancen der Bürger, zum anderen aber auch die Effektivität der *politischen Steuerung*. Wenn Evaluation bereits im Planungsstadium als festes Element des Projekt- oder Programmverlaufs implementiert wird (z.B. in Form eines geschlossenen Monitoring- und Evaluationssystems), kann sie zu verschiedenen Zeitpunkten einen wichtigen Beitrag für diese Steuerungsaufgabe leisten. Sie vermittelt dabei gleichzeitig zwischen den Interessen der Durchführer (also den beteiligten Trägerorganisationen), der Leistungsnutzer (also der Zielgruppen von Maßnahmen) und der Geldgeber (zumeist den politischen Entscheidern, die Programme und Projekte fördern, um hierdurch bestimmte politische Ziele effektiver und effizienter zu erreichen).

Evaluation und politische Steuerung

Problematisch ist dabei das „Timing" der Evaluation, die im Programm- oder Projektverlauf entscheidungsrelevante Informationen rechtzeitig vor diesen Steuerungsentscheidungen vorlegen muss. Da Evaluationen selbst einen komplexen *sozialen Prozess* darstellen, der nicht nur aus methodischen Gründen einen bestimmten Vorlauf erfordert, ist eine sowohl den Steuerungs- als auch den Qualitätsanforderungen entsprechende sorgfältige Planung notwendig. Die idealtypischerweise erforderlichen Schritte in der Vorbereitungs-, Durchführungs- und Verwertungsphase von Evaluationen sind in Kapitel 4 ausführlich vorgestellt worden.

Evaluation als sozialer Prozess

Evaluation als Forschungsprozess

Da die Qualität einer Evaluation sehr eng mit der Qualität der von ihr generierten Informationen verbunden ist, kommt dem eigentlichen *Forschungsprozess*, also der Vorbereitung und Durchführung von Datenerhebungen, -auswertungen und -interpretationen eine besondere Bedeutung zu. Zu den besonderen Rahmenbedingungen einer Evaluation gehört der im Vergleich zur Grundlagenforschung viel höhere Zeitdruck, der einen gewissen Pragmatismus und schnelle Anpassungsfähigkeit an höchst unterschiedliche Rahmenbedingungen erfordert. Da außerdem die Folgen von Forschungsfehlern aufgrund ihrer Verwertung in Steuerungsprozessen wesentlich gravierender sind, haben sich mittlerweile Mixed-Method-Konzepte als Königsweg herauskristallisiert. Die verschiedenen sozialwissenschaftlichen Techniken, die in solchen Evaluationen zum Tragen kommen können, wurden in Kapitel 5 überblicksartig behandelt.

Stakeholder

Programme und Projekte bilden einen sozialen Rahmen, in dem sich ihre Evaluationen bewegen (Kapitel 6.4). Mit dem Oberbegriff *„Stakeholder"* werden alle Beteiligten- und Betroffenengruppen erfasst, die an den Programmen und Projekten sowie deren Ergebnisse ein besonderes Interesse haben. Diese Interessen werden von Evaluationen mehr oder weniger stark tangiert, was häufig zu Reaktionen der entsprechenden Interessengruppen führt. Die Einbindung der Evaluation in die politische Steuerung bedeutet letztendlich auch, dass die Evaluation in die damit verbundenen politischen Konflikte verwickelt wird und dabei mit kritischer Distanz nach rationalen, allen gerecht werdenden Lösungen suchen muss. Auch hierin besteht ein wichtiger Beitrag von Evaluationen in der demokratischen Gesellschaft.

Evaluationen sind – wie in der Einleitung beschrieben – zumindest in unserer Gesellschaft „in". Der Begriff wird inflationär verwendet und die Auftragsbücher der Consultingfirmen und Universitätsinstitute sind gut gefüllt. Immer mehr staatliche und nicht-staatliche Organisationen bauen Evaluationsabteilungen auf oder kaufen sich zumindest regelmäßig auf dem Markt Evaluationsleistungen ein. Als unmittelbare Folge werden die Anforderungen an Evaluation vielschichtiger und erfordern somit komplexere Konzeptionen sowie stärker spezialisiertes Fachpersonal. So müssen Kenntnisse über unterschiedliche Verfahren der empirischen Sozialforschung mit Fachwissen aus verschiedenen Wissenschaftsdisziplinen mit spezifischen Erfahrungen und sozialer Kompetenz im Umgang mit Evaluationen verbunden werden.

Zunehmende Komplexität von Evaluation

Da allerdings der Evaluationsbegriff nicht geschützt ist, kann bisher jeder Evaluationsleistungen anbieten und nicht immer werden die komplexen und schwer handhabbaren Anforderungen von den Anbietern tatsächlich erfüllt. Es besteht die Gefahr, dass der Evaluationsbegriff in Verruf gerät – auch hierfür gibt es schon Beispiele.[92] Professionalisierung tut Not – die Formierung von Evaluationsgesellschaften und die Verabschiedung von Evaluationsstandards waren wichtige erste Schritte auf diesem Weg. Mit der Zeitschrift für Evaluation und dem Internet Forum Evaluation sind zudem Möglichkeiten des fachlichen Austausches entstanden. Die Etablierung von eigenständigen Studiengängen und Ausbildungswegen muss folgen – und auch hier sind die ersten Erfolge zu verzeichnen. Aber es gilt dennoch weiterhin: erst wenn Evaluation als allgemein anerkanntes, professionelles Instrument in der Gesellschaft verankert wurde, kann sie ihren Zweck erfüllen und einen Beitrag zur politischen Steuerung, zur Legitimierung von Politik und zur gesellschaftlichen Aufklärung leisten.

Professionalisierung und Anerkennung von Evaluation

92 Z.B. werden Evaluationen etwa im Rahmen der Schul- oder Hochschulevaluation manchmal als „von oben“ verordnete „Routineübungen“ begriffen, die eher als lästige Pflicht denn mit der Überzeugung vom Eigennutzen abgehandelt werden. Wenn in der Folge auch die Ergebnisse nicht gespiegelt und deren Nutzung nicht transparent gemacht werden, verstärkt sich dieser Effekt der „Unwilligkeit“ zur Beteiligung.

# Literatur


Abell, P. (2004): Narrative Explanation: An Alternative to Variable-Centered Explanation? In: Annual Review of Sociology 30, S. 287-310 (download unter http: //arjournals.annualreviews.org/doi/pdf/10.1146/annurev.soc.29.010202.100113, Stand 09.01.14).

Abonyi, J.; Feil, B. (2007): Cluster analysis for data mining and system identification. Basel; Berlin u.a.: Birkhäuser.

Abraham, M.; Büschges, G. (2004): Einführung in die Organisationssoziologie. Wiesbaden: VS-Verlag.

Ackermann, R.; Clages, H.; Roll, H. (Hg.) (2007): Handbuch der Kriminalistik für Praxis und Ausbildung. Stuttgart et al.: Boorberg.

Adam, G.; Kaiser, O.; Kümmel, W. G.; Merk, O. (2000): Einführung in die exegetische Methode. Gütersloh: Gütersloher Verlagshaus (7).ADM Arbeitskreis Deutscher Markt- und Sozialforschungsinstitute;

AG.MA Arbeitsgemeinschaft Media-Analyse (Hg.) (1999): Stichproben-Verfahren in der Umfrageforschung. Eine Darstellung für die Praxis. Opladen: Leske + Budrich.

Agha, S. (2002): A Quasi-Experimental Study to Assess the Impact of Four Adolescent Sexual Health Interventions in Sub-Saharan Africa. In: International Family Planning Perspectives, 2002, S. 28(2): 67-70 & 113-118 (als Download unter http: //www.guttmacher.org/pubs/journals/2806702.pdf, Stand 09.01.14).

Agodini, R.; Dynarski, M. (2004): Are Experiments the Only Option? A Look at Dropout Prevention Programs. In: The Review of Economics and Statistics, Bd 86(1), S. 180-194.

Aiken, L. S.; West, S. G. (1998): Multiple regression: testing and interpreting interactions. Newbury Park u.a.: Sage.

Alber, J. (1989): Der Sozialstaat in der Bundesrepublik Deutschland 1950-1983. Frankfurt, New York: Campus.

Albert, H.; Topitsch, E.(1990): Werturteilsstreit. Darmstadt: Wissenschaftlicher Buchverlag.

Albjerg, G. P. (1966): Joseph Mayer Rice as a Founder of the Progressive Education Movement. In: Journal of Education Measurement Bd. 3(2), S. 129-133.

Aldenderfer, M. S.; Blashfield, R. K. (2006): Cluster Analysis. Newbury Park, Calif. u.a.: Sage.

Aldrich, J.H.; Nelson, F.D. (2002): Linear Probability, Logit and Probit Models. Newbury Park u.a.: Sage.

Aldrige, A.; Levine, K. (2001): Surveying the Social World. Principles and practice in survey research. Buckinham: Open University Press.

Alkin, M.C. (1969): Evaluation theory development. In: Evaluation Comment, Bd. 2, S. 2-7.

Alkin, M.C. (Hg.) (2004): Evaluation roots: Tracing Theorists' Views and Influences. Thousand Oaks: Californien.

Alkin, M. C.; Christie, C. A. (2004): An Evaluation Theory Tree. In: Alkin, M. C. (Hg.): Evaluation Roots. Tracing Theorists Views and Influences. Thousand Oaks u.a.: Sage, pp. 12-66.

Alkin, M.C.; Christie, C. A. (2013): An Evaluation Theory Tree. In Alkin, M. C. (Ed.): Evaluation Roots. A Wider Perspective of Theorists' Views and Influences Thousand Oaks et al.: Sage (2.), pp. 11-58.

Allmendinger, J.; Hinz, T. (2002): Perspektiven der Organisationssoziologie. In: dies. (Hg.): Organisationssoziologie. Wiesbaden: Westdeutscher Verlag, S. 9-28

Altschuld, J. W. (1990): The Certification of Evaluators: Highlights from a Report Submitted to the Board of Directors of the American Evaluation Association. In: American Journal of Evaluation, Bd. 20, S. 481-493.

Alvesson, M.; Karreman, D. (2001): Odd Couple: Making Sense of the Curious Concept of Knowledge Management. In: Journal of Management Studies, Bd. 38(7), S. 995-1018.

Amelingmeyer, J. (2004): Wissensmanagement. Analyse und Gestaltung der Wissensbasis von Unternehmen. Wiesbaden: DUV.

Andersen, P. K.; Keiding, N. (Hg.) (2006): Survival and event history analysis. Hoboken, N.J. u.a.: Wiley.

Andrews, K. M.; Delahaye, B. L. (2000): Influences on Knowledge Processes in Organizational Learning. The Psychological Filter. In: Journal of Management Studies, Bd. 37(6), S. 2322-2380.

Argyris, C.; Schön, D. A. (2002): Die Lernende Organisation. Grundlagen, Methode, Praxis. Stuttgart: Klett-Cotta.

Auerbach, C. F.; Silverstein, L. B. (2003): Qualitative Data. An introduction to coding and analysis. New York u.a.: New York Univ. Press.

Augsburg, B. (2006): Econometric Evaluation of the SEWA Bank in India. Applying Matching Techniques based on the Propensity Score. MGSoG Working Paper No. 003. Maastricht: Maastricht Graduate School of Governance.

Aulinger, A. (Hg.) (2008): Netzwerk-Evaluation. Herausforderungen und Praktiken für Verbundnetzwerke. Stuttgart: Kohlhammer.

Aurin, K.; Stolz, G.E. (1990): Erfahrungen aus der Aufarbeitung von Evaluationsvorhaben am Beispiel der Projektgruppe „Gesamtschule" der Bund-Länder-Kommission für Bildungsplanung und Forschungsförderung. In: Zeitschrift für Pädagogische Psychologie. Bd. 4(4), S. 268-282.

AUSAID (Hg.) (2005): The Logical-Framework Approach. Aus Guideline 3.3, Canberra: Australian Agency for International Development (im Internet unter: http://www.sswm.info/sites/default/files/reference_attachments/AUSAID%202005%20The%20Logical%20Framework%20Approach.pdf, Stand: 09.01.2014).

Bacher, J. (1996): Clusteranalyse: anwendungsorientierte Einführung. München; Wien: Oldenbourg.Bamberg, S., Gumbl, H.; Schmidt, P. (2000): Rational Choice und theoriegeleitete Evaluationsforschung. Am Beispiel der „Verhaltenswirksamkeit" verkehrspolitischer Maßnahmen. Opladen: Leske + Budrich.

Bamberger, M.; Rugh, J.; Mabry, L. (2006): Real World Evaluation. Working under Budget, Time, Data, and Political Constraints. Thousand Oaks u.a.: Sage.

Bank, V.; Lames, M. (2000): Über Evaluation. Kiel: bajOsch-Hein, Verl. für Berufs- und Wirtschaftspädagogik.

Barnard, C.I. (1938): The Functions of the Executive. Cambrigde, Mass.: Harvard University Press.

Bartholomew, D. J.; Knott, M. (1999): Latent variable models and factor analysis. London u.a.: Arnold.

Batinic, B.; Bosnjak, M. (1997): Fragebogenuntersuchungen im Internet. In: Batinic, B. (ed.). Internet für Psychologen. Göttingen et al.: Hogrefe, pp. 221-244.Bauman, Z.

(2010): Hermeneutics and Social Science. Approaches to Undertanding. London et al.: Routledge.
Baumert, J. u.a. (Hg.) (2001): PISA 2000. Basiskompetenzen von Schülerinnen und Schülern im internationalen Vergleich. Opladen: Leske + Budrich.
Baur, N. (2005). Verlaufsmusteranalyse. Wiesbaden: Verlag für Sozialwiss.
Bea, F.X.; Göbel, E. (2002): Organisation: Theorie und Gestaltung. Stuttgart: Lucius und Lucius.
Beck, U. (1996): Weltrisikogesellschaft, Weltöffentlichkeit und globale Subpolitik. Ökologische Fragen im Bezugsrahmen fabrizierter Unsicherheiten. In: Diekmann, A.; Jaeger, C.C. (Hg.): Umweltsoziologie. Opladen: Westdeutscher Verlag.
Belson, W.A. (1986): Validity in Survey Research. Aldershot, Hants, England: Gower.
Benninghaus, H. (2007): Deskriptive Statistik. Eine Einführung für Sozialwissenschaftler. Wiesbaden: VS-Verlag.
Berger, P.L.; Luckmann, T. (1999): Die gesellschaftliche Konstruktion der Wirklichkeit. Eine Theorie der Wissenssoziologie. Frankfurt: Fischer.
Bergmann, J. R. (2003): Konversationsanalyse. In: Flick, U., von Kardorff, E., Steinke, I. (ed.). Qualitative Forschung. Ein Handbuch. Reinbek: rororo, pp. 524-537.
Bergmann, J. R.; Meier C. (2003): Elektronische Prozessdaten und ihre Analyse. In: Flick, U., von Kardorff, E., Steinke, I. (ed.). Qualitative Forschung. Ein Handbuch. Reinbek: rororo, pp. 429-436.
Berry, W. D.; Feldman, S. (1985): Multiple regression in practice. Newbury Park, Calif. u.a.: Sage.
Beyme, K. von (1994): Die Massenmedien und die Politische Agenda des Parlamentarischen Systems. In: Neidhardt, F. (Hg.): Öffentlichkeit, öffentliche Meinung, soziale Bewegungen. Opladen: WdV, S. 320-336.
Beywl, W. (2001): Konfliktfähigkeit der Evaluation und die „Standards für Evaluationen". In Sozialwissenschaften und Berufspraxis, 24(2), S. 151-164.
Beywl, W.; Harich, K. (2007): University-Based Continuing Education in Evaluation. The Baseline in Europe. In: Evaluation, Bd. 13(1), S. 121-134.
Beywl, W.; Widmer, T. (2000): Handbuch der Evaluationsstandards. Die Standards des "Joint Committee for Educational Evaluation". Opladen: Leske + Budrich.
Biemer, P.P. u.a. (1991): Measurement Errors in Surveys. New York: Wiley.
Blasius, J. (2001): Korrespondenzanalyse. München et al.: Oldenbourg.Blau, P.M.; Scott, R.W. (1963): Formal Organizations: A Comparative Approach. London: Routledge and Kegan.
Bloor, M. (2002): Focus Groups in Social Research. London u.a.: Sage.
Blossfeld, H.-P.; Golsch, K.; Rohwer, G: (2007): Event History Analysis With Stata, Mahwah NJ: Lawrence Erlbaum.
Blossfeld H.-P.; Rohwer, G. (2002): Techniques of event history modeling. New approaches to causal analysis. Mahwah (NJ): Erlbaum.
Blunch, N. J. (2008): Introduction to Structural Equation Modelling Using SPSS and AMOS. Thousand Oaks et al.: Sage.
Böhm, A. (2003): Theoretisches Codieren: Textanalyse in der Grounded Theory. In: Flick, U.; von Kardorff; E., Steinke, I. (ed.). Qualitative Forschung. Ein Handbuch. Reinbek: rororo, pp. 475-485.Böltken, F. (1976): Auswahlverfahren. Eine Einführung für Sozialwissenschaftler. Stuttgart: Teubner.
Böttcher, W. u.a. (Hg.) (2008): Bildungsmonitoring und Bildungscontrolling in nationaler und internationaler Perspektive. Dokumentation zur Herbsttagung der Kommission Bildungsorganisation, -planung, -recht (KBBB). Münster: Waxmann.
Boettner, J. (2007): Sozialraumanalyse – soziale Räume vermessen, erkunden, verstehen. In: Michel-Schwartze, B. (ed.). Methodenbuch Soziale Arbeit. Basiswissen für die Praxis. Wiesbaden: VS-Verlag, pp. 259-292.

Bogner, A.; Littig, B.; Menz, W. (ed.) (2005): Das Experteninterview. Theorie, Methode, Anwendung. Wiesbaden: VS-Verlag.

Bohnsack, R. (2003): Gruppendiskussion. In: Flick, U.; von Kardorff, E.; Steinke, I. (ed.). Qualitative Forschung. Ein Handbuch. Reinbek: rororo, pp. 369-384.

Booroah, V.K. (2003): Logit and Probit. Ordered and Multinomial Models. Thousand Oaks u.a.: Sage.

Borrmann, A. (1999): Erfolgskontrolle in der Deutschen Entwicklungszusammenarbeit. Baden-Baden: Nomos.

Borrmann, A.; Gleich, A. v.; Holthus, M.; Shams, R. (2001): Reform der Erfolgskontrolle in der deutschen Entwicklungszusammenarbeit: eine Zwischenbilanz. Veröffentlichungen des Hamburgischen Welt-Wirtschafts-Archivs (HWWA), Bd. 63. Baden-Baden: Nomos.

Borrmann, A.; Stockmann, R. (2009): Evaluation in der deutschen Entwicklungszusammenarbeit. Bd. 1 Systemanalysen, Bd. 2 Fallstudien. Studie im Auftrag des Bundesministeriums für Wirtschaftliche Zusammenarbeit und Entwicklung – BMZ. Bd. 8 und 9 der Reihe „Sozialwissenschaftliche Evaluationsforschung“. Münster: Waxmann.

Bortz, J.; Döring, N. (1995): Forschungsmethoden und Evaluation. 2. vollständig überarb. und aktualisierte Aufl.. Berlin, Heidelberg, New York: Springer.

Bortz, J.; Döring, N. (2002): Forschungsmethoden und Evaluation für Human- und Sozialwissenschaftler, Berlin u.a.

Bos, W. u.a. (Hg.) (2003): Erste Ergebnisse aus IGLU. Schülerleistungen am Ende der vierten Jahrgangsstufe im internationalen Vergleich. Münster: Waxmann.

Bos, W. u.a. (Hg.) (2005): IGLU. Skalenhandbuch zur Dokumentation der Erhebungsinstrumente, Münster: Waxann.

Bos, W. u.a. (Hg.) (2007): IGLU 2006. Die Lesekompetenz von Grundschulkindern in Deutschland im internationalen Vergleich. Münster: Waxmann.

Bos, W. u.a. (Hg.) (2008a): IGLU-E 2006. Die Länder der Bundesrepublik im nationalen und internationalen Vergleich. Münster: Waxmann.

Bos, W. u.a. (Hg.) (2008b): TIMSS 2007. Mathematische und Naturwissenschaftliche Kompetenzen von Grundschulkindern in Deutschland im internationalen Vergleich. Münster: Waxmann.

Bos, W.; Gröhlich, C.; Pietsch, M. (2007): KESS 4. Lehr- und Lernbedingungen in Hamburger Grundschulen. Münster: Waxmann.

Bos, W.; Pietsch, M. (Hg.) (2006): KESS 4. Kompetenzen und Einstellungen von Schülern und Schülerinnen am Ende der Jahrgangsstufe 4 in Hamburger Grundschulen. Münster: Waxmann.

Bos, W.; Tarnai, Ch. (ed.) (1998): Computerunterstützte Inhaltsanalyse in den Empirischen Sozialwissenschaften. Theorie – Anwendung – Software. Münster et al.: Waxmann.

Bosch, W.; Wloka, M. (2006): Allgemeine Anforderungen an die Kompetenz von Prüf- und Kallibrierlaboratorien. Kommentar zu DIN EN ISO/IEC 17025. Berlin u.a.: Beuth.

Bostrom, N. (2002): Anthropic Bias. Observation Selection Effects in Science and Philosophy. New York u.a.: Routledge.

Bourier, G. (2005): Wahrscheinlichkeitsrechnung und schließende Statistik: praxisorientierte Einführung mit Aufgaben und Lösungen. Wiesbaden: Gabler.

Bourque, L.B.; Fielder, E.P. (2003): How to conduct self-administrated and mail surveys. Thousand Oaks u.a.: Sage.

Brägger, G.; Kramis, J.; Teuteberg, H. (2007): Reform der Schulaufsicht und Aufbau der Externen Schulevaluation in der Schweiz. Am Beispiel der Kantone Luzern und

Thurgau. In: Böttcher, W.; Kotthoff, H. (Hg.): Schulinspektion: Evaluation, Rechnungslegung und Qualitätsentwicklung vor dem Hintergrund internationaler Erfahrungen.

Brandt, T. (2009): Evaluation in Deutschland: Professionalisierungsstand und -perspektiven. Dissertation. Saarbrücken: Universität des Saarlandes.

Brandtstädter, J. (1990a): Entwicklung im Lebenslauf. Ansätze und Probleme der Lebensspannen-Entwicklungspsychologie. In: Mayer, K.U. (Hg.): Lebensverläufe und Sozialer Wandel. (Sonderheft der Kölner Zeitschrift für Soziologie und Sozialpsychologie). Opladen: Westdeutscher Verlag.

Brandtstädter, J. (1990b): Evaluationsforschung: Probleme der wissenschaftlichen Bewertung von Interventions- und Reformprojekten. In: Zeitschrift für Pädagogische Psychologie. J. 4, H. 4. S. 215-228.

Brauwer, R.; Rumpel, K.-D. (2008): Bildungscontrolling. Ansätze, Modelle und Kennzahlen. Aachen: Shaker-Verlag.

Bray, J. H.; Maxwell, S. E. (2003): Multivariate analysis of variance. Newbury Park, Calif. u.a.: Sage.

Brent, R. J. (2008): Applied cost-benefit analysis. Cheltenham: Edgar Elgar.

Brown, T. A (2006): Confirmatory Factor Analysis for Applied Research. New York u.a.: Guilford.

Brown, T. A (2006): Confirmatory Factor Analysis for Applied Research. New York et al.: Guilford.

Brüsemeister, T. (2000): Qualitative Forschung. Ein Überblick. Wiesbaden: Westdeutscher Verlag.

Bryman, A. (2008): Social Research Methods Oxford: Oxford University Press .

Bryson, A., Dorsett, R.; Purdon, S. (2002): The use of propensity score matching in the evaluation of active labour market policies. Department for Work and Pensions Working Paper No. 4. London: DWP (Download unter http://eprints.lse.ac.uk/4993/1/The_use_of_propensity_score_matching_in_the_evaluation_of_actice_labour_market_policies.pdf, Stand 09.01.2014).

Bulmer, M.; Sturgis, P.J.; Allum, N. (2009): The Secondary Analysis of Survey Data. Thousand Oaks et al.: Sage (Sage Benchmarks in Social Research Methods, 4 Vol.).

Bundesrechnungshof, Präsident des (1989): Erfolgskontrolle finanzwirksamer Maßnahmen in der öffentlichen Verwaltung. Stuttgart, Berlin, Köln: Kohlhammer.

Bundesrechnungshof, Präsident des (1998): Erfolgskontrolle finanzwirksamer Maßnahmen in der öffentlichen Verwaltung. Stuttgart, Berlin, Köln: Kohlhammer.

Bundesregierung (2001): Perspektiven für Deutschland: Unsere Strategie für eine nachhaltige Entwicklung. Zusammenfassung, 19. Dezember 2001, Berlin.

Buschor, E. (2002): Evaluation und New Public Management. In: Zeitschrift für Evaluation Bd. 1/2002. S. 61-74.

Bussmann, W. u.a. (Hg.) (1997): Einführung in die Politikevaluation. Basel, Frankfurt a. Main: Helbing & Lichtenhahn.

Byrne, D.; Uprichard, E. (2012): 'Useful complex causality', in: Kinkard, H. (ed), Oxford Handbook of Philosophy of Social Science, Oxford: Oxford University Press, pp. 109-129.

Campbell, D. T. (1969): Reform as Experiments. In: American Psychologist. Bd. 24(4), S. 409-429.

Campbell, D. T. (1975): Assessing the impact of planned social change. In: Lyons, G. M. (Hg.): Social Research and Public Policies. Hanover: Dartmouth College, S. 3-45.

Campbell, D. T. (1991): Methods for the Experimenting Society. In: Evaluation Practice Bd. 12(3), S. 223-260.

Campbell, D. T.; Boruch, R. F. (1975): Making the Case for Randomized Assignment to Treatments by Considering the Alternatives: Six Ways in Which Quasi-Experimental

Evaluations in Compensatory Education Tend to Underestimate Effects. In: Bennett, C. A.; Lumsdaine, A. A. (Hg.): Evaluation and Experiment. New York: Academic Press, S. 195-296.
Campbell, D. T.; Stanley, J. C. (1963): Experimental and quasi-experimental designs for research. Boston: Houghton-Mifflin.
Carden, F. & Alkin, M. C. (2012): Evaluation Roots: An International Perspective. In: Journal of MultiDisciplinary Evaluation, Vol. 8, Nr. 17, pp.102-118.
Carrington, P. J., Scott, J.; Wasserman, S. (Hg.) (2005): Models and Methods in Social Network Analysis. Cambridge: Cambridge University Press.
Carson, A.. M. (2001): That's Another Story: narrative methods and ethical practice. In: Journal of Medical Ethics, Bd. 27, S. 198-202.
Caspari, A. (2004): Evaluation der Nachhaltigkeit von Entwicklungszusammenarbeit. Zur Notwendigkeit angemessener Konzepte und Methoden. Wiesbaden: VS-Verlag.
Caspari, A.; Barbu, R. (2008): Wirkungsevaluierungen: Zum Stand der internationalen Diskussion und dessen Relevanz für Evaluierungen der deutschen Entwicklungszusammenarbeit. Evaluation Working Papers. Bonn: Bundesministerium für wirtschaftliche Zusammenarbeit und Entwicklung.
CDG (2006): When Will We Ever Learn? Improving Lives through Impact Evaluation. Washington, D.C, Centre for Global Development.
Chambers, R. (1994): The origins and practice of participatory rural appraisal. In: World Development (22/7), S. 953-969.
Chelimsky, E. (1995): New dimensions in evaluation. In: World Bank Operations Evaluations Department (OED): Evaluation and Development: proceedings of the 1994 World Bank Conference. Washington D.C., S. 3-11.
Chelimsky, E. (1997): The Coming Transformation in Evaluation. In: Chelimsky, E.; Shadish, W. R. (Hg): Evaluation for the 21st Century. A Handbook. Thousand Oaks u.a.: Sage.
Chelimsky, E. (2006): The Purpose of Evaluation in a Democratic Society. In: Shaw, I.F.; Greene, J.C.; Melvin, M. (Hg.): The Sage Handbook of Evaluation.
Chen, H. (1990): Theory-Driven Evaluations. Newbury Park: Sage.
Chen, H.; Rossi, P. (1980): The Multi-Goal, Theory-Driven Approach to Evaluation: A Model Linking Basic and Applied Social Science. In: Social Forces Bd. 59, S. 106-122.
Chen, H.; Rossi, P. (1983): Evaluating with sense: The theory-driven approach. In: Evaluation Review. Bd. 7, S. 283-302.
Chen, H.; Rossi, P. (1987): The theory-driven approach to validity. In: Evaluation and Program Planning, Bd. 10, S. 95-103.
Chen, S.; Ravallion, M. (2003): Hidden Impact? Ex-Post Evaluation of an Anti-Poverty Program. World Bank Policy Research Working Paper 3049, May 2003 (Download unter http: //www-wds.worldbank.org/external/default/WDSContentServer/IW3P/IB/2003/06/06/000094946_03052804040641/additional/107507322_20041117143515.pdf, Stand 09.01.2014).
Christensen, T. (2002): New Public Management: the transformation of ideas and practise. Aldershot: Ashgate.
Christie, C.A.; Alkin, M.C. (2008): Evaluation theory tree re-examined. In: Studies in Educational Evaluation 34 (2008), pp. 131-135.
Cicourel, A.V. (1974): Methode und Messung in der Soziologie. Frankfurt: suhrkamp.
Clandinin, D. J.; Connelly, F. M. (2004): Narrative Inquiry. Experience and Story in Qualitative Research. San Francisco: Jossey-Bass.
Clemens, W. (2000): Angeordnete Sozialforschung und Politikberatung. In: Clemens, W.; Strübing, J. (Hg.): Empirische Sozialforschung und gesellschaftliche Praxis. Opladen: Leske + Budrich.

Cleves, M. A.; Gould, W. W.; Gutierrez, R. G. (2008): An introduction to survival analysis using stata. College Station, Tex.: Stata Press.
Clubb, J. M.; Scheuch, E. K. (Hg.) (1980): Historical Social Research: the use of historical and process-produced data. Stuttgart: Klett.
Cohen, J. L.; Arato, A. (1992): Civil Society and Political Theory. Cambridge, Mass.: MIT Press.
Cohen, J.; Cohen, P.; West, S. G. (2002): Applied Multiple Regression /Correlation Analysis for the Behavioral Sciences. London u.a.: Psychology Press.
Cook, T. (1997): Lessons Learned in Evaluation Over the Past 25 Years. In: Chelimsky, E.; Shadish, W. R. (Hg.): Evaluation for the 21st Century. A Handbook. Thousand Oaks u.a.: Sage, S. 31-68.
Cook, T. D.; Matt, G. E. (1990): Theorien der Programmevaluation. In: Koch, U.; Wittmann, W. (Hg): Evaluationsforschung: Bewertungsgrundlage von Sozial- und Gesundheitsprogrammen. Berlin u.a.: Springer.
Couper, M. P.; Coutts, E. (2006): Online-Befragung. Probleme und Chancen verschiedener Arten von Online-Erhebungen. In: Diekmann, A. (Hg.), Methoden der Sozialforschung. Wiesbaden (Sonderheft 44 der Kölner Zeitschrift für Soziologie und Sozialpsychologie), S. 217-243.
Cousins, J. B.; Earl, L. M. (Hg.) (1992): Participatory Evaluation in Education: Studies in Evaluation Use and Organizational Learning. London: Falmer Press.
Cousins, J. B.; Earl, L. M. (1995): Participatory Evaluation in Education: Studies in Evaluation Use and Organizational Learning. London: Falmer Press.
Cousins, J. B.; Shulha, L. M. (2006): A Comparative Analysis of Evaluation Utilization and Its Cognate Fields of Inquiry: Current Issues and Trends. In: Shaw, I.F.; Greene, J.C.; Melvin, M. (Hg.): The Sage Handbook of Evaluation.
Creswell, J. W. (2006): Research Design. Qualitative, quantitative, and mixed methods approaches. Thousand Oaks u.a.: Sage.
Creswell, J. W.; Plano Clark, V L. (2007): Designing and conducting mixed methods research. Thousand Oaks u.a.: SAGE.
Cronbach, L. J. (1982): Designing Evaluations of Educational and Social Programs. San Francisco u.a.: Jossey-Bass.
Cronbach, L. J. u.a. (1980): Toward Reform of Program Evaluation. San Franciso u.a.: Jossey-Bass.
Cropley, A. J. (2005), Qualitative Forschungsmethoden: eine praxisnahe Einführung. Eschborn: Klotz.
Cuddeback, G., Wilson, E., Orme, J. G.; Combs-Orme, T. (2004): Detecting and Statistically Correcting Sample Selection Bias. In: Journal of Social Service Research, Bd. 30(3) 2004, S. 19-33 (als Download unter http: //web.utk.edu/~orme00/articles/ Cuddeback_et_al.pdf, Stand 09.01.14)
Dahler-Larsen, P. (2006): Evaluation after Disenchantment? Five Issues Shaping the Role of Evaluation in Society. In: Shaw, I. F.; Greene, J. C.; Melvin, M. (Hg.): The Sage Handbook of Evaluation.
Dale, A.; Arber, S.; Procter, M. (1988): Doing secondary analysis. London u.a.: Unwin Hyman.
Danesi, M. (2007): The Quest for Meaning. A Guide to Semiotic Theory and Practice. Toronto: University of Toronto Press.
Das, M.; Ester, P.; Kaczmirek, L. (eds.; 2010): Socialand Behavioral Research and the Internet. Advances in Applied Methods and Research Strategies, Hove: Psypress.Datta, L. (2006): The Practice of Evaluation: Challenges and New Directions. In: Shaw, I. F.; Greene, J. C.; Melvin, M. (Hg.): The Sage Handbook of Evaluation.
Davenport, T. H.; Prusak, L. (1998): Working Knowledge. How Organizations Manage What They Know. Boston: Harvard Business School Press.

De Maris, A. (2003): Logit Modelling. Practical Applications. Newbury Park u.a.: Sage.
De Vaus, D. (2005): Surveys in Social Research. London u.a.: Routledge.
De Zeeuw, A. J.; van der Ploeg, F. (1991): Difference Games and Policy Evaluation: A Conceptual Framework. In: Oxford Economic Papers 43: 612-636.
De Zeeuw, A. J. (2008): Dynamic effects on the stability of international environmental agreements. In: Journal of Environmental Economics and Management, Bd. 55(2), S. 163-174.
Degele, N.; Dries, C. (2005): Modernisierungstheorie. Eine Einführung. München: Fink (UTB).
Dent, M. (2004): Questioning the new public management. Aldershot: Ashgate.
Derlien, H.-U. (1976): Die Erfolgskontrolle staatlicher Planung. Eine empirische Untersuchung über Organisation, Methode und Politik der Programmevaluation. Baden-Baden: Nomos.
Derlien, H.-U. (1990): Geneses and Structure of Evaluation Efforts in Comparative Perspective. In: Rist, R. C. (Hg.): Program Evaluation and the Management of Government. New Brunswick: Transaction.
Derlien, H.-U. (Hg.) (1991): Programmforschung in der öffentlichen Verwaltung. Werkstattbericht der Gesellschaft für Programmforschung. München.
Derlien, H.-U. (1994): Evaluation zwischen Programm und Budget. In: Hofmeister, A. (Hg.): Möglichkeiten und Grenzen der Programmsteuerung: Controlling und Evaluation. Verwaltungspraxis in Ost und West in Zeiten des Wandels. Schriftenreihe der Schweizerischen Gesellschaft für Verwaltungswissenschaft. Band 21, S. 43-61.
Descy, P.; Tessaring, M. (Hg.) (2004): Impact of Education and Training. Third report on vocational training research in Europe: background report. Luxembourg: Office for Official Publications of the European Communities (Cedefop Reference series No. 54).
Deutsche Gesellschaft für Evaluation (2002): Standards für Evaluation. Köln: DeGEval.
Deutscher, I.; Ostrander, S.A. (1985): Sociology and Evaluation Research: Some Past and Future Links. In: History of Sociology 6. S. 11-32.
Diamond, W. D. (2001): Practical Experiment Designs for Engineers and Scientists. New York: Wiley.
Diekmann, A. (1997): Empirische Sozialforschung. Reinbeck: Rowohlt.
Diekmann, A., Mitter, P. (1984): Methoden zur Analyse von Zeitverläufen: Anwendungen stochastischer Prozesse bei der Untersuchung von Ereignisdaten, Stuttgart: Teubner.
Dijk, T. A. v. (Hg.) (1992): Handbook of Discourse Analysis. Bd. 3. London u.a.: Academic Press.
Dijkstra, W.; van der Zouwen, J. (1982): Response behaviour in the survey-interview. London u.a.: Academic Press.
Dommach, H. (2008): Das Verfahren der Erfolgskontrolle durch die Bundesverwaltung für zuwendungsfinanzierte Projekte und Institutionen. In: Die Öffentliche Verwaltung. Heft 7, S. 282-287.
Donaldson, S. I.; Lipsey, M. W. (2006): Roles for Theory in Contemporary Evaluation Practice: Developing Practical Knowledge. In: Shaw, I. F.; Greene, J. C.; Melvin, M. (Hg.): The Sage Handbook of Evaluation.
Doncaster, C. P.; Davey, A. J. H. (2007): Analysis of Variance and Covariance: how to choose and construct models for the life sciences. Cambridge u.a.: Cambridge University Press.
Droitcour, J. A. (1997): Cross-Design Synthesis: Concept and application. In: Chelimsky, E.; Shadish, W. R. (Hg.). Evaluation for the 21st century. A handbook. Thousand Oaks: Sage, S. 360-372.

Droitcour, J. A.; Kovar, M. G. (2008): Multiple Threats to the Validity of Randomized Studies. In: Smith, N. L.; Brandon, P. R. (Hg.): Fundamental Issues in Evaluation. New York: Guilford Press, S. 61-88.

Dror, Y. (1968): Public policymaking re-examined. Scranton, Pennsylvania: Chandler.

Drummond, M. F. u.a. (2007): Methods for the Economic Evaluation of Health Care Programmes. Oxford u.a.: Oxford University Press.

Druwe, U. (1987): Politik. In: Görlitz, A.; Prätorius, R. (Hg.): Handbuch Politikwissenschaft. Grundlagen-Forschungsstand-Perspektiven. Hamburg: Rohwolt. S. 393-397.

Duffy, S. W., Hill, C. and Estève, J. (Hg.) (2001): Quantitative Methods for the Evaluation of Cancer Screening. London: Hodder Arnold.

Dunn, W. N. (2004): Public policy analysis: an introduction. Prentice-Hall: Pearson.

Dye, T. R. (1978): Policy-Analysis: What Governments Do, Why They Do It, and What Difference it Makes. Alabama: University of Alabama.

Ecarius, J.; Schäffer, B. (ed.) (2008): Typenbildung und Theoriegenerierung: Methoden und Methodologien qualitativer Biographie- und Bildungsforschung. Opladen & Farmington Hills: Barbara Budrich.

Eco, U. (2007): Zeichen. Einführung in einen Begriff und seine Geschichte. Frankfurt: Suhrkamp.

Eco, U. (2002): Einführung in die Semiotik. München: Fink.

Egger, M.; Lenz, C. (2006): Wirkungsevaluation der öffentlichen Arbeitsvermittlung. Studie im Auftrag der Aufsichtskommission für den Ausgleichsfonds der Arbeitslosenversicherung. Bern: Staatssekretär für Wirtschaft, Seco Publikation Arbeitsmarktpolitik No 18 (10. 2006) (als Download unter http://www.seco.admin.ch/dokumentation/publikation/00004/00005/01796/index.html?lang=de; Stand 09.01.2014).

Eisenführ, F.; Weber, M. (2003): Rationales Entscheiden. Berlin u.a.. Springer.

Ellenbogen, K. (2004): Die verdeckte Ermittlungstätigkeit der Strafverfolgungsbehörden durch die Zusammenarbeit mit V-Personen und Informanten. Berlin: Duncker & Humblot (Schriften zum Prozessrecht 187).

Engel, U. (1998): Einführung in die Mehrebenenanalyse: Grundlagen, Auswertungsverfahren und praktische Beispiele, Wiesbaden: VS Verlag für Sozialwissenschaften.

Engel, U. (1997): Hierarchische und dynamische Modellierung: Grundlagen und Anwendungen komplexer Strukturgleichungsmodelle. Hamburg: Verlag Dr. Kovač.

Engel, U., & Reinecke, J. (1994). Panelanalyse: Grundlagen, Techniken, Beispiele. Berlin/New York: Walter de Gruyter.

Etzioni, A. (1964): Modern Organizations. Englewood Cliffs, N.J.: Prentice-Hall.

Europäische Union – Generalsekretariat (2010): Multi-annual Overview (2002-2009) of Evaluations & Impact Assessments, Brüssel: EU (Online unter: http://ec.europa.eu/smart-regulation/evaluation/docs/multiannual_overview_eu.pdf, Stand: 09.01.2014).

Europäische Union – Generalsekretariat (2010a): Annual Evaluation Review 2009. Summary Information on Evaluations in the European Commission, Brüssel: EU (Online unter: http://ec.europa.eu/smart-regulation/evaluation/docs/final_aer_2009_en.pdf, Stand: 09.01.2014).

Ezzy, D. (2000): Fate and agency in job loss narratives. In: Qualitative Sociology, Bd. 23(1), S. 121-134.

Fairclough, N. (2003): Analysing Discourse. Textual Analysis for Social Research. London: Routledge.

Fassnacht, G. (1995): Systematische Verhaltensbeobachtung, München: Reinhardt.

Feick, J.; Jann, W. (1988): Nations matter – Vom Eklektizismus zur Integration in der vergleichenden Policy-Forschung? In: Schmidt, M. G. (Hg.): Staatstätigkeit. International und historisch vergleichende Analysen (PVS-Sonderheft 19). Opladen: Westdeutscher Verlag.

Fend, H. (1982): Gesamtschule im Vergleich. Bilanz der Ergebnisse des Gesamtschulversuchs. Weinheim: Beltz.
Fetterman, D. M. (2000): Foundations of empowerment evaluation. Thousand Oaks, CA: Sage.
Finsterbusch, K.; Llewellyn, L. G.; Wolf, C. P. (Hg.) (1983): Social impact assessment methods. Beverly Hills u.a.: Sage.
Fitzpatrick, J. L.; Morris, M. (Hg.) (1999): Current and Emerging Ethical Challenges in Evaluation. San Francisco: Jossey-Bass.
Fitzpatrick, J. L.; Sanders, J. R.; Worthen, B. R. (2004): Program Evaluation. Alternative Approaches and Practical Guidelines. 3. Auflage. Boston u.a.: Pearson.
Flick, U. (1996): Konstruktion und Rekonstruktion: methodologische Überlegungen zur Fallrekonstruktion. Berlin: Techn. Univ.
Flick, U. (Hg.) (2006): Qualitative Evaluationsforschung. Konzepte – Methoden – Umsetzung. Reinbek: Rowohlt.
Flick, U. (2008): Triangulation. Eine Einführung. Wiesbaden: VS-Verlag.
Florio, M. (Hg.) (2007): Cost-Benefit Analysis and Incentives in Evaluation. The Structural-Funds of the European Union. Cheltenham: Edgar Elgar.
Foddy, W. (2001): Constructing Questions for Interviews and Questionnaires. Theory and practice in social research. Cambridge u.a.: Cambridge Univ. Press.
Föllinger, O. (2007): Laplace-, Fourier- und z-Transformation. Heidelberg: Hüthig.
Franzosi, R. (Hg.) (2007): Content analysis. Bd. 4. Los Angeles u.a.: Sage.
Freedman, J. (1997): Accountability in the participatory mode. In: Cummings, H. F. (Hg.): Results-Based Performance. Reviews and Evaluations (Canadian Journal of Development Sutdies, Vol XVIII, Special Issue). Ottawa: University of Ottawa, S. 767-784.
Frey, K. u.a. (2006): Evaluationsbericht. Gutachterkommission zu Evaluation des Centrums für Evaluation (CEval) an der Universität des Saarlandes. Münster.
Friederichs, J.; Lüdtke, H. (1977): Teilnehmende Beobachtung: Einführung in die sozialwissenschaftliche Feldforschung. Weinheim et al.: Beltz.
Früh, W. (2007). Inhaltsanalyse. Theorie und Praxis. Konstanz: UVK.
Furubo, J.-E.; Rist, R.C.; Sandahl, R. (2002) (Hg.): International Atlas of Evaluation. New Brunswick: Transaction Publishers.
Gabler, S.; Häder, S. (2006): Auswahlverfahren. Wiesbaden: VS-Verlag.
Gabler, S.; Häder, S.; Hoffmeyer-Zlotnik, J. H. P. (1998): Telefonstichproben in Deutschland. Opladen: WdV.
Gadamer, H. G. (2007): Wahrheit und Methode (ed. G. Figal). Berlin: Akademie (new edition).
Gagel, D. (1990): Aktionsforschung – Methoden partizipativer Handwerksförderung. In: Boehm, U.; Kappel, R. (Hg.): Kleinbetriebe des informellen Sektors und Ausbildung im sub-saharischen Afrika. Hamburg.
Gangl, M.; DiPrete, T. A. (2006): Kausalanalyse durch Matchingverfahren. In: Diekmann, A. (Hg.): Methoden der Sozialforschung. Wiesbaden: VS-Verlag, S. 396-420 (Sonderheft 44, 2004 der Kölner Zeitschrift für Soziologie und Sozialpsychologie).
Gairing, F. (2002): Organisationsentwicklung als Lernprozess von Menschen und Systemen. München: Beltz.
Geider, F. J., Rogge, K.-E.; Schaaf, H. P. (1982): Einstieg in die Faktorenanalyse. Heidelberg: Quelle & Meyer.
Gergen, K. J. (2002): Konstruierte Wirklichkeiten. Eine Hinführung zum sozialen Konstruktivismus. Stuttgart: Kohlhammer.
Gillham, B. (2005): Research Interviewing. The range of techniques. Maidenhead: Open University Press.

Girden, E. R. (1998): ANOVA: repeated measures. Newbury Park, Calif. u.a: Sage.
Gläser, J.; Laudel, G. (2009): Experteninterviews und Qualitative Inhaltsanalyse als Instrumente rekonstruierender Untersuchungen. Wiesbaden: VS-Verlag.
Glass, G. und Ellett, F. Jr. (1980): Evaluation Research. In: Annual Review Psychology, Bd. 31, S. 211-228.
Glitza, K. H. (2005): Observation. Praxisleitfaden für private und behördliche Ermittlungen. Stuttgart et al.: Boorberg.
Glucksberg, S. (2001): Understanding Figurative Language. From Metaphor to Idioms. Oxford: Oxford University Press.
Gölz, N. (2002): Soll-Ist-Vergleich und Abweichungsanalyse in der Grenzplankostenrechnung. Norderstedt: Grin.
Götz, K.; Schmid, M. (2004a): Theorien des Wissensmanagement. Frankfurt u.a.: Lang.
Götz, K.; Schmid, M. (2004b): Praxis des Wissensmanagement. München: Vahlen.
Goffman, E. (1999): Das Individuum im öffentlichen Austausch. Mikrostudien zur öffentlichen Ordnung. Frankfurt: Suhrkamp (3. Auflage).
Gollwitzer, M.; Jäger, R.S. (2007): Evaluation. Workbook. Weinheim, Basel: Beltz.
Gordon, R.A. (2010): Regression Analysis for the Social Sciences, Abingdon: Routledge.
Gramsci, A. (1976): Selections from the Prison Notebooks. London: Lawrence & Wishart.
Graßhoff, G., Casties, R.; Nickelsen, K. (2000): Zur Theorie des Experiments. Untersuchungen am Beispiel der Entdeckung des Harnstoffzyklus. Bern: Bern Studies in the History and Philosophy Sciences.
Green, T. B.; Knippen, J. T. (1999): Breaking the Barrier to Upward Communication. Strategies and Skills for Employees, Managers, and HR Specialists. New York: Quorum Books.
Greenacre, M. J.; Blasius, J. (Hg.) (1999): Correspondence Analysis in the Social Sciences. Recent developments and applications. San Diego: Academic Press.
Greenacre, M.J. (2007): Correspondence Analysis in Practice. Boca Raton: Chapman & Hall.
Greene, J. C. (2006): Evaluation, Democracy, and Social Change. In: Shaw, I. F., Greene, J. C.; Mark, M. M. (Hg.): Handbook of Evaluation. Policies, Programs and Practices. London u.a.: Sage, S. 56-75.
Greene, J. C. (2007): Mixed Methods in Social Inquiry. San Francisco: Jossey-Bass.
Greene, J. C.; Caracelli, V. J. (Hg.) (1997): Advances in Mixed-Method Evaluation. The challenges and benefits of integrating diverse paradigms. San Francisco: Jossey-Bass.
Greenstone, M.; Gayer, T. (2007): Quasi-Experimental and Experimental Approaches to Environmental Economics. Resources for the Future Discussion. paper RFF-DP-07-22 (Download unter http: //www.rff.org/Documents/RFF-DP-07-22.pdf, Stand 09.01.2014).
Greve, W.; Wentura, D. (1997): Wissenschaftliche Beobachtung. Eine Einführung, Weinheim et al.: Beltz.
Gronlund, N. E. (1959): Sociometry in the Class Room. New York: Harper.
Groß, J. (2003): Linear Regression. Berlin ; Heidelberg u.a.: Springer.
Groves, R. M. (1989). Survey errors and survey costs. New York u.a.: Wiley.
Groves, R. M., Dillman, D. A., Eltinge, J. L.; Little, R. J. A. (Hg.) (2002): Survey Nonresponse. New York: John Wiley and Sons.
Groves, R. M. u.a. (Hg.) (2001): Telephone survey methodology. New York u.a.: Wiley.
Gruschka, A. (Hg.) (1967): Ein Schulversuch wird überprüft. Das Evaluationsdesign für die Kollegstufe NW als Konzept handlungsorientierter Begleitforschung. Kronberg.
Guba, E. G. (1981): Investigative reproting. In: Smith, N. L. (Hg.): Metaphors for evaluation: Sources of new methods. New Perspectives in Evaluation (Vol. 1). Beverly Hills, CA: Sage.

Guba, E. G.; Lincoln, Y. S. (1989): Fourth Generation Evaluation, Newbury Park u.a.: Sage.
Gubrium, J. F.; Holstein, J. A. (Hg.) (2004): Handbook of Interview Research. Context and Method. Thousand Oaks u.a.: Sage.
Haarmann, A.; Schulz, E.; Wasmer, M.; Blohm, M.; Harkness, J. (2006): Konzeption und Durchführung der „Allgemeinen Bevölkerungsumfrage der Sozialwissenschaften“ (ALLBUS) 2004. Mannheim: ZUMA (ZUMA-Methodenbericht 2006/06).
Haas, B.; Scheibelhofer, E. (1998): Typenbildung in der qualitativen Sozialforschung. Wien: IHS.
Habermas, J. (2001): Strukturwandel der Öffentlichkeit. Frankfurt a. Main: suhrkamp (7. Auflage).
Habermehl, W. (1992), Angewandte Sozialforschung, München/Wien.
Häder, M. (2002): Delphi-Befragungen. Ein Arbeitsbuch. Wiesbaden: Westdeutscher Verlag.
Häder, M.; Häder, S. (ed.) (2000): Die Delphi-Technik in den Sozialwissenschaften. Methodische Forschungen und innovative Anwendungen. Wiesbaden: Westdeutscher Verlag.
Hage, G.; Aiken, M. (1969): Routine Technology, Social Structure, and Organization Goals. In: ASQ Bd. 14, S. 366-376.
Harris, T. W. (Hg.) (2002): Applied Organizational Communication. Principle and Pragmatics for Future Practice. Mahwah: Erlbaum.
Harrison, M. D. (2002): Narrative Based Evaluation. Wording toward the light. New York u.a.: Lang.
Hartwich, H. H. (Hg) (1985): Policy-Forschung in der Bundesrepublik Deutschland. Ihr Selbstverständnis und ihr Verhältnis zu den Grundfragen der Politikwissenschaft. Opladen.
Haun, M. (2005): Handbuch Wissensmanagement. Grundlagen und Umsetzung, Systeme und Praxisbeispiele. Berlin: Springer.
Haw, K.; Hadfield, M. (2010): Video in Social Science Research. Functions and Forms, Abingdon: Routledge.
Heckman, J. J., Ichimura, H.; Smith, J.; Todd, P. E. (1996): Sources of selection bias in evaluating social programs: An interpretation of conventional measures and evidence on the effectiveness of matching as a program evaluation method. In: Proceedings of the National Academy of Sciences USA, Bd. 93, S. 13416-13420, November 1996 (Download unter http: //www.pnas.org/cgi/reprint/93/23/13416.pdf?ck=nck, Stand 23.01.2014).
Heckman, J. J., Ichimura, H.; Todd, P. E. (1997): Matching as an Econometric Evaluation Estimator: Evidence from Evaluating a Job Training Programme. In: Review of Economic Studies, Bd. 64, S. 605-654.
Hein, M. R. (1990): Organisationskommunikation und Organisationskultur. Führungskräfte – Kommunikatoren und Kulturmanager. Eine empirische Analyse. Bonn: BDW.
Heise, M.; Meyer, W. (2004). The benefits of education, training and skilss from an individual life-course perspective with particular focus on life-course and biographical research. In: Descy, P.; Tessaring, M. (Hg.): Impact of education and training. Third report on vocational training research in Europe: background report. Luxembourg: Office for Official Publications of the European Communities, pp. 321-381.
Helffrich, C. (2005): Die Qualität qualitativer Daten. Manual für die Durchfühung qualitativer Interviews. Wiesbaden: VS-Verlag.
Hellstern, G.-M.; Wollmann, H. (1983): Bilanz-Reformexperimente, wissenschaftliche Begleitung und politische Realität. In: Hellstern, G.-M.; Wollmann, H. (Hg.): Expe-

rimentelle Politik – Reformstrohfeuer oder Lernstrategie. Opladen: Westdeutscher Verlag.

Hellstern, G.-M.; Wollmann, H. (Hg.) (1984): Handbuch zur Evaluierungsforschung Bd. 1. Opladen: Westdeutscher Verlag.

Hempel, C. G. (1974): Philosophie der Naturwissenschaften. München: dtv.

Hempel, C. G.; Oppenheim, P. C. (1948): Studies in the Logic of Explanation. In: Philosophy and Science, Bd. 15, S. 135-175.

Henry, G. T.; Julnes, G. and Mark, M. M. (Hg.) (1998): Realist Evaluation. An Emerging Theory in Support of Practice. San Francisco: Jossey-Bass.

Henry, G. T. (1996): Does the Public have a Role in Evaluation? Surveys and Democratic Discourse. In: Braverman, M.T.; Slater, J.K. (Hg.): Advances in Survey Research. San Francisco: Jossey-Bass (New Directions for Evaluation 70), S. 3-15.

Herger, N. (2004): Organisationskommunikation. Beobachtung und Steuerung eines organisationalen Risikos. Wiesbaden: VS-Verlag.

Herman, L.; Vervaeck, B. (2005): Handbook of Narrative Analysis. Lincoln u.a.: University of Nebraska.

Hermann, D. (1984): Ausgewählte Probleme bei der Anwendung der Pfadanalyse. Frankfurt am Main et al.: Lang.

Hibberd, F. J. (2005). Unfolding Social Constructivism. Berlin u.a.: Springer.

Hildenbrand, B. (2003): Anselm Strauss. In: Flick, U.; von Kardorff, E.; Steinke, I. (ed.). Qualitative Forschung. Ein Handbuch. Reinbek: rororo, pp. 32-42.

Hill, H. (Hg.) (2001): Modernisierung – Prozesse oder Entwicklungsstrategie? Frankfurt: Campus.

Hiller, P. (2005): Organisationswissen. Eine wissenssoziologische Neubeschreibung der Organisation, Wiesbaden: VS-Verlag.

Hitzler, R. (Hg.) (1997): Sozialwissenschaftliche Hermeneutik. Eine Einführung. Opladen: Leske + Budrich.

Hoberg, R. (2003): Clusteranalyse, Klassifikation und Datentiefe. Köln: Eul (series: Quantitative Ökonomie 129).

Holler, M. J.; Illing, G. (2000): Einführung in die Spieltheorie. Berlin u.a.. Holm, K. (Hg.) (1976): Die Befragung. Bd. 3, Faktorenanalyse. München: Francke.

Holm, K. (ed.) (1976): Die Befragung. Vol. 3, Faktorenanalyse. München: Francke.

Holm, K. (Hg.) (1977): Die Befragung. Bd. 5, Pfadanalyse, Coleman-Verfahren. Tübingen: Francke

Holtkamp, L. (2006): Bürgerbeteiligung in Deutschland. In: Alternative Kommunalpolitik 01/06, S. 54-59.

Hosmer, D. W.; Lemeshow, S.; May, S. (2008): Applied Survival Analysis: Regression Modelling of Time-to-Event Data. Hoboken, NJ: Wiley.

Hosmer, D. W.; Lemenshow, S. (2000): Applied Logistic Regression. New York: Wiley & Sons.

House, E. (1978): Assumptions underlying evaluation models. In: Educational Researcher, Bd. 8, S. 4-12.

House, E. R. (2006): Democracy an Evaluation. In: Evaluation. Bd. 12(1), S. 119-127.

House, E. H.; Howe, K. R. (1999): Values in evaluation and social research. Californien: Thousand Oaks.

House, E. H.; Howe, K. R. (2000): Deliberative Democratic Evaluation in Practice. In: Stufflebeam, D. L.; Madaus, G. F.; Kellaghan, T. (Hg.): Evaluation Models: Viewpoints on Educational and Human Services Evauation. Kluwer Academic Publ., S. 409-422.

Hox, J. (2010): Multilevel Analysis. Techniques and Aplications, Hove: Psypress.

Huber, O. (2005): Das psychologische Experiment. Eine Einführung. Bern: Huber.

Huinink, J. (1989): Mehrebenensystem-Modelle in den Sozialwissenschaften, Wiesbaden: DUV.

Hüfken, V. (ed.) (2000): Methoden in Telefonumfragen, Wiesbaden: WdV.

Hutchby, I.; Wooffitt, R. (2008): Conversation Analysis. Principles, Practice, and Applications. Cambridge u.a.: Polity.

Hutt, S. J.; Hutt, C. (1978). Direct Observation and Measurement of Behavior. Springfield: Thomas.

Ice, G. H.; James, G. (Hg.) (2006): Measuring Stress in Humans: a practical guide for the field. Cambridge u.a.: Cambridge University Press.

ICH – INTERNATIONAL CONFERENCE ON HARMONISATION OF TECHNICAL REQUIREMENTS FOR REGISTRATION OF PHARMACEUTICALS FOR HUMAN USE (1997): ICH Harmonized Tripartite Guideline. General Considerations for Clinical Trials E8, Current Step 4 (17 July 1997), Genf: ICH (Online nicht mehr verfügbar).

Imhof, K. (2006): Öffentlichkeitstheorien. In: Bentele, G.; Brosius, H.-B.; Jarren, O. (Hg.): Lexikon Kommunikations- und Medienwissenschaft. Wiesbaden: VS-Verlag (2. Auflage), S. 193-209.

Ipe, M. (2003): Knowledge Sharing in Organizations: A Conceptual Framework. In. Human Resource Development Review 2/4, S. 337-359.

Iversen, G. R.; Norpoth, H. (2002): Analysis of variance. Newbury Park u.a.: Sage.

Jablin, F. M.; Putnam, L. L. (Hg.) (2000): The New Handbook of Organizational Communication. Advances in Theory, Research, and Methods. Thousand Oaks: Sage.

Jaccard, J.; Wan, C. K. (Eds.). (1996). LISREL approaches to interaction effects in multiple regression (No. 114). Thousand Oaks u.a.: Sage.

Jacobsen, A. (2008). Semiotik. Ausgewählte Texte 1919-1982. Frankfurt: Suhrkamp.

Jacoby, K. P., Schneider, V., Meyer, W.; Stockmann, R. (2005): Umweltkommunikation im Handwerk. Bestandsaufnahme – Vergleichende Analyse – Entwicklungsperspektiven. Münster: Waxmann

Jaenichen, U. (2002): Mikroevaluationen: Bildung von Vergleichsgruppen zur Schätzung individueller Förderwirkungen. In: Kleinhenz, G. (Hg.) (2002): IAB-Kompendium Arbeitsmarkt- und Berufsforschung. Beiträge zur Arbeitsmarkt- und Berufsforschung, BeitrAB 250, Nürnberg: IAB, S. 387-397.

Janacek, G. J. (2001). Practical Time Series. London: Hodder Arnold.

Jann, W. (1994): Politikfeldanalyse. In: Nohler, D. (Hg.): Lexikon der Politik. Bd. 2: Politikwissenschaftliche Methoden (hrsg. von Jürgen Kuz, Dieter Nohlen, Rainer-Olaf Schulze) München: Beck. S. 308-314.

Jansen, D. (2006). Einführung in die Netwerkanalyse. Grundlagen, Methoden, Forschungsbeispiele. Wiesbaden: VS-Verlag.

Janssen, R.; Munda, G. (1999): Multi-criteria methods for quantitative, qualitative and fuzzy evaluation problems. In: van den Bergh, J. C. J. M. (Hg.): Handbook of Environmental and Resource Economics. Cheltenham: Edward Elgar, S. 837-852.

Jarren, O.; Donges, P. (2006): Politische Kommunikation in der Mediengesellschaft. Eine Einführung. Wiesbaden: VS-Verlag (2. Auflage).

Jarren, O.; Donges, P. (2004): Staatliche Medienpolitik und die Politik der Massenmedien: Institutionelle und symbolische Steuerung im Mediensystem. In: Lange, S.; Schimank, U. (Hg.): Governance und gesellschafliche Integration. Wiesbaden: VS-Verlag, S. 4-64.

JCS, Joint Committee on Standards for Educational Evaluation; Sanders, J.R. (Hg.) (2006): Handbuch der Evaluationsstandards. Die Standards des „Joint Committee on Standards for Educational Evaluation“. (3. Auflage). Opladen: Leske + Budrich.

Jianqing, F., & Qiwei, Y. (2003): Nonlinear time series: nonparametric and parametric methods. New York: Springer.
Joergensen, D. L. (2000): Participant observation: a methodology for human studies. Newbury Park u.a.: Sage.
Johns, M. D.; Chen, S.-L. S.; Hall, G. J. (Hg.) (2004): Online Social Research. New York: Peter Lang.
Joisten, K. (2008): Philosophische Hermeneutik. Berlin: Akademie.
Jones, S. C.; Worthen, B. R. (1990): AEA Members' Opinions Concerning Evaluator Certification. In: American Journal of Evaluation, Bd. 20, S. 495-506.
Josselson, R.; Lieblich, A. (Hg.) (1993): The Narrative Studies of Live. Newbury Park u.a.: Sage.
Julnes, G.; Mark, M. M.; Henry, G. T. (1998): Promoting Realism in Evaluation. Realistic Evaluation and the Broader Context. In: Evaluation, Bd. 4, S. 483-504.
Kaplan, D. (2009): Structural Equation Modelling. Foundations and Extensions. Thousand Oaks et al.: Sage (2.).
Karlsson V., Ove; C., Ross F. (2006): The Relationship Between Evaluation and Politics. In: Shaw, I. F.; Greene, J. C.; Melvin, M. (Hg.): The Sage Handbook of Evaluation.
Kelle, U. (2007): Die Integration qualitativer und quantitativer Methoden in der empirischen Sozialforschung. Theoretische Grundlagen und methodologische Konzepte. Wiesbaden: VS-Verlag.
Keller, R; Hirseland, A.; Schneider, W.; Viehöver, A. (Hg.) (2001): Handbuch Sozialwissenschaftliche Diskursanalyse Vol. 1: Theorien und Methoden. Opladen: Leske + Budrich.
Keppler-Seel, A. (2006): Konversations- und Gattungsanalyse. In: Ayaß, R.; Bergmann, J. (Hg.): Qualitative Methoden der Medienforschung. Reinbek: rororo, pp. 293–323.
Kepplinger, H. M. (2006): Die Mechanismen der Skandalierung. Die Macht der Medien und die Möglichkeiten der Betroffenen. München: Olzog-Verlag.
Kessl, F.; Reutlinger, Ch. (2007): Sozialraum: eine Einführung. Wiesbaden: VS-Verlag.
Kiecolt, K. J.; Nathan, L. E. (1985): Secondary analysis of survey data. Beverley Hills u.a.: Sage.
Kieser, A. (Hg.) (2002): Organisationstheorien. 5. Auflage. Stuttgart: Kohlhammer.
Kieser, A.; Kubicek, H. (1992): Organisation. Berlin u.a.: de Gruyter.
Kieser, A.; Walgenbach, P. (2003): Organisation (4., überarbeitete und erweiterte Auflage). Stuttgart: Schäffer-Poeschel.
Kim, J.-O.; Mueller, C. W. (1994): Introduction to Factor Analysis: what it is and how to do it. Newbury Park, Calif. u.a.: Sage.
King, G., Keohane, R. O.; Verba, S. (1994): Designing Social Inquiry: scientific inference in qualitative research. Princeton: Princeton Univ. Press.
Kirchgässner, G.,; Wolters, J. (2006): Einführung in die moderne Zeitreihenanalyse. München: Vahlen.
Kirchhoff, S., Kuhnt, S., Lipp, P.; Schlawin, S. (2006): Der Fragebogen. Datenbasis, Konstruktion und Auswertung. Wiesbaden: VS-Verlag.
Kirsch, R. (2006): Methoden einer sozialräumlichen Lebensweltanalyse. In: Deinet, U.; Kirsch, R. (ed.). Der sozialräumliche Blick der Jugendarbeit. Methoden und Bausteine zur Konzeptentwicklung und Qualifizierung. Wiesbaden: VS-Verlag, pp. 87-154.
Kirsch, R. (1999): Strukturierte Stadtteilbegehung. In: Deinet, U. (ed.), Sozialräumliche Jugendarbeit. Eine praxisbezogene Anleitung zur Konzeptentwicklung in der offenen Kinder- und Jugendarbeit. Opladen: WdV, pp. 82ff.
Kissling-Näf, I.; Knoepfel, P.; Marek, D. (1997): Lernen in öffentlichen Politiken. Basel: Helbing & Lichtenhahn.

Klauer, K. J. (2005): Das Experiment in der pädagogisch-psychologischen Forschung. Eine Einführung. Münster: Waxmann.

Kleppmann, W. (2006): Taschenbuch Versuchsplanung: Produkte und Prozesse optimieren. München/Wien: Hanser.

Kletz, T. (2001): An Engineer's View of Human Error. New York u.a.: Taylor & Francis.

Kline, R. B. (2010): Principles and Practice of Structural Equation Modeling. London et al.: Taylor & Francis (3.).

Klingemann, H.-D.; Voltmer, K. (1989): Massenmedien als Brücke zur Welt der Politik. Nachrichtennutzung und private Beteiligungsbereitschaft. In: Kaase, M.; Schulz, W. (Hg.): Massenkommunikation. Theorie, Methoden, Befunde. Opladen: WdV (Sonderheft 30 der Kölner Zeitschrift für Soziologie und Sozialpsychologie), S. 221-258.

Kluge, S. (1999): Empirisch begründete Typenbildung. Zur Konstruktion von Typen und Typologien in der qualitativen Sozialforschung. Opladen: Leske + Budrich.

Knoblauch, H.; Luckmann, T. (2003): Gattungsanalyse. In: Flick, U., von Kardorff, E.; Steinke, I. (ed.). Qualitative Forschung. Ein Handbuch. Reinbek: rororo, pp. 538-546.

Koch, R. (2004a): New Public Management als Referenzmodell für Verwaltungsmodernisierungen. In: Strohmer, M. F. (Hg.): Management im Staat. Frankfurt a. Main: Lang.

Koch, R. (2004b): Umbau öffentlicher Dienste: internationale Trends in der Anpassung öffentlicher Dienste an ein New Public Management. Wiesbaden: Deutscher Universitäts-Verlag.

Kocka, J. (2002): Civil Society and the Role of Politics. In: Schröder, Gerhard (Hg.): Progressive Governance for the XXI. Century. Contributions to the Berlin Conference. München u.a.: Ch. Beck u.a., S. 27-35.

Koeber, C. (2005): Introducing Multimedia Presentations and a Course Website to an Introductory Sociology Course. How Technology Affects Student Perceptions of Teaching Effectiveness. In: Teaching Sociology 33: 285-300.

Kohler-Koch, B. (1991): Inselillusion und Interdependenz: Nationales Regieren unter den Bedingungen von „international governance". In: Blanke, B.; Wollmann, H. (Hg.): Die alte Bundesrepublik. Opladen: Westdeutscher Verlag. S. 45-67.

Kohler-Riessman, C. (2007): Narrative Methods for the Human Sciences. Thousand Oaks u.a.: Sage.

Konrad, K. (2001): Mündliche und schriftliche Befragung: ein Lehrbuch. Landau: Verlag Empirische Pädagogik.

Konzendorf, G. (2009): Institutionelle Einbettung der Evaluationsfunktion in Politik und Verwaltung in Deutschland. In: Widmer, T.; Beywl, W.; Fabian, C. (Hg.): Evaluation. Ein systematisches Handbuch. Wiesbaden: VS-Verlag.

Kortmann, W. (1995): Diffusion, Marktentwicklung und Wettbewerb: Eine Untersuchung über die Bestimmungsgründe zu Beginn des Ausbreitungsprozesses technologischer Produkte. Frankfurt a. Main.: Europäische Hochschulschriften. N: 1, S. 99.

Kozinets, R.V. (2009): Netnography. Doing Ethongraphic Research Online. Thousand Oaks et al.: Sage.

Krippendorff, K. (2007): Content Analysis. An Introduction to its Methodology. Thousand Oaks u.a.: Sage.

Kromrey, H. (1995): Empirische Sozialforschung. Modelle und Methoden der Datenerhebung und Datenverarbeitung. Opladen: Leske + Budrich.

Kromrey, H. (2001): Evaluation – Ein vielschichtiges Konzept. Begriff und Methodik von Evaluierung und Evaluationsforschung. Empfehlungen für die Praxis. In: Sozialwissenschaften und Berufspraxis, Bd. 24(2), S. 105-31.

Kromey, H. (2002): Empirische Sozialforschung: Modelle und Methoden der standardisierten Datenerhebung und Datenauswertung. Opladen: Leske + Budrich.

Kromrey, H. (2007): Wissenschaftstheoretische Anforderungen an empirische Forschung und die Problematik ihrer Beachtung in der Evaluation – Oder: Wie sich die Evaluationsforschung um das Evaluieren drück. In: Zeitschrift für Evaluation, Bd. 1/2007, S. 113-124.

Krüger, R. A.; Casey, M. A. (2003); Focus Groups: a practical guide for applied research. Thousand Oaks u.a.: Sage.

Kuckartz, U. (2007): Einführung in die computergestützte Analyse qualitativer Daten. Wiesbaden: VS-Verlag.

Kuckartz, U.; Dresing, T.; Rädiker, S.; Stefer, C. (2007): Qualitative Evaluation. Der Einstieg in die Praxis. Wiesbaden: VS-Verlag.

Kuhlmann, S.; Bogumil, J.; Wollmann, H. (Hg.) (2004): Leistungsmessung und -vergleich in Politik und Verwaltung: Konzepte und Praxis (Stadtforschung aktuell Bd. 96). Wiesbaden: VS-Verlag.

Kuhlmann, S.; Holland, D. (1995): Evaluation von Technologiepolitik in Deutschland. Konzepte, Anwendung, Perspektiven. Heidelberg: Physika.

Kunter, M. u.a. (2002): PISA 2000: Dokumentation der Erhebungsinstrumente. Berlin: Max-Planck-Institut für Bildungsforschung (Materialien aus der Bildungsforschung Nr. 72; im Internet unter: edoc.mpg.de/14414/ Stand: 09.01.2014).

Kuster, J. u.a. (2008): Handbuch Projektmanagement. Berlin/Heidelberg: Springer.

Kvale, S. (2001): InterViews: an introduction to qualitative research interviewing. Thousand Oaks u.a.: Sage.

Lachenmann, G. (1977): Evaluierungsforschung: Historische Hintergründe, sozialpolitische Zusammenhänge und wissenschaftliche Einordnung. In: Kantowsky, D. (Hg): Evaluierungsforschung und -praxis in der Entwicklungshilfe. Zürich: Verlag der Fachvereine.

Lamnek, S. (2005): Gruppendiskussion. Theorie und Praxis. Weinheim/Basel: Beltz.

Landwehr, N.; Steiner, P. (2007): Grundlagen der externen Schulevaluation: Verfahrensschritte, Standards und Instrumente zur Evaluation des Qualitätsmanagements. Bern: h.e.p. Verlag.

Lange, E. (1983): Zur Entwicklung und Methodik der Evaluationsforschung in der Bundesrepublik Deutschland. In: Zeitschrift für Soziologie, Bd. 12(3), S. 253-270.

Langer, W. (2004). Mehrebenenanalyse: Eine Einführung für Forschung und Praxis. Berlin u.a.: Springer DE.

Langer, W. (2008): Logitmodelle. Eine Einführung für die Forschungspraxis. Wiesbaden: VS-Verlag.

Laszlo, G.; Sudlow, M. F. (1983): Measurement in clinical respiratory physiology. London: Academic Press.

Lechner, M. (2002): Program Heterogeneity and Propensity Score Matching: An Application to the Evaluation of Active Labor Market Policies. In: Review of Economics and Statistics, Bd. 84, S. 205-220 (Download unter http: //faculty.smu.edu/millimet/classes/eco7321/papers/lechner02.pdf, Stand: 09.01.2014)

Lee, B. (2004). Theories of Evaluation. In: Stockmann, R. (Hg.), Evaluationsforschung. Grundlagen und ausgewählte Forschungsfelder (2. Aufl.). Opladen: Leske + Budrich, S. 135-173.

Leeuw, F. L. (2004): Evaluation in Europe. In: Stockmann, R. (Hg.): Evaluationsforschung: Grundlagen und ausgewählte Forschungsfelder. 3. Auflage. Münster u.a.: Waxmann.

Leeuw, F. L. (2006): Evaluation in Europe. In: Stockmann, R. (Hg.): Evaluationsforschung: Grundlagen und ausgewählte Forschungsfelder. 2. Auflage. Münster u.a.: Waxmann.

Leeuw, F. L.; Toulemonde, J.; Brouwers, A. (1999): Evaluation activities in Europe: a qick scan of the market. In: Evaluation, Bd. 5(4), S. 487-496.

Lege, J. (2006): Akkreditierung als rechtswidrige Parallelverwaltung. In: Forschung und Lehre Bd. 5/2006, S. 8-10.
Legewie, H. (1994): Globalauswertung von Dokumenten. In: Boehme, A., Mengel, A.; Muhr, T. (ed.): Texte verstehen. Konzepte, Methoden, Werkzeuge. Konstanz: Univ. Konstanz, pp. 177-182 (downloadable at http://www.ssoar.info/ssoar/bitstream/handle/document/1454/ssoar-1994-legewie-globalauswertung_von_dokumenten.pdf, Stand: 09.01.2014).
Lehmann, R. H., Venter, G. Y., Van Buer, J., Seeber, S.; Peek, R. (Hg.) (1997): Erweiterte Autonomie für Schule - Bildungscontrolling und Evaluation. 2. Abschlussband zur gleichnamigen Sommerakademie vom 31. August bis 6. September 1997 in Nyíregyháza (Ungarn). Berlin und Nyíregyháza: HU Berlin.
Lerner, D. (1968): Modernization. Social Aspects. In: International Encyclopaedia of the Social Sciences, Vol. 10.
LeRoux, B.; Rouanet, H. (2010): Multiple Correspondence Analysis. Quantitative Applications in the Social Sciences 163. Thousand Oaks et al.: Sage.
Lessel, W. (2008): Projektmanagement. Projekte effizient planen und erfolgreich umsetzen. Berlin: Cornelsen.
Lessler, J. T.; Kalsbeek, W. D. (1992): Nonsampling Errors in Surveys. New York u.a.: Wiley. Levin, H. M.; McEwan, P. J. (2007): Cost-effectiveness Analysis. Methods and Applications. Thousand Oaks u.a.: Sage.
Lewin, K. (1951): Field Theory in social sciences. New York: Harper. Deutsch: Feldtheorie in den Sozialwissenschaften. Bern: Huber, 1963.
Lewis, P. V. (1987): Organizational Communication. The Essence of Effective Management, New York u.a.: Wiley.
Li, C. C. (1986): Path analysis: a primer, Pacific Grove. Calif.: Boxwood Press.
Lienhard, A. (2005): 10 Jahre New Public Management in der Schweiz: Bilanz, Irrtümer, Erfolgsfaktoren. Bern: Haupt.
Lincoln, Y.; Guba, E. (1985): Naturalistic inquiry. New York: Sage.
Lincoln, Y.; Guba, E. (1986): Research, evaluation and policy analysis: heuristics and disciplined inquiry. In: Policy Sudies Review, Bd. 5(3), S. 546-566.
Lincoln, Y.; Guba, E. (2000): Paradigmatic controversies, contradictions, and emerging confluences. In: Denzin, N. K.; Lincoln, Y. S. (Hg): Handbook of qualitative research. Thousand Oaks, CA: Sage.
Lincoln, Y.; Guba, E. (2004): The Roots of Fourth Generation Evaluation. In: Alkin, M. (Hg): Evaluation Roots: Tracing Theorists' Views and Influences. Thousand Oaks, CA: Sage Publications.
Linden, W.J. v.; Hambleton, R. K. (Hg.) (1997): Handbook of Modern Item Response Theory. New York ; Berlin, Heidelberg: Springer.
Lippitt, R. (1940): An Experimental Study of Authoritarian and Democratic Group Atmospheres. Univ. Iowa. Stud. Child. Welf., Bd. 16, S. 45-195.
Lipsey, M. W.; Cordray, D. S. (2000). Evaluation Methods for Social Intervention. In: Annual Review of Psychology 2000, Bd: 51. S. 345-375 (als Download unter http://www.annualreviews.org/doi/pdf/10.1146/annurev.psych.51.1.345, Stand: 09.01.2014).
Lissmann, U. (2001): Inhaltsanalyse von Texten. Ein Lehrbuch zur computerunterstützten und konventionellen Inhaltsanalyse. Landau: Verlag Empirische Pädagogik.
Litke, H.-D. (2004): Projektmanagement. Methoden, Techniken, Verhaltensweisen – Evolutionäres Projektmanagement, München: Hanser.
Löffelholz, J. (1993): Kontrollieren und steuern mit Plankostenrechnung: Normalkostenrechnung, Plankostenrechnung, Soll-Ist-Vergleich, Kostenartenrechnung, Kostenstellenrechnung, Kostenträgerrechnung, Grenzkostenrechnung, Gemeinkostenplan, Plankalkulation, kurzfristige Erfolgsrechnung. Wiesbaden: Gabler.

Loos, P.; Schäffer, B. (2006): Das Gruppendiskussionsverfahren. Theoretische Grundlagen und empirische Anwendung. Wiesbaden: VS-Verlag.
Ludwig, J. (2007): Investigativer Journalismus. Konstanz: UVK.
Madaus, G. F.; Kellaghan, T. (2000): Models, Metaphors, and Definitions in Evaluation. In: Stufflebeam, D. L.; Madaus, G. F.; Kellaghan, T. (Hg.): Evaluation Models. Viewpoints on Educational and Human Services Evaluation. Norwell: Kluwer, S. 19-32.
Madaus, G. F.; Stufflebeam, D. L. (2000): Program Evaluation: A Historical Overview In: Stufflebeam, D. L.; Madaus, G. F.; Kellaghan, T. (Hg.): Evaluation Models. Viewpoints on Educational and Human Services Evaluation. Norwell: Kluwer, S. 3-18.
Madaus, G.F.; Stufflebeam, D.L. (2000): Evaluation Models. Viewpoints on Educational and Human Services Evaluation. Second Edition. Boston u.a.: Kluwer Academic Publishers.
Madaus, G. F.; Stufflebeam, D. L. (2002): Evaluation Models. Viewpoints on Educational and Human Services Evaluation. Second Edition. eBook. New York.
Maier, W.; Engel, R. R.; Möller, H. J. (Hg.) (2000): Methodik von Verlaufs- und Therapiestudien in Psychiatrie und Psychotherapie. Bern u.a.: Hogrefe.
Maindok, H. (2003): Professionelle Interviewführung in der Sozialforschung. Interviewtraining: Bedarf, Stand und Perspektiven. Herbolzheim: Centaurus-Verlag.
Mannheim, K. (1964): Das Problem der Generation. In: Karl Mannheim, Wissenssoziologie. Auswahl aus dem Werk. Hrsg. von Kurt H. Wolff. Luchterhand: Neuwied/Berlin, S. 509-565.
Manski, C. F. (1995): Identification Problems in the Social Sciences. Cambridge: Harvard University Press.
March, J.G.; Simon, H.A. (1958): Organizations. New York: John Wiley.
Mark, M. M. (2005): Evaluation Theory or What are Evaluation Methods for? In: The Evaluation Exchange XI(2) (Summer 2005), S. 2-3.
Mark, M. M.; Henry, G. T.; Julnes, G. (2000): Evaluation: An Integrated Framework for Understanding, Guiding and Improving Public and Nonprofit Policies and Programs. San Francisco: Jossey-Bass.
Mark, M.M.; Henry, G. T. and Julnes, G. (1999): Toward an integrative Framework for Evaluation Practice In: American Journal of Evaluation, Bd. 20(2), S. 177-198.
Marshall, C.; Rossman, G. B. (2006): Designing qualitative research. Thousands Oaks u.a.: Sage.
Martens, H.; Næs, T. (2001): Multivariate Calibration. Chichester u.a.: Wiley.
Martin, E.; Wawrinowski, U. (2006): Beobachtungslehre: Theorie und Praxis reflektierter Beobachtung und Beurteilung. Weinheim; München: Juventa.
Martinussen, T.; Scheike, T. H. (2006): Dynamic Regression Models for Survival Data, New York, NY: Springer.
Mastronardi, P. (2004): New Public Management in Staat und Recht: ein Diskurs. Bern u.a.: Haupt.
Matthison, S. (Hg.) (2006): Encyclopedia of Evaluation. London u.a.: Sage.
Maxwell, J. A. (2005): Qualitative Research Design. An interactive approach. Thousand Oaks u.a.: Sage.
Mayer, H. O. (2004): Interview und schriftliche Befragung. Entwicklung, Durchführung und Auswertung. München/Wien.
Mayntz, R. (1994): Modernization and the Logic of Interorganizational Networks. Köln: Max-Planck-Institut für Gesellschaftsforschung.
Mayntz, R. (1997): Soziologie in der Öffentlichen Verwaltung. Heidelberg: C.F.Müller.
Mayntz, R. (Hg.) (1980c): Implementation politischer Programme. Königsstein: Athenäum.

Mayntz, R.; Scharpf, F. W. (1995): Steuerung und Selbstorganisation in staatsnahen Sektoren. In: Mayntz, R.; Scharpf, F. W. (Hg.): Gesellschaftliche Selbstregelung und politische Steuerung. Frankfurt/New York: Campus, S. 9-38.

Mayntz, R.; Ziegler, R. (1976): Soziologie der Organisation. In: König, R. (Hg.): Handbuch der empirischen Sozialforschung. Bd. 9. Stuttgart: Enke.

Mayo, E. (1951): Probleme industrieller Arbeitsbeziehungen. Frankfurt: Verlag der Frankfurter Hefte.

Mayring, P.; Gläser-Zikuda, M. (Hg.) (2005): Die Praxis der Qualitativen Inhaltsanalyse. Weinheim et al.: Beltz.

Mayring, P. (2007): Qualitative Inhaltsanalyse. Grundlagen und Techniken. Weinheim et al.: Beltz.

Mc Clintock, C. (2004): Using Narrative Methods to Link Program Evaluation and Organisation Development. In: The Evaluation Exchange Bd. 9(4), S. 14-15.

McLaughlin, K. (Hg.) (2002): New Public Management: current trends and future prospects. London: Routledge.

Melvin, M.; Greene, J. C.; Shaw, I. F. (2006): The Evaluation of Policies, Programs, and Practices. In: Shaw, I.F.; Greene, J.C.; Melvin, M. (Hg.): The Sage Handbook of Evaluation.

Menard, S. (2010): Logistic Regression: From Introductory to Advanced Concepts and Applications. Thousand Oaks et al.: Sage.

Merkens, H. (2003): Auswahlverfahren, Sampling, Fallkonstruktion. In: Flick, U., Kardoff, E.v.; Steinke, I. (Hg.): Qualitative Forschung. Ein Handbuch. Reinbek: rororo, S. 286-298.

Merten, K. (1995): Inhaltsanalyse. Einführung in Theorie, Methode und Praxis. Opladen: WdV.

Mertens, D. M. (1998): Research methods in education and psychology: Integrating diversity with quantitative and qualitative approaches. Thousand Oaks, CA: Sage.

Mertens, D. M. (2004): Institutionalizing Evaluation in the United States of America. In: Stockmann, R. (Hg.): Evaluationsforschung. Opladen: Leske + Budrich. S. 45-60.

Mertens, D. M. (2006): Institutionalizing Evaluation in the United States of Amerika. In: Stockmann, R. (Hg.): Evaluationsforschung: Grundlagen und ausgewählte Forschungsfelder. 3. Auflage. Münster u.a.: Waxmann.

Meyer, W. (1997): Individuelle Erwerbschancen in Ostdeutschland. Auswirkungen des wirtschaftsstrukturellen Wandels. Wiesbaden: Deutscher Universitätsverlag.

Meyer, W. (2000): Wegweiser zur „nachhaltigen" Gesellschaft? Die Evaluationspraxis im Umweltbereich. Vortrag in der Ad-hoc Gruppe" Gute Gesellschaft gestalten: Der Beitrag von Evaluationen" am Soziologie-Kongress 26.09.2000 in Köln. Vortragsmanuskript. Saarbrücken: Universität des Saarlandes.

Meyer, W. (2002a): Regulating Environmental Action of Non-Governmental Actors. The impact of communication support programs in Germany. In: Biermann, F.; Brohm, R.; Dingwerth, K. (Hg.): Global Environmental Change and the Nation State: Proceedings of the 2001 Berlin Conference of the Human Dimensions of Global Environmental Change. Potsdam: Potsdam Institute for Climate Impact Research, S. 360-370.

Meyer, W. (2002b): Sociology Theory and Evaluation Research. An Application and its Usability for Evaluation Sustainable Development. Paper presented on EASY-Eco-Conference, Vienna 23-25.-05.02 .

Meyer, W. (2002c): Die Entwicklung der Soziologie im Spiegel der amtlichen Statistik. In: Stockmann, R.; Meyer, W.; Knoll, T. (Hg.): Soziologie im Wandel. Universitäre Ausbildung und Arbeitsmarktchancen in Deutschland. Opladen: Leske + Budrich, S. 45-116.

Meyer, W. (2003a): Evaluation als Thema in sozialwissenschaftlichen Berufs- und Fachverbänden. Teil I: Soziologie und Psychologie. In: Zeitschrift für Evaluation (ZfEv) 1/2003, S. 131-142.

Meyer, W. (2003b): Evaluation als Thema in sozialwissenschaftlichen Berufs- und Fachverbänden. Teil II: Erziehungs- und Politikwissenschaften. In: Zeitschrift für Evaluation (ZfEv) 2/2003, S. 323-336.

Meyer, W. (2005): Wie zukunftsfähig ist die deutsche Zivilgesellschaft? Zur Umsetzung des Leitbildes nachhaltiger Entwicklung in deutschen Interessenorganisationen. Habilitationsschrift. Saarbrücken: Universität des Saarlandes.

Meyer, W. (2005b): Regulation, Responsibility and Representation: Challenges for intra-organisational communication. In: Demirag, I. (Hg.): Corporate Social Responsibility, Accountability and Governance: Global Perspectives. Sheffield: Greenleaf Publishing, S. 41-55.

Meyer, W. (2006): Evaluation von Netzwerksteuerung. In: Zeitschrift für Evaluation ZfEv 2/2006, S. 317-332.

Meyer, W. (2007): Messen: Indikatoren – Skalen – Indizes – Interpretationen. In: Stockmann, R. (Hg.), Handbuch zur Evaluation. Eine praktische Handlungsanleitung. Münster: Waxmann, S. 195-222.

Meyer W. (2007a): Evaluationsdesigns. In: Stockmann R. (Hrsg.): Handbuch zur Evaluation. Eine praktische Handlungsanleitung, Münster: Waxmann, pp. 143-163.

Meyer W. (2007b): Datenerhebung: Befragungen – Beobachtungen – Nicht-reaktive Verfahren. In: Stockmann, R. (Hrsg.): Handbuch zur Evaluation. Eine praktische Handlungsanleitung, Münster: Waxmann, S. 223-277.

Meyer, W.; Baltes, K. (2004): Network Failures. How realistic is durable cooperation in global governance? In: Jacob, K.; Binder, M. & Wieczorek, A. (Hg.): Governance for Industrial Transformation. Proceedings of the 2003 Berlin Conference on the Human Dimension of Global Environmental Change. Berlin: Environmental Policy Research Centre, S. 31-51.

Meyer, W.; Elbe, S. (2007a): Initiating Network Governance through Competition. Experiences from Eighteen German Regions. In: Cheshire, L., Higgins, V.; Lawrence, G. (Hg.): Rural Governance: International Perspectives, Abingdon: Routledge, S. 81-97.

Meyer, W.; Elbe, S. (2007b): Evaluation of Local Network Governance in Germany. In: George, C.; Kirkpatrick, C. (Hg.): Impact Assessment and Sustainable Development. European Practice and Experience. Cheltenham: Edward Elgar (Evaluating Sustainable Development Vol. 2), S. 45-64.

Meyer, W.; Elbe, S. (2004): Local Network Governance. Perspectives and Problems in the German Rural Sector. Paper pre-pared for the XI. World Congress of Rural Sociology – Globalisation, Risks and Resistance in rural economics and societies, Trondheim July 25–30, 2004 (published online at http: //www.irsa-world.org/prior/XI/papers/2-1.pdf, Stand: 09.01.2014).

Meyer, W., Jacoby, K. P.; Stockmann, R. (2002): Evaluation der Umweltberatungsprojekte des Bundesumweltministeriums und des Umweltbundesamtes. Nachhaltige Wirkungen der Förderung von Bundesverbänden, Berlin: UBA (UBA Texte 36/02).

Meyer, W.; Jacoby, K.-P.; Stockmann, R. (2003): Umweltkommunikation in Verbänden: Von der Aufklärungsarbeit zur institutionellen Steuerung nachhaltiger Entwicklung. In: Linne, G.; Schwarz, M. (Hg.): Ein Handbuch für nachhaltige Entwicklung. Opladen: Leske + Budrich.

Meyer, W.; Stockmann, R. (2006): Comment on the Paper: An Evaluation Tree for Europe. Vortragsmanuskript zur EES-Tagung: Evaluation in Society: Critical Connection.

Miles, M. B.; Huberman, A. M. (2007): Qualitative data analysis. An expanded sourcebook, Thousand Oaks u.a.: Sage.

Mishan, E.J.; Quah, E. T. E. (2007): Cost-Benefit Analysis, London: Routledge.
Mishler, E. (1995): Models of narrative analysis: a typology. In: Journal of Narrative and Life History, Bd. 5(2), S. 87-123.
Mohr, H.-W. (1977): Bestimmungsgründe für die Verbreitung von neuen Technologien. Berlin: Duncker & Humblot.
Moosbrugger, H. (2002): Lineare Modelle: Regressions- und Varianzanalysen, Bern, Göttingen et al.: Huber.
Morgan, D. L. (1988): Focus Groups as Qualitative Research. Newbury Park u.a.: Sage.
Morgan, D. L. (Hg.) (1993): Successful Focus Groups. Newbury Park: Sage.
Morgan, D. L. (2002): Focus Group Interviewing. In: Gubrium, J. F.; Holsein, J. A. (Hg.): Handbook of Interview Research: Context and Methods. Thousand Oaks: Sage, S. 141-160.
Morris, M. (Hg.) (2008): Evaluation Ethics for Best Practice. Cases and Commentaries. New York: Guilford Press.
Mosler, K.; Schmid, F. (2006): Wahrscheinlichkeitsrechnung und schließende Statistik. Berlin/Heidelberg: Springer.
Mühlenkamp, H. (2008): Kosten-Nutzen Analyse. München: Oldenbourg.
Mülbert, T. (2002): New Public Management: ein Vergleich der Diskussionen zwischen Deutschland und Großbritannien. Universität Konstanz: Diplomarbeit.
Müller, H. (1994): Einführung in die Theorie der Messfehler, Dresden: Hochschule für Technik und Wirtschaft (Fernstudiengang Vermessungswesen, Lehrbrief Fehler- und Ausgleichsrechnung).
Müller-Jentsch, W. (2003): Organisationssoziologie. Eine Einführung. Frankfurt a. Main: Campus.
Mullis, I. u.a. (2003): PIRLS 2001 International Report. IEA's Study of Reading Literacy Achievement in Primary School in 35 Countries, Chestnut Hill: IEA International Association for the Evaluation of Educational Achievement (im Internet unter: http: //timssandpirls.bc.edu/pirls2001i/pdf/p1_IR_book.pdf, Stand: 09.01.2014).
Mummendey, H. D.; Grau, I. (2007): Die Fragebogen-Methode. Göttingen: Hogrefe-Verlag (5.).
Munda, G. (2004): Social multi-criteria evaluation. Methodological foundations and operational consequences. In: European Journal of Operational Research, Bd. 158(3), S. 662-677.
Nardi, P. M. (2006): Doing survey research: A guide to quantitative methods, Boston u.a.: Allyn and Bacon.
Naschold, F.; Bogumil, J. (2000): Modernisierung des Staates. New Public Management in deutscher und internationaler Perspektive. Opladen: Leske + Budrich.
Nassehi, A. (2002): Die Organisationen der Gesellschaft. Skizze einer Organisationssoziologie in gesellschaftstheoretischer Absicht. In: Allmendinger, J.; Hinz, T. (Hg.): Organisationssoziologie. Wiesbaden: WdV (Sonderheft 42 der Kölner Zeitschrift für Soziologie und Sozialpsychologie), S. 443-478.
Neidhardt, F. (1994): Öffentlichkeit, Öffentliche Meinung, Soziale Bewegungen. In: ders. (Hg.): Öffentlichkeit, Öffentliche Meinung, Soziale Bewegungen. Opladen: WdV (Sonderheft 34 der Kölner Zeitschrift für Soziologie und Sozialpsychologie), S. 7-41.
Newson, J.; Jones, R.N.; Hofer, M. (eds., 2011): Longitudinal Data Analysis. A Practical Guide for Researchers in Aging, Health, and Social Sciences, Hove: Psypress.
Nonaka, I.; Takeuchi, H. (1995): The Knowledge Creating Company. How Japanese Companies Create the Dynamics of Innovation. New York: Oxford University Press.
Nöthen, J. (2004): New Public Management: Aufgaben, Erfahrungen und Grenzen der Verwaltungsmodernisierung in Deutschland. In: Moldaschl, M. (Hg.): Reorganisation im Non-Profit-Sektor. München: Hampp.

Nolte, R. (2005): Changemanagement in der öffentlichen Verwaltung: „Management des Wandels“ – Veränderungsprozesse im Kontext der Reformbewegung des New Public Management und des neuen Steuerungsmodells. In: Verwaltungsarchiv, Zeitschrift für Verwaltungslehre, Verwaltungsrecht und Verwaltungspolitik, Bd. 96. S. 243-266.

OECD (Hg.) (1998): Review of the DAC Principles for Evaluation of Development Assistance. Paris: OECD/DAC.

OECD (Hg.) (2006): Assessing Scientific, Reading and Mathematical Literacy. A Framework for PISA 2006. Paris: OECD (im Internet unter: www.oecd.org/pisa/, Stand: 09.01.2014).

OECD (Hg.) (2007): PISA – die internationale Schulleistungsstudie der OECD, Paris: OECD (im Internet unter: www.oecd.org/pisa/, Stand: 09.01.2014).

Oelkers, J. (2008): Erfahrungen mit Schulevaluation in der Schweiz Vortrag in der Landesakademie für Fortbildung und Personalentwicklung an Schulen am 25. Juni 2008 in Comburg (im Internet unter: http://www.ife.uzh.ch/research/emeriti/oelkers juergen/vortraegeprofoelkers/vortraege2008/323_comburg.pdf, Stand: 09.01.2014).

Oevermann, U., Allert, T.; Konau, W. (1979): Die Methodologie einer ‚objektiven‘ Hermeneutik und ihre allgemeine forschungslogische Bedeutung in den Sozialwissenschaften. In: Soeffner, H. G. (ed.). Interpretative Verfahren in den Sozial- und Textwissenschaften. Stuttgart: Metzler, pp. 352-433.

Opp, K.-D.; Schmidt, P. (1976): Einführung in die Mehrvariablenanalyse: Grundlagen der Formulierung und Prüfung komplexer sozialwissenschaftlicher Aussagen. Reinbek: Rowohlt.

Ortmann, N. (1996): Methoden zur Erkundung von Lebenswelten. In: Deinet, U.; Sturzenhecker, B (ed.). Konzepte entwickeln. Anregungen und Arbeitshilfen zur Klärung und Legitimation. Weinheim: Beltz. pp. 26-34.

Ortmann, N. (1999): Die Stadtteilerkundung und Schlüsselpersonen. In: Deinet, U. (ed.). Sozialräumliche Jugendarbeit. Eine praxisbezogene Anleitung zur Konzeptentwicklung in der offenen Kinder- und Jugendarbeit. Opladen: WdV, pp.74-81.

Ortmann, G.; Sydow, J.; Türk, K. (Hg.) (2000): Theorien der Organisation. Die Rückkehr der Gesellschaft. Opladen: Westdeutscher Verlag.

Owen, J. M.; Rogers, P. J. (1999): Program Evaluation. Forms and Approaches. London u.a.: Sage.

Palm, W. (1991): Zur Validität psychologischer und physikalischer Messprozesse: Untersuchungen über das Problem der Reproduzierbarkeit psychologischer Messdaten. Frankfurt am Main: Haag und Herchen.

.Pampel, F. C. (2005): Logistic Regression. A Primer. Thousand Oaks u.a.: Sage.

Parker. I. (2003): Die diskursanalytische Methode. In: Flick, U., Kardorff, E.v.; Steinke, I. (Hg.): Qualitative Forschung. Ein Handbuch. Reinbek: rororo, S. 546-556.

Parnes, O.; Vedder, U.; Willer, S. (2008): Generation. Eine Geschichte der Wissenschaft und der Kultur. Frankfurt: suhrkamp.

Patriotta, G. (2003): Organizational Knowledge in the Making. How Firms Create, Use, and Institutionalize Knowledge. New York: Oxford University Press.

Patton, M. Q. (1986): Utilization-focused evaluation. Beverly Hills, CA: Sage.

Patton, M. Q. (1988): How to Use Qualitative Methods in Evaluation. Thousand Oaks: Sage.

Patton, M. Q. (1990): Qualitative Evaluation and Research Methods, Thousand Oaks: Sage.

Patton, M. Q. (1994): Development Evaluation. In: American Journal of Evaluation. Bd. 15(3), S. 311-319.

Patton, M. Q. (1996): Utilization-Focused Evaluation: The new century text. Thousand Oaks, CA: Sage.

Patton, M. Q. (1997): Utilization-focused evaluation: The new century text. Thousand Oaks: Sage.

Patton, M. Q. (2003): Utilization-focused evaluation. In: T. Kellaghan; D. L. Stufflebeam (Hg.): International Handbook of Educational Evaluation. Norwell: Kluwer, S. 223-244.

Pede, L. (2000): Wirkungsorientierte Prüfung der öffentlichen Verwaltung. Bern: Haupt.

Pedhazur, E. J. (2006): Multiple Regression in Behavioral Research: Explanation and Prediction. London u.a.: Wadsworth Thomson Learning.

Pessoa e Costa, S. (2007): Using prospensity score matching to evaluate two French active labour market programmes, paper presented at XXI Annual Conference of the European Society for Population Economics, June 14-16, 2007, Department of Economics, University of Illinois at Chicago, Chicago, Illinois, USA.

Peters, B. (1994): Der Sinn von Öffentlichkeit. In: Neidhardt, F. (Hg.): Öffentlichkeit, öffentliche Meinung, soziale Bewegungen. (Sonderheft 34 der Kölner Zeitschrift für Soziologie und Sozialpsychologie.) Opladen: Westdeutscher Verlag, S. 42-76.

Peterson, G. J.; Vestman, O. K. (2007): Conceptions of Evaluation. Myndigheten för Nätverk och Samarbete inom Högre Utbildning Rapport 08/2007. Stockholm: Mälardalen Universitet.

Peyrot, M. (1996): Causal Analysis: Theory and Application. In: Journal of Pediatric Psychology, Bd. 21(1), S. 3-24. (Download unter http: //jpepsy.oxfordjournals.org/ cgi/reprint/21/1/3.pdf, Stand 09.01.2014).

Pflaumer, P.; Heine, B.; Hartung, J. (2005): Statistik für Wirtschafts- und Sozialwissenschaften: Deskriptive Statistik. München: Oldenbourg.

Phillips, N.; Hardy, C. (2002): Discourse Analysis. Integrating Processes of Social Construction. London: Sage.

Picciotto, R. (2002): Evaluation in the World Bank: Antecedents, Methods, and Instruments. In: Furubo, J.-E.; Rist, R.C.; Sandahl, R. (Hg.): International Atlas of Evaluation. New Brunswick: Transaction Publishers.

PISA-Konsortium Deutschland (Hg.) (2008): PISA 2006 in Deutschland. Die Kompetenzen der Jugendlichen im Dritten Ländervergleich. Münster: Waxmann.

PISA-Konsortium Deutschland (Hg.) (2007): PISA 2006. Die Ergebnisse der dritten internationalen Vergleichsstudie. Münster: Waxmann.

PISA-Konsortium Deutschland (Hg.) (2006): PISA 2003. Dokumentation der Erhebungsinstrumente. Münster: Waxmann.

PISA-Konsortium Deutschland (Hg.) (2000): Schülerleistungen im internationalen Vergleich. Eine neue Rahmenkonzeption für die Erfassung von Wissen und Fähigkeiten, Berlin: Max-Planck-Institut für Bildungsforschung (in Internet unter: http: //www.mpib-berlin.mpg.de/pisa/Rahmenkonzeptiondt.pdf, Stand: 09.01.2014).

Pitschas, R. (2004): Looking behind New Public Management: "new" values of public administration and the dimensions of personnel management in the beginning of the 21st century. Speyer: Forschungsinstitut für Öffentliche Verwaltung bei der Deutschen Hochschule für Verwaltungswissenschaft.

Plano-Clark, V. L.; Creswell, J. W. (Hg.) (2008): The Mixed Methods Reader. Los Angeles u.a.: Sage.

Provus, M. M. (1971): Discrepancy evaluation. Berkeley, CA: McCutchan.

Pokropp, F. (1994): Lineare Regression und Varianzanalyse. München, Wien: Oldenbourg.

Pollitt, C. (1998): Evaluation in Europe: Boom or Bubble? In: Evaluation. Bd.. 4(2), S. 214-224.

Popham, W. (1975): Educational Evaluation. Englewood Clifs: Prentice Hall.

Popper, K. R. (1992): Die offene Gesellschaft und ihre Feinde (2 Bde.). Stuttgart: UTB.

Popper, K. R. (2005): Lesebuch: ausgewählte Texte zu Erkenntnistheorie, Philosophie der Naturwissenschaften, Metaphysik, Sozialphilosophie (hrsg. von D. Miller). Tübingen: Mohr.

Porst, R. (2008): Fragebogen: Ein Arbeitsbuch. Wiesbaden: VS-Verlag.

Porter, A. C.; Chibucos, T. R.(1975): Common Problems of Design and Analysis in Evaluative Research. In: Sociological Methods Research, Bd. 3; S. 235.

Posavac, E. J.; Carey, R. G. (1997): Program evaluation: methods and case studies. NJ: Prentice-Hall.

Pottie, K. u.a. (2008): Narrative Reports to Monitor and Evaluate the Integration of Pharmacists Into Family Practice Settings. In: Annuals of Family Medicine, Bd. 6(2), S. 161-164.

Prell, C. (2011): Social Network Analysis. History, Theory and Methodology. Thousand Oaks et al.: Sage.

Presser, S. u.a. (Hg.) (2004): Methods for testing and evaluating survey questionnaires. New York u.a.: Wiley.

Presthus, R. (1979): The Organizational Society. An Analysis and A Theory. London: Macmillan (2.).

Przyborski, A. (2004): Gesprächsanalyse und dokumentarische Methode. Qualitative Auswertung von Gesprächen, Gruppendiskussionen und anderen Diskursen. Wiesbaden: VS-Verlag.

Psathas, G. (1995): Conversation Analysis. The Study of Talk-in-Interaction. Thousand Oaks: Sage.

Puchta, C.; Potter, J. (2004): Focus Group Practice. London u.a.: Sage.

Rat der Europäischen Gemeinschaft (1992): Vertrag über die Europäische Union. Luxemburg: Amt für amtliche Veröffentlichungen der Europäischen Gemeinschaften.

Reade, N. (2004): Der Government Performance and Results Act – Funktionsweise und Wirkungen. Magisterarbeit in der Fachrichtung Soziologie. Saarbrücken: Universität des Saarlandes.

Reason, P.; Bradbury, H. (2007): The Sage Handbook of Action Research. Participative Inquiry and Practice. Thousand Oaks et al.: Sage (2.).

Reavey, P. (ed., 2011): Visual Methods in Psychology. Using and Interpreting Images in Qualitative Research, Abingdon: Psypress.

Reichard, C. (2002): Institutionenökonomische Ansätze und New Public Management. In: König, K. (Hg.): Deutsche Verwaltung an der Wende zum 21. Jahrhundert. Baden-Baden: Nomos.

Reichard, C. (2004): New Public Management als Reformdoktrin für Entwicklungsverwaltungen. In: Benz, A. (Hg.): Institutionenwandel in Regierung und Verwaltung. Berlin: Duncker & Humblot.

Reichertz, J. (2003): Objektive Hermeneutik und hermeneutische Wissenssoziologie. In: Flick, U., von Kardorff, E.; Steinke, I. (ed.). Qualitative Forschung. Ein Handbuch. Reinbek: rororo, pp. 514-524.

Rein, M. (1984): Umfassende Programmevaluierungen. In: Hellstern, G.-M.; Wollmann, H. (Hg.): Handbuch zur Evaluierungsforschung Bd. 1. Opladen: Westdeutscher Verlag.

Reuber, P.; Pfaffenbach, C. (2005): Methoden der empirischen Humangeographie. Braunschweig: Westermann.

Rice, J. M. (1893): The Public-School System of the United States. New York: Century.

Rice, J. M. (1897): The futility of the spelling grind. In: Forum, 23, S. 163-172.

Richards, K.; Seedhouse, P. (Hg.) (2006) Applying conversation analysis. Basingstoke u.a.: Palgrave Macmillan.

Richards, L. (2006): Handling Qualitative Data. A practical guide. London u.a.: Sage.

Riege, M.; Schubert, H. (Hg.) (2005): Sozialraumanalyse. Grundlagen – Methoden – Praxis. Wiesbaden: VS-Verlag.

Riley, T.; Hawe, P. (2005): Researching Practice. The methodological case for narrative inquiry. In: Health Education Research, 20: 226-236 (download unter: http://her.oxfordjournals.org/content/20/2/226.full.pdf+html?ch=nck, Stand 09.01.2014).

Rist, R.C. (1990) (Hg.): Program Evaluation and the Management of Government. New Brunswick: Transaction.

Ritsert, J.; Stracke, E.; Heider, F. (1976): Grundzüge der Varianz- und Faktorenanalyse. Frankfurt am Main et al.: Campus Verl.

Rittelmeyer, C.; Parmentier, M. (2007): Einführung in die pädagogische Hermeneutik. Darmstadt: Wissenschaftliche Buchgesellschaft.

Ritz, A. (2003): Evaluation von New Public Management: Grundlagen und Empirische Ergebnisse der Bewertung von Verwaltungsreformen in der schweizerischen Bundesverwaltung. Bern: Haupt.

Rössler, P. (2005): Inhaltsanalyse. Konstanz: UVK.

Roethlisberger, F. J.; Dickson, W. J. (1934): Management and the Worker. Cambridge.

Röwer, B. (2007): Erscheinungsformen und Zulässigkeit heimlicher Ermittlungen. Duisburg: Wiku-Verlag.

Rogers, E. M (1995): Diffusion of innovations. 4th edition. New York.

Rogers, E. M.; Jouong-Im K. (1985): Diffusion of Innovations in Public Organizations. In: Merritt, R. L.; Merritt, A. J. (Hg.): Innovations in the Public Sector. Beverly Hills etc.: Sage. S. 85-107.

Rohrbach, L. A. u.a. (1987): Evaluation of Resistance Skills Training using Multitrait-multimethod role play skill assessments. In: Health Education Reseach, Bd. 2(4), S. 401-407.

Ronald, K. (2004): Hermeneutik. Eine sozialwissenschaftliche Einführung. Konstanz: UVK.Rondinelli, D. A. (1983): Secondary cities in developing countries: policies for diffusing urbanization Beverly Hills: Sage Publ.

Rosenbaum, P. R.; Rubin, D. B. (1983): The Central Role of the Propensity Score in Observational Studies for Causal Effects. In: Biometrika Bd. 70, S. 41-55.

Rosenbaum, P. R.; Rubin, D. B. (1985): Constructing a Control Group Using Multivariate Matched Sampling Methods that Incorporate the Propensity Score. In: The American Statistican, B. 39, S. 33-38.

Rossi, P. H.; Freeman, H. E.; Hofmann, G. (1988): Programm Evaluation: Einführung in die Methoden angewandter Sozialforschung Stuttgart: Enke.

Rossi, P. H.; Lipsey, M. W.; Freeman, H. E. (1999): Evaluation. A Systematic Approach. 6. Aufl., Thousand Oaks u.a.: Sage.

Rossi, P. H.; Lipsey, M. W.; Freeman, H. E. (2004): Evaluation. A systematic Approach. Thousand Oaks u.a.: Sage.

Roth, R. (2004): Reden Sie mit dem Pferd. Bedingungen, Möglichkeiten und Grenzen Demokratischeer Evaluationskultur in Deutschland. In: Soziale Arbeit und Sozialpolitik. Sozial Extra, Bd. 28(6).

Royce, T. D.; Bowcher, W. L. (Hg.) (2007): New Directions in the Analysis of Multi-Modal Discourse. Mahwah u.a.: Erlbaum.

Sahner, H. (2005): Schließende Statistik. Eine Einführung für Sozialwissenschaftler. Wiesbaden: VS-Verlag.

Sanders, J. R.; Cunningham, D. J. (1973): A structure for formative evaluation in product development. In: Review of Educational Research, Bd. 43, S. 217-236.

Sanders, J. R.; Cunningham, D. J. (1974): Techniques and procedures for formative evaluation. In: Borich, G. D. (Hg.): Evaluation educational programs and products. Englewood Cliffs, NJ: Educational Technology.

Saner, R. (2002): Quality Assurance for Public Administration: A Consensus Building Vehicle. In: Public Organization Review: A Global Journal. Netherlands: Kluwer. S. 407-414.

Schedler, K.; Proeller, I. (2003): New Public Management (2., überarbeitete Auflage). Bern: Haupt.

Schelle, H. (2007): Projekte zum Erfolg führen. Projektmanagement – systematisch und kompakt. München: DTV-Beck.

Schendera, C. (2008): Clusteranalyse mit SPSS, München: Oldenbourg.

Schiffrin, D. (Hg.) (2005): Handbook of Discourse Analysis. Malden: Blackwell.

Schlittgen, R., & Streitberg, B. H. (2001). Zeitreihenanalyse. München: Oldenbourg Wissenschaftsverlag.

Schmähl, W. (1984): ‚Prozessproduzierte' Längsschnittsinformationen zur Einkommensanalyse: Anmerkung zu den Datenquellen. Frankfurt/Mannheim: Sonderforschungsbereich 3 (Sfb3-Arbeitspapier 130).

Schmähl, W.; Fachinger, U. (1990): Prozeßproduzierte Daten als Grundlage für sozial- und verteilungspolitische Analysen: einige Erfahrungen mit Daten der Rentenversicherungsträger für Längsschnittanalysen. Bremen: Zentrum für Sozialpolitik (ZeS-Arbeitspapier 1990,6).

Schmidt, M. G. (Hg.) (1988): Staatstätigkeit. International und historisch vergleichende Analysen (PVS-Sonderheft 19). Opladen: Westdeutscher Verlag.

Schmauks, D. (2007): Semiotische Streifzüge. Essays aus der Welt der Zeichen. Berlin: Lit.

Schnegg, M.; Lang, M. (2002): Netzwerkanalyse. Eine praxisorientierte Einführung. Hamburg: Universität (Methoden der Ethnographie Heft 1, downloadable at: http: //www.methoden-der-ethnographie.de/heft1/Netzwerkanalyse.pdf, Stand: 09.01.2014).

Schneider-Barthold, W. (1992): Zur Angemessenheit von quantitativen und qualitativen Erhebungsmethoden in der Entwicklungsländerforschung. Vorzüge und Probleme der Aktionsforschung. In: Reichert, C.; Scheuch, E. K.; Seibel, H. D. (Hg.): Empirische Sozialforschung über Entwicklungsländer. Methodenprobleme und Praxisbezug. Saarbrücken: Breitenbach.

Schnell, R. (1997): Nonresponse in Bevölkerungsumfragen. Ausmaß, Entwicklung und Ursachen. Opladen: Leske + Budrich.

Schnell, R., Hill, P. B. und Esser, E. (2008): Methoden der empirischen Sozialforschung. München/Wien: Oldenbourg.

Schönig, W. (Hg.) (2007): Spuren der Schulevaluation: zur Bedeutung und Wirksamkeit von Evaluationskonzepten im Schulalltag. Bad Heilbronn: Klinkhardt.

Scholl, A. (1993): Die Befragung als Kommunikationssituation. Zur Reaktivität im Forschungsinterview. Opladen: Westdeutscher Verlag.

Schräpler, J.-P. (1997): Eine empirische Erklärung von formalen Antwortstilen: Stereotypes Antwortverhalten und Zustimmungstendenzen im Sozio-ökonomischen Panel (SOEP). In: Kölner Zeitschrift für Soziologie und Sozialpsychologie, Bd. 49, S. 728-746.

Schröder, W. H. (ed.) (2006): Historisch-sozialwissenschaftliche Forschungen: quantitative sozialwissenschaftliche Analysen von historischen und prozess-produzierten Daten; eine Buchreihe: 1977–1991. Köln: Zentrum für Historische Sozialforschung (Historical social research 18).

Schröter, E.; Wollmann, H. (1998): New Public Management. In: Bandemer, S. (Hg.): Handbuch zur Verwaltungsreform. Opladen.

Schubert, K. (1991): Politikfeldanalyse. Opladen: Westdeutscher Verlag.

Schubert, K.; Bandelow, N.C. (2003): Lehrbuch der Politikfeldanalyse. München: Oldenbourg.

Schütz, A. (1971): Gesammelte Aufsätze, Bd. 1: Das Problem der sozialen Wirklichkeit. Den Haag: Nijhoff.
Schützeichel, R. (2004): Soziologische Kommunikationstheorien. Konstanz: UVK.
Scott, J. (2012): Social Network Analysis. London et al.: Sage (3.).Scott, R. W. (2003): Organizations: Rational, Natural, and Open Systems. New Jersey: Prentice Hall.
Scott, J.; Carrington, P. (2011): The Sage Handbook of Social Network Analysis. Thousand Oaks et al.: Sage.
Scriven, M. (1967): The methodology of evaluation. In Stake, R. E. (Hg.): Curriculum evaluation. Chicago: Rand McNally.
Scriven, Michael (1974): Evaluation Perspectives and Procedures. In: J. W. Popham (Hg.): Evaluation in Education. Current Application. Berkeley: McCutcheon, S. 3-93.
Scriven, M. (1980): The Logic of Evaluation. California: Edgepress.
Scriven, M. (1983): Evaluation Ideologies. In: Madaus, G. F.; Scriven, M.; Stufflebeam, D. L. (Hg.): Evaluation Models: Viewpoints on Educational and Human Services Evaluation. Boston: Kluwe-Nijhoff.
Scriven, M. (1991): Evaluation Thesaurus. Thousand Oaks, CA: Sage.
Scriven, M. (1994): Product Evaluation: The State of the Art. In: Evaluation Practive, Bd. 15, S. 45-62.
Scriven, M. (1997): Minimalist Theory. The least Theory that Practice requires. In: American Journal of Evaluation, Bd. 19(1), S. 57-70.
Scriven, M. (2002): Evaluation Thesaurus (4. Auflage). Newbury Park u.a.: Sage.
Seale, C., Gobo, G.; Gubrium, J. (2000): The quality of qualitative research. London u.a.: Sage.
Seiffert, H. (2006): Einführung in die Wissenschaftstheorie, Bd. 2: Geisteswissenschaftliche Methoden. Phänomenologie, Hermeneutik und historische Methode, Dialektik. München: Beck.
Seipel, Ch.; Rieker, P. (2003): Integrative Sozialforschung. Konzepte und Methoden der qualitativen und quantitativen empirischen Forschung. Weinheim, München: Juventa.
Seligman, A. B. (1992): The Idea of Civil Society. New York, Free Press.
Sennett, R. (1998): Verfall und Ende des öffentlichen Lebens. Die Tyrannei der Intimität. Frankfurt: Fischer (14. Auflage).
Sensi, D.; Cracknell, B. (1991): Inquiry into Evaluation Practices in the Commission. In: MONITOR Collection. Luxembourg: Office for Official Publications of the EC.
Silvestrini, S. (2007): Organisatorischer Ablauf von Evaluationen. In: Stockmann, R. (Hg.): Handbuch zur Evaluation. Eine praktische Handlungsanleitung. Münster: Waxmann.
Shadish, W. R.; Cook, T. D.; Leviton, L. C. (1991): Foundations of Program Evaluation: Theory and Practice. London: Sage.
Shadish, W. R.; Cook, T. D.; Campbell, D. T. (2002): Experimental and quasi-experimental designs for generalized causal inference. Boston: Houghton Mifflin.
Shapiro, J.; Trevino, J. M. (2004): Compensatory Education for Disadvantaged Mexican Students: An Impact Evaluation Using Propensity Score Matching, World Bank Policy Research Working Paper 3334, June 2004 (Download unter: http:elibrary.worldbank.org/doi/pdf/10.1596/1813-9450-3334, Stand: 09.01.2014)
Shatz, D. (2004). Peer Review: A Critical Inquiry. Lanham: Rowman & Littlefield Publ.
Skrondal, A.; Rabe-Hesketh, S. (2009): Multilevel Modelling (4 vols). Thousand Oaks et al.: Sage.Smith, E. R.; Tyler, R. W. (1942): Appraising and recording student progress. New York: Harper and Row.
Smith, M. F. (1990): Should AEA Begin a Process for Restricting Membership in the Profession of Evaluation? In: American Journal of Evaluation, Bd. 20, S. 521-531.

Snijders, T. A. B.; Bosker, R. (2011): Multilevel Analysis: An Introduction to Basic and Advanced Multilevel Modeling. Thousand Oaks et al.: Sage (2.).

Soeffner, H.-G. (2003): Sozialwissenschaftliche Hermeneutik. In: Flick, U., von Kardorff, E.; Steinke, I. (ed.). Qualitative Forschung. Ein Handbuch. Reinbek: rororo, pp. 164-175.

Speer, S.; Jacob, S; Furubo, J.E. (2014): Different Paths for Institutionalizing Evaluation: Updating the International Atlas of Evaluation 10 Years Later, in: Evaluation – The International Journal of Theory, Research and Practice [forthcoming]

Spermann, A.; Strotmann, H. (2005): The Targeted Negative Income Tax (TNIT) in Germany: Evidence from a Quasi Experiment, ZEW Discussion Paper No. 05-68, Mannheim: ZEW. (Download unter ftp: //ftp.zew.de/pub/zew-docs/dp/dp0568.pdf, Stand 09.01.2014).

Stagl, S. (2004): Valuation for Sustainable Development – The Role of Multicriteria Evaluation. In: Vierteljahreshefte zur Wirtschaftsforschung, Bd. 73(1), S. 53-62.

Stake, R. E. (1967): The countenance of educational evaluaton. Teachers College Record, Bd. 68, S. 523-540.

Stake, R. E. (1972): Responsive evaluation. Unpublished manuscript.

Stake, R. E.. (1975): Program evaluation, particularly responsive evaluation. (Occasional Paper No.5) Kalamazoo: Western Michigan University Evaluation Center.

Stake, R. E. (1980): Program evaluation, particulary responsive evaluation. In: Dockrell, W. B.; Hamilton, D. (Hg.): Rethinking educational research. London: Hodeder & Stoughton.

Stake, R. E. (1983): The case study method in social inquiry. In: Madaus, G. F. u.a. (Hg.): Evaluation Models. Boston: Kluwer-Nijhoff.

Stamm, M. (2003): Evaluation im Spiegel ihrer Nutzung: Grand idée oder grande illusion des 21. Jahrhunderts?. In: Zeitschrift für Evaluation, Bd. 2, S.183-200.

Stanley, J. C. (1966): Rice as a Pioneer Educational Researcher. In: Journal of Educational Measurement, Bd. 3(2), S. 135-139.

Stanat, P. u.a. (2002): PISA 2000: Die Studie im Überblick. Grundlagen, Methoden, Ergebnisse, Berlin: Max-Planck-Institut für Bildungsforschung (im Internet unter: www.mpib-berlin.mpg.de/pisa/PISA_im_Ueberblick.pdf, Stand: 09.01.2014).

Staudt, E.; Hefkesbrink, J.; Treichel, H.-R. (1988): Forschungsmanagement durch Evaluation: Das Beispiel Arbeitsschwerpunkt Druckindustrie. Frankfurt a. Main: Campus.

Stegbauer, C. (Hg.) (2008): Netzwerkanalyse und Netzwerktheorie. Ein neues Paradigma in den Sozialwissenschaften. Wiesbaden: VS-Verlag.

Steinke, I. (2003): Gütekriterien qualitativer Forschung. In: Flick, U.; Kardoff, E. v.; Steinke, I. (Hg.): Qualitative Forschung. Ein Handbuch. Reinbek: rororo, S. 319-331.

Steinke, I. (1999): Kriterien qualitativer Forschung. Ansätze zur Bewertung qualitativ-empirischer Sozialforschung, Weinheim/München: Beltz.

Stewart, K.;William, M. (2005), Researching Online Populations. The Use of Online Focus Groups for Social Research. In: Qualitative Research 5: 395-416.

Stockmann, R. (1996a): Die Wirksamkeit der Entwicklungshilfe. Eine Evaluation der Nachhaltigkeit von Programmen und Projekten der Berufsbildung. Opladen: Westdeutscher Verlag.

Stockmann, R. (2000): Wirkungsevaluation in der Entwicklungspolitik. In: Vierteljahrshefte zur Wirtschaftsforschung, Bd. 69(3), S. 438-452.

Stockmann, R. (2002): Zur Notwendigkeit und Konzeption einer deutschsprachigen „Zeitschrift für Evaluation“. In: Zeitschrift für Evaluation, Bd. 1(1), S. 3-10.

Stockmann, R. (2006a) (Hg.): Evaluationsforschung: Grundlagen und ausgewählte Forschungsfelder. 3. Auflage. Münster u.a.: Waxmann.

Stockmann, R. (2006b): Evaluation und Qualitätsentwicklung: Eine Grundlage für wirkungsorientiertes Management. Münster u.a. Waxmann.

Stockmann, R. (2007) (Hg.): Handbuch zur Evaluation. Eine praktische Handlungsanleitung. Münste u.a.: Waxmann.

Stockmann, R.; Caspari, A. (1998): Ex-post Evaluation als Instrument des Qualitätsmanagements in der Entwicklungszusammenarbeit. Eschborn: Gutachten im Auftrag der Deutschen Gesellschaft für Technische Zusammenarbeit (GTZ).

Stockmann, R.; Meyer, W. (2006): Evaluation von Nachhaltigkeit. Studienbrief EZ0400 des Fernstudiengangs Nachhaltige Entwicklungszusammenarbeit der TU Kaiserslautern. Kaiserslautern: Zentrum für Fernstudien und universitäre Weiterbildung.

Stockmann, R., Meyer, W., Gaus, H., Urbahn, J.; Kohlmann, U. (2001): Nachhaltige Umweltberatung. Evaluation eines Förderprogramms der Deutschen Bundesstiftung Umwelt. Opladen: Leske + Budrich.

Stockmann, R., Meyer, W., Krapp, S.; Köhne, G. (2000): Wirksamkeit deutscher Berufsbildungszusammenarbeit. Ein Vergleich zwischen staatlichen und nicht-staatlichen Programmen in der Volksrepublik China. Opladen: Westdeutscher Verlag.

Stockmann R.; Meyer W.; Schenke H. (2011): Unabhängigkeit von Evaluationen, in: Zeitschrift für Evaluation (ZfEv), Jg. 10, H. 1., S. 39-67.

Stouffer, S.A. u.a. (1949): The American Soldier. Vol. II: Combat and its Aftermath. Princeton, NJ: Princeton University Press.

Strauss, A. L.; Corbin J. M.(1996): Grounded Theory. Grundlagen Qualitativer Sozialforschung. Weinheim: PVU.

Stucke, G. (1985): Bestimmung der städtischen Fahrtenmatrix durch Verkehrszählungen. Karlsruhe: Universität.

Stufflebeam, D. L. (1971): The relevance of the CIPP evaluation model for the educational accountability. In: Journal of Research and Development in Education, Bd. 5, S. 19-25.

Stufflebeam, D. L. (1973): In introduction to the PDK book: Educational evaluation and decision-making. In: Worthen, B. R.; Sanders, J. R. (Hg.): Educational Evaluation: Theory and practice. Belmont, CA: Wadsworth.

Stufflebeam, D. L. (1983). The CIPP model for program evaluation. In: Madaus, G. F.; Scriven, M.S.; Stufflebeam, D. L. (Hg.): Evaluation models: Viewpoints on Educational and Human Services Evaluation. Boston: Kluwer: Nijhoff, S. 117-141.

Stufflebeam, D. L. (2000): Foundational Models for 21st Century Program Evaluation. In: Stufflebeam, D. L.; Madaus, G. F.; Kellaghan, T. (Hg.): Evaluation Models. Viewpoints on Educational and Human Services Evaluation. Boston u.a.: Kluwer Academics, pp. 33-84.

Stufflebeam, D. L.; Madaus, G. F.; Kellaghan, T. (2000): Evaluation Models: Viewpoints on Educational and Human Services Evaluation.

Stufflebeam, D. L.; Shinkfield, A. J. (2007): Evaluation. Theory, Models and Applications. San Francisco: John Wiley & Son.

Suchman, E. (1967): Evaluative Research: Principles and Practice in Public Service and Social Action Programs. New York: Russell Sage.

Sudman, S.; Bradburn, N. M. (1974): Response Effects in Surveys. A review and synthesis. Chicago: Aldine.

Summa, H.; Toulemonde, J. (2002): *Evaluation in the European Union: addressing complexity and ambiguity.* In: Furubo J. E, Rist R. C., Sandahl R. (Hg): International Atlas of Evaluation. New Brunswick: Transaction Publishers.

Sun, H.; Williamson, C. (2005): Simulation Evaluation of Call Dropping Policies for Stochastic Capacity Networks. In: Proceedings of the SCS Symposium on the Performance Evaluation of Computer and Telecommunication Systems (SPECTS), Philadelphia, PA, pp. 327-336, July 2005 (als Download unter http: //pages.cpsc.ucalgary.ca/~carey/papers/2005/CallDropping.pdf, Stand 09.01.2014).

Swart, E.; Ihle, P. (ed.) (2005): Routinedaten im Gesundheitswesen. Handbuch Sekundärdatenanalyse: Grundlagen, Methoden und Perspektiven. Bern: Huber.

Tashakkori, A.; Teddlie, C. (Hg.) (2003): Handbook of Mixed Methods in Social and Behavioural Research. Thousand Oaks: Sage.

Ten Have, P. (2007): Doing Conversation Analysis. A Practical Guide. Los Angeles: Sage.

Tews, K. (2004): Diffusion als Motor globalen Politikwandels) Potentiale und Grenzen. FU-Report 01-2004. Berlin: Freie Universität.

Theis-Berglmair, A.-M. (2003): Organisationskommunikation. Theoretische Grundlagen und empirische Forschungen. Münster: Lit.

Theobald, A. (2000): Das World Wide Web als Befragungsinstrument. Wiesbaden: Gabler.

Thome, H. (2005). Zeitreihenanalyse: Eine Einführung für Sozialwissenschaftler und Historiker. München: Oldenbourg Verlag.

Thompson, J. D. (1967): Organizations in Action. New York: McGraw-Hill.

Thüringer Rechnungshof (2008): Jahresbericht 2008 mit Bemerkungen zur Haushalts- und Wirtschaftsführung und zur Haushaltsrechnung 2006. Rudolstadt: Thüringer Rechnungshof.

Titus, M. A. (2007): Detecting Selection Bias, Using Propensity Score Matching, and Estimating Treatment Effects: An Application to the Private Returns to a Master's Degree. In: Research in Higher Education, Bd. 48(4).

Top, J. (2006): Konsensanalyse. Ein neues Instrument der Inhaltsanalyse. Theoretische Fundierung und empirische Kalibrierung. Norderstedt: Books on Demand.

Trappmann, M.; Hummell, H. J.; Sodeur, W. (2005): Strukturanalyse Sozialer Netzwerke. Konzepte, Modelle, Methoden. Wiesbaden: VS-Verlag.

Tourangeau, R.; Rips, L. J.; Rasinski, K. A. (2005): The Psychology of Survey Response. Cambridge u.a.: Cambridge Univ. Press.

Tourish, D.; Hargie, O. (Hg.) (2003): Key Issues in Organizational Communication. London: Routledge.

Toutenburg, H.; Heumann, C.; Schomaker, M. (2006): Deskriptive Statistik. Eine Einführung in Methoden und Anwendungen mit SPSS: Eine Einführung in Methoden und Anwendungen mit SPSS. Berlin u.a.: Springer.

Türk, K. (Hg.) (2000): Hauptwerke der Organisationstheorie. Wiesbaden: Westdeutscher Verlag.

Tyler, R. W. (1935): Evaluation: A challenge to progressive education. In: Educational Research Bulletin, Bd. 14, S. 9-16.

Tyler, R. W. (1938): The specific techniques on investigation: Exaymining and testing acquired knowledge, skill and ability. In: Freeman, F. (Hg.): The scientific movement in education (37th yearbook of the National Society for the Study of Education, Part II), Bloomington: Public School Publishing Company, S. 341-356.

Tyler, R. W. (1942): General statement on evaluation. In: Journal of Educational Research, Bd. 35, S. 492-501.

Tyler, R. W. (1950): Basic principles of curriculum and instruction. Chicago: University of Chicago Press.

Umlauf, V. (2007): Hermeneutik nach Gadamer. Freiburg/München: Alber.

Urban, D.; Mayerl, J. (2008): Regressionsanalyse: Theorie, Technik und Anwendung. Wiesbaden: VS-Verlag.

Urban, M.; Weiser, U. (2006): Kleinräumige Sozialraumanalyse. Theoretische Grundlagen und praktische Durchführung. Identifikation und Beschreibung von Sozialräumen mit quantitativen Daten. Dresden: Saxonia.

Vahs, D. (2003): Organisation. Einführung in die Organisationstheorie und –praxis. Stuttgart: Schäffer-Poeschel (4. Aufl.).
Vedung, E. (1999): Evaluation im öffentlichen Sektor. Wien, Köln, Graz: Böhlau.
Vedung, E. (2000): Evaluation Research and Fundamental Research. In: Stockmann, R. (Hg.): Evaluationsforschung. Opladen: Leske + Budrich. S. 103-127.
Vogel, F. (2001): Beschreibende und schließende Statistik. München: Oldenbourg.
Wallraff, G. (1970): Industriereportagen. Als Arbeiter in deutschen Großbetrieben. Köln: Kiepenheuer & Witsch.
Wallraff, G. (1977): Der Aufmacher. Der Mann, der bei ‚Bild' Hans Esser war. Köln: Kiepenheuer & Witsch.
Wallraff, G. (1992): Ganz Unten. Mit einer Dokumentation der Folgen. Köln: Kiepenheuer & Witsch.
Weber, M. (1968): Methodologische Schriften. Frankfurt: Fischer.
Weinert, F. E. (Hg.) (2001): Leistungsmessungen in Schulen. Weinheim und Basel: Beltz Verlag.
Weisberg, S. (2005): Applied linear regression. Hoboken, New Jersey: Wiley-Interscience.
Weiss, C. H. (1974): Evaluierungsforschung. Opladen: Westdeutscher Verlag.
Weiss, C. H. (1998): Evaluation, New Jersey: Prentice Hall.
Weller, S.C.; Romney, A.K. (2003): Metric Scaling: Correspondence Analysis. Newbury Park u.a.: Sage.
Welker, M.; Werner, A.; Scholz, J. (2005): Online-Research. Markt- und Sozialforschung mit dem Internet. Heidelberg: dpunkt.verlag.
Weller, S. C.; Romney, A. K. (2003): Metric Scaling: Correspondence Analysis. Newbury Park et al.: Sage.
Wernet, A. (2006): Einführung in die Interpretationstechnik der Objektiven Hermeneutik. Wiesbaden.
West, M. D. (Hg.) (2001a): Application of Computer Content Analysis. Westport: Ablex. Publ.
West, M. D. (Hg.) (2001b): Theory, Method and Practice in Computer Content Analysis. Westport: Ablex. Publ.
Wetherell, M.; Taylor, S.; Yates, S. J. (Hg.) (2001): Discourse as Data. A guide for analysis. London u.a.: Sage.
White, G. (2004): Civil Society, Democratization and Development: Cleaning the Analytical Ground. In: Burnell, P.; Calvert, P. (Hg.): Civil Society in Democratization. London/Portland: Frank Cass, S. 6-21.
White, R.; Lippitt, R. (1953): Leader Behavior and Member Reaction in Three „Social Climates". In: Cartwright, D.; Zander, A. (Hg.): Group Dynamics, Research and Theory. Evanston, Ill: Row, Peterson and Company.
Widmer, T. (2000): Qualität der Evaluation – Wenn Wissenschaft zur praktischen Kunst wird. In: Stockmann, R. (Hg.) Evaluationsforschung. Opladen: Leske + Budrich.
Widmer, T. (2001): Qualitätssicherung in der Evaluation – Instrumente und Verfahren. In: LeGES-Gesetzgebung und Evaluation, Bd.12, S. 9-41.
Widmer, T. (2002): Staatsreformen und Evaluation: Konzeptionelle Grundlagen und Praxis bei Schweizer Kantonen. In: Zeitschrift für Evaluation, Bd. 1/2002. S. 101-114.
Widmer, T. (2004): Qualität der Evaluation – Wenn Wissenschaft zur praktischen Kunst wird. In: Stockmann, R. (Hg.): Evaluationsforschung. Grundlagen und ausgewählte Forschungsfelder. Opladen: Leske + Budrich.
Widmer, T.; Beywl, W.; Fabian, C. (Hg.) (2009): Evaluation. Ein systematisches Handbuch. Wiesbaden: VS-Verlag.
Wiedemann, P. M. (1986): Erzählte Wirklichkeit: Zur Theorie und Auswertung narrativer Interviws. Weinheim u.a.: Beltz.

Wiehl, R. (2003): Gadamers philosophische Hermeneutik und die begriffsgeschichtliche Methode. In: Archiv für Begriffsgeschichte, 45, pp. 10-20.

Will, H.; Winteler, A.; Krapp, A. (Hg.) (1987): Evaluation in der beruflichen Aus- und Weiterbildung. Heidelberg: Sauer.

Willke, H. (2004): Einführung in das systematische Wissensmanagement. Heidelberg: Carl-Auer-Systeme-Verlag.

Windhoff-Héritier, A. (1983): Policyanalyse. Eine Einführung. Frankfurt a. Main: Campus.

Winkler, K. (2004): Wissensmanagementprozesse in face-to-face und virtuellen communities. Konzepte, Gestaltungsprinzipien und Erfolgsfaktoren. Berlin: Logos.

Wittmann, W. W. (1985): Evaluationsforschung. Aufgaben, Probleme und Anwendungen. Berlin u.a.: Springer.

Wollmann, H. (1994): Evaluierungsansätze und -institutionen in Kommunalpolitik und -verwaltung. Stationen der Planungs- und Steuerungsdiskussion. In: Schulze-Böing, M.; Johrendt, N. (Hg.): Wirkungen kommunaler Beschäftigungsprogramme. Methoden, Instrumente und Ergebnisse der Evaluation kommunaler Arbeitsmarktpolitik. Basel, Boston, Berlin: Birkhäuser.

Wollmann, H. (1997): Evaluation in Germany. In: European Evaluation Society. Newsletter Bd. 3, S. 4-5.

Wollmann, H. (1998): Modernisierung der kommunalen Politik- und Verwaltungswelt - Zwischen Demokratie und Managementschub. In: Grunow, D.; Wollmann, H. (Hg.): Lokale Verwaltungsreform in Aktion: Fortschritte und Fallstricke. Basel u.a.: Birkhäuser. S. 400-439.

Wollmann, H. (1999): Politik- und Verwaltungsmodernisierung in den Kommunen: Zwischen Managementlehre und Demokratiegebot. Die Verwaltung (Schwerpunktheft 3).

Wollmann, H. (2000): Staat und Verwaltung in den 90er Jahren: Kontinuität oder Veränderungswelle? In: Czada, R.; Wollmann, H. (Hg.): Von der Bonner zur Berliner Republik. 10 Jahre Deutsche Einheit, (Leviathan-Sonderheft 19/1999). Opladen: Westdeutscher Verlag.

Wollmann, H. (2002): Verwaltungspolitik und Evaluierung. Ansätze, Phasen und Beispiele im Ausland und in Deutschland. In: Zeitschrift für Evaluation Bd. 1/2002. S. 75-100.

Wollmann, H. (Hg.) (2003): Evaluation in Public Sector: Reform Concepts and Practice in International Perspective. Cheltenham: Edward Elgar Publishing Limited.

Wollmann, H. (2005): Evaluierung von Verwaltungsmodernisierung. In: Blanke, B.; Bandemer, S. von; Nullmeier, F.; Wewer, G. (Hg.): Handbuch zur Verwaltungsreform. Wiesbaden: VS-Verlag, S. 502-510.

Wood, E. M. (1990): The Uses and Abuses of 'Civil Society'. In: Miliband, R.; Panitch, L. (Hg.): The Retreat of the Intellectuals. Socialist Register. London: Merlin Press, S. 60-84.

Wooffitt, R. (2006), Conversation Analysis and Discourse Analysis. A comparative and critical introduction, London u.a.: Sage Publ.

World Bank (o.J.): The LogFrame Handbook. A Logical Framework Approach to Project Cycle Management. Washington: World Bank (im Internet unter www.wau-boku.ca.at/fileadmind/-/H81/H811/Skripten/811332/811332_G3_log-framehandbook.pdf, Stand: 09.01.2014).

World Bank – Independent Evaluation Group (2006): Impact Evaluation – The Experience of the Independent Evaluation Group of the World Bank, Washington: World Bank (Download unter: http:mpra.ub.uni-muenchen.de/1111/1/MPRA-papers_1111.pdf, Stand: 09.01.2014).

Worthen, B.; Sanders, J. (1973): Educational Evaluation. Theory and Practice. In: Evaluation Review, Bd. 13(1), S. 18-31.

Wottawa, H.; Thierau, H. (1990): Evaluation. Bern u.a.: Hans Huber. Wottawa, H.; Thierau, H. (1998): Lehrbuch Evaluation. 2. Auflage. Bern: Huber.

Wottawa, H.; Thierau, H. (2003): Lehrbuch Evaluation. 3. überarbeitete Auflage. Bern: Huber.

Young, L.; Fitzgerald, B. (2006): The Power of Language. How Discourse influences Society. London: Equinox.

Wu, L. (ed., 2011): Event History Analysis. Thousand Oaks et al.: Sage (Sage Benchmarks in social Reseach Methods, 4 Vol.).

Young, L.; Fitzgerald, B. (2006): The Power of Language. How Discourse influences Society. London: Equinox.

Zielke, B. (2007): Sozialer Konstruktivismus. Psychologische Diskurse. Göttingen: Vandenhoeck und Ruprecht.

Zimmermann, E. (2006): Das Experiment in den Sozialwissenschaften. Wiesbaden: VS-Verlag.

Zohlnhöfer, W. (Hg.) (1996): Die Tarifautonomie auf dem Prüfstand. Berlin: Duncker & Humblot.